조선시대 충청지역의 예학과 교육

이동인
이봉규
정일균

2001
백산서당

'Ye'(禮) Studies and Education of Chungchong Region in the Choson Dynasty

by

Yi, Dong-In
(Professor, Chungnam National University)

Lee, Bong-Kyoo
(Professor, Inha University)

Jung, Il-Kyun
(Researcher, The Academy of Korean Studies)

2001
Baiksan-Seodang Publishing

조선시대 충청지역의 예학과 교육

책을 펴내면서

　이 책은 大象文化財團의 '韓國社會地方硏究 시리즈'의 一環으로 재단의 지원을 받아 1997년부터 진행해 온 연구의 所産이다. 世界化·國際化가 오히려 민족문화를 壓殺하고 情報化 추세가 지역문화를 褪色시켜 국가 사이에서나 국가 안에서나 문화의 劃一化 경향이 두드러져 가는 상황에서, 民族的인 것과 地域的인 것의 價値가 오히려 더욱더 高貴하게 느껴지는 마당에, 大象文化財團에서 우리의 생활구조와 문화유산에 관한 8道 7廣域市에 대한 기초연구를 계획하고 支援한 것은 매우 고맙고도 뜻깊은 일이다.
　이 책 제1부에서는 조선시대 충청지역의 禮學과 禮訟을 다루었다. 조선시대의 충청지역은 畿湖學派의 중심지로 精緻한 禮學理論을 산출한 곳이고, 禮訟의 중심 인물 중 상당수가 활약한 곳이다. 곧 禮學과 禮論, 禮訟을 말할 때 이 지역 儒者들의 思想을 빼놓을 수 없다.
　우리는 禮論과 禮訟을 통해서 조선 성리학의 중요 특색을 알게 된다. 禮論과 禮訟은 한낱 喪服을 무엇으로 할 것이며 얼마나 오래 입어야 할 것인가에 관한 문제가 아니다. 중요한 것은 禮制가 나타내고 있는 정신―大義名分―이다. 儒家의 선비들은 孔子가 강조한 대로 이름과 내용이 相符해야 한다고 믿었기에(正名), 상황에 가장 적합한 행동양식(禮)을 두고 오랜 기간 동안 논쟁을 서슴지 않은 것이다. 현대인이 보기에는 禮訟이 喪服의 종류와 기간과 같은 '하찮은' 일을 두고 紛紛히 싸운 우스꽝스러운 일로 보일지도 모르지만, 당시 유학자들은 禮論과 禮訟을 통하여 자신이 옳다고 여기는 도리를 실현하려 하였고, 때로는 자기 희생까지도 무릅썼던 것이다. 일례로 宋時烈은 孝宗이 宗統을 계승했다 할지라도 嫡長子라는 조건을 구비하지 못하였으니 斬衰服의 대상이 되지 않는다고 주장하다가 마침내 '군주를 깎아내리고 그 정통성을 의심'(卑主貳宗)한다는 공격을 받았고, 肅宗의 妃가 아직 출산할 가능성이 있음에도 불구하고 後宮의 所生을 태어나자마자 世子로 책봉한 肅宗의 처사에 반대하는 疏를 올렸다가 결국 그것이 禍根이 되어 목숨까지 잃게 되었으니, 우리는 禮論과 禮訟에서 목숨을 아끼지 않고 大義名分을 지키고 실천하기 위해 노력한 옛 선비의 氣槪를 만날 수 있다.

 제2부에서는 조선시대 충청지역의 교육을 다루었다. 충청지역의 교육은 다른 지역에서와 마찬가지로 官學과 私學을 두 軸으로 해서 이루어졌다. 연구자는 이 지역의 敎育思想과 民衆敎化를 특히 16, 17세기에 초점을 맞추어 살펴보고, 충청지역의 官學과 私學의 교육기관들을 紹介하였다.

 공동 연구자 3인 중 李俸珪는 제1부를 집필하였다. 제2부의 緒論, 結論에 해당하는 제1장과 제5장은 李東仁이 작성하였고, 제2장은 鄭一均이 執筆하였으며, 제3장과 제4장은 鄭一均과 李東仁이

共同 執筆하였는데, 곧 제3장과 제4장의 제1절(敎育機關)은 鄭一均이 작성하고 나머지 부분은 李東仁이 작성하였다. 제2부 附錄으로 실린 鄕校·書院·祠宇에 관한 자료는 鄭一均이 蒐集하고 李東仁이 대폭 添削하였다. 李東仁은 原稿 全文을 검토하여 문장을 다듬고 修正하였으며 또한 脚註를 補完하였다.

 이 연구가 財團이 의도한 대로 우리의 지역적 생활구조와 문화유산을 이해하는 데 작은 도움이 될 수 있기를 바라며, 硏究의 機會를 제공한 大象文化財團에게 다시 한번 甚深한 謝意를 표한다.

2000년 9월 30일
연구 책임자 李 東 仁

조선시대 충청지역의 예학과 교육

책을 펴내면서 · 5

제1부 조선시대 충청지역의 예학

제1장 緖　論 …………………………………………………… 17

제2장 朝鮮前期 忠淸地域 儒學者들의 禮學 ………………… 25
  1. 朝鮮前期 禮學의 展開過程 ……………………………… 27
  2. 朝鮮前期 忠淸地域 儒學者들의 禮學 …………………… 33

제3장 16~17世紀 忠淸地域 儒學者들의 禮學 ……………… 43
  1. 16~17世紀 朝鮮 禮學의 展開 …………………………… 43
  2. 16~17世紀 忠淸地域의 주요 禮學者들과 禮學 ………… 58
    1) 金長生 ………………………………………………… 58
    2) 金　集 ………………………………………………… 69

3) 宋浚吉, 宋時烈 ·· 76
4) 李惟泰 ··· 88
5) 尹宣擧, 兪棨 ·· 93
6) 尹 鑴 ··· 97
7) 權 諰 ··· 103

제4장 元宗 追崇論爭을 통해 본 忠淸地域 儒學者들의 禮學 ············ 115
1. 元宗 追崇論爭의 전개과정 ·· 115
2. 元宗 追崇論爭의 주요 견해들 ·· 118
3. 元宗 追崇論爭의 평가 ·· 134

제5장 己亥·甲寅禮訟을 통해 본 忠淸地域 儒學者들의 禮學 ············ 137
1. 17세기 禮訟 연구에 대한 재검토 ·· 137
2. 服制에 반영된 儒學의 이념과 禮訟의 기반 ······························· 161
3. 己亥禮訟과 甲寅禮訟의 전개과정 ·· 172
4. 禮訟의 주요 견해 ··· 176
   1) 宋時烈 ·· 176
   2) 許 穆 ·· 185
   3) 尹 鑴 ·· 191
   4) 세 견해의 사회적 함의 ·· 199

제6장 結 論 ·· 203

제2부 조선시대 충청지역의 교육

제1장 緖 論 ·· 211

제2장 朝鮮의 敎育理念과 敎育制度 ·············· 215
1. 朝鮮의 교육이념 ························· 215
1) 人才 養成과 官人의 選拔 ······················ 216
2) 敎化政策의 施行 ···························· 235
(1) 綱常倫理의 보급 · 236 / (2) 禮制의 整備와 運用 · 245
2. 朝鮮의 교육제도 ························· 249
1) 官 學 ·································· 250
(1) 成均館 · 250 / (2) 四部學堂 · 256 / (3) 鄕校 · 262 / (4) 其他 · 269
2) 私 學 ·································· 270
(1) 書院 · 270 / (2) 書堂 · 271

제3장 朝鮮前期 忠淸地域의 敎育 ··············· 273
1. 교육기관 鄕校를 중심으로 ················· 273
1) 地方 官學機關 鄕校의 設立 ···················· 273
2) 忠淸地域 鄕校의 實態 ························ 276
2. 교육사상 ······························· 276
1) 李 穡 ·································· 276
2) 權 近 ·································· 278

제4장 16~17세기 忠淸地域의 敎育 ·············· 281
1. 교육기관: 書院을 중심으로 ················ 281
1) 忠淸地域의 書院 ···························· 281
2) 충청지역 書院의 실태 ······················· 281
2. 교육사상 ······························· 282
1) 李 珥 ·································· 283
2) 金長生 ·································· 288
3) 宋時烈 ·································· 290
4) 李惟泰 ·································· 292

5) 尹 拯 …………………………………………………………… 294
 3. 民衆 教化 …………………………………………………………… 295
  1) 李珥와 西原鄕約 …………………………………………………… 296
  2) 宋時烈과 懷德鄕約 ………………………………………………… 298
  3) 草廬鄕約과 李惟泰 ………………………………………………… 300
  4) 宋浚吉과 鄕學之規 ………………………………………………… 302

제5장 結 論 …………………………………………………………… 303

[附錄] 조선시대 충청지역의 鄕校와 書院 ………………………… 307

 1. 鄕 校 ………………………………………………………………… 307
  (1) 淸州鄕校·307 / (2) 忠州鄕校·307 / (3) 公州鄕校·308 / (4) 洪州鄕校·308 / (5) 林川鄕校·309 / (6) 丹陽鄕校·309 / (7) 淸風鄕校·309 / (8) 泰安鄕校·310 / (9) 韓山鄕校·310 / (10) 舒川鄕校·311 / (11) 沔川鄕校·311 / (12) 天安鄕校·311 / (13) 瑞山鄕校·312 / (14) 槐山鄕校·312 / (15) 沃川鄕校·312 / (16) 溫陽鄕校·313 / (17) 文義鄕校·313 / (18) 鴻山鄕校·313 / (19) 堤川鄕校·314 / (20) 德山鄕校·314 / (21) 平澤鄕校·314 / (22) 稷山鄕校·315 / (23) 懷仁鄕校·315 / (24) 定山鄕校·315 / (25) 靑陽鄕校·316 / (26) 延豊鄕校·316 / (27) 陰城鄕校·316 / (28) 淸安鄕校·317 / (29) 恩津鄕校·317 / (30) 회덕향교(懷德鄕校)·317 / (31) 鎭岑鄕校·318 / (32) 連山鄕校·318 / (33) 尼山鄕校·318 / (34) 大興鄕校·319 / (35) 扶餘鄕校·319 / (36) 石城鄕校·319 / (37) 庇仁鄕校·320 / (38) 藍浦鄕校·320 / (39) 鎭川鄕校·320 / (40) 結城鄕校·321 / (41) 保寧鄕校·321 / (42) 海美鄕校·321 / (43) 唐津鄕校·322 / (44) 新昌鄕校·322 / (45) 禮山鄕校·322 / (46) 木川鄕校·323 / (47) 全義鄕校·323 / (48) 燕岐鄕校·323 / (49) 永春鄕校·324 / (50) 報恩鄕校·324 / (51) 永同鄕校·324 / (52) 黃澗鄕校·325 / (53) 靑山鄕校·325 / (54) 牙山鄕校·325 / (55) 鰲川鄕校·326 / (56) 錦山鄕校·326 / (57) 珍山鄕校·327

 2. 書 院 ………………………………………………………………… 327
  가) 대전·충청남도의 書院 ………………………………………… **327**
   (1) 대전광역시 ……………………………………………………… 327
    (가) 崇賢書院址·327 / (나) 道山書院·328 / (다) 靖節書院址·328 / (라) 渼湖書院址(文僖

廟·328
  ⑵ 公州市 ·· 329
    ㈎ 忠賢書院·329 / ㈏ 鳴灘書院忠節祠·329
  ⑶ 論山市 ·· 330
    ㈎ 遯巖書院·330 / ㈏ 魯岡書院·330 / ㈐ 竹林書院·331 / ㈑ 忠谷書院八賢書院·
    331 / ㈒ 金谷書院·331 / ㈓ 龜山書院址·332 / ㈔ 休亭書院·332 / ㈕ 鳳谷書院·332
    / ㈖ 孝巖書院·333 / ㈗ 杏林書院·333 / ㈘ 茅谷書院·333
  ⑷ 保寧市 ·· 334
    ㈎ 花巖書院·334 / ㈏ 新安書院址·334
  ⑸ 瑞山市 ·· 335
    ㈎ 聖巖書院·335
  ⑹ 아산시(牙山市) ·· 335
    ㈎ 金谷書院址·335 / ㈏ 道山書院址·336 / ㈐ 仁山書院址(五賢書院址)·336 / ㈑ 靜退
    書院址·336
  ⑺ 天安市 ·· 337
    ㈎ 道東書院址·337
  ⑻ 錦山郡 ·· 337
    ㈎ 星谷書院址·337 / ㈏ 柳谷祠書院·338 / ㈐ 山泉齋書院·338 / ㈑ 磻溪書院·338 /
    ㈒ 草廬書院址·339 / ㈓ 龍江書院·339 / ㈔ 石浦齋書院址·339 / ㈕ 金谷書院·340
  ⑼ 唐津郡 ·· 340
    ㈎ 東岳書院址·340
  ⑽ 扶餘郡 ·· 341
    ㈎ 滄江書院·341 / ㈏ 七山書院·341 / ㈐ 浮山書院·341 / ㈑ 艮谷書院·342 / ㈒ 退
    修書院(盤山書院)·342 / ㈓ 南山書院·342
  ⑾ 舒川郡 ·· 343
    ㈎ 文獻書院·343 / ㈏ 建巖書院址·343
  ⑿ 燕岐郡 ·· 344
    ㈎ 鳳巖書院址·344 / ㈏ 合湖書院·344 / ㈐ 雷巖書院·344
  ⒀ 禮山郡 ·· 345
    ㈎ 德岑書院址·345 / ㈏ 晦庵書院址·345
  ⒁ 靑陽郡 ·· 346

(가) 龍溪書院址・346 / (나) 洙泗洞書院址・346
　(15) 泰安郡 ……………………………………………………………………… 347
　(16) 洪城郡 ……………………………………………………………………… 347
　　　(가) 魯恩書院址・347 / (나) 惠學書院址・347

나) 충청북도의 書院 …………………………………………………………… **348**
　(1) 淸州市 ………………………………………………………………………… 348
　　　(가) 莘巷書院・348 / (나) 龜溪書院・348
　(2) 忠州市 ………………………………………………………………………… 349
　　　(가) 樓巖書院址・349 / (나) 八峰書院址・349 / (다) 荷江書院・350
　(3) 槐山郡 ………………………………………………………………………… 350
　　　(가) 花巖書院・350 / (나) 群芳書院・350 / (다) 華陽書院址・351 / (라) 金塘書院・351 / (마)
　　　龜溪書院・352
　(4) 永同郡 ………………………………………………………………………… 352
　　　(가) 松溪書院・352 / (나) 草江書院址・352 / (다) 花巖書院址・353 / (라) 寒泉書院址・353 /
　　　(마) 三陽書院址・353 / (바) 虎溪書院址・354 / (사) 鳳巖書院址・354
　(5) 沃川郡 ………………………………………………………………………… 355
　　　(가) 滄洲書院址・355 / (나) 三溪書院址・355 / (다) 雙峯書院址・356 / (라) 德峯書院址・356
　　　/ (마) 鷲潭書院址・356
　(6) 陰城郡 ………………………………………………………………………… 357
　　　(가) 雲谷書院・357 / (나) 知川書院・357
　(7) 鎭川郡 ………………………………………………………………………… 358
　　　(가) 百源書院址・358 / (나) 芝山書院址・358
　(8) 淸原郡 ………………………………………………………………………… 359
　　　(가) 鳳溪書院址・359 / (나) 松溪書院址・359 / (다) 曲水書院址・359 / (라) 魯峰書院址・360
　　　/ (마) 機巖書院・360 / (바) 松泉書院・360 / (사) 雙泉書院・361 / (아) 菊溪書院・361 / (자)
　　　儉巖書院・362 / (차) 棣華書院・362 / (카) 黔潭書院・362 / (타) 德川書院・363 / (파) 西溪書
　　　院・363 / (하) 雲谷書院・364 / (갸) 白鹿書院・364 / (냐) 竹溪書院・364

參考文獻 ……………………………………………………………………………… 366
찾아보기 ……………………………………………………………………………… 377

제1부
조선시대 충청지역의 예학

제1장 緒 論

　禮라는 개념은 동아시아 문화의 각 부분들과 관련해서 다양한 함의를 내포하고 있다. 祭祀를 비롯한 일련의 종교적 또는 呪術的 儀式들로서 禮는 인간에 의해 통제되지 않는 것들에 대한 동아시아인의 종교적 태도를 반영하고 있다.[1] 冠婚喪祭 등 通過儀禮로서 禮制들은 인류의 사회적 삶의 양식——생활양식——의 표현으로 동아시아의 전통을 보여주고 있다.[2] 三綱과 五倫을 비롯한

---

[1] 동아시아에서 禮의 출발점은 종교 의례인 것 같다. '禮'라는 漢字 자체가 祭物을 제단에 올려놓고 제사지낸다는 뜻으로 풀이되거니와, 許愼이 『說文』에서 "禮履也 所以事神致福也"라 하여 禮에는 神을 섬기고 福을 빈다는 뜻이 있다고 밝힌 것처럼 禮의 起源은 종교적 행동(儀式·儀禮)에 있다.

[2] 禮란 인간의 행동을 규정한 것이다.『春秋』,「左氏傳」, "禮, 天之經也, 地之義也, 民之行也." H. G. Creel에 의하면 儒家思想이 발전함에 따라 행동규범으로서의 禮의 의미는 더 강해지게 되었다. "공자가 처음으

윤리적 덕목과 행위의 지침으로서 제시되는 禮의 規定들은 인간과 사회의 기본에 대한 동아시아인의 철학적 성찰을 담고 있다. 또한 宗法을 비롯해서 사회적 관계와 구성원의 역할을 규정하는 禮制는 재화와 권력을 소유하고 분배하는 방식과 관련해서 동아시아적인 특징을 보여주며, 동시에 규범에 대한 전통사회의 인식 양상도 드러낸다. 따라서 禮는 종교와 철학의 영역뿐만 아니라 정치와 경제를 비롯한 문화 일반의 영역과도 연관되는 총체적이고 포괄적인 개념이다.3)

로 행동규범으로 '禮'란 개념을 창안한 것은 아니지만, 그가 이 단어를 이용하고 토론함에 따라 그 이전의 어떤 용례보다도 행동규범이란 의미가 훨씬 강화되었다." H. G. Creel, 『孔子: 인간과 신화』, 李成珪 譯(서울: 知識産業社, 1985), 101쪽.

3) 李東仁은 禮가 그 출발점은 종교에 있지만 서양의 norm(規範)에 해당되리만큼 광범위하게 인간 행동을 규정하는 개념이라는 데 착안하여 禮를 개념상으로 세 부류로, 그것이 규정하는 행위의 내용에 따라 다섯 부류로 구분하였다.

개념상의 禮
① 종교적 색채를 띠는 禮―宗敎儀禮(ritual)
② 도덕적·윤리적 성격의 禮―原規(mores)
③ 단순한 관습으로서의 禮―慣習(usage), 民習(folkways)

禮가 규정하는 행위의 내용
① 초월적 존재에 대한 관계를 규정.
  보기: "天下之禮, 致反始也, 致鬼神也……,"『禮記』,「祭儀」.
② 자신의 행동을 조절하고 감정을 조화로운 상태로 둠(爲己之學).
  보기: "克己復禮爲仁,"『論語』,「顔淵」.
③ 다른 사람과의 관계를 규정.

이처럼 예의 개념이 다양한 함의를 지니는 것은 그것이 오랜 역사적 과정을 거치면서 그 내용이 풍부해진 개념이기 때문이다. 예는 원시시대의 종교적 祭禮儀式에서부터 출발하여 귀족들의 생활양식으로, 나아가 국가를 운영하는 기본원리로 그것이 의미하는 영역이 확장되어 왔다.4) 그리고 그 의미 영역이 확장되는 과정에서 이전에 의미되었던 것들은 시대의 변화에 따라 퇴장되기도 하고 또는 새롭게 재현되기도 하였다. 또한 예제를 실천하는 주체들이 시대에 따라 변하면서 그들이 이해하는 예제의 중심적 기능도 시대 상황에 따라 달라져 왔다.

이처럼 복합적인 함의를 지녔던 禮 개념이 儒學의 正體性을 대

　보기: "君使臣以禮,"『論語』,「八佾」.

④ 정치·사회 통제 등 治國之術에 응용(爲人之學).

　보기: "道之以德 齊之以禮 有恥且格,"『論語』,「爲政」.

⑤ 의미는 퇴색하고 형식만 남은 무의미한 절차(繁文縟禮).

　보기: "曾子襲裘而弔 子游裼裘而弔 曾子指子游而示人曰: '夫夫也 爲習於禮者. 如之何其裼裘而弔也.' 主之 旣小殮 袒括髮 子游趨而出 襲裘帶絰而入曾子曰: '我過矣! 我過矣! 夫夫是也',"『禮記』,「檀弓」. 李東仁,「禮의 本質과 그 現代的 意義」,『정신문화연구』, 1986년 여름.

4) 胡適은 禮의 개념이 ① 宗敎的 儀節에서, ② 一切의 習慣·風俗이 承認하는 規準(規矩)으로, 그것이 다시 ③ 義理에 符合하며 時代에 따라 邊境할 수 있는 行動規範으로 變轉(進化)했다고 論하였다. 胡適,『中國古代哲學史』(臺北: 臺灣商務印書館, 1982), 112-115쪽. 또 戴君仁은 원래 禮에는 祭禮만 있었는데 점차 禮를 행하는 정신자세가 중시되게 되었고, 나아가 일체의 倫理治術을 포함하도록 禮의 범위가 확대되었다고 설명한 바 있다. 戴君仁,「禮的轉換與擴大」, 羅聯添 編,『國學論文選集』(臺北: 學生書局, 1983), 112-115쪽 참조.

표하는 개념으로 정착된 것은 春秋時代 孔子의 출현 이후였다. 儒學이 인간의 본성과 이상적인 사회에 대한 철학적 성찰로서 正體性을 갖기 시작한 춘추시대 이후부터, 그것은 인간의 본성을 인륜을 구현하는 사회성에서 찾았다. 특히 孔子와 孟子로 이어지는 儒家 학파들은 다른 존재와 구분되는 인간의 고유한 특질을, 인간이 人倫──漢代에 이르러 三綱, 五倫 또는 五常 등으로 표현되는──체계로써 사회를 구성하며, 이를 意識하고 살아가는 점이라고 생각했다. 先秦 儒學者들은 이 관점을 통해 다른 諸子들의 견해를 비판하였고, 漢代 이후에도 이 관점을 통해 자신들의 견해를 佛敎나 道家 등 타 학파의 견해와 구분하면서 그 한계를 극복하고자 하였다.

  儒學者들은 사회에서 人倫을 실현하는 방법을 禮로써 정당화하였다. 삼강과 오륜의 내용을 통해 보면, 人倫은 宗法的 가족체제에서 발생하는 인간간의 사회적 關係意識을 사회적 행위의 근본원리이자 기준으로 세운 것이다. 儒學者들은 종법적 가족체제에서 발생하는 他者에 대한 관계의식을 인간의 고유한 특질로 파악하였다. 따라서 가족과 국가 수준에서 표현되는 각종 사회적 행위는 곧 이 종법적 관계의식을 일정한 형식에 따라 나타낸 것이라고 보았으며, 나아가 그러한 행위의 기준과 표현양식을 禮制로써 규정하였다. 따라서 禮에는 인륜을 실현하는 규범이자 상호 의사소통의 수단이라는 이중적 기능이 있었다. 즉 그것은 다양하게 표현될 수 있는 사회적 행위를 특정한 방향으로 규제한다는 점에서 규범적 성격이 있었으며, 동시에 사회적 행위를 통하여 意思를 표현하는 기법을 제시해 준다는 점에서 사회적 意思表現의 양식 또는 생활양식의 성격이 있었다.[5]

유학의 이념을 실현하는 사회체제를 지향한 朝鮮時代에 禮制와 관련해 직면하게 되었던 과제를 두 측면으로 나누어 볼 수 있다. 하나의 측면은 公的 부문에서 유교적 국가체제를 확립하는 일로서, 儒學理念을 실현할 주체세력을 교육을 통해 배출하고, 또 각종의 사회적 규범체계와 典禮儀式 등에서 유학의 이념을 반영하는 제도적 기준과 형식을 확립하는 것이었다. 다른 하나의 측면은 私的 부문에서 유교적 사회체제를 수립하는 일로서, 민간 영역에 유교적 생활양식을 정착시켜 儒學理念에 기초한 사회를 확립하는 것이었다. 이 두 영역에서 儒學理念을 실현하는 사회적 장치인 禮制를 가장 적합한 형태로 수립하고 실천하는 일은 조선시대 내내 유학자들을 사로잡고 있던 중요한 과제였다.

 본 연구 제1부에서는 17세기 畿湖學派의 중심지로 알려진 忠淸

---

5) 禮가 사회생활의 보편적인 형식과 원리를 제공하는 規範으로 발견한 것은, 무엇보다 宗法制度가 周代를 통해 사회구성의 기본양식으로 정착되면서부터였다. 宗法制度는 종족을 단위로 혈연상 일정한 親疎關係에 있는 종족 구성원들의 상호관계 및 각 구성원들의 의무와 권리를 제도화한 것으로, 父系社會의 사회구성 방식을 반영한다. 周나라의 宗法制度는 특히 嫡과 庶, 大宗과 小宗 등의 尊卑 구분을 통해 재산과 지위의 승계에서 嫡長子가 절대적 위상을 차지하는 방식을 指向하였다. 周왕조는 宗法制度를 보편화시키면서, 한편으로 禮 개념을 통해 嫡長子 중심으로 구성된 사회관계를 정당화하고, 나아가 이 관계에 기초한 일반적인 행동양식을 제시하였다. 이로써 禮는 자연스럽게 大宗과 嫡長子 중심의 身分의 位階秩序를 지탱하는 사회규범으로서 기능을 담당하게 되었다. 종법제도의 기본 특성과 역사적 변천 과정에 관해서는 盛冬玲, 「中國古代的宗法制度和家族制度」, 『中國古代文化史 1』 (北京: 北京大學, 1989), 82-123쪽 참조.

地域 유학자들의 禮學을 재조명하는 일을 중심으로 조선시대 충청지역의 예학을 살펴보고자 한다. 그러나 지역을 충청지역으로 한정하더라도 조선시대 전체 시기 동안 충청지역을 중심으로 활동한 유학 사상가들을 모두 다루는 것은 이 연구의 수준과 규모를 넘어서기 때문에, 특히 충청지역 유학자들이 畿湖學派를 형성하면서 禮學 탐구를 깊이 있게 진행한 시기인 17세기의 예학에 연구의 초점을 맞추기로 한다.

필자들은 조선시대를 크게 前期와 後期로 나누어 예학의 전개 양상을 개괄적으로 분석한 다음, 이어 충청지역의 주요한 유학자들의 예학을 상세히 조명할 것이다. 전기에서 다루어질 것은 李穡, 權近 등의 예학이고, 후기에서는 金長生, 金集, 宋浚吉, 宋時烈, 李惟泰, 尹宣擧, 兪棨, 尹鑴, 權諰 등의 예학이 검토될 것이다.

학자들은 17세기 조선 사상사의 성격을 흔히 '禮學의 시대'로 특징짓는다.6) 이처럼 禮學이 시대적 특징으로 표현되는 이유는 16세기 후반부터 시작하여 17세기에 걸쳐 쏟아져 나온 무수한 禮制 관련 저술들 때문이기도 하지만,7) 17세기 내내 國喪이 있을

---

6) 17세기 조선 사상사를 '禮學의 時代'로 특징짓는 관점은 대체로 이 시기를 연구하는 철학자와 역사학자들에게서 공통적으로 발견된다. 예를 들면, 玄相允, 『朝鮮儒學史』(서울: 民衆書館, 1949/서울: 玄音社, 1982, 재판); 鄭仁在, 「尹白湖의 禮論과 倫理思想」(『現代社會와 倫理』, 1982); 尹絲淳, 『한국유학사상사론』(서울: 열음사, 1986), 63-67쪽; 李丙燾, 『韓國儒學史』(서울: 亞細亞文化社, 1987), 296쪽; 盧仁淑, 「沙溪禮學考——『家禮輯覽』과 『喪禮備要』를 중심으로——」, 『沙溪思想研究』(서울: 沙溪・愼獨齋兩先生紀念事業會, 1991) 등이 대표적이다.

7) 이 시기 禮學關係 著述目錄에 대해서는 鄭玉子, 「17세기 전반 禮書의

때마다 전개된 服制論爭, 이른바 '禮訟' 때문이기도 하다. 仁宗朝에서 肅宗朝에 이르는 기간 동안 계속해서 주기적으로 발생한 禮訟은 그때마다 정국을 변화시키는 주요한 계기가 되었다. 그런데 一聯의 禮訟에서 충청지역 출신 유학자들 다수가 예학에 대한 성찰과 연구를 바탕으로 하여 왕성한 활동을 보이면서 깊이 干與하였다. 따라서 예송과 관련해서 충청지역 유학자들이 내세운 주장의 내용과 성격을 규명하는 것은 조선시대 예학의 전개과정을 객관적이고 깊이 있게 이해하기 위해서 꼭 필요한 작업이다.

그런데 禮訟은 性理學의 이론구조에 대한 논쟁과는 다른 성격을 내포하고 있다. 즉 16세기에 본격적으로 진행된 성리학의 이론구조에 대한 논쟁은 학자들 사이에 있었던 학술적 논쟁에 그친 데 비해, 17세기에 몇 차례에 걸쳐 전개된 예송은 禮制에 대한 이론적 논쟁에 그치지 않고, 그 여파가 정국의 변환을 초래한 政治的 性格의 것이었다. 이 때문에 禮訟에 대한 연구에서는 자연히 예송의 經學的 문제뿐만 아니라 정치적・역사적 의미를 재해석하는 것이 중심과제로 되고 있다. 실제로 예송에 대한 기존 연구들을 살펴보면, 1970년대 후반까지는 後者의 측면(政治・歷史的 探究)과 관련된 분석이 主流를 이루고 있고, 1980년대에 와서는 前者의 측면(經學)과 관련하여 사상사적 맥락에서 이해하려는 시도가 활발하게 전개되었다.

본 연구에서 필자들은 이 시기 禮訟에 대한 기존 연구의 성과

성립과정 ——金長生을 중심으로——」의 附錄(1), 『韓國文化』 11(서울대학교 한국문화연구소, 1990); 高英津, 「朝鮮中期 禮說과 禮書」의 附表 5-5(서울대 국사학과 박사학위논문, 1992) 등에 정리되어 있다.

들을 검토하고, 이를 토대로 하여 이 시기 禮訟에 대한 충청지역 유학자들의 견해를 새로이 종합적으로 검토하려고 한다. 특히 17세기 禮訟을 다루면서 仁祖朝의 元宗 追崇을 둘러싼 논쟁과 顯宗朝에서 肅宗朝에 걸쳐 전개된 服制論爭 등 두 範疇를 구분하고, 이들 예송에서 각각 문제시되었던 주요 쟁점과 대표적 견해를 추적·분석하면서 충청지역 유학자들의 견해를 밝히기로 한다. 특히 1980년대 이후로 새롭게 제기된 분석방법 가운데 性理說에 대한 견해차이와 연계하여 예송의 주요 주장들이 함축하고 있는 사상사적 의미를 해명하려는 시도들을 비판적으로 재검토하고, 예송에 참여하는 각 계파의 사상이 갖는 사회적 함의를 새롭게 조명하고자 한다.

제2장 朝鮮前期 忠淸地域 儒學者들의 禮學

　朝鮮은 儒敎를 국가운영의 근본이념으로 삼고, 유교이념을 실현하는 사회체제를 지향하였다. 조선시대의 예학은 유교의 이념을 사회적 제도로 구체화시키려는 노력을 통해 발전되었으며, 이러한 노력은 公共次元과 民間次元의 양쪽에서 동시에 전개되었다.
　조선에서 예학이 전개된 과정은 유교의 이념을 실현하는 사회제도, 즉 각종의 規範體系로서 禮制를 수립하는 측면과, 그러한 제도에 반영된 유교의 이념을 학문적으로 정당화하는 측면으로 구분할 수 있다. 전자가 주요한 典禮儀式과 法制들을 유교의 이념과 부합하게 수립하는 예학의 制度的 측면이라면, 후자는 歷代 제도들을 통하여 어떤 형식의 제도가 유교의 이념에 잘 부합하는가를 학문적으로 밝히고, 나아가 그 제도를 통해 구현하려는 유교의 사회적 이념이 무엇인가를 규명하는 禮學의 理論的 측면이다. 이 두 측면에 대한 논의는 상호 결합된 형태를 띠면서, 정치·경제·사회의 발전과 맞물려 점점 정밀해지고 복잡해졌다.

특히 17~18세기는 이러한 논의가 예학에 내재된 政治的인 含意와 연계되면서 가장 활발히 전개된 시기였는데, 이때에는 政派的 위치와 利害關係가 禮學 논의 속에 투사되어 전개됨으로써, 禮學이 학문적 논의를 위한 것이라기보다는 정치적 입장을 정당화하기 위한 것이라는 印象을 준다.

조선시대 예학의 발전단계를 보면, 開國 이래 成宗朝에 이르는 시기까지는 민간부문에 비하여 국가 중심의 공공부문에서 예학이 현저하게 발전하였다. 이어 성종조부터 宣祖朝에 이르는 시기에는 관료로 나아갈 수 있는 신분적 특권과 병역 및 조세부담에서 각종의 혜택을 받는 地主로서 상대적으로 안정된 지위를 확보한 兩班階層이 각 지역의 주도세력으로 성장하면서 민간부문에서 예학이 발전할 수 있는 기반이 조성되었고, 이에 따라 예학의 사회적 실천이 학문적 연구와 함께 민간부문에서 독립적으로 진행되었다. 宣祖朝에서 仁祖朝에 이르는 기간에는 정부와 민간부문에서 동시에 예학에 대한 전문적 연구서적들이 집중적으로 출현하였다. 그리고 仁祖朝에서 肅宗朝에 이르는 기간에는 예학의 학문적 정당화가 권력투쟁과 맞물려 첨예하게 전개되었고, 英祖朝 이후에는 畿湖學派의 예학이 공공부문과 민간부문에서 상대적인 優位를 유지하였으며, 기존의 제도와 이론적 연구들을 정리하고 보완하는 작업들이 계속되었다.

1. 朝鮮前期 禮學의 展開過程

建國에서 成宗朝에 이르기까지 조선 초기는 다른 분야에서와 마찬가지로 예학 분야에서도 유교이념을 구체화시킬 기본적인 사회제도를 실현·정착시켜 나간 기간이었다. 이 시기 동안 민간부문에서는 아직도 유교이념을 실천할 사회적 계층이 광범위하게 형성되지 못한 상태에 있었고, 민간의 경제적 수준 또한 예제의 본격적인 실행을 가능하게 하는 단계에는 이르지 못했다. 다만 관료로 진출하거나 왕실의 후예로서 경제적 특권을 享有하는 일부 계층만이 이제 각 지역에서 새로운 토착세력으로(이른바 分氏之族)으로 성장하고 있었다.

이 시기에 예학은 政府가 主導하여 유교이념에 따라 국가의 法制와 儀禮를 수립하는 등 公共部門을 중심으로 전개되었다. 朝廷은 특히 儀禮詳定所나 集賢殿 등의 특별 논의기구를 두어 禮學과 관련된 事案들을 적극적으로 해결해 나갔는데, 이들 기구는 國家典禮와 같은 의례적인 문제뿐만 아니라 奴婢從母法이라든가 軍制改編 등의 문제까지도 논의함으로써, 전반적인 국가제도 개편을 담당하는 기구의 역할을 하였다. 이러한 機構들을 활용해서 조선정부는 『經濟六典』(太祖 6年, 1397),[1] 『三綱行實圖』(世宗 16年, 1434),

---

1) 이후 朝鮮政府는 1433年(世宗 15年)의 『新撰經濟續六典』에 이르기까

『二倫行實圖』(中宗 13年, 1518), 『五禮』(世宗朝), 『國祖五禮儀』(成宗 5年, 1474), 『經國大典』(1466, 1469, 1474, 1485) 등 기본 법전과 전례 규정들을 확립하였다.

조선 초기에는 전례의식의 주요 규정들이 법제와 함께 취급되었던 것으로 보인다. 『經濟六典』은 현재 그 원형이 전해지지 않지만, 實錄의 記事들을 통해 복원한 연구들을 보면 전례의식의 규정들이 법제와 함께 한 텍스트 속에서 취급되고 있음을 알 수 있다. 그러다가 世宗朝에 의례상정소나 집현전 등의 연구·심의 기구를 통하여 『五禮』와 『國朝五禮儀』가 완성되면서, 이에 주요한 전례의식 규정들이 따로 정리되어 독립된 텍스트를 형성하게 되었고, 이는 이후 조선시대 내내 전례의식 규정의 典據로서 활용되었다. 이를테면 『經國大典』에서 전례의식에 대해서는 『國朝五禮儀』의 규정에 따른다고 함으로써,[2] 『國朝五禮儀』의 규정이 『經國大典』의 법제 규정과 동등한 지위를 가짐을 천명했다.

그러나 전례의식 규정에 관한 측면만을 보면, 『國朝五禮儀』와 『經國大典』은 相補的인 관계에 있다. 곧 『國朝五禮儀』는 각종 의식의 절차와 그 구체적인 내용이 중심을 이루고 있는 반면에, 이와 관련된 법제적 규정은 『經國大典』에 제시되어 있는 것이다. 예컨대 喪禮의 경우, 初終에서 禫祭에 이르는 절차와 행동양식은 『國朝五禮儀』에서 규정되고 있지만, 상례의 법제적 측면을 반영하는 五服의 적용 대상과 喪期의 구분은 『經國大典』에 제시되어 있다.

지 4차에 걸쳐 修整을 진행하였다.
2) 『經國大典』, 「禮典·儀註」, "凡儀註, 用『五禮儀』."

『國朝五禮儀』는 조선 건국에서 世宗朝에 이르는 동안 중요한 국가전례가 있을 때마다 만들어졌던 儀軌와, 이때의 경험을 바탕으로 의례상정소와 집현전 등에서 제정한 『五禮』에 대한 보완작업을 통해 이루어졌다. 그리고 『五禮』와 『國朝五禮儀』가 완성되는 과정에서 특히 『古今詳定禮』로 대표되는 高麗時代의 典禮들과 『開元禮』를 비롯한 唐·宋의 禮制, 『儀禮經傳通解續』, 『朱文公家禮』(조선에서 통상 불린 대로 이후로는 『朱子家禮』라고 부르기로 한다) 등이 주요한 典據로 활용되었으며, 드물게 三禮書가 典據의 학문적 정당화를 위해 사용되었다.3) 특히 『國朝五禮儀』는 『通典』에 집중적으로 반영된 唐의 『開元禮』를 근간으로 하고 『文獻通考』, 『儀禮經傳通解續』, 『洪武禮制』 등과 고려의 『古今詳定禮』를 참작하여 제정하였다.4) 따라서 조선시대 전기의 예제는 고려에서 조선으로 이어지는 민족 고유의 역사적 경험들을 계승하면서, 이들을 중국의 예서 및 예세의 규정, 특히 『開元禮』를 참고하여 유교적 이념에 적합한 체제를 수립한 것으로 평가된다.

고려시대의 五禮와 세종조의 五禮를 비교해 보면 『國朝五禮儀』는 왕실과 국가전례 중심의 禮制를 기술하면서도, 일반인들까지 그 적용 대상으로 포섭하고자 더욱 일반화된 예제 규정을 지향

---

3) 『世宗實錄』, 卷128, 「五禮 序」, "國初, 草創多事, 禮文不備. 太宗命許調撰吉禮序例及儀式. 其他則未及, 每遇大事, 輒取辨於禮官一時所擬. 上乃命鄭陟·卞孝文撰定嘉賓軍凶等禮, 取本朝已行典故, 兼取唐宋舊禮及中朝之制, 其去取損益, 皆稟宸斷, 卒未告訖. 冠禮亦講求而未就. 其已成四禮, 并許調所撰吉禮, 附于實錄之末."

4) 『國祖五禮儀』, 「序」 참조. 이에 대한 자세한 연구로는 李範稷, 『韓國中世禮思想研究』(서울: 一潮閣, 1991) 참조.

하였다는 특성이 있다. 즉 祭義에서 『國朝五禮儀』의 士와 庶人의 祭禮를 "大夫士庶人四仲月時享儀"로 포괄하여 규정하였으며, 軍禮의 경우도 鄕射儀를 함께 규정하였다. 또한 凶禮의 경우에도 成服除服大夫士庶人喪儀가 『國朝五禮儀』에 새로운 항목으로 포함·보완되었다. 물론 전체적으로 볼 때, 『국조오례의』에서는 그 주요 내용이 대부분 왕실과 국가의 典禮에 관한 것에 집중되어 있으며, 일반 사대부 계층의 禮制基準에 대해서는 별도의 설명을 가하지 않고 있다. 그러면서도 조선 정부는 성종조에 이르기까지 국가 차원에서 사대부의 예제 기준을 정하는 문제를 『國朝五禮儀』와 『經國大典』의 규정에 준하여 시행하였다. 이러한 사실은 앞서 지적한 것처럼 典禮儀式의 양식은 『國朝五禮儀』의 규정에 따른다는 『經國大典』의 원칙에서도 확인할 수 있다. 즉 『國朝五禮儀』 그 자체는 왕실의 전례의식을 중심으로 성립된 것이지만, 그 절차 형식에 대한 일반적 규정은 『經國大典』과 마찬가지로 국가 구성원 모두에게 적용되는 보편적 기준이었다고 할 수 있다. 그리고 이러한 점에서 『國朝五禮儀』는 前代에 비하여 더욱 일반화된 禮治體制를 구현한 것이었다고 볼 수 있다.

여기서 한 가지 주목되는 점은 『朱文公家禮』, 즉 『朱子家禮』로도 불렸던 사대부의 예제에 대한 규정이 국가전례의 기준을 마련하는 典據로 활용되었다는 점이다. 『朱子家例』는 제목 자체가 말해 주는 것처럼 家 차원에서 시행되는 예제에 대한 규정이다. 따라서 이미 麗末부터 권문세가와 신진 지식인 집안에서는 이 『朱子家禮』를 수용하여 자신들의 생활양식으로 실천함으로써 유교이념을 실현하려는 노력을 경주하였다. 그리고 이러한 노력이 16세기에 와서 예제에 대한 전문적 연구로 이어지면서, 『朱子家

禮』는 조선의 사대부 가문에서 유교적 생활양식의 기준으로 확고하게 뿌리내리게 되었다.

鮮初『國朝五禮儀』를 제정함에『朱子家禮』가 활용된 분야는 주로 喪禮에 관한 조항이었다.5) 상례와 관련하여 國恤의 禮制를 규정하는 데 일반 사대부의 상례를 다루고 있는『朱子家禮』를 활용한 것은 二重의 의미를 함축한다. 먼저 상례, 특히 부모에 대한 자식의 喪服은 天子에서 庶人에 이르기까지 공통적으로 시행되는 예제의 공통분모라고 儒家學派는 주장하였다. 그리고 이는 先秦時代 이래로 유가 학파가 유교적 이념의 사회적 기초로 삼은 부분이다. 이들은 상례의 규정들이 기본적으로 上下에 공통되는 通禮的 성격을 갖는다고 보았다. 또한『儀禮』에서는 士禮로서 상복에 대한 규정을 기술하면서 君主의 상복에 대한 규정도 함께 포함하여 기술하였는데, 이러한 혼합된 記述方式은 이후『禮記』에도 계승되었다. 따라서 고대로부터 이미 상례에 대한 인식과 기술방식에서 일반 사대부와 왕실을 구분하지 않는 관점이 이어져 왔다고 할 수 있다. 그런데『國朝五禮儀』에는 바로 이러한 전통이 계승되어 있는 것이다.

그러나 한편 상복에 대한 규정은『儀禮』의 규정 이래 시대마다 다소의 차이를 보여 왔다. 부친 생존시에 발생한 母親喪에 입는

---

5) 예컨대『五禮』,「凶禮: 服制」의 注에서 "『儀禮經傳通解』와『朱子家禮』, 그리고 本朝에서 이미 시행하였던 典禮를 참작하여 상정한다"고 기술하였다(『世宗實錄』, 卷128,「五禮」참조). 또한 定宗의 喪을 당하여 장례 의식을 정할 때도『周禮』의「冢人圖」,『朱文公家禮』,『文獻通考』등이 참조되었다(『世宗實錄』, 卷6, 世宗元年 12月條 참조).

喪服에 대한 규정, 신하가 군주에 대하여 입는 상복에 대한 규정, 喪期에 대한 규정이 시대에 따라 달랐다. 이러한 규정 차이는 家父長社會에서의 혈연 및 신분과 관련된 사회적 관계에 대한 인식의 차이를 표현하고 있으며, 또한 이러한 차이는 흔히 宗法的 계승관계와 관련된 현실 권력의 정통성을 예제의 실천과정을 통하여 정당화하려는 정치적 목적의식과도 결부되어 있었다. 그런데 조선 초기, 『國朝五禮儀』가 성립되는 단계에서는 아직 이러한 예제를 통한 정치적 정당화의 문제가 현실적 사안으로 표면화되지 않았으며, 상례에 관하여 일반 사대부의 禮와 국가 또는 왕실의 禮를 어떻게 구분할 것인가에 대한 문제의식도 강하게 일어나지 않은 것으로 보인다.

『三綱行實圖』와 『二倫行實圖』의 간행은 백성들을 유교적 이념으로 교화시키기 위한 목적에서 鮮初부터 조선 정부가 추진한 일이었다. 『三綱行實圖』의 편찬은 『二十四孝圖』, 『孝行錄』 등의 발간 등 선행 사업을 계승하여 확대한 것이었다. 그리고 五倫 가운데 長幼와 朋友의 두 덕목과 관련된 敎化書인 『二倫行實圖』는 『三綱行實圖』를 보완하는 성격의 것이다. 『三綱行實圖』는 世宗朝(1433)에 처음 간행되었는데, 成宗朝에 와서는 『小學』과 함께 전국에 배포되었고, 成宗 12년(1481)에는 諺文으로 간행되어 漢字를 모르는 일반 백성들에게도 보급되었다. 이후에도 『三綱行實圖』는 계속 보완되어 中宗 9년(1514)에는 『續三綱行實圖』로, 光海君 7년(1615)에는 『東國新續三綱行實圖』로 증보·간행되었다. 이러한 증보 과정에서 중국의 사례들은 축소된 반면에 조선의 사례들이 대폭 증가되었으며, 특히 『東國新續三綱行實圖』는 조선의 사례들로만 구성되었다.6) 즉 조선 중기에 이르면 유교이념을 조선의 문화적 특성으로 뿌리내리게 하려는 노력의 결과로서, 중국의 모델들과는 구분되는 조선의 고유한 모델들이 성립되기 시작하였던 것으로 보인다.

2. 朝鮮前期 忠淸地域 儒學者들의 禮學

조선 초기 예학 연구의 대표적 성과는 權近의 『禮記淺見錄』이다. 이는 麗末부터 시작된 性理學 연구의 전통을 계승·발전시킨 결과로서 이루어진 것이었다. 그런데 우리는 이러한 성리학 연구의 초기 전통을 충청지역 출신의 학자들이 일련의 學脈을 유지하면서 발전시켜 갔던 양상을 주목하게 되는데, 이는 곧 白頤正 → 李齊賢, 李穀 → 李穡 → 權近으로 이어지는 전통이다.

白頤正(彝齋, 1247~1323)은 藍浦(현 忠南 保寧市 藍浦面 新興里) 출신으로 여말 성리학 이론을 실질적으로 도입하여 전파시킨 인물이었다. 그는 忠宣王을 따라 燕京에 가서 10여 년을 성리학 연구에 몰두하였다. 그리고 귀국할 때 성리학 관계 서적들을 가져와 계

---

6) 『三綱行實圖』에 대한 최근의 연구로는 「『三綱行實圖』의 綜合的 檢討」 (震檀學會 주최, 한국고전연구 심포지엄, 1997)의 발표문들을 참조할 것. 발표문의 구성은 다음과 같다. 김항수, 「『三綱行實圖』 編纂의 推移」; 김훈식, 「『三綱行實圖』 普及의 社會史的 考察」; 홍윤표, 「『三綱行實圖』의 書誌 및 國語史的 意義」; 이혜순, 「烈女像의 傳統과 變貌」; 정병모·이성미, 「『三綱行實圖』의 版畵史的 硏究」.

속 연구하였는데, 특히 朱熹의 『朱子家禮』를 소개함으로써 사대부 사회에 가례가 새로운 생활양식으로 뿌리내리게 하는 기초를 마련하였다. 그의 문하에서 李齊賢, 朴忠佐, 李穀, 李仁復, 白文寶 등이 배출되었다. 성리학을 처음 도입한 인물은 安珦이었지만, 성리학을 본격적으로 연구하여 확산시킨 장본인은 사실상 白頤正이었다.

특히 白頤正이 『朱子家禮』를 가져온 사실은 의미하는 바가 크다. 그의 문하에서 李齊賢과 李穀이 배출되었으며, 이들로부터 李穡의 학문이 형성되었기 때문이다. 李穡은 예학을 연구하면서, 그것을 제도의 형태로 실행하는 것뿐만 아니라 禮制의 근본이념을 실현하는 데도 중요성을 두었다. 즉 그는 다양한 예제들의 표현(文)은 그것이 담아 내고자 하는 근본인 바탕(質)과 관련해서 파악하여야 한다는 견해를 堅持하였다.[7] 그는 그 자신이 생각하는 근본이념에 대하여 명확한 설명을 남기지 않았지만, 우리는 그 중의 하나가 '敬'임을 알 수 있다.[8]

그의 이러한 문제의식은 禮制의 실천과 관련해서도 堅持되었다. 우리는 李穡에게서 당시 이미 조선의 時俗과 朱熹의 『朱子家禮』 사이의 갈등이 문제시된 것을 볼 수 있다. 즉 부모의 장례가

---

7) 『牧隱文案』, 卷4, 「陶隱記」, "質之道, 其天下之大本乎. 三千三百優優大哉之所從出乎."

8) 『牧隱文藁』, 卷10, 「韓氏四子名字說」, "禮曰毋不敬. 禮儀三百, 威儀三千, 冠之以敬, 卽堯典先書欽之義也. 學道者, 由敬以誠正; 出治者, 由敬以治平. 夫婦之相敬, 史又書之. 田野間亦不可無敬也, 況於朝廷乎, 況於朝廷乎, 況於屋乎. 事天事帝, 以致四靈, 會不外此."

끝난 이후에 묘 가까이에서 侍墓하는 조선의 습속과, 장례 후 神主를 모시고 집으로 돌아오는 返魂에 관한 『朱子家禮』의 규정, 그리고 古禮의 규정 사이에 불협화음이 있었던 것이다. 返魂의 禮에 따르면 조석으로 올리는 奠은 神主가 있는 집에서 행해야 한다. 그러나 侍墓살이를 하는 습속을 지키자면 喪主가 조석으로 집에 와서 奠을 올리기 어려운 것이 사실이었다. 李穡은 이에 대하여 家禮나 古禮의 규정을 그대로 실현하는 것보다는 禮의 본래 목적 또는 이념을 실현하는 것을 主眼點으로 하여 문제를 해결하려 하였다. 즉 그는 奠을 禮 규정에 어긋나는 장소, 즉 시묘하는 廬幕에서 올리더라도 시묘하는 행위 그 자체가 부모에 대한 報恩의 표현으로서 더 우선적인 요소이기 때문에 크게 문제될 것이 없다고 보았다. 또한 그는 당시 禮의 개념이 일반화되지 않은 상황에서 예의 이념을 실현하려는 정신을 적극 살려야 한다는 계몽적 의미도 강조하였다.9)

그런데 이 侍墓와 朝夕奠 사이의 갈등은 16~17세기에 와서 다시 논쟁거리로 재현되었다. 조선시대 민간에서 행하던 실제의 관습은 매장 후 집으로 돌아와 虞祭를 행하는 대신에 묘소 곁에 廬幕을 짓고 服을 벗을 때까지 그곳에 거처하면서 死者에 대한 효성을 다하는 것이 일반적이었다. 따라서 『朱子家禮』의 상례 규정

---

9) 『牧隱文案』, 卷7, 「贈金判事時後序」, "朝夕哭且祭, 不于家而于野, 亦何傷哉! 雖於聖人之制有慊焉者, 而今禮制蕩然軼墮之時, 而能盡夫人子之至情, 以爲三年免懷之報, 其道莫尙乎此." 李穡의 禮思想에 대한 硏究로는 琴章泰, 「牧隱 李穡의 儒學思想」, 『牧隱 李穡의 生涯와 思想』, 1997 참조.

을 기본 범형으로 수용한 조선의 유자들에게 우제를 행하여 혼령을 안정시키는 것과 여막을 짓고 親親의 이념을 실천하는 것 사이의 갈등을 절충하는 일은 중요한 고심거리의 하나였다.10)

李滉은 『朱子家禮』의 視角에서 廬幕에서 喪期를 마치고서 혼령을 모시고 오는 것은 죽은 육신(體魄)을 중시하고 도리어 혼령(神魂)을 가볍게 여기는 것으로, 사려 없는 행위이며 典據도 없는 것이라고 비판하였다.11) 그는 매장하고 즉시 집으로 돌아와 反魂儀式인 虞祭를 행하여야 하며, 廬幕에 거처하는 습속은 폐지해도 무

---

10) 이에 대한 연구로는 吉田博司, 「朝鮮儒家の葬禮と死後觀」(『思想』, 1991년 10월) 등이 있다. 吉田의 논점은 『朱子家禮』의 수용이 조선에 전통적으로 내려오던 喪禮와 관련된 민속과 세계관에 어떤 영향을 주었는가에 초점을 맞추고 있다. 그는 『朱子家禮』의 수용이 조선의 고유한 정신들을 없앴으며, 유교 자체의 이단에 대한 배제 관념 때문에 다른 세계관이 공존하기 어려웠다는 결론을 유도하고 있다. 吉田의 이러한 논점은 조선시대의 문화에서는 중국으로부터 들어온 성리학적 세계관이 중심을 이루고 있다는 상식적인 견해를 반영하고 있지만, 한편으로 조선의 지식인들이 儒家의 이념체계를 어떻게 이해하였고 또 무엇을 실현하려고 하였는가에 대한, 달리 말하자면 인간의 문화체계에 대한 조선 유학자들의 성찰은 함께 고려하지 않고 있다. 이러한 논점들에서 흔히 조선 성리학자들이 중국의 성리학 체계를 무반성적으로 받아들인 비주체적인 특징들을 들추어내는 데 더 관심을 기울이는 경향이 눈에 뜨인다.

11) 『退溪全書』, 卷37, 17b쪽, 「答權章仲喪禮問目」, "古人深以反魂爲重且急, 葬之日, 未及成墳而反虞, 所以欲反其平時所居處所安樂之處, 庶幾神魂不至於飄散也. 自廬墓俗興, 此禮遂廢, 仍奉魂於空山荒僻平昔所未嘗居處安樂之地, 以歷三年而後反之, 重體魄而輕神魂, 其不知而無稽也, 甚矣."

방하다고 생각하였다.12) 그리고 이러한 李滉의 생각은 이후 丁若鏞으로 이어졌다.

반면, 李珥는 喪禮에서 중요한 것은 事親의 정신을 진심으로 발휘하는 것이지 禮의 형식을 잘 갖추는 것이 아니라는 관점에서 이 문제에 접근하였다. 그는 매장한 뒤에 곧바로 돌아와 返魂의 의식을 거행하는 것이 正禮이기는 하지만, 그렇다고 반혼한 뒤에 평상시의 생활방식으로 복귀하는 것 또한 상복을 입는 사람의 도리가 아니라고 보았다. 따라서 상황에 따라서는 여막에 거처하는 전통적인 방식을 따라도 무방하다는 개방적인 생각을 표현했다.13)

李珥의 이러한 절충적인 생각은 이후 畿湖學派의 공통적인 관점으로 정착되었는데, 宋時烈은 朱熹의 사례에 근거하여 李珥의 논점을 정당화하였다. 그는 朱熹가 모친상을 당했을 때 返魂하고 나서도 계속 廬幕에 거처하면서 朔望에만 집에 와서 奠을 올렸다는 사실을 摘示하면서, 상황이 허락한다면 반혼과 여막 생활을 병행하는 것이 바람직하다는 견해를 제시하였다.14) 곧 李滉은 상례에 합당한 이치에 중점을 두고 반혼의식을 강조한 데 비하여,

---

12) 『退溪全書』, 37卷, 18a쪽, 「答權章仲喪禮問目」, "今有人篤孝而能謹居喪者, 反哭後能嚴內外之辨, 寢苫枕塊, 以終三年, 則固義至善. 雖違衆而不廬墓, 何不可之有?"

13) 『擊蒙要訣』, 「喪制章 第6」 참조.

14) 『宋子大全』, 卷103, 「答尹爾和(1676)」, 7a쪽, "反魂於家而守几筵, 自是正禮. 兄弟中或守此正禮, 有何不可? 朱子於母喪, 反魂而常在墓所, 朔望歸奠几筵, 則是廬墓之禮, 亦爲後學之大典矣. 不待栗谷說然後爲可行也. 若諸弟不守几筵, 而各歸其家, 則其無行大矣. 如此則爲其兄者, 當以誠意開導之, 使同於己, 似好矣."

李珥와 宋時烈은 사친의 도리에 중점을 두고 여막에 거처하는 것과 반혼의식 사이에서 折衷을 시도하였다.

이상의 논의와 관련해서, 李穡의 사상은 철학사적으로 큰 의미가 있다. 李穡은 중국 예제와 조선의 고유한 예제 사이에 乖離와 葛藤이 발생하였을 때 그것을 해소시키는 구체적인 방법을 제시하였다. 즉 그는 조선의 時俗과 三禮 및 家禮의 규정이 일치하지 않을 때, 禮의 본래 목적과 근본이념에 따라서 필요하다고 판단되는 경우 時俗을 긍정할 수 있음을 보여준 것이다. 그리고 이미 살펴보았듯이 이러한 견해는 이후 16~17세기에 와서 李珥와 宋時烈 등의 기호학파에서 적극 옹호되었던 것이다. 여기서 보듯이 예학에 접근하는 근본 태도와 관련해서 기호학파의 견해는 조선 초기 李穡 일파의 학문적 전통과 內的 聯關이 있음을 否認할 수 없다.

李穡은 특히 예학 연구에 힘을 기울였는데, 이러한 노력의 結晶이라고 할 수 있는 것이 그의 제자 權近이 편찬한 『禮記淺見錄』이다.

李穡은 漢代에 편집된 禮書의 기술 내용이 혼잡되어 있기 때문에 주제별로 새롭게 정리해야 한다는 점을 지적하였고, 權近에게는 『禮記』 연구를 특별히 당부하였던 것으로 보인다.[15] 이처럼 조선 초기에 예학이 강조된 이유에 대하여 한 연구자는 "程朱學

---

15) 權近, 「禮記淺見錄自序」, "先生(李穡을 가리킴: 筆者 註)命之曰: '禮經亡於秦火. 漢儒掇拾煨燼之餘, 隨其所得, 先後而錄之. 故其文多失次而不全…… 及予嘗欲以尊卑之等·吉凶之辨, 與夫通信之例, 分門類聚, 以便私觀, 而未就爾. 宜勉之.'"

이 새로운 사회이념으로서 영향력을 확산시키고 있던 당시의 시대적 환경 속에서, 유교이념의 사회적 실현을 위해 名分論의 확립과 함께 儀禮와 제도의 측면에 대한 정비가 시급한 과제로 요청되고 있었던 상황과 연관되는 것이라 할 수가 있다"고 풀이한 바 있다.16) 곧 유학이념을 생활양식으로 정착시키려는 의지가 白頤正으로부터 權近에 이르기까지 지속적으로 계승되어 그 실천이 모색된 것이다.

  權近의 예학 연구는 당시 조정으로부터 주목을 받았던 것으로 보이는데, 이는 太宗이 권근의 『禮記淺見錄』 저술에 金泮, 金從理 등을 참여시켜 돕게 한 사실에서도 나타난다.17) 權近은 『禮記淺見錄』에서 陳澔의 『禮記集說』의 이론적 문제점들을 지적하고 보완하는 한편, 『禮記』 각 편들을 經과 傳으로 나누거나, 分節로 나누어서 내용을 재정리하는 등, 기존의 訓詁學的 註釋 방식과는 달리 자신의 독자적인 관점에서 『禮記』의 내용을 독해하였다.18) 그는 예학을 연구하면서 경전을 經學的 관점에서 연구하는 것보다 性理學的 입장에서 『禮記』의 내용을 재해석하여 예제의 의미를 규명하는 것을 더 중요시했다. 즉 그는 성리학을 새로운 세계관으로 수용함으로써 이루어진 토대 위에 『禮記』의 내용을 성리학의 기본정신에 따라 재해석하고, 그럼으로써 家禮를 실생활에서 실천 가능하게 하는 이론적 기초를 마련하려 한 것이다.

---

16) 琴章泰, 「牧隱 李穡의 儒學思想」, 『牧隱 李穡의 生涯와 思想』, 1997.

17) 『太宗實錄』, 卷10, 太宗 5年 10月 己卯日條 참조.

18) 權近의 『禮記淺見錄』에 대한 硏究로는 權正顔, 「陽村 權近의 『禮記淺見錄』 硏究」, 『朝鮮朝 儒學思想의 探究』(서울: 驪江出版社, 1988) 참조.

禮制에 성리학 이념을 관철시키려는 의도로 권근이 陳澔의 『禮記集說』을 補完한 것은 이후 조선시대 예학의 전개과정에서 이중의 의미를 지닌다. 첫째, 진호의 『禮記集說』이 주희 성리학의 기본이념에 기초한 것임에도 불구하고 해석 내용에서 많은 문제점을 안고 있음이 명확히 드러난 것이다. 권근의 작업은 그다지 성공적이지는 못하였지만, 이후 조선 학자들에게 『禮記』를, 『禮記集說』의 한계를 넘어서 古禮와 성리학의 이념체계에 부합하도록 해석하는 일을 과제로 남겼다. 둘째, 권근의 『禮記』 연구방식은 경전에 대한 고증이나 訓詁에 중점을 둔 經學的 연구보다, 경전의 의미 맥락을 성리학 이념과 연관해서 밝히고 그것의 사회적 의의를 천명하고자 하는 이른바 道學的 연구를 지향한 조선시대의 학풍에 영향을 미쳤다. 순수한 경학적 관점에서 보면 權近의 작업은 별로 새로운 것이 없다고 할 수 있다. 그러나 성리학에 대한 이해가 深化되고 성리학적 세계 인식이 생활세계가 되면서 權近의 『禮記淺見錄』은 자연스럽게 禮制의 의미 내용을 이해하는 데 기초가 되었으며, 『禮記』 해석을 위한 기본 지침으로 인식되었다.

위의 두 가지 측면에서 권근의 연구성과를 계승하는 구체적인 작업은 조선 후기에―특히 18세기 이후에― 활발하게 진행되었다. 우리는 그 대표적인 사례로서 18세기 畿湖學派 가운데에서 老論 계열의 대표적인 관리이자 학자였던 金在魯(1682~1759)의 『禮記補註』를 들 수 있다. 이처럼 『禮記』에 대한 새로운 해석 체계를 수립하려는 노력이 18세기에 와서야 구체화되는 이유는 15세기에서 17세기에 이르는 동안 조선 학자들의 예학에 대한 관심은 조선의 생활양식에 맞는 國禮와 家禮의 체제를 수립하는 데 머물러 있었고, 淸代 考證學이 전개되면서 경전에 대한 경학적 연구 기풍이 18세기 조선 학자들에게 유행하였기 때문인 것으로 보인다.

金在魯는 『禮記補註』에서 陳澔의 『禮記集說』의 문제점들을 정밀하게 재검토하여 새로운 해석 체계를 수립하였다. 그는 이 과정에서 권근의 『禮記淺見錄』의 성과를 거의 모두 수용하고, 권근 이후 金在魯 당대에 이르는 동안 조선 학자들의 연구성과를 적극적으로 수용했다. 김재로는 권근이 鄭玄의 注를 보지 못하였음에도 불구하고 유학에 대한 정확한 식견으로 『禮記集說』의 문제점을 예리하게 지적하였음에 대하여 탄복하면서, 「樂記」편을 비롯하여 성리학의 이론적 문제와 연관된 부분에서는 우선적으로 권근의 해석을 수용했다. 그리고 이를 바탕으로 徐志修, 林泳, 崔錫鼎, 金昌協, 李睟光 등 18세기를 전후한 조선 학자들의 연구성과를 폭넓게 수용하여 『禮記』에 대한 새로운 해석 체계를 제시했다. 따라서 권근이 『禮記淺見錄』에서 『禮記集說』에 대하여 제기한 문세의식은 18세기 김재로에 이르러 『禮記補註』에 進一步한 형태로 반영되었다고 할 수 있다.[19]

우리는 權近을 충청지역 예학의 범주에만 한정시킬 수는 없다. 그러나 예학 연구에 바친 李穡의 노력은 權近에 이르러 『禮記淺見錄』이라는 구체적인 성과로 結晶되었고, 權近의 예학은 그의 제자 許稠에게 계승되어 조선조 國家儀禮가 제도적으로 정착하는

---

19) 『禮記補註』는 성균관대학교 도서관 소장본을 이용하였다. 『禮記補註』의 입장과 주요 내용에 대해서는 성균관대학교 대동문화연구원에서 간행한 『韓國經學資料集成』, 禮記篇 중 『禮記補註』에 대한 解題를 참조함.

데 실질적인 공헌을 하였다. 즉 許調가 각종의 국가의례를 제도적으로 정착시키는 데 결정적 공헌을 할 수 있었던 것은 백이정 → 이제현 → 이색 →권근으로 이어지는 예학에 대한 선구적 연구의 축적이 있었기 때문에 가능했으며, 특히 그 중 白頤正으로부터 李穡에 이르는 學統은 충청지역이라는 지역적 기반을 매개로 하여 계승 관계를 보인다.[20]

---

20) 朝鮮 肅宗朝와 景宗朝에 걸쳐서 白頤正과 李齊賢의 고향인 藍浦에, 이 두 사람을 위시하여 宋時烈, 權尙夏, 韓元震 등 畿湖學派의 주요 인물들을 享祀하는 新安書院(一名 新安祠)을 건립하는 일이 추진되어 正祖朝에 이르러 성사되었으나, 高宗 8년에 毁撤되었다. 이에 관해서는 本書 제2부 附錄: [忠淸地域의 鄕校, 書院, 祠宇], 保寧市 條를 參照할 것.

제3장 16~17世紀 忠淸地域 儒學者들의 禮學

1. 16~17世紀 朝鮮 禮學의 展開

　16세기에 와서 조선 禮學의 전개는 성리학의 발전과 발맞추이 진행되었다. 周知하다시피 16세기 무렵 조선의 성리학자들은 성리학의 이론 및 실천 문제와 관련하여 왕성한 지적 교류를 전개하면서 독자적인 학파를 형성하였다. 己卯士禍(中宗 14年, 1519) 이후 趙光祖(靜菴, 1482~1519) 계열의 士林은 지방에 隱居하면서 학문에 전념하여 이후 조선 성리학의 한 根幹을 형성하였고, 徐敬德(花潭, 1489~1546)과 그의 동료들은 재야에서 성리학 연구에 몰두하여 독창적인 견해를 제시함으로써 성리학적 이론 탐구를 촉진하였다. 그리하여 16세기 후반에 와서는 조선 성리학의 주요 학파들이 형성되었다.[1]

---

　1) 16세기 조선 성리학계의 학문적 경향에 관해서는 李東俊, 「十六世紀

영남지방에서는 曺植(南冥: 1501~1572)과 李滉(退溪, 1501~1570) 계열의 성리학자들이 성리학적 理解의 方式에 관해 서로 일정한 긴장을 유지하면서 독자적인 학파를 형성하였다. 그런가 하면 畿湖地域(경기, 충청, 호남)과 緣故가 있는 유학자들을 중심으로 畿湖學派가 성립하게 되었다.

畿湖儒學의 起點과 범위에 관한 학설은 다양하다. 尹絲淳에 따르면 畿는 서울·京畿 一圓을 가리키므로 그 뜻이 간단하지만, 湖는 忠淸道를 가리키는 湖西를 뜻하는지 全羅道를 가리키는 湖南을 뜻하는지 분명하지 않다는 것이다. 이에 대해 윤사순은 畿와 더불어 畿湖라고 할 때는 '京畿와 인접한 湖西가 제외될 수' 없음은 당연하고, 理氣와 四端七情 사이의 관계에 대하여 李滉과 논쟁을 벌임으로써 이 학파의 성립에 기여한 奇大升(高峯)이 전라도 光州 출신이었고, 기대승 자신이 전라도 長城 사람 金麟厚의 영향을 받았다는 점을 감안하여, "이른바 畿湖學派의 형성에서는 奇大升과 湖南地域을 배제할 수 없다"고 논한 바 있다.[2]

黃義東은 畿湖儒學의 起點에 관해서 다음과 같이 논했다.

> 畿湖儒學의 起點에 대한 학계의 견해는 매우 다양하다. 기호사림의 실질적인 등장을 趙光祖로 보기도 하고, 기호 유학의 기점을 李滉과 奇大升의 四七論爭으로부터 찾기도 하고, 徐敬德을 畿

韓國性理學派의 歷史意識에 關한 研究」(성균관대 박사학위논문, 1975)를 참조할 것.

2) 尹絲淳, 「畿湖儒學의 형성과 전개」, 『畿湖學派의 철학사상』, 忠南大學校 儒學研究所 편저(서울: 예문서원, 1995), 14-16쪽.

湖學派의 元祖로 보기도 한다. 그러나 대체로 嶺南學派와 畿湖學派의 學派的 分岐點을 李滉과 李珥로 보는 견해가 많다. 기호학파와 영남학파로의 分派는 李滉과 奇大升의 四端七情 논변이 결정적 계기가 된 것은 분명하지만, 실질적으로 학파적 성격을 띠고 대립하게 된 것은 李滉·李珥 이후부터라고 보는 것이 일반적인 견해이다.3)

곧 畿湖儒學의 연원은 趙光祖와 徐敬德에게서 찾을 수 있고 그 중요한 사상적 흐름은 李珥, 宋翼弼, 成渾을 따라서 전해진 것으로 볼 수 있다.4)

17세기에 접어들면, 李滉의 性理思想을 계승·발전시킨 嶺南學派와 李珥와 成渾의 성리학 사상을 계승·발전시킨 畿湖學派가 兩大 山脈을 이루면서 조선 사상계를 주도해 갔다. 그런데 顯宗朝와 肅宗朝에 걸친 몇 차례 典禮論爭을 통한 정치적 변화의 결과 기호학파 세일이 정국을 상악하게 되었는데, 그 결과 18세기 내내 기호학파가 조선 사상계를 주도하였다.

畿湖學派는 17세기 후반에 老論과 少論으로 나누어져, 성리학에 관한 이론적 견해와 정치적·예학적 견해에서 서로간에 상당한 차이를 보이게 되었다. 정치적으로 볼 때, 노론과 소론의 분열은 勳戚을 비롯한 조정의 중심 세력과 더욱 긴밀한 관계를 형성하게 된 기성세대와, 그들과 상대적으로 거리를 두고 있는 신세대 사이에서 발생한 시대 인식과 행위 노선의 차이에서 비롯한다. 그

---

3) 黃義東, 『栗谷學의 先驅와 後裔』(서울: 예문서원, 1999), 69쪽.
4) 黃義東, 위의 글.

러나 學派를 논하자면, 老論은 李珥·金長生 계열이 중심을 이루는 반면, 少論은 李恒福·崔鳴吉, 成渾·朴世采·尹拯으로 이어지는 계열이 중심을 이룬다. 학문적으로 노론은 주희 성리학을 철두철미하게 실천하려는 의지를 가지고 이론 체계에 대한 일원적 해석 체계를 지향하였던 반면에, 소론은 成渾이 李滉의 性理說에 대하여 그러하였던 것처럼 다소 會通的인 視角에서 상이한 견해들을 조정하려 하였다. 곧 16세기에 기호학파에 내재해 있던 성리학적 견해차이가 17세기에는 노론과 소론으로 분화하여 드러나게 된 것이다.

한편 영남학파는 영남지역에서 성리학 연구에 몰두하는 계열과 서울과 原州 등을 중심으로 활동하는 계열이 서로 교류하면서 독자적인 학풍을 확립하였다. 특히 서울 주변의 近畿 南人들은 성리학 이론을 비판적으로 탐구하는 한편, 그 시대의 사회문제들에 대한 개혁론을 전개함으로써 조선 후기 實學的 학풍을 주도해 갔으며, 이들 중 일부는 西學과 西敎에 대하여 受容的인 태도를 보임으로써 19세기 이후 서구사상의 수용을 위한 지적 기반을 형성했다.

16~17세기에 禮學은 대략 다음 세 단계를 거쳐서 전개되었다. 첫째, 中宗朝 이후 16세기 후반까지의 단계. 成宗朝 이전의 조선 예학은 『經國大典』, 『國朝五禮儀』, 『三綱行實圖』 등을 중심으로 중앙정부가 주도한 반면, 中宗朝 이후 宣祖朝까지 조선 禮學은 鄕村의 공공영역과 민간부문을 중심으로 해서 발전했다. 이 시기 예학은 己卯士禍로 인해 좌절을 겪었음에도 불구하고, 中宗代 이후 중앙에 진출하여 국가 운영에 적극적으로 참여하였던 士林들이 주도하면서 활기를 띠었다. 둘째, 16세기 후반에서 17세기 전반

기에 이르는 단계. 이 시기에 각 학파를 중심으로 家禮에 대한 논의가 활발해지며 조선 典型의 禮學이 수립된다. 셋째, 17세기 후반기 禮訟이 활발하게 전개된 시기이다. 고려시대 이래로 國家典禮에 대한 논쟁이 그치지 않다가 仁祖代에 이르면 그것은 치열한 양상으로 발전한다. 그리고 顯宗代와 肅宗代에는 禮訟에 참여한 사람들이 國家典禮의 의미를 國家權力의 정당성에 대한 상징적 해석과 결부시키면서 논의는 深化된다. 이 시기에 士林은 禮學에 대한 각 학파의 연구성과를 바탕으로 『國朝五禮儀』를 비롯한 국가전례의 규정들을 개정·보완할 것을 주장하고 어느 정도 이를 관철했다.

이에 대한 두 개의 서로 다른 해석이 가능하다. 하나의 해석은, 士林이 16세기와 17세기 동안 이룩한 학문적 성과를 바탕으로 조선의 국가권력을 성리학 이념에 맞게 재조정하려 했다는 점은 조선사회의 새로운 발전 방향을 보여준다는 것이다. 다른 해석은, 그 재조정의 방향이 성리학의 이념에 과도하게 밀착됨으로써 조선사회가 더욱 자기 중심적이고 폐쇄적인 체제로 되었다는 것이다.

조선의 禮學이 16~17세기에 걸쳐서 어떻게 전개되었는지를 조금 더 상세하게 알아보자. 16세기에 와서 士林은 자신들의 儒學理念을 구체적으로 실현하고자 하는 관심에서 예학을 적극적으로 연구할 뿐만 아니라, 그 주요한 禮制들을 실천하려는 움직임을 확산시켰다. 그리고 예학에 대한 학문적 성찰을 바탕으로 國家典禮에 대해서도 자신들의 견해를 제시하였다.

趙光祖와 金安國 등 中宗朝에 활동한 초기 士林派 학자들은 己卯士禍의 莫甚한 피해로 말미암아 禮學理論을 발전시키는 데 주목할 만한 업적과 영향을 남기지 못했지만, 『小學』과 『朱子家禮』를 민간에 확산시킴으로써 예학 연구를 위한 사회적 기반을 마련한 것은 사실이다. 그리고 이들이 地方의 公共領域에서 禮學을 확대시키는 동안, 民間部門에서 16세기 전반기에 예학 연구를 선도한 집단은 徐敬德과 그의 門下였다. 서경덕은 성리학을 깊이 있게 연구하여 독특한 이론을 전개했을 뿐만 아니라 禮學에 대해서도 깊은 造詣가 있었던 것으로 보인다. 中宗 喪을 당하자 그는 仁宗에게 당시 喪禮의 문제점을 지적하고 개선책을 제시하였다. 즉 그는 유생들로 하여금 喪服은 입지 않고(無服), 단지 白衣와 白冠만 3년 동안 착용하도록 규정한 國制가 君父 喪에 대한 古禮의 정신과 어긋남을 지적하고, 마땅히 齊衰三月服을 입어야 한다고 주장하였고, 아울러 山陵으로 인해 민간이 害를 입는 일이 없도록 할 것을 건의했다.5) 그의 이러한 주장은 당시 조정의 관료들에게는 과격한 것으로 인식되어 疏 자체가 받아들여지지 않았지만, 이는 士林이 國家典禮에 본격적으로 관여하는 시발점이 되었다.

　徐敬德의 門下에는 예학에 대한 탐구와 실천에 앞장서는 일단의 학자들이 출현하였는데, 『朱子家禮』에 따라 喪禮와 祭禮를 몸소 실천한 張可順(思齋, 1493~1549), 『四禮集說』을 남긴 朴枝華(守庵, 1513~1592) 등이 이에 포함된다.6) 또한 서경덕 문하에서 직접 배우지는 않았지만 서경덕의 門人인 朴枝華와 교류하는 한편, 서경

---

5) 『花潭集』, 卷2, 「擬上仁宗大王論國朝大喪喪制不古之失疏」(1544) 참조.
6) 서경덕 문하에서 이루어진 예학 연구에 대해서는 고영진, 『조선중기 예학사』(서울: 한길사, 1995), 120-137쪽 참조. 특히 136쪽의 <표 1>을 참조할 것.

덕의 후손들과도 매우 가깝게 지냈던 학자 宋寅(1516~1584)이 예학에 깊은 造詣가 있었음은 李滉, 曹植, 成悌元, 李珥, 成渾 등 쟁쟁한 학자들이 인정한 바 있다.7) 徐敬德의 다른 문하생 鄭介淸(困齋, 1529~1590)은 喪禮를 실행하면서 『朱子家禮』와 『禮記』를 함께 참고하였으며, 또한 古禮를 회복하려는 의지를 강하게 보였다. 그는 「禮字說」,「禮字義」,「論禮」 등의 글을 남겼으며 정치적·사상적으로 鄭澈과 대립했는데, 그 여파가 17세기에 있었던 金長生 계열과 尹鑴 계열 사이의 대립에까지 미친 것으로 풀이된다. 또한 閔純(杏村, 1519~1591)은 1575년 仁順王后의 喪을 당하여 禮制에 정한 喪服 形式을 宋나라 孝宗이 실행한 바 있는 古制로 바꿀 것을 주장하고 이를 관철시키면서 波紋을 일으켰고,8) 朴淳(思庵, 1523~1589)은 仁宗의 妃 仁聖王后의 喪에 宣祖가 三年服을 입어야 한다고 주장하였다. 즉 그는 仁宗과 明宗이 혈연으로는 叔姪 사이지만 의리로는 宗統을 계승한 繼體의 관계이기 때문에, 明宗이 仁宗에 대하여 三年服을 입었던 사실을 상기시키면서, 宣祖는 朴聖王后에 대하여 祖孫 사이의 服인 三年服을 입어야 한다고 주장하였는데, 이는 朞年服을 건의한 禮曹의 견해와 사뭇 달랐다. 그의 이러한 주장은 盧守愼 등의 지지를 받아 수용되었다.9)

---

7) 宋寅의 예학과 관련된 저작으로는 「가령」(家令), 「예설」(禮說. 『家禮輯覽』 등에 있는 글을 뽑아 편집한 것?)이 있다. 그는 1570년대에 鄭澈, 조휘, 朴枝華 등과 禮에 관한 서신을 교환하였는데, 특히 朴枝華에게 질의를 많이 한 것으로 보아 禮에 관해서는 그의 영향을 많이 받은 것으로 보인다. 보다 자세한 것은 고영진, 위의 책, 135-137쪽 참조.

8) 『宣祖實錄』, 8年 5月 21日條 참조.

이처럼 서경덕과 그의 문하생들이 독자적으로 예학에 沈潛하고 이를 연구하는 동안, 金麟厚는 『家禮考誤』를 통해 『朱子家禮』에 대한 근본적인 연구를 하였고, 李彦迪은 『朱子家禮』의 祭禮 규정과 司馬光의 『書儀』 및 二程의 禮說 등을 참고하여 당시의 時俗에 맞는 실용적인 祭禮 모델을 구성하려 하였다. 金仁厚의 학문적 성과는 奇大升을 통해, 그리고 李彦迪의 학문은 李滉을 통해 발전적으로 계승되어 갔음은 잘 알려진 사실이다.

또한 영남지역에서는 李賢輔 등이 16세기 초반부터 釋奠禮와 鄕飮酒禮 등을 시행하면서 향촌사회에 유학적인 기풍을 확산시켜 나갔고,10) 이어 이현보 집안의 지원을 받은 李滉이 鄕約과 社倉을 실시하는 한편 書院을 건립하여 교육에 힘씀으로써 16세기 중반 士林의 학문 활동을 크게 진작시켰다. 또한 이황은 朝廷에서 奇大升과 함께 弘文館에 소장된 『儀禮經傳通解』를 간행할 것을 건의하였고, 그에 힘입어 1569년에는 『儀禮經傳通解』가, 1571년에는 『儀禮經傳通解續』이 간행되었다.11)

그러나 이황의 예학에 끼친 가장 큰 寄與는 『朱子家禮』에 관한 연구일 것이다.12) 그는 가례에 대한 전문적 연구서를 저술하지는 않았지만 제자들에게 『朱子家禮』를 강의하였는데, 그의 제자 金隆 등은 그 내용을 바탕으로 『家禮講錄』을 편찬하였고, 또한 그의

---

9) 『宣祖實錄』, 10年 11月 29(辛巳)日條 참조.

10) 『農巖集』, 「年譜」, 1509年條 참조.

11) 고영진, 앞의 책, 109쪽 참조.

12) 이와 관련된 연구로는 裵相賢, 「退溪 李滉先生의 禮學思想」(『退溪學報』 85, 1995) 참조.

늦은 시기 제자인 李德弘은 가례에 대하여 스승으로부터 배운 바를 『家禮註解』라는 책에 실었다. 이들 서적을 통하여 우리는 李滉이 家禮를 연구하면서 『朱子家禮』와 古禮, 司馬光의 『서의』(書儀)에 나타난 바와 같은 後代의 禮制, 그리고 조선의 時俗 사이에 드러나는 不一致點들을 調律하는 문제를 두고서 고민하였음을 볼 수 있다.13) 또한 趙振(1543~?)은 李滉이 제자들과 禮制의 구체적 시행에 관해 주고받은 문답을 담은 『喪祭禮問答』이라는 저술을 남겼는데, 이 저술을 鄭逑(寒岡, 1543~1620)가 公州牧使로 재직하면서 간행하였다(1618). 그리하여 이황의 禮說이 기호학파 학자들에게 널리 알려지게 되었고, 또한 이론적으로 비판되기도 하였다.

李滉은 明宗의 喪에 대한 仁宗妃 恭懿大妃(1514~1577)의 服制를 논하면서 國家典禮 문제에 관여하게 되었다. 그는 이 문제에 관해서 奇大升과 현격한 견해차이를 보였는데, 그것이 당시 중요한 예학 이론상의 주요 爭點이었다. 李滉은 仁宗(1515~1545)과 明宗이 血緣으로는 형제 사이지만 宗統을 계승했다는 점에서는 父子의 도리가 있으며, 따라서 恭懿大妃는 明宗에 대하여 父子 사이의 服을 입어야 한다는 기대승의 주장에 동의하였다. 그러나 그는 嫡長子에 대한 服으로 齊衰三年服을 입어야 한다는 기대승의 주장에는 끝까지 동의하지 않은 것으로 보인다. 즉 李滉의 생각으로는, 宗統의 측면에서는 부자 사이의 도리가 있다 하더라도 服制에서는 형제 사이라는 점을 고려하지 않으면 안 된다는 것이었다. 따라서 그는 『朱子家禮』의 규정에 따라서 형수가 시동생에게 하는 小功服으로 하거나 또는 繼體의 도리를 고려하더라도 본래

---

13) 李德弘, 『艮齋先生續集』, 卷5, 「家禮註解」 참조.

의 혈연관계 때문에 朞年服을 넘을 수 없다고 주장하였다. 반면 기대승은 明宗이 宗統을 승계함으로써 繼體關係가 성립한 이상 恭懿大妃는 明宗에 대하여 長子에 대한 服인 齊衰三年服을 입어야 한다고 주장하였다. 실제로 공의대비는 상복을 입지 않았다. 그러나 기대승과 이황 사이에 나타난 이러한 견해의 차이는 이후 17세기 典禮論爭에서 되살아났다.

가례 연구는 李滉의 제자들에 이르러 家禮書 간행과 더불어 더욱 왕성해졌다. 金誠一은 1581년 부친상을 겪으면서 『朱子家禮』의 喪祭禮 부분을 『禮記』의 관련 내용과 연계지어 정리한 『喪禮考證』을 저술하였다. 柳成龍 역시 1602년 母親喪중에 『永慕錄』과 『喪禮考證』을 저술하였는데, 김성일의 저술과 비슷하게 『禮記』의 관련 내용을 가지고 『朱子家禮』를 보완해서 설명한 것이었다.14) 그는 또한 『周禮』에 대해서 관심을 보이는 한편, 喪禮에 사용되는 도구들에 대해서도 자세한 고증을 하여 『喪葬質疑』를 저술하였는데, 이 일련의 勞作들은 유교식 喪禮가 토착화되어 가고 있음을 보여준다. 李滉의 문하생 申渚(1544~1589), 申渫(1560~1631), 申湜(1551~1623) 세 형제는 모두 예학에 밝았다. 渚는 『禮說總論』을, 渫은 『儀禮考覽』, 『喪禮通載』, 『五服通考』를, 그리고 湜은 『疑禮考證』, 『家禮諺解』 등의 저술을 남겼다. 특히 申湜은 『家禮諺解』를 편찬하면서 金長生과 논의를 주고받았으며, 그 내용이 김장생의 『疑禮問解』에 반영되어 있다. 李滉과 曺植 두 門에서 두루 修學한 鄭逑는 이황의 견해를 그대로 계승한 嶺南士林과는 달리, 자신의 독자적인 관점에서 李滉의 예학을 계승하였다. 그는 1563년에

---

14) 柳成龍, 『西厓集』, 卷18, 「題喪禮考證後」 참조.

『家禮輯覽補註』를, 1603년에는 『五先生禮說分類』를, 1615년에는 『禮記喪禮分類』를, 1617년에는 『五服沿革圖』 등을 편찬하였고, 또한 1608년 宣祖의 喪에 관해서 諮問에 응하는 등 예학과 관련하여 상당한 업적을 남겼다. 특히 그는 鄭經世와 더불어 金長生을 비롯한 畿湖學派 학자들과도 활발하게 교류하였다. 즉 申湜과 鄭述는 李滉의 禮學 연구를 발전시키는 한편, 기호학파와 학문적으로 토론을 벌임으로써 그들에게 영남학파의 학문적 성과를 전해주는 橋梁 역할을 하였다고 할 수 있다.

17세기 畿湖學派의 학문적 방향을 결정한 李珥는 정작 禮學에 관해서 전문적인 연구서를 남기지 않았다. 다만 『擊蒙要訣』에 「喪禮」와 「祭禮」 편을 두어 현실적으로 실행할 수 있는 喪祭禮 규정들을 제시한 바 있고, 또한 이 글에 대한 부록으로 「祭儀抄」를 실어 여러 祭儀에 대하여 정리하면서 구체적인 규정들을 수록하였다. 儀禮에 관한 李珥의 견해는 李滉의 견해와 함께 17세기 조선 유학자들에게 발전적으로 계승되었지만, 한편으로는 두 사람 사이에서 드러나는 견해차이를 조율하는 문제와 관련해서 禮論과 관련된 논의가 한층 더 복잡하게 된 점도 있다.

宋翼弼은 李珥와 교류하면서 金長生 등 17세기 기호학파의 禮說 형성에 상당한 영향을 끼쳤다. 그는 庶孼 출신이라는 신분상의 제약 때문에 정치적으로 불운한 일생을 보냈지만, 성리학 이론과 예학에 관해서 활발하게 논의를 전개함으로써 기호학파의 학문 활동을 크게 자극하였다. 특히 그는 만년에 『朱子家禮』에 대한 기초적 주석서로서 『家禮註解』를 남겼는데, 그의 이러한 학문적 성과는 제자 金長生에게로 이어져 이후 17세기에 기호학파가 가례 연구를 주도하게 되는 기반을 마련했다. 또한 그는 庶母

를 대우하는 문제와 관련하여 李珥와 의견 차이를 보이기도 하였는데, 이 문제는 이후 기호학파가 庶孼許通, 奴婢從母法 등을 주장하는 형태로 계승되었다.

한편 禮學의 쟁점과 관련하여 16세기의 전반적인 양상을 살펴보면, 아직 學派的 성격을 분명하게 드러내는 학문적 논쟁은 나타나지 않았지만, 士大夫層에서 『朱子家禮』의 禮制樣式을 실천하면서 발생하는 다양한 문제들을 둘러싸고 풍부한 토론이 전개되었다. 토론의 중심 주제는 주로 禮書에서 그 명확한 규정을 찾아볼 수 없는 變禮 상황들에 직면하였을 경우 과연 어떻게 처리해야 하는가의 문제였다. 그리고 이러한 예제의 실천 방식에 대한 논의를 위해 학자들은 『朱子家禮』를 비롯한 각종 예서들을 재검토하고, 나아가 각종 예제에 담겨져 있는 사회적·사상적 의미를 심도 있게 성찰하였다.

예제의 실천 방식에 대한 논의를 촉발시켰던 요인은 크게 두 가지이다. 곧 하나는 조선 학자들이 기준으로 삼았던 『朱子家禮』와 古禮로 취급되는 三禮書를 둘러싸고 제기된 經學的 문제였고, 다른 하나는 『朱子家禮』를 비롯한 중국의 禮書와 조선의 時俗 사이에 존재하는 차이와 갈등에 관한 문제였다.

『朱子家禮』를 둘러싼 經學的 문제로는 『朱子家禮』의 저작자와 저작 시기, 이 저서와 朱熹의 다른 禮書, 즉 『儀禮經傳通解』와의 상관성, 그리고 『朱子大全』에서 開陣된 禮學에 대한 朱熹의 생각과 관련해서 『朱子家禮』가 갖는 의미 등이 그 대표적인 것이었다. 그런데 이러한 문제들은 朱熹 死後로부터 현재에 이르기까지 여전히 학문적 연구 대상이 되고 있는 것인바, 당시에 어떤 최종적인 결론으로 귀결될 수 있는 성질의 것이 아니었기 때문에, 논쟁의 초점은 오히려 이 문제를 어떻게 인식할 것인가에 맞추어져 있었다.

다음으로 『朱子家禮』를 비롯한 중국 禮書의 규정들과 조선의 時俗 사이에 나타나는 차이와 갈등을 해소하는 문제는 앞에서 살펴보았듯이, 이미 鮮初에 유교적 생활양식을 정착시킬 때부터 대두되었던 문제로, 외래문화인 유교문화가 조선의 토착문화와 융합되는 과정에서 필연적으로 발생할 수밖에 없었던 것이다. 조선의 학자들은 이 문제를 해결하기 위하여 禮書의 규정들에 담긴 근본 정신이 무엇인가를 재검토하면서, 조선의 時俗이 그러한 근본 정신과 어떻게 연결될 수 있는가의 문제를 세심하게 검토하였다. 그리고 古禮의 근본 정신과 관련한 認識의 차이는 17세기에 이르면 學派的 차이로 굳어져 갔다. 이러한 일련의 논의를 통하여 조선의 유학자들은 유교문화를 외래문화로 인식하는 차원을 넘어서 그것이 인간의 삶을 질서짓는 보편문화의 한 양식으로 인정하고, 그것이 갖는 본질적 의미를 성찰하였다. 곧, 중국 禮書의 규정들과 조선의 時俗 사이의 乖離를 해소시키는 문제를 둘러싸고 전개된 이러한 논의들은 풍부한 문화적·철학적 의미를 함축하게 된 것이다.

17세기 禮學은 李滉의 門下에서 배출된 정경세, 김성일, 柳成龍, 鄭逑 등의 영남학파와 宋翼弼, 李珥, 成渾의 문하로부터 배출된 李貴, 金長生 등의 畿湖學派가 두 중심 軸이 되어 발전했다. 그런데 김장생과 정경세, 정구 등은 예학에 관하여 서로 폭넓게 의견을 교류하였으므로, 적어도 16세기 후반기부터 17세기 전반기까지는 李滉과 李珥의 세대에 성취된 학문적 성과들이 당파적 대립 없이 풍성하게 교류·토론되었던 것으로 보이며, 그러한 학문적 토론과 탐구는 구체적인 연구 업적으로 이어졌다.

　鄭逑는 『五先生禮說分類』를 통하여 家禮에 대한 기초적 연구에 깊이를 더했으나, 표준적인 家禮書를 확립하는 데는 미치지 못하였다. 정경세는 仁祖朝에 典禮問題가 발생하자 仁祖측과 士林측 사이의 견해차이를 折衷하려고 노력하였을 뿐만 아니라, 자신의 동료인 金長生과 사위인 宋浚吉에게 李滉의 예학을 전해 줌으로써 이후 金長生을 중심으로 한 畿湖學派가 당시까지 축적된 예학의 성과를 집대성할 수 있는 기틀을 마련해 주었다. 金長生은 李滉의 門下 가운데에서 禮學에 관해서 가장 심도 있게 토론할 수 있는 상대로 정경세를 들곤 하였다. 그는 정경세를 통해서뿐만 아니라 申湜과 申義慶을 통해서도 李滉 이후 영남학파의 학문적 성과를 수용하였는데, 특히 申義慶이 이룩한 家禮研究는 곧 김장생의 학문적 기반이 되었다. 金長生과 그의 아들 金集은 2대에 걸쳐서 예학을 연구함으로써 가례를 재정립하려 하였는데, 특히 김장생은 중국과 우리나라의 가례에 대한 연구성과들을 집대성하여 『家禮輯覽』을 편찬하였다. 이들의 門下에서 배출된 宋浚吉, 宋時烈, 尹宣擧, 李惟泰, 兪棨 등은 17세기 조선 사상계를 사실상 주도하였는데, 이를테면 顯宗朝와 肅宗朝에 典禮문제가 발생할 때마다 이들은 그 사안들에 적극적으로 대처해 갔다. 이들은 정치적으로는 南人측과 대립하다가 甲戌獄事(肅宗 20年, 1694) 이후 정국을 장악하게 되었고, 17세기 이후의 조선 사상계는 이들 기호학파가 주도하게 되었다. 또한 金集의 문하에서 공부한 尹宣擧와 兪棨는 가례에 대한 학문적 연구를 진전시켜 가례에 대한 역사적 연구성과들을 모아 『家禮源流』로 집대성하였다.

　한편 畿湖學派의 주변에는 朴世茂의 손자인 朴知誠가 家學을 통하여 독자적인 예학을 전개했고, 박지계의 예학은 다시 李義吉과 權諰, 金克亨 등에게 계승되었다. 박지계는 仁祖朝에 있었던 典禮論爭에서 김장생과 대립하였는데, 이 대립 과정을 통해서 기호학파의 예학 연구는 오히려 심화되었다. 또한 17세기에 이르면 宋浚吉과 宋時烈을 중심으로 전개되는 기호학파의 예학에 대한 인식에 맞서서, 權諰, 尹鑴 등을 중심으로 독자적인 주장을 제기하는 세력이 충청지역에 발생하여 兩宋(송준길과 송시열을 이름)을 포함한 기호학파와 교류하였다. 이 가운데 尹鑴는 처음에는 일정한 黨色 없이 畿湖學派와 학문적으로 교류하였으나, 己亥禮訟을 기점으로 해서는 尹善道와 許穆 등 南人측의 견해에 동조하고, 그들과 連繫하여 활동하였다. 國家典禮에 대한 尹鑴의 새로운 시각은 17세기 畿湖學派에게 예학에 대한 탐구심을 북돋아 주었고, 한편으로는 禮訟이 정치적 대립으로 변질되어 가는 데도 기여했다. 기호학파 가운데서도 尹宣擧 등의 학자는 尹鑴의 禮說에 대하여 적극적인 반대 의사를 보이지 않았으며, 권시는 尹鑴측과 기호학파 사이의 대립을 조정하기 위한 시도를 하면서도, 예설에 관한 한 윤휴의 見地를 지지함으로써 자신의 스승인 박지계와 마찬가지로 兩宋에 맞서 독자적인 禮說을 堅持하였다.

요컨대 17세기 조선 예학은 金長生과 金集 등 畿湖學派가 주도하고, 이들에 대하여 尹鑴와 許穆 등 南人측이 맞서 경쟁하는 양상을 띠었다. 이를 충청지역에 한정해서 말한다면, 尹鑴와 尹宣擧는 畿湖學派의 학자들과 긴밀하게 교류하면서도 한편으로는 그들과 사상적으로 대립하였고, 權諰는 이들 사이의 대립을 조정하려는 노력을 보였음에도 불구하고, 그 자신의 禮說은 尹鑴의 주장에 동조하는 편이었다.

2. 16~17世紀 忠淸地域의 주요 禮學者들과 禮學

1) 金長生

(1) 淵源과 著述

　金長生(沙溪, 1548~1631)은 교과과정에서『小學』과『朱子家禮』를 首位에 두었다. 이는 李珥의 독서 순서와 다소 차이가 나며15) 오히려 李滉과 宋翼弼의 독서 순서와 일치하는 것이었다.16) 宋時烈은 선현들의 독서에 대한 인식을 설명하면서, 金宏弼이『小學』을, 趙光祖는『近思錄』을, 李滉이『心經』을, 李珥가 四書를 중시하였던 것에 비하여, 金長生은 특히『小學』과『朱子家禮』를 중시하였다고 평가했다.17) 이로 보아 김장생은 독서의 첫 단계에서부터 禮學을 중시하였음을 알 수 있다. 이러한 경향은 그의 예학을 계승한 金

---

15) 李珥는『小學』→『大學』→『論語』→『孟子』→『中庸』→『五經』→性理書(『近思錄』,『家禮』,『心經』,『二程全書』,『朱子大全』,『朱子語類』) 등으로 讀書順序를 세웠다.『栗谷全書』, 卷27, 8쪽 참조.

16)『退溪集』, 卷41,「伊山書院規」, 51a쪽 참조. 李滉은『小學』과『家禮』를 첫 단계로 삼고, 다음에 四書와 五經으로 나아가고, 그 다음에 朱熹의 著作들을 읽는 방식으로 讀書順序를 세웠다.

17)『宋子大全』7冊,「語錄」, 卷15, 31쪽 참조.

集에게 傳授되어 이후 畿湖學派의 한 특색이 되었다.

17세기 충청지역을 중심으로 기호학파가 형성되는 것은 金長生, 宋爾昌 등의 학자들이 충청지역에 자리잡아 世居하면서부터였다. 따라서 17세기 충청지역 기호학파의 사상적 연원은 김장생이 계승하고 있는 學統과 밀접한 관계가 있다. 예학에 관해서, 김장생의 학문적 전통은 두 흐름에 닿아 있다. 하나는 李珥와 宋翼弼이 중심이 되었던 15~16세기 기호학파의 흐름이고, 다른 하나는 申湜, 鄭經世, 鄭逑 등을 통해 접할 수 있었던 李滉과 嶺南學派의 예학 연구 흐름이다. 金長生은 주로 李珥의 견해를 근간으로 기호학파의 학문적 견해를 계승·발전시키면서, 한편으로는 李滉과 영남학파의 연구성과를 수용한 것이다.

김장생은 자신이 예학을 탐구하게 된 과정에 대하여 이렇게 기술한 바 있다. "내가 어려서부터 『朱子家禮』를 받아 독서하였지만 두루 이해할 수 없는 것이 病이었다. 그러다가 申義慶과 함께 여러 해 동안 토론하고 또 師門에 나아가 바른 지식을 얻으면서 드디어 그 내용을 대강 알게 되었다."[18] 그가 여기서 언급한 師門이란 곧 宋翼弼과 李珥의 門을 가리키는 것으로 보이는데, 다만 누가 더 큰 比重이 있었는지는 분명하지 않다. 宋時烈은 그의 예학이 李珥로부터 나온 것임을 강조한 반면에,[19] 朴世采는 그가 宋翼弼의 예학을 실마리로 하여 『疑禮問解』를 저술하였다고 주장한 바 있다.[20] 학문 내용으로 보면, 김장생은 宋翼弼과 李珥 두

---

18) 『沙溪全書』, 卷5, 「家禮輯覽序」, 2쪽, "余自幼受讀『家禮』, 病其未能通曉. 旣而從友人申生義慶, 與之講論, 積有年紀, 又就正于師門, 遂粗得其境界."

19) 『沙溪全書』, 卷50, 「家禮輯覽後序」(宋時烈 撰), 23쪽 참조.

학자를 부분적으로 비판하면서 同等하게 계승한 것으로 보인다.

김장생은 李滉의 예학이 考證이 미흡하다는 인식을 갖고 있었다. 당시 鄭逑가 公州牧使로 있으면서 李滉이 평소 제자들과 문답한 예설을 정리한 『喪祭禮答問』을 간행하였는데, 김장생은 그것을 구해 보고 鄭逑에게 그 내용이 매우 미흡하다는 자신의 불만을 전하였고, 鄭逑로부터 공감을 얻기도 하였다.[21] 그는 李滉 이후 嶺南學派에서 예학을 함께 논할 수 있는 학자로서 鄭經世를 지목하였다.[22] 나아가 그는 鄭逑의 예설 역시 미흡하다고 여겨서, 宋浚吉, 李惟泰, 宋時烈 등 자신의 제자들에게 이를 보완할 것을 당부하였다.[23]

김장생은 1583년(36세)에 申義慶(1557~1647)이 『朱子家禮』의 喪服篇에 대하여 조목별로 고금 학자들의 견해를 붙여서 증보한 글을 보고서는 다시 이를 보완하였다.[24] 그는 古禮와 丘濬의 『家禮儀節』에 근거하여 吉祭와 改葬의 두 조항을 새로 삽입하는 등 家禮

---

20) 『南溪集』, 卷69, 「書喪禮通載後」, 3-5쪽(『文集叢刊』, 140冊, 391-392쪽), "其兼好古者, 龜峯宋公有禮問答. 處士申公…… 沙溪金文元公又抽龜峯之緒而廣之, 遂著疑禮問解."

21) 『沙溪全書』, 卷2, 「與鄭道可」, 3쪽, "公州所刻『喪祭禮答問』, 與古禮不合者有之. 恐老先生隨問隨答, 未及考證, 李致如此."

22) 『愚伏集』, 卷10, 「行狀」, 34쪽 참조.

23) 『沙溪全書』, 卷50, 「祭文」, 10쪽, "先生嘗語小子曰, '吾欲有事焉, 時晦之釋疑多謬, 寒岡之禮說有闕, 你三人合處而會, 則可與證其謬, 而補其闕焉.'"

24) 申義慶의 人的 事項에 대해서는 한기범, 「沙溪 金長生의 生涯와 禮學思想」, 『百濟研究』 20(충남대학교 백제연구소, 1989), 195쪽의 註 112) 참조.

를 실생활에서 완벽하게 실천하기 위한 목적에서 본격적인 탐구에 착수하였다. 그 연구성과를 湖南儒生들이 김장생의 序文을 붙여 出刊하였는데(1620), 이 책은 喪禮에 대한 典範으로서 호남과 호서지방의 사대부들에게 큰 영향을 끼쳤다. 그는 이후에도 이를 계속 보완해 나갔는데, 특히 變禮의 상황에 대처하는 문제와 禮文 중 曖昧한 부분을 해석하는 문제를 두고 苦心한 흔적이 보인다. 그의 보완적 연구성과는 다시 金集에 의해 다듬어져 1648년 (仁祖 26年)에 간행되었다.25)

김장생은 1599년(52세)에 자신의 가례 연구의 결산이라고 할 수 있는 『家禮輯覽』을 완성하였다. 이 시기 그의 스승 宋翼弼은 그의 도움을 받아 沔川에 은거하면서 『家禮註說』을 저술하였던 것으로 보인다. 『家禮輯覽』은 송익필의 작업을 이어받아 『朱子家禮』에 나타나는 불완전한 조항과 규정들을 古禮와 주요 학자들의 禮說에 근거하여 보완한 것이다. 그가 『家禮輯覽』에서 가장 많이 인용하고 논의한 국내 학자의 예설은 李滉의 학설이었고(32회), 그 밖에 李彦迪(7회), 金麟厚(8회), 宋寅(7회), 宋翼弼(5회), 鄭逑(4회), 鄭經世(2회), 李珥, 申湜, 韓百謙, 沈守慶, 鄭碟 등의 예설이 인용되었다. 이로써 宋代에 불완전하게 성립되었던 家禮가 조선에서 완비된 형태로 나타나게 된 것이다. 그는 『家禮輯覽』을 완성한 뒤에도 보완 작업을 계속하였는데, 이러한 작업의 성과는 그의 아들이자 제자이기도 한 金集의 『疑禮問解』에 실렸고(1643), 이후 그의 제자들은 이를 補完하기를 계속하여 그 학문적 성과를 『疑禮問解續』으로 간행하였다. 한편 尹宣擧와 兪棨는 가례 연구의 총결산이라

---

25) 『沙溪年譜』, 36歲條와 『沙溪思想硏究』, 403-404쪽 참조.

고 할 수 있는 『家禮源流』를 집필하였다.

김장생은 1623년과 24년에 걸쳐 당시 定遠君에 대한 親祭와 追崇을 둘러싸고 일어난 禮論상의 문제에 대하여 자신의 견해를 피력하였다. 그는 仁祖와 그 側臣들이 추진한 追崇論에 반대하여 고금의 典據를 들어 이를 비판하였다. 그리고 이 과정에서 자신이 동료들과 주고받은 논의와 자신의 論據를 정리하여 『典禮答問』을 편찬하였다. 이 전례논쟁과 관련된 그의 구체적인 사상을 살펴보는 것은 다음 節로 미루기로 한다.

(2) 禮學思想

김장생과 그의 제자들이 예학에 대하여 관심을 가지게 되었던 動機에는 크게 두 가지가 있었다. 하나는 喪禮와 祭禮를 포함한 유가적 儀禮樣式을 현실 생활에서 구체적으로 실현하기 위한 방법을 모색하려는 극히 현실적인 동기였으며, 다른 하나는 宋代 性理學이 未盡한 채로 남겨 놓은 성리학 이론체계를 완성시키고자 하였던 학문적 동기였다.

조선사회에서 예법에 通曉하고 이를 실생활에서 실천하는 것은 조선의 사대부라면 누구나 해야 할 일이었기에 이를 위해서 예학에 대한 연구가 필수적이었다.

조선 禮學은 宋代 性理學이 미진하게 남겨 놓은 성리학의 이론체계를 보완하고 완성시키려는 노력으로 풀이될 수 있다. 이는 朱熹와 그의 제자들이 未完의 상태로 남겨 놓은 禮學을 완결지음으로써 성리학의 道統을 조선 성리학이, 그것도 기호학파가 주도적으로 계승·실현한다는 상징적 의미를 함축한다. 金長生은 朱

熹의 학문체계에서 예학과 관련된 부분이 未完의 상태로 남아 있음을 다음과 같이 지적하였다.

> 朱子는 (晚年에: 필자 註) 禮書에 대하여 고증하고 정리하다가 절반도 못 미쳐서 臨終을 맞이하였다. 그가 남은 일을 勉齋 黃榦에게 맡김으로써 완성은 보게 되었지만, 그래도 주자에게 稟議하여 考證하지 못하였으니, 이것이 마침내 이른바 千秋의 恨이 되고 말았다.26)

朱熹는 晚年에 禮學 탐구에 힘을 기울여 『儀禮』와 『禮記』의 내용을 관련지어 정리하고, 그 연구성과를 담아 『儀禮經傳通解』를 편찬하였다. 그러나 이 과정에서 喪禮와 祭禮 부분은 未完으로 남게 되었고, 이에 그는 자신의 사위이자 제자인 黃榦에게 그것들을 완성시킬 것을 有志로 命하였다. 그러나 黃榦조차 상례 부분을 완성하지 못하고 作故함으로써 이 사업은 未完에 그쳤다. 김장생이 千秋의 恨이라고 지적한 부분이 바로 이 상례와 제례 부분에 대한 고증과 정리의 不完全함이었다.

김장생은 1583년에 『喪禮備要』, 1599년에 『家禮輯覽』 등을 저술하였을 뿐만 아니라 일생을 통하여 예학의 연구와 그 사회적 확산에 힘을 기울였다. 그리고 그의 예학 연구의 성과를 金集, 宋浚吉, 宋時烈, 尹宣擧, 李惟泰, 兪棨 등 아들과 제자들이 『疑禮問解』에 실었고, 또 이들 제자들 사이의 논의는 『疑禮問解續』에 실렸

---

26) 『沙溪全書』, "朱子於禮書, 證定未半而易簀, 託勉齋而踵成, 亦有未及稟證者. 此所謂遂成千古之恨者."

다. 곧 16세기부터 17세기에 이르는 기호학파의 예학 연구는 송대 성리학이 다하지 못한 예학의 학문적 정립을 완성한다는 목적의식에 따라 이루어진 것이었다.

따라서 이후 김장생의 제자들이 김장생을 文廟에 配享하자고 건의할 때 강조한 것이 禮學의 道統이었다. 즉 宋時烈은 朱熹가 충분히 다루지 못하였고, 나아가 주희의 遺志를 받든 黃幹도 완성하지 못하여 未備한 상태로 남겨진 것이 바로 禮論이라고 지적하면서, 김장생이야말로 주희와 황간이 미완성으로 남긴 禮論 탐구를 계승하여 대성하였다고 평가하였다. 그는 이를 근거로 김장생을 文廟에 배향할 것을 주장하였고,27) 이러한 그의 주장은 肅宗 41년(1715)에 실현되었다.28) 송시열에 의하면 김장생은 예학 연구를 통해 성리학의 이론체계에서 未盡한 채 남아 있던 부분을 보완해 내는 사상사적 진전을 이룩했다.

(朱子는 『儀禮經典通解』에서) 喪禮와 祭禮 두 禮制만은 힘써 살필 겨를이 없었다. 黃榦의 『儀禮經傳通解續』은 매우 자세하고 정

---

27) 『宋子大全(國譯)』 2, 102-103쪽, "文元公臣金長生, 得程朱之學於文成公臣李珥, 旣盡受其說, 驗之心而體於身, 然後慨然於朱子之所恨者, 晚年專意於禮書, 蓋以勉齋之書尙有可憾, 而不無更商量者故也. 其所纂『喪禮備要』・『家禮輯覽』・『疑禮問解』・『禮記記疑』等書, 毫分縷析, 置水不漏, 使國朝典章・私家經變, 皆有所折衷, 而主一於程朱之說, 雖趣向異塗之家, 無不遵用, 其功可謂盛矣. 夫以鄭衆諸儒, 只以註釋周禮之文, 而尙且與於聖蕪之享, 況文元公是東方禮家之大成耶?" 또는 같은 책, 卷17, 「論文廟從事疏(1681)」, 18a쪽 참조.

28) 『增補文獻備考』, 卷204, 21a쪽, 「學校考: 文廟」 참조.

밀하지만, 그래도 朱子의 손을 거치지 않았기 때문에 학자들에게 아쉬운 마음이 없지 않았다. 그 때문에 선생(金長生: 필자 註)께서 이 두 禮에 대하여 힘을 기울인 바는 특별하였으니, 可謂 물샐 틈이 없다고 할 만하다. 따라서 이 『家禮輯覽』은 황간의 『儀禮經傳通解續』과 더불어 주자 성리학에 羽翼이 됨이 분명하다.29)

『喪禮備要』에는 주희의 禮論에서 미완성으로 남아 있던 喪禮를 완결짓고, 나아가 조선의 時俗과의 마찰을 해소시키기 위한 禮制準則을 마련하였다는 이중의 상징성이 있다. 이 책에서 그는 喪服과 관련된 『禮記』의 조항들을 근거로 『朱子家禮』를 보완하였는데, 이는 經으로써 가례를 보완함으로써 古禮의 근본 원리와 부합하는 상복의 보편적 준칙을 확립하는 작업이었다.30) 김장생의 예학은 고례의 원칙을 적용하여 가례를 보완하면서, 그 절차를 형식 面에서도 未備함이 없게 하였다. 예제를 실현하기 위한 절차를 보완하면서 그것의 실현을 위한 한계와 규모는 可及的 확대하였다. 金長生은 禮制 실현의 주안점을 古禮의 원칙을 실현하는 것과 厚한 쪽을 선택하는 것에 두었는데, 예컨대 李珥가 일반 士族의 경우 三代까지만 제사지낼 수 있다고 한 것에 대하여, 그는

---

29) 『宋子大全』, 卷139, 「家禮輯覽後序文」, 12쪽, "惟喪・祭二禮, 未可及焉. 勉齋續編, 雖甚詳審精密, 然學者猶以未經夫子之手, 不能無遺憾焉. 以故先生於此二禮, 用功又甚, 雖謂之置水不漏, 可也. 然則是書也, 可與勉齋續編, 恐爲興衛於朱門也, 審矣."

30) 『喪禮備要』, 「凡例」, "此書雖祖述家禮, 而其間, 或有不得已可補者, 補之. 如初終楔齒・綴足, 易服用深衣, 襲有冒及設氷, 小斂後經帶之類, 皆出於禮經, 而不可闕者也."

四大까지 지내는 것으로 이를 확대하였다. 또한 그는 家禮에는 빠져 있지만 『儀禮』와 『禮記』에는 규정되어 있는 상복 관련 조항들도 보완하였다.31)

이로써 김장생 이후 기호학파의 예학에 대한 인식은 古禮에 記述된 宗法의 原理를 더욱 충실하게 관철시키는 맥락에서 예제의 형식들을 실행하는 것이 되었다. 김장생은 卒哭 뒤에 朝夕으로 上食하는 것에 대하여, 그것이 고례에 근거가 없을 뿐만 아니라 『朱子家禮』에서 "虞後罷朝夕奠"이라고 하여 上食을 별도로 규정하지 않았음에도 불구하고, 上食을 올리는 당시 時俗을 認定하였다. 그가 이를 인정한 이유는 "禮를 넉넉하게 시행하려는 정신에 문제가 되지 않고, 넉넉한 것이 지나쳐 분수에 어긋난다는 혐의가 없다면 이를 당연히 실행해야 한다"는 점이었다.32) 이 점에서 그는 李滉과 의견이 같았는데, 이는 禮를 넉넉하게 시행하는 정신을 살려서 家禮의 제반 문제들을 해소코자 함이었다.

반면 김장생은 곳곳에서 李滉·宋翼弼과 예학에 관해 견해차이를 보였다. 그 한 예가 宗子가 出仕 등의 이유로 거처를 먼 곳으로 옮겼을 때 제사는 누가 어떻게 주관하는가에 관한 문제에 관한 異見이다. 『朱子家禮』의 註에는 宗子가 다른 나라로 가 있을 때는 支子가 대신 제사를 드린다는 규정이 있다.33) 이에 대하여

---

31) 註 21) 참조.
32) 『沙溪全書』, 卷39, 『疑禮問解』, 6쪽(下-688下b), "惟當朱子所謂不害其爲厚, 又無嫌於僭, 且當從之之敎爲定論耳."
33) 『朱子家禮』, 「四時祭·設位」의 註, "惟宗子越在他國, 則不得祭, 而庶子居者代之. 祝曰'孝子某使介子某執其常事.' 然猶不敢入廟, 特望墓爲壇以祭."

李滉은 四時에 지내는 정식 제사 이외에 忌日이나 俗節 등에 지내는 제사는 支子도 主管할 수 있다고 보았다.34) 한편 宋翼弼은 支子가 주관하는 제사는 곧 繼禰, 繼祖 등 小宗이 주관하는 제사에 局限한다고 주장하였다. 그는 『朱子家禮』의 「祠堂」에서 "제사를 지낸 다음날 다음의 서열에 있는 자식들에게 스스로 제사지내게 한다"고 한 구절에서 그 근거를 제시한다.35) 그러나 김장생은 이황과 송익필의 견해가 부당하다고 보았다. 그는 支子가 지낼 수 있는 제사는 支子의 妻나 자손의 神主를 宗家에 함께 붙여서 제사지내는 경우, 즉 班祔의 경우에 한하는 것으로 파악하였다. 이때 宗子가 선조의 神主를 모시고 다른 곳으로 옮겨가는 경우, 종래 함께 붙여서 제사지냈던 神主에 대해서는 그 남편이나 아버지 또는 할아버지가 남아서 스스로 제사지냄을 의미한다는 것이다.

金長生은 立後를 통해 後嗣를 결정한 뒤에 養父에게 다시 親子가 생길 경우, 상황에 따라 조정할 수 있기는 하지만 원칙적으로

蓋其尊祖敬宗之嚴如此. 今人主祭者游宦四方, 或貴仕於朝, 又非古人越在他國之比, 則以其田祿, 修其薦享, 又不可闕, 不得以身去國而使支子代之也. 泥古則闊於事情, 徇俗則無所品節. 必欲作其中制, 適古今之宜, 則宗子所在, 奉二主而從之, 於事爲宜. 蓋上不失萃聚祖考精神之義(二主相從, 則精神不分矣), 下使宗子得以田祿, 薦享祖宗. 處禮之變, 而不失其中, 所謂禮雖先王未之有, 可以義起者, 蓋如此. 但支子所得自主之祭, 則當留以奉祀, 不得隨宗子而徙也."

34) 『沙溪全書』, 卷30, 22쪽, "退溪曰'四時正祭之外, 若忌日‧俗節等祭, 支子亦可祭之."

35) "祭之次日, 却令次位子孫自祭者也."

는 後嗣로 결정된 養子가 宗統을 계승하는 것이 옳다고 보았다.36) 또 養子의 親父에게 後嗣가 끊어진 경우, 養子는 본래의 집으로 돌아가 宗統을 계승하지 아니하고 養父의 宗統을 계승하되 동시에 親父 쪽의 제사를 함께 붙여서 지내야 한다고 생각했다.37) 이러한 관점은 血緣에 대한 私的 親親의 情理보다는 宗統의 승계와 관련된 公的 尊尊의 義理를 더 중시하는 견해라고 할 수 있다. 즉 김장생은 고례의 준칙을 가능한 한 엄격하게 준수하려는 관점에서 종법을 비롯한 가례의 제반 사항을 실천하려고 하였던바, 예제에 대한 이와 같은 見地를 義理主義라고 할 수 있다.

喪에 관해서는 父在爲母의 경우 합당한 喪服을 『儀禮』는 杖期로, 『朱子家禮』는 齊衰三年으로, 明나라의 법제는 斬衰三年으로, 그리고 조선의 『經國大典』은 杖期로 각각 다르게 규정한 바 있다. 그런데 金長生은 이에 대해 『儀禮』의 원칙을 살려서 杖期를 옹호하였다. 즉 그는 古禮에 규정된 宗法의 원리에 따라 상복을 정하려는 見地에서, 『開元禮』 이후 변화된 규정이 역사적으로 왜곡된 것임을, 그리고 『朱子家禮』의 규정 역시 그러한 왜곡된 관행을 답습한 것임을 보여준 것이다. 이러한 견해 또한 家禮를 古禮의 원칙에 따라 실현하려는 태도를 견지하고 있었음을 명확히 보여준다. 또한 姉妹가 시집간 뒤에 서로에 대하여 服을 입는 것에 대해서도, 楊復은 『家禮附註』에서 期年에 포함시켜야 한다고 주장한 반면에, 김장생은 『儀禮』, 「喪服·大功」에 "出降者, 兩女各出, 不再降"이라고 한 것에 근거하여 이를 大功에 포함시켜야 옳다고 주

---

36) 『沙溪全書』, 卷35, 『疑禮問解』, 8쪽(下-600下ab) 참조.
37) 『沙溪全書』, 卷35, 『疑禮問解』, 9쪽(下-601上a) 참조.

장하였는데, 이 역시 『儀禮』의 규정을 존중하여 家禮를 보완하려는 그의 기본 생각을 보여준다.

한편 李珥는 『祭禮抄』에서 家禮와 時俗의 조화를 꾀하였다. 그는 墓祭에 대하여, 『朱子家禮』에는 매해 3월에 택일하여 1년에 한 번 지내도록 규정되어 있지만, 당시 우리 時俗으로는 1년에 네 번 지내는 것에 대하여, 이는 풍속을 넉넉하게 만들므로 無妨한 것으로 여겼다.[38] 다만 이 경우 家廟의 四時祭와 중복되기 때문에 寒食과 秋夕에만 정식으로 갖추어 지내고, 정월 초하루와 端午 때에는 간략하게 지내는 것이 마땅하다고 덧붙였다. 金長生 역시 李彦迪의 견해를 인용하면서 네 번 지내는 것을 인정하였다.

2) 金 集

古禮의 원칙에 기초하여 예제를 재정비하려고 한 김장생의 사상은 그의 제자들에게 계승되었다. 그 가운데 김장생의 예학을 계승하고 보완하면서 기호학파의 예학 연구를 주도한 대표적인 인물은 바로 김장생의 둘째아들 金集(愼獨齋, 1574~1656)이었다. 金集은 자신의 門人들에게 늘 禮를 다른 것보다 앞서서 교육하면서 "禮는 人欲을 막고 天理를 보존(制人欲, 存天理)하는 법칙"이라고 강조하였다. 그 때문에 그의 門을 출입한 이들 가운데에 冠·婚·喪·祭 등 家禮에 능통하지 않은 이가 없었다고 한다.[39]

---

38) 『栗谷全書』二, 卷27, 「擊蒙要訣·祭儀抄」, 97쪽, "近眼 家禮墓祭 只於 三月擇日行之 一年一祭而已 今俗於四名日皆行墓祭 從俗從厚 亦無妨."

金集이 평생 몰두한 학문적 작업은 두 가지로 나누어 볼 수 있다. 그 하나는 김장생이 일단 완성된 표준적인 家禮書와 그에 의해서 본격화된 家禮에 대한 연구를 지속해서 보완하는 작업이었다.

다른 하나는 이러한 학문적 성과를 바탕으로 당시 조선의 國家典禮를 변혁하기 위해 노력을 기울이는 일이었다. 그리고 이러한 작업은 16세기를 통하여 선배들이 이루어 놓은 학문적 성과를 계승하여 온 士林이 17세기에 와서 국가제도의 개혁을 추진하는 과정의 一端이었다.

金集이 이룩한 예학 연구의 성과는 다음과 같다. 仁祖 21년(1643, 70세)에 그는 선친 金長生이 평소 동료들과 함께 禮制 가운데에서 의심스러운 점을 논의한 것들을 모아 교정하여 『疑禮問解』 4권을 편찬하였고, 또한 자신이 동료들과 禮制에 관해 문답한 사항들을 모아 『疑禮問解續』을 저술하였다. 仁祖 26년(1648, 75세) 그는 선친 김장생이 1583년에 『喪禮備要』를 편찬한 후 계속해서 수정·보완한 부분들을 가지고 이를 再編하여 重刊하였다.[40] 또한 김장생이 앞서 宣祖 32년(1599년) 일단 완성한 『家禮輯覽』에 대해서도 金集과 그의 동료·문인들의 노력으로 수정·보완이 이루어졌다. 그러나 개정판 『家禮輯覽』은 金集 생전에는 출판되지 아니하였고, 이후 1685년(肅宗 11년)에 徐文重(夢魚亭, 1634~1709), 李師命(蒲菴, 1647~1689) 등에 의해 간행되었는데, 門人 宋時烈이 後序

---

39) 『愼獨齋全書』, 卷20, 「附錄」, 「遺事(權克中錄)」, 9쪽, "先生敎人, 以禮爲先, 常曰:「禮也者, 制人欲·存天理底法則也.」 是以諸生於冠婚喪祭之禮, 無不通曉."

40) 이상 「愼獨齋年譜」 참조.

를 붙였다.41) 이처럼 金集은 일생 동안 예학에 대하여 학문적 노력은 쏟음으로써 선대부터 시작된 가례 연구를 계승·발전시켰다.

한편 金集의 代에 와서 조선의 예제를 바로잡기 위한 정치적 노력이 나타나기 시작하였다. 즉 先代로부터 축적된 예학의 학문적 성과를 바탕으로 하여 국가전례를 변혁시키고자 하는 움직임이 나타나기 시작한 것이다. 金集은 1649년 「古今喪禮異同議」를 封事와 함께 올리면서, 『國朝五禮儀』가 『開元禮』의 제도를 많이 반영하고 있기 때문에 短喪의 폐단이 있고 또 疏漏 부분이 많음을 지적하고 이를 개선할 것을 建議하였다. 그의 이러한 주장은 顯宗朝 이후 國家典禮에 큰 영향을 미쳤으며, 英祖朝에 간행된 『喪禮補編』에서는 김장생의 『喪禮備要』와 金集의 「古今喪禮異同議」가 壓倒的으로 채택되었다.42) 이로써 古禮의 정신을 살린 禮制가 조선에서 크게 구비되고 실행될 수 있었던 것이다.

예학과 관련된 金集의 기본적인 생각은 「古今喪禮異同議」와 封事에 잘 드러난다. 그는 封事에서 자신의 의도를 다음과 같이 밝혔다.

> 이번에도 단지 『五禮儀』를 따라 하고 程朱 이전의 의논을 모두 폐하면, 정리상으로나 제도상으로 미진함이 있을까 우려됩니다.…… 대개 『五禮儀』는 唐의 『開元禮』를 채택한 것이 많고, 短喪의 폐단에 빠져 『開元禮』를 토대로 빼고 첨가하면서 빠뜨린 부

---

41) 『宋子大全』, 卷139, 「序」, 22쪽, 「家禮輯覽後序」 참조.
42) 『愼獨齋先生年譜』, 1649年(70歲) 5月 20日條 및 『愼獨齋思想研究』, 426-431쪽 참조.

분이 매우 많습니다. 더러는 細細한 것은 제시하면서도 중대한 것을 빠뜨리기도 하고, 더러는 文飾에 치중하여 본질을 소홀히 한 것도 있습니다. 그래서 禮를 논하는 선비들이 이를 심히 病痛으로 생각한 지 오래 되었습니다.…… 과거에 宋의 孝宗이 당시 통용되던 喪禮를 몸소 행하면서 古禮를 회복하려는 뜻을 가졌지만 조정의 관료들이 그 뜻을 따라 주지 않았습니다. 朱子는 뒤에 이를 恨스러워한 적이 있습니다. 이제 우리 전하께서 지극한 인품과 정성스러운 효심으로 정리상으로도 제도상으로도 모든 도리를 다하고자 하시는데, 도리어 관행과 제도에 얽매임으로써 구태의연하고 비루한 것을 고쳐 고례를 회복하는 데에 이르지 못하게 되어, 또다시 식자들에게 비판거리를 제공하게 된다면 이 어찌 다시 한번 유감스런 일이 되지 않겠습니까?43)

金集은 『國朝五禮儀』가 唐의 『開元禮』를 모델로 하여 전례규정을 수립하였기 때문에 古禮와 어긋나며, 여전히 短喪의 폐단을 내포하고 있다고 지적하였다. 그리고 『開元禮』가 宋나라 孝宗朝에서 고쳐지지 못한 것에 대하여 朱熹가 한스러워한 것도 언급하였다. 金集은 바로 이러한 이유를 들어 古禮를 기준으로 하여 喪禮

---

43) 『愼獨齋全書』, 卷3, 疏, 「封事」, 13-14쪽, "今欲只遵五禮儀, 而盡廢程朱以上議論, 則揆之情文, 恐或有未盡…… 蓋五禮儀多用開元禮, 而泥於短喪之謬, 刪添之際, 闕漏深多, 或擧其細而遺其大, 或急於文而緩於實, 講禮之士所深病者久矣…… 昔宋孝宗窮執通喪, 有意復古, 廷臣不能將順, 朱子追恨之. 今以我殿下之至性誠孝, 內發欲盡情文, 而反因循牽制, 不能革去衰陋, 一反古禮, 更貽識者之譏, 則豈不重可恨也?" 이 「封事」의 內容과 「古今喪禮異同議」 중에서 시정하고자 한 부분은 『孝宗實錄』, 卽位年 6月 壬子日 記事에 수록되어 있다.

의 각 과정을 재정비해야 한다고 주장하였던 것이다.

　이와 같이 國家典禮를 古禮의 원칙에 맞추어서 개편해야 한다는 金集의 주장은 그가 예학에 대한 인식에서 金長生의 관점을 적극 계승하였음을 보여준다. 앞서 지적한 것처럼 김장생은 『朱子家禮』의 규정들 가운데 『開元禮』 등 후대의 규정들을 답습하면서 고례와 어긋나게 된 부분들을 고례에 근거하여 보완·수정하였을 뿐만 아니라, 전례논쟁에서도 한결같이 古禮의 典據에 따라서 元宗의 追崇이 옳지 않음을 주장한 바가 있었다. 金集은 자신이 저술한 「古今喪禮異同議」에서 喪禮의 모든 과정을 고례에 의거하여 검토하고, 國制를 古禮와 비교하면서 그 문제점을 지적하였다. 그는 凡例에서 "初喪부터 마지막 吉祭(禫祭를 의미함: 필자註)에 이르기까지 각 절차의 순서를 한결같이 고례에 의거하면서 긴요치 않은 부분은 생략하였다"[44]고 밝히고 있다. 이처럼 고례의 원칙에 따라서 『國朝五禮儀』를 개정하는 것이 「古今喪禮異同議」 저술의 근본 목적이었다.

　『五禮儀』가 고례와 어긋나는 부분 가운데에서 金集이 개정할 것을 주장한 항목은 ① 屍身을 옮기고 復을 하는 것을 內侍가 해서는 안 된다는 것(顧命, 復), ② 奠을 차리는 것을 襲 뒤가 아닌 復 뒤에 해야 한다는 것(始死奠), ③ 卒哭 뒤에 結婚을 일률적으로 허가하는 것에 대하여 신분의 존비에 따라 차등을 두어야 한다는 것(戒臣民), ④ 飯含은 왕이 직접 해야 한다는 것(襲飯含), ⑤ 小斂 때 喪主들이 環絰과 素弁을 착용해야 한다는 것(具環絰), ⑥ 大

---

44) 『愼獨齋全書』, 卷12, 「古今喪禮異同議: 凡例」, 1쪽, "自初喪至吉祭, 條目次第一依古禮, 而不緊者闕之."

斂을 마치고 殯所를 차리고 나서는 奠을 한 번만 차리면 된다는 것(大斂), ⑦ 관료들이 舊君主에 대해 하는 喪服을 다시 정할 것(成服), 倚廬에 머무는 것은 成服 뒤에 할 것(倚廬. 朱子說에 근거함), ⑧ 大斂 뒤 朝夕奠에서 再拜를 할 것(朝夕奠. 朱子說에 근거함), ⑨ 朝奠을 시행할 것(陳朝祖奠), ⑩ 啓殯 때 상복을 수렴(小斂) 때의 차림으로 바꿀 것(啓), ⑪ 발인하는 새벽 祖廟에 奠을 차리는 절차를 『儀禮』의 규정에 따라 실행할 것(祖奠), ⑫ 神主를 하관한 뒤에 만들 것(作主. 國制를 따름), ⑬ 묘와 집 사이의 거리가 먼 경우 묘소에서 할 것(虞. 經文에 집착할 필요가 없음), ⑭ 國制에는 없지만 고례에 따라 反哭의 예를 시행할 것(反哭), ⑮ 朝夕奠을 철수하는 것은 初虞 뒤에 하는 것이 타당함(罷朝夕奠. 『朱子家禮』에 근거함), ⑯ 國制에는 없지만 고례에 따라 祔의 예를 시행할 것(祔), ⑰ 『朱子家禮』에 따라 練祭 뒤에 朝夕哭을 파할 것(練), ⑱ 大祥 뒤에 神主를 받들어 祖의 龕 동쪽에 서쪽을 향하게 놓고 吉祭를 드린 뒤에 정식 위치로 옮겨놓을 것(大祥) 등이다.45)

   金集의 이러한 주장은 대부분 고례에는 있지만 『五禮儀』에는 빠져 있거나 또는 다르게 규정되어 있는 부분을 復元하거나 또는 古禮의 원칙에 맞추어 조정한 것이다. 그는 그 일부를 朱熹의 說에 근거하여 수정하였지만 그가 『朱子家禮』를 古禮보다 優先視한 것은 아니었다. 또한 虞祭의 경우에는 古禮보다는 國制를 따르는 것이 타당한 것으로 여겼는데 이는 禮의 실행을 위한 조건과 가능성을 고려한 것으로 풀이된다. 전체적으로 볼 때 金集의 예학 연구의 목표는 후세에 편의에 따라 恣意로 바꾼 禮制를 古禮의

---

45) 이상 『愼獨齋全書』, 卷12, 「古今喪禮異同議」 참조.

근본 정신과 규정에 근거하여 다시 개편하려는 것이었고, 이는 곧 禮를 통하여 유학의 근본 이념을 실현하려는 노력의 一環으로 풀이된다. 즉 후대에 와서 국가권력에 의한 자의적인 규정들로 인하여 유학의 근본 정신이 禮制에 반영되지 못하거나 또는 변질되는 현상에 대하여 비판하고, 나아가 古禮에 내포된 유학 본연의 이념을 충분히 반영하는 禮制를 다시 수립함으로써, 유학이 지향하는 이상적인 사회를 실현하고자 하는 노력의 표현이었다.

金集의 「古今喪禮異同議」가 올라오자, 朝廷 臣僚들과 禮曹는 이에 대해 토론한 끝에 일부는 수용하였지만 법제화하지는 않았다. 당시 토론에 참여한 李景奭, 金尙憲, 鄭太和 등은 金集의 건의 내용에 대하여 古禮의 回復이라는 그 기본 趣旨는 긍정하면서도 몇 가지 점을 문제삼았다. 예조에서는 金集의 견해를 부분적으로 수용하면서, 그 일부는 정규적 절차로 정해 놓을 것을 최종적으로 제의하였다.46) 결국 이러한 사실은 김장생과 김집 2대에 걸쳐 이루어진 예학의 학문적 성과가 孝宗朝에 와서 적극적으로 검토되고 그 일부가 수용되었음을 말해 준다. 그리고 이후 김장생과 김집의 문하에서 공부한 山林 출신들은 국가전례에 관한 문제가 발생할 때마다 주도적인 위치에서 견해를 제시하고 사안들을 처리하였다. 17세기 이후 조선의 典禮問題에 관해서 기호학파가 주도적인 위치에 있게 된 것은 김장생과 김집 2대에 걸친 학문적 축적이 그 바탕을 이루었다고 할 수 있다.

---

46) 『孝宗實錄』, 卽位年 6月 壬子日 記事 참조.

3) 宋浚吉, 宋時烈

宋浚吉(同春堂, 1606~1672)과 宋時烈(尤庵, 1607~1689)은 17세기 충청지역 畿湖學派의 중심 인물로, 흔히 '兩宋'이라 불릴 정도로 학문적·정치적으로 동지적 입장에서 활약을 하였다. 이 점은 禮學과 禮訟에 관해서도 그러하였다. 본 節에서는 이들 두 사람의 禮學思想을 함께 서술하기로 한다.

宋浚吉의 부친 宋爾昌은 榮川郡守를 지냈으며, 宋時烈의 부친 宋甲祚와 함께 雙淸堂 宋愉의 후손이다. 宋爾昌과 宋甲祚는 李潤慶(崇德齋, 1498~1562)의 外孫으로 서로 姨兄弟 사이였고, 어머니는 光山人 金殷輝의 딸이었다. 김장생은 송준길에게 外堂叔이 된다. 宋爾昌과 金長生은 李珥(栗谷, 1536~1584)와 宋翼弼(龜峯, 1534~1599), 金繼輝(黃岡, 1526~1582) 門下에서 같이 수학하였으며, 서로 매우 가깝게 지냈다. 송이창은 김장생과 함께 16세기에 충청지역 기호학파의 형성에 크게 寄與하였다. 또한 송이창 집안의 경제 형편이 비교적 넉넉하였으므로 상대적으로 어려웠던 송시열 집안에 도움을 주었던 것으로 보인다. 송준길보다 한 살 아래인 송시열은 어려서부터 송이창에게 가서 배웠으며, 나중에 송준길과 함께 김장생의 문하에서 수학하였다.

송준길과 송시열은 김장생이 별세한 후 金集을 스승과 朋友 사이의 지위로 대접하면서 그와 학문적 교류를 계속하였다. 이들은 김장생과 김집 문하에서 기호학파에 속하는 여러 학자들과 교류하였으며, 朴知誡 문하에 속하였던 權諰, 金克亨 등과도 학문적으로 교류하였다. 비록 예론에 관해서는 서로 대립하였지만, 권시와 송시열은 사돈관계를 맺고 있었다. 이들은 또한 張顯光(旅軒, 1554~1637)과 鄭蘊(桐溪, 1569~1641) 등을 방문하는 등 당시 山林 세력들과도 연계를 가졌다. 송준길은 자신의 丈人인 鄭經世에 대해 師弟 사이의 服을 입을 정도로 그로부터 상당한 영향을 받았다. 송준길은 인격적·학문적으로 李滉(退溪, 1501~1570)을 매우 尊崇하였는데, 여기에는 鄭經世의 영향도 컸을 것으로 생각된다. 사실 그는 李滉의 학설을 정확히 이해하기 위해 鄭經世에게 여러 번 자문을 구하였다. 그리고 영남학파로부터 "退溪의 說을 버리고 栗谷의 說을 취한다"(舍陶取栗)고 공격당할 때에도 정경세의 견해를 논거로 삼아 반박하곤 하였으며, 스스로 정경세의 연보와 행장을 지었다. 송준길과 송시열은 金尙憲(淸陰, 1570~1652)과 그의 자손들, 그리고 閔維重(屯村, 1630~1687)을 비롯한 餘興閔氏 집안의 학자들과도 학문적·정치적으로 밀접하게 교류하여 老論 세력을 형성하였다. 민유중과 閔鼎重(老峯, 1628~1692)은 송준길의 문인이었고, 閔維重의 아들 閔鎭遠과 閔鎭厚는 孫胥의 인척관계를 맺고 있었다.

 송준길과 송시열은 17세기 政派的 대립의 주요 원인이 되었던 禮訟에서 처음부터 끝까지 老論의 입장을 일관되게 견지하면서, 許穆(眉叟, 1595~1682)과 尹鑴(白湖, 1617~1680), 尹善道(孤山, 1587~1671) 등 南人 세력에 맞서 그들의 비판을 방어하는 이론적 代辯者 역할을 하였다. 정치적으로 대립하였던 尹鑴와 젊은 시절에 교류한 적이 있으나, 현재 전하는 이들의 문집에는 그 관련 내용이 거의 수록되어 있지 않고, 다만 尹鑴의『白湖集』에 약간의 관련 자료들이 남아 있을 뿐이다. 송준길은 孝宗 8년(1657) 進善으로 經筵에 출입하였는데, 이 해 송시열과 함께 鄭介淸, 郭詩, 全彭齡 등을 비판하면서 鄭介淸의 祠宇를 철거할 것을 주장하였는데, 이를 계기로 윤선도, 洪汝河 등과 대립하게 되었다. 鄭介淸이 二程을 모독하였다는 비판은 金長生이 이미 제기하였던 것으로 송준길이 송시열과 함께 다시 주장한 것이었다.

이처럼 송준길과 송시열은 畿湖學派의 견해를 실현하기 위하여 일생 동안 매진하였다. 그들은 기호학파의 견해와 맞서는 세력 또는 김상헌 이래 節義派와 대립하는 세력들과 학문적·정치적으로 대립·경쟁하면서 17세기 충청지역을 중심으로 畿湖學派를 대변하는 중심 인물로 자리를 잡았다.

송준길과 송시열은 예학에 대한 전문적인 저서를 남기지는 않았지만, 김장생과 김집의 가례 연구와 그 정리 작업에 함께 참여하였고, 『喪禮備要』를 校訂함으로써 畿湖學派의 이론적 작업을 완결하는 데 기여하였다. 앞에서 지적하였듯이, 김장생과 김집 父子가 정비한 『喪禮備要』와 『家禮輯覽』은 禮制를 실행하면서 부딪치는 현실 문제 해결에 관한 조선 성리학적 모델을 보여주었다는 점에서뿐만 아니라, 송대 성리학이 미완성으로 남겨 놓았던 예학 부분을 보완함으로써 성리학의 이론체계를 완비하였다는 점에서 큰 의미를 지니는데, 이 두 저서는 이후 예제에 대한 조선 성리학의 대표적인 해석 체계로 자리잡게 되었다. 송준길과 송시열은 김장생과 김집 父子의 학문적 업적을 사회적으로 실현하는 것을 자신들의 시대적 임무로 自任했으며, 이로 인해 이들은 정치적·학문적 대립 세력으로부터 '『喪禮備要』 학자'라는 비판과 조롱을 받기도 하였다.47)

이미 말하였듯이, 金集은 金長生의 학문적 성과를 조선의 예제

개혁에 구체적으로 적용하려고 노력한 바 있다. 그런데 이러한 사회적 실천 활동은 兩宋에 이르러서 더욱 강력하게 추진되었으니, 兩宋은 김장생 이래 기호학파가 추구하는 예학 이념, 즉 고례의 회복을 통해『國朝五禮儀』등 고례의 정신에 어긋나는 예제 규정들을 개혁하는 동시에, 예학에 대한 朱熹의 학문적 업적을 적극 실현하는 것을 자신들의 시대적 과제로 삼았던 것이다. 비록 부분적으로는 兩宋이 김장생과 김집의 업적을 적극 수용하지 않은 側面이 있지만, 그러나 예학 이념 전반에 관해서 兩宋의 예학은 김장생 이래 기호학파의 관점을 일관성 있게 堅持하였다.48) 일부 연구결과는 國家典禮에 관하여 김장생과 송시열이 견해차이를 보임을 示唆하고 있는데, 이는 옳지 않은 것으로 보인다. 또한 김장생으로부터 송시열에 이르기까지 畿湖學派의 노력을 오직『朱子家禮』를 顯彰하기 위한 것으로만 파악하는 견해도 잘못된 것으로 보인다. 앞서 김장생의 예학을 소개한 부분에서 지적하였듯이, 이들이 예학을 연구하면서 始終一貫『朱子家禮』를 현창하고 강조한 까닭은,『朱子家禮』에 불완전하게라도 실현된 古禮의 정신을 완전히 실현하는 가례를 재구성하는 데 뜻을 두었기 때문이다.

宋時烈은 1649년 갓 즉위한 孝宗에게 올린 이른바「己丑封事」에서 仁祖의 喪을『國朝五禮儀』에 따르기보다는 金集의 건의에 따라 치를 것을 주장하였다. 그는『國朝五禮儀』가운데 服制 부분

---

47)『白湖全書』(下),「附錄」,「年譜」, 己亥年(1659) 5月條 참조.
48) 이 時代의 禮學에 대한 硏究傾向에 대한 檢討는 아래 禮訟에 대한 연구傾向을 참조할 것.

이 가장 紊亂하다고 지적하면서, 喪服과 朝服이 하나의 복장에 함께 뒤섞여 있는 것을 비판하였다. 그리고 그는 『儀注』에 따르지 말고 反魂時 哀慕의 정성을 다할 것, 節日賀儀를 일체 정지시킬 것, 국내에 있는 『儀禮經傳通解』의 소재를 찾아 간행할 것과 古禮를 회복하는 차원에서 國喪중 私服을 입지 못하게 할 것 등을 건의하였다. 「己丑封事」는 송시열이 정치에 참여하면서 기호학파의 山林으로서 자신이 갖는 견해를 명확히 천명한 것으로, 그것은 이후 그의 평생에 걸쳐 기본 사상으로 남아 있었다.[49] 그의 건의 중 『儀禮經傳通解』의 간행 件은 6년 뒤 실현되었다.

孝宗 6년(1655년) 宋浚吉은 金集과 함께 『儀禮經傳通解』와 『儀禮喪服圖』 36책을 孝宗으로부터 下賜받았는데, 이는 곧 기호학파가 예학을 顯彰하였음을 국가가 인정한 것이라고 할 수 있다. 송준길은 책을 하사받고 올린 疏에서 王安石이 『周禮』를 중심으로 당시 체제를 개편하려 한 일에 대하여 朱熹가 비판한 사실을 거론하면서, 古禮를 회복함으로써 禮治를 실현할 것을 건의하였다.[50] 요컨대 송시열과 송준길이 예학과 관련하여 공통적으로 견지하였던 근본적인 견해는 조선사회에 古禮의 정신을 반영하는 禮制를 실현하여야 한다는 것이었으니, 이는 곧 김장생 이래 畿湖學派의 기본 생각과 동일한 것이었을 뿐만 아니라, 나아가 조선 성

---

49) 『宋子大全』, 「己丑封事」 참조.

50) 『同春堂集』, 「謝特賜儀禮經傳通解及圖疏」, 325下a쪽, "至王安石, 始亂舊章而廢罷之. 朱夫子嘗慨然而思正焉. 誠願殿下因此幾會, 漸復古制, 臨筵講讀, 以身爲教. 上下崇禮, 敬讓興行, 朝廷閭巷, 日用云爲, 無不由禮, 則所謂爲國何有, 錯之天下無難者, 可庶幾焉, 而今日此書之行, 實爲之兆也."

리학자들이 한결같이 지향하였던 주요한 觀點이기도 하였다.

송시열이 「己丑封事」에서 지적한 것처럼, 禮制를 실행하는 과정에서 문제가 가장 많이 발생한 부분이 喪禮였다. 家禮의 水準에서뿐만 아니라 國家典禮의 수준에서도 喪禮는 前近代 기간 내내 집권자의 喪이 발생할 때마다 다양한 波長을 몰고 왔다. 송준길과 송시열은 효종의 喪을 당해 장례의 절차와 상복 등에 관해 자문하면서, 『國朝五禮儀』에 규정된 내용이 古禮에 합당하지 않다고 보고 이를 보완 또는 개정할 것을 주장하였다. 송준길은 특히 효종의 小祥에 즈음하여 「練服改變議」를 통해 당시 왕실에서 小祥 때와 그 이후에 입는 상복이 고례와 맞지 않음을 지적하고, 小祥 때 腰絰을 葛로, 絞帶를 布로 고쳐야 한다고 주장하였다.51) 그리고 그의 이 견해는 받아들여져 시행되었다. 金集을 중심으로 해서 제기된 바 있는 기호학파의 견해가 송준길에 와서 다시 제기되어 결국 실현된 것이다. 이외에 太廟祧祔祭에 참여하여 永寧殿에 대해서도 望廟의 禮를, 곧 永寧殿에 군주가 展謁하는 예를 거행할 것을 주장하여 받아들여졌다.52)

송준길은 송시열과 함께 기회 있을 때마다 宗廟制度에 관한 개선사항을 건의하였고, 또한 그 儀禮의 형식을 정립·제시하였다. 그는 1661년 7월 孝宗의 神主를 宗廟로 옮길 때 永寧殿에도 展謁하기를 청하는 箚子를 올려 顯宗으로 하여금 永寧殿에서도 望廟의 禮를 거행하도록 했다. 또한 송시열과 함께 神德王后 姜氏의 陵을 復舊하고 太祖廟에 배향할 것을 주장하여 성사시켰다. 일찍

---

51) 『同春堂年譜』, 庚子年(1660) 5月條 참조.
52) 『同春堂年譜』, 辛丑年(1661) 7月條 참조.

이 神德王后가 太祖廟에 祔廟되지 못하자 兩宋의 선조인 宋愉(雙淸堂)는 관직을 그만두었다고 전하며, 이 사안은 宣祖朝에 三司에서 여러 차례 강력히 건의한 바 있지만 받아들여지지 않고 있었는데, 이때 양송의 건의로 비로소 실현된 것이다. 송준길은 이 일을 성사시킨 후「神德王后祔廟時題主及權安處所諡冊追補議」를 올려 그 의례 형식을 제시하였다. 또한 그는 穆祖(太祖의 高祖)를 종묘에 奉享해야 한다는 송시열의 주장을 송대 朱熹가 僖祖의 遞遷을 반대한 것과 결부시켜 지지하였는데, 이 주장은 받아들여지지 않았다. 이에 관해 尹鑴측은 이는 조선의 국가전례를 諸侯의 禮로서 행하지 않고, 朱熹를 빌어 天子의 禮를 실행하려는 것이라고 비판하였다.53) 兩宋은 또한 入承大統한 경우 親父를 追尊하는 것에 대하여 반대하였는데, 이것은 김장생 이래 기호학파의 공통된 입장이었다.

예론과 관련하여 송준길은 1645년 昭顯世子의 喪을 당하여 元孫을 세울 것을 주장하는 疏를 올렸다가 내심 鳳林大君으로 후계자를 삼으려는 仁祖의 의도와 어긋나 마찰을 빚었다. 또한 1659년 孝宗의 喪을 당해 그는 송시열과 함께『儀禮』에 근거하여 仁宣王后가 期年服을 입어야 한다고 주장하다가 尹善道를 비롯한 南人들과 政派的 갈등을 더하게 되었다. 仁宣王后의 服制는 鄭太和를 비롯한 朝廷 관료들의 調整으로『經國大典』의 규정에 근거한 期年服으로 정해졌지만, 1년 뒤 小祥을 전후하여 尹善道, 許穆,

---

53) 尹鑴는 1677年 顯宗의 行狀을 보완하면서 이 사실을 摘記하여 宋時烈의 '過誤'를 정당화하려고 하였다.『白湖全書』(下), 附錄,「年譜」, 1677年條 참조.

權諰 등이 兩宋의 관점을 비판하고 三年說을 주장하고, 그에 대한 論據를 尹鑴가 제기함으로써 禮訟이 본격화되었다. 그러나 尹善道의 疏가 내용의 정당성을 떠나서 정치적으로 비난받게 되고, 또한 許穆의 妾子說이 설득력을 잃게 됨으로써, 이른바 己亥禮訟 (1659)에서 승자는 일단 송준길과 송시열측이 되었다. 그러나 이후 甲寅禮訟(1674)에서 肅宗이 尹鑴측의 견해를 지지함으로써 송시열을 비롯한 西人측(송준길은 1672년에 이미 별세한 뒤였음)이 곤경에 처하였고, 이후로 庚申換局(1680)과 己巳換局(1689), 그리고 甲戌換局(1694) 등 여러 차례의 정치적 波瀾을 겪은 뒤에 결국 西人측이 다시 정국을 장악하면서 최종적인 승자가 되었다.

송준길이 昭顯世子의 상을 당해 인조에게 長子에 대해 三年服을 입어야 한다고 건의한 것은 곧 김장생 이래 기호학파의 예학 인식을 반영한 것이었다. 당시 『經國大典』의 규정에는 장자에 대하여 衆子와 구분 없이 期年服으로 하도록 규정되어 있었다. 송준길을 비롯한 기호학파는 이 규정이 『儀禮』, 「喪服」에 규정된 고례의 정신과 어긋난다고 보아, 고례를 회복한다는 차원에서 그러한 주장을 한 것이다. 따라서 兩宋은 孝宗의 喪에 대해서도 『儀禮』의 규정에 근거하여 인조의 繼妃인 莊烈王后의 服은 당연히 期年服으로 해야 한다고 주장하였다. 그리고 이에 대한 古禮의 論據로서, 『儀禮』, 「喪服・斬衰」의 長子服 규정에 대한 賈公彦의 疏에서 제시된 이른바 四種說에 근거하여 孝宗은 아들로서 왕위를 계승하였지만 嫡長子가 아니기 때문에 四種說 중 '體而不正'에 해당한다고 지적하였다.[54]

---

54) 四種說 등 服制에 관련한 주요 용어의 개념과 관련 내용은 제5장 「己

兩宋의 이러한 주장은 尹鑴로부터 반박당했고, 이어서 尹善道, 許穆, 權諰 등으로부터도 비판받는 바 되었다. 이들은 兩宋이 군주의 服制를 일반 士大夫의 家禮와 동일시하였으며, 宗統 계승에서 孝宗의 정통성을 부정하는 것이라 하여 반대하였다. 특히 尹鑴와 尹善道는 후자의 측면에서 兩宋을 정치적으로 공격하였는데, 이 때문에 甲寅禮訟에서 老論이 失脚하고 송시열이 賜死되었다. 그러나 庚申換局 이후 老論이 정권을 장악하게 되면서 兩宋의 견해는 일반적으로 긍정되었다. 이들이 예송에서 제기한 이론적 견해는 追後 자세히 서술하기로 한다.

민간 부문에서도 兩宋의 활동은 다양했다. 송준길은 김장생을 遯巖書院에 봉향할 때 『享禮儀節』을 기초하였고,[55] 兩宋은 光海君 6년(1614)에 강화도에서 殉節한 竹牕 李時稷과 野隱 宋時榮(宋時烈의 從兄)을 기념하기 위하여 崇賢書院 옆에 忠節祠를 건립할 것을 발의하여 성사시켰고, 孝宗 4년(1653)에는 鄕飮酒禮를 거행하였다.

兩宋이 金長生과 金集의 예학을 계승하였음에도, 양송과 김장생·김집 사이에 見解差異가 드러나는 경우도 있다. 차이는 송시열에게 더 명확하게 나타나는데, 一例로 練祭를 지낸 뒤에 朝夕으로 展拜하는 것이 옳다고 본 李滉의 견해와, 展拜하는 것이 3년 동안은 항상 모시고 있어야 한다는 도리에 어긋난다고 보는 金長生의 비판 사이에서 송시열은 이황의 견해를 따랐다.[56] 그러나

亥·甲寅禮訟을 통해 본 충청지역 유학자들의 예학」에서 자세히 언급하기로 한다.

55) 『同春堂年譜』, 甲戌年(1634) 4月條 참조.

56) 『宋子大全』, 卷54, 11쪽, 「答金久之」(1669), "練後朝夕展拜, 二先生之說

이러한 차이는 기호학파의 예학에 대한 근본적인 視角에 비추어 볼 때 특별한 의미가 있었던 것은 아닌 것으로 보인다. 앞서 지적하였듯이 송시열은 閔愼의 變禮에 대하여 朴世采의 견해를 朱子의 설에 근거하여 변호한 바 있었다. 이러한 그의 변론에 대하여 金錫冑는, 閔愼으로 하여금 아버지 閔世益을 무시하게 하였다고 비판하였고, 尹鑴 또한 大倫을 어지럽혔다고 비판하였다는데, 윤휴는 이로 인해 海上으로 유배되기도 하였다.57) 그러나 송시열은 鄭玄의 註釋은 천자와 제후의 경우에 국한하여 말한 것이었다 할지라도, 朱熹는 모든 신분에 걸쳐서 말한 것이라고 보았다.58)

한편, 國家典禮와 家禮에 관련된 사안이 동시에 발생하여 행사가 겹치게 되는 경우, 사대부의 온당한 처신은 과연 어떠해야 하는가의 문제는 당시 예제논쟁에서 주요한 논란거리가 되었다. 먼저 송시열은 私喪과 國喪이 겹치는 경우, 親服을 且置하고 君主에 대한 服을 먼저 입어야 하며, 군주에 대한 義服을 입는 동안에는 私的인 親服은 입을 수 없다고 보았다. 송시열의 이러한 논점에 대하여 박세채는 三品 이하의 관직을 지낸 사람이나 아직 관직에 진출하지 않은 士들은 군주의 장례를 치르기 이전이라도 私喪에 대해 親祭를 거행할 수 있다는 절충안을 제시하였다.59) 또한 權

果有異同. 然練前有朝夕哭, 祔廟後有晨謁, 而中間練後祔前, 卻無事在者, 是難曉處也. 從李先生說恐或寡過也."

57) 『국역송자대전』 4冊, 10쪽 註 1) 참조. 閔愼의 복제에 관한 윤휴의 견해는 (6) 尹鑴條를 참조할 것.

58) 『宋子大全』, 卷65, 「答朴和叔」(壬子年[1671] 3月 21日), 38쪽 참조.

59) 『南溪集』, 卷26, 「答宋尤齋別紙」(庚申年[1680] 10月 18日), 5쪽 참조.

愚는「國喪私服解」라는 글에서 親親을 의미하는 恩과 尊尊을 의미하는 義 사이의 輕重의 관계로 이 문제를 논하면서 자신의 의견을 집약적으로 제시하였는데, 그는 신하를 군주에 대하여 斬衰服을 입는 부류와 齊衰服 이하를 입는 부류로 양분하여, 전자의 경우에는 군주에 대한 義가 사적인 親에 대한 恩보다 더 우선하지만 후자의 경우에는 그 반대라고 보면서, 이 후자의 경우에 해당하는 신하들은 私喪을 거행하여야 한다고 주장하였다.60) 나아가 許穆은 군주에 대하여 緦麻服을 입는 부류들을 그 예로 들었다. 즉 이들이 私喪중에 군주의 喪을 당한 경우, 군주에 대한 服이 엄중한 것이기는 하지만 3개월 緦麻服은 매우 가벼운 것이며, 반면 私喪은 비록 굽혀야 하는 것이지만(私喪雖屈), 그 애통한 마음은 실로 무겁기 때문에(至慟爲重),61) 군주에 대한 3개월의 緦麻服을 다 입은 다음에는 군주의 장례가 비록 끝나지 않았다 하더라도 자신들의 私喪 절차를 진행하는 것은 무방하다고 주장하였다.62) 이러한 折衷的 견해에 대하여 송시열은 조선에서는 관직의 등급 구분이 古禮처럼 엄격하지 않을 뿐만 아니라, 나아가 三公에서 하위직에 이르기까지 모두 같은 차원에서 禮制가 적용되고 있는 사실을 摘示하면서, 군주에 대한 服을 벗은 후에 비로소 私喪에 대하여 追服하는 것이 마땅하다는 견해를 재삼 披瀝하였다.63) 다

---

60) 『炭翁集』, 卷9, 「國喪私服解」, 24-29쪽 참조.
61) 『記言(別集)』, 卷5, 「上從兄議國恤私喪之禮」, 3-4쪽, "君服雖嚴, 三月則輕; 私喪雖屈, 至慟爲重."
62) 註 50) 참조.
63) 『宋子大全』, 卷67, 「答朴和叔」(1680年 12月 7日), 28쪽 이하 참조.

만 그는 (李滉과) 金長生의 사례에 따라 私喪에서는 練祭를 지내는 대신 간단한 추모의 표시만 하였다가 國喪이 끝난 뒤에, 비록 상복 기간이 지난 뒤라 할지라도, 追服하는 것이 바람직하다는 의견을 덧붙였다. 그러면서도 私的인 喪祭를 君喪중에 정식으로 거행할 수 없음을 분명히 하였다.64) 결국 송시열의 이러한 주장은 私喪과 國喪이 겹치는 경우 어디까지나 군주에 대한 服을 우선시하여 차별화하려는 생각인 동시에, 親親보다는 尊尊의 관념이 우선적인 적용 기준이 되어야 한다는 논점을 함축하고 있는 것이다. 송시열의 이러한 견해는 그의 예학사상을 이해하는 데 매우 중요한 요소이다. 왜냐하면 기존의 연구성과들은 한결같이 尹鑴의 宋時烈에 대한 비판에 근거해서 송시열이 일반 士庶의 禮와 군주의 禮를 동일한 차원에 놓은, 이른바 '天下同禮'의 見地에서 禮學을 전개하였다고 보기 때문이다.65) 그러나 國喪과 私喪이 겹친 때 國喪을 우선하여 遵守할 것을 주장한 그의 태도에서 看取할 수 있듯이, 그가 禮制의 기본원칙을 신분에 상관없이 보편적으로 적용하려 하였다거나 또는 군주의 禮와 士庶의 禮를 동일한 수준에 놓으려 했다는 평가는 모두 論點을 크게 벗어난 것이라 하겠다.

---

64) 『宋子大全』, 卷113, 「答朴士元」(別紙)(1681년 4월 24일), 40-44쪽; 같은 책, 卷91, 「答李汝九」(1680년 12월 26일), 18-20쪽 등 참조.

65) 이러한 견해는 崔完秀, 鄭玉子, 池斗煥 등 國史學界에서 주로 제기되고 있다. 이들 견해에 대한 분석은 禮訟을 다룬 부분을 참조할 것.

4) 李惟泰

이유태(草廬, 1607~1684)는 송시열과 동년배로, 17세기 충청지역의 기호학파를 대표하는 인물 중의 한 명이다. 그는 金長生·金集 문하에서 수학하였고, 송준길·송시열과 함께 同志로서 지내자는 道義之敎를 맺으면서 일생 동안 한결같이 기호학파의 見解를 堅持하였다.66) 그는 兩宋과 함께 『栗谷先生年譜』, 『牛溪先生年譜』, 『沙溪先生遺稿』, 『重峯趙先生遺事』, 『家禮輯覽』, 『喪禮備要』, 『疑禮問解』, 『近思錄釋疑』, 『經書辨疑』 등을 교정하였고, 또한 李珥의 『小學集註』를 근간으로 『小學』을 諺解하는 사업에 兩宋과 함께 참여한 바 있다.

이유태는 김장생과 김집의 문하에서 수학하면서 예학에 남다른 학구적 열정을 가지고 적극적으로 몰두하여 『疑禮問解』를 완성하는 데 남다른 기여를 하였고, 나아가 자신이 김장생에게 禮에 대하여 질의한 내용을 「疑禮問目」으로, 붕우들 사이에서 문답한 예론을 「疑禮問答」으로 정리하여 남겼다. 또한 「庭訓」을 지어 家禮를 실행하는 기준을 세웠을 뿐만 아니라, 家事 일체를 유가의 이념에 따라 실행하였다.67)

이유태의 예학에 대한 견해는 대체로 양송의 견해와 비슷하다.

---

66) 『草廬集』, 「年譜」, 卷1(甲子年[1624]條), 4쪽 참조.
67) 『草廬全集』(上), 「庭訓」; 이해준 편저, 『草廬 李惟泰의 鄕約과 庭訓』 (서울, 신서원, 1998. 3) 참조.

예를 들면 그는 송시열과 마찬가지로 子婦喪 때의 喪祭를 시아버지와 남편 가운데서 누가 주관하는 것이 온당한가의 문제와 관련하여, 「喪服小記」, 「奔喪」 등의 문헌에 근거하면서 祔祭만은 시아버지가 주관하고 虞祭, 卒哭祭, 練祭, 祥祭 등은 남편이 주관하는 가운데 시아버지는 이때 尊長者의 자리에만 참여하는 것이 합당하다고 여겼다.68) 또한 그는 國喪중에 私喪을 당한 경우 私服을 입는 것에 대해서도 근본적으로 반대하였는데, 이 점도 송시열의 견해와 동일하다. 그는 다만 『朱子家禮』에 따라, 무거운 服을 입는 중에 輕喪을 당한 경우 처신하는 禮에 따를 수 있다고 함으로써 조금 더 柔軟性을 보였다.

그는 군주의 服制가 후대에 이르러 일정한 형식을 상실하였다고 지적하면서, 당시 조선에서 사대부들이 군주의 상을 당하여 白衣笠 차림으로 3년을 지내는 것은 古禮가 아니며, 더구나 國喪의 卒哭 뒤에 곧바로 私喪에 대한 喪祭와 婚姻 등을 거행하는 풍습 역시 고례가 아니라고 비판하였다. 그렇지만 당시 國喪에 대한 喪服이 이미 古禮가 아니기 때문에 私喪에 대하여 成服을 하지 않는 것도 역시 합당하지 않은 형편이어서 다소 난처한 상황이라고 보았다.69) 어쨌든 그는 적어도 國制에서 卒哭 전에 喪祭를 금하고 있는 규정은 준수되어야 한다고 보았다.70)

李惟泰는 禮訟에서 시종일관 西人측의 견해를 대변하였다. 그는 己亥禮訟(659)과 甲寅禮訟(674)에서 제기된 南人측의 견해에 대

---

68) 『草廬先生文集』, 卷8, 「疑禮問答」, 1-2쪽 참조.
69) 『草廬先生文集』, 卷8, 「疑禮問答」, 24-25쪽 참조.
70) 『草廬先生文集』, 卷8, 「疑禮問答」, 32쪽 참조.

하여 조목별로 반박하는 글을 정리한 「禮辨」을 남겨 놓았다. 甲寅禮訟 이후 그가 유배되는 과정에서 그의 門人과 송시열의 문인들 사이에 마찰이 생긴 일로 인해 마치 그가 자신의 견해를 바꾼 것처럼 오해를 받기도 하였지만,[71] 현재 남아 있는 글을 통해서 보면 그는 철두철미 西人측의 견해를 堅持·擁護하였음을 알 수 있다. 兩宋이 服制 논의와 관련한 자신들의 의견을 별도의 논문으로 정리해 놓지 않은 것과는 대조적으로, 이유태는 「禮辨」에 西人측의 견해를 이론적으로 논리 정연하게 정리해 놓았다.[72]

尹鑴는 斬衰說의 근거로 諸侯의 喪에 대하여 제후와 五屬의 관계에 있는 친족은 모두 참최복을 입는다는『儀禮』,「喪服」의 疏를 제시하였다. 이에 대하여 李惟泰는 賈貢彦이 疏에서 말하는 五屬이란 旁親을 모두 지칭하기 위해 표현한 것이라고 재해석한다. 즉 五屬의 범주에 포함되는 伯叔父와 兄弟 등을 의미한다고 보면서, 이들 傍親은 군주 생존시에 군주에 대하여 군신관계가 형제관계보다 앞서기 때문에 喪服에 있어서도 親服이 아닌 군주에 대한 義服으로서의 참최복을 입는 것이며, 따라서 傳에서 제후와 형제관계인 경우 참최복을 입는다고 규정한 것도 이러한 맥락에서라고 이유태는 반박하였다. 그는 이 견해를 뒷받침하기 위하여 형제가 모두 제후인 경우에는 本服, 즉 군신관계의 참최복이 아닌 형제 사이의 親服으로서의 期年服을 입는다는 經文을 그 근거로 제시하였다. 그리고 그는 형제 사이에서도 신분이 같으면 친

---

71) 金世奉,「17世紀 湖西山林勢力 硏究: 山人勢力을 중심으로」(단국대 사학과 박사학위논문, 1995) 참조.

72)『草廬先生文集』, 卷7,「禮辨」참조.

복을 입는데 하물며 부모와 자식 사이에 '尊同'의 원칙을 적용하지 않을 수 있겠는가 반문하였다.73) 李惟泰의 이러한 반론은 尹鑴의 臣母說에 대한 강력한 反證이라고 할 수 있으며, 『儀禮』, 「喪服」의 문맥에 대한 정확한 통찰과 이해를 보여주는 사례라고 할 수 있다.74)

許穆과 尹鑴 등 南人측이 禮訟에서 기호학파에 대해 반론을 제기한 또 하나의 대목은 西人의 주장대로 孝宗에 대하여 期年喪을 행할 경우 適子는 昭顯世子가 되고 효종은 宗統만 계승하는 꼴이 되어 嫡統과 종통이 분리되는 결과를 초래한다는 것이었다. 尹善道와 尹鑴는 이러한 해석을 바탕으로 西人측의 期年說이 결국 효종에게 적통을 인정하지 않음으로써 이른바 '卑主貳宗'의 정치적 의도를 드러낸 것이라고 비판하였다. 그러나 이유태는 이에 대하여 宗統과 嫡統은 분리되지 않지만 適子와 長子는 구분할 수 있다는 시각에서 반론을 제기하였다. 그는 宗法에서의 適의 개념에는 종통과 적통이 함께 내포되어 있어서 서로 분리될 수 없는 일체이며, 따라서 嫡妻 소생의 첫번째 아들을 適子라고 하는 것은 곧 종통과 적통이 함께 그에게 있다는 함의를 내포한다고 해석하였다.75) 반면에 장자는 형제 사이의 혈연적 나이 차이를 의미

---

73) 尊同의 원칙: 死者에 대하여 服을 하는 사람이 死者보다 지위가 높으면 降服을 하지만, 지위가 같으면 降服을 하지 않고 본래의 服을 하는 원칙이다. 『儀禮』, 「喪服·大功」 참조.
74) 『草廬先生文集』, 卷7, 「禮辨: 甲寅說」, 23쪽 참조.
75) 『草廬先生文集』, 卷7, 「禮辨: 宗與適不可分說」, 45-46쪽, "蓋適子宗統之謂也. 周公立宗法, 天子·諸侯·大夫·士家, 皆有宗適, 而以嫡妻所生第一長子爲適子. 然適子以宗統之主而言也, 長子以兄弟之序而言也."

할 뿐 적통과 종통을 동시에 내포하는 개념이 아니라고 보았다. 이에 그는 소현세자가 과거에 世子의 자리에 있었으므로 嫡子이었음은 분명하지만, 그러나 현재 그 統이 끊어졌기 때문에 더 이상 嫡統이 그에게 있는 것은 아니라고 본 반면에, 孝宗은 昭顯世子의 동생으로서 제위에 올라 宗統을 계승하였으므로 嫡統도 곧 그에게 속하게 된다고 보았다. 따라서 소현세자는 '舊世子,' 즉 과거의 적자였고 또 仁祖의 장자이지만, 일단 종통이 효종에게 계승된 이상에는 곧 효종이 종통을 계승한 적자가 된다는 주장이었다. 다만 형제의 서열상으로 보면 효종은 인조의 장자는 아니며 次子일 뿐이라는 것이다.76)

李惟泰는 이와 유사한 관점에서, 庶子·適子 개념이 동일한 대상에게 함께 적용할 수 있는 개념이며 반드시 서로 배타적인 개념으로만 보아야 하는 것은 아니라고 주장하였다. 따라서 支庶로서 入承大統한 효종의 경우 혈연적으로는 次子이기 때문에 庶子라고 할 수 있으나, 嫡統을 계승하였다는 점에서 보면 適子라고 할 수 있고 복제도 長子服과 같을 수 있다고 보았다. 그럼에도 불구하고 효종에 대하여 朞年服을 하는 것은 周公이 제정한 宗法의 원칙이 그렇기 때문이라는 것이다. 즉 嫡統으로 따지면 適子이지만, 服制는 庶子服을 해야 한다고 주장하였다.77) 곧 이유태의 이러한 주장은 適統은 宗統에 예속되며 복제 또한 이에 따라 결정되어야 한다는 許穆과 尹鑴의 견해에 대한 반론으로서, 시종일관

---

76) 『草廬先生文集』, 卷7, 「禮辨: 宗與適不可分說 / 適與長可分說」, 45-46쪽.
77) 『草廬先生文集』, 卷7, 「禮辨: 庶子升爲適適子庶子之名不可分說」, 48-49쪽.

兩宋의 견해와 부합한다. 곧 李惟泰도 服制와 宗統의 계승을 경우에 따라 분리해서 다루려고 하였던 것이다.

5) 尹宣擧, 兪棨

尹宣擧(魯西, 1610~1669)는 成渾의 외손으로, 金長生과 金集 문하에서 수학하였다. 그는 仁祖 12년(1634)에 太學生의 신분으로 다른 동료 태학생들과 연합하여 元宗의 神主를 太廟에 入享한 일을 비판하는 疏를 올린 바 있고, 또한 丙子胡亂이 일어나자 부친 尹煌과 함께 斥和論을 주장하였다. 그러나 부인이 강화도에서 자결하고 자신은 살아남은 뒤로는 평생 出仕하지 않고 학문 연구와 교육에만 전념을 했다.

兪棨(市南, 1607~1664)도 김장생 문하에서 수학하였고, 宋浚吉, 宋時烈, 尹宣擧, 李惟泰 등과 함께 충청지역의 畿湖學派를 대표하는 학자들 중의 한 사람이었다. 그 또한 다른 기호학파 사림들과 함께 병자호란 때 斥和論를 주장하다가 和議가 성립된 후 잠시 林川으로 유배당하였으며, 이후 1649년 仁祖의 喪을 당해 홍문관 부교리로서 國喪의 상례 절차를 논하는 데 참여하였고, 이어 인조의 廟號에 대하여 이의를 제기하다가 다시 유배를 당하였다. 곧 이어 1652년(孝宗 3년) 兩宋의 추천으로 侍講院 進善으로 등용되어 1663년(顯宗 4년)까지 大司憲, 吏曹參判 등을 역임하였으며, 己亥禮訟 때에는 朞年說을 지지하였다.

尹宣擧는 1642년 錦山의 麻霞山 기슭에 書室을 짓고 講學에 힘썼는데, 이때 兪棨도 유배에서 풀려나자 林川에서 이곳으로 이사하여 함께 학문 연구에 몰두하였다. 이들은 이때 공동으로 『朱子家禮』의 禮學的 근원을 古禮에서 찾아 설명하였고, 또한 후대 예학자들의 禮說을 비교하여 그 異同을 밝히는 작업을 함께 추진하였다. 이 당시의 사정에 대하여 尹宣擧는 兪棨의 行狀에서 다음과 같이 밝힌 바 있다.

> 드디어 麻霞山 아래 書室 한 채를 짓고 '山泉'이라고 현판을 달았다. 公(兪棨)은 자신이 직접 記文을 지어 걸고, 날마다 몇몇 학생들에게 강학하는 것으로 일을 삼았다. 공은 禮書에 그 종류와 유파가 많아 이해하기 어려움이 있음을 보고, 『朱子家禮』에 의거하여 綱目을 세운 다음, 古禮의 經傳과 선현들의 禮說 및 우리나라 先儒들의 禮論과 관련된 글들을 해당 조목 아래 유형별로 나누어 부속시켰다. 그리고 『家禮源流』라고 이름 붙였다. 또한 공은 鄕射禮, 鄕飮酒禮 등과 같은 禮들을 학생들에게 강습시키는 한편, 집안의 冠禮, 婚禮 등을 일체 『朱子家禮』에 의거하면서 古禮와 당시 時俗을 참작하여 시행하였다.[78]

兪棨는 이에 앞서 林川에 流配되어 있는 동안에 『麗史提綱』을 저술하였는데, 이는 高麗史를 朱子의 『資治通鑑綱目』의 체제에 의거하여 綱目體로 정리한 것이다.[79] 그는 이 경험을 살려 山泉齋에

---

78) 『市南集』, 附錄, 卷1, 「行狀」, "遂築室于麻霞山下, 爲作一書齋, 名之曰山泉. 公自爲記以揭之, 日以講學數人爲事. 以禮書多門, 有難領會, 乃就『文公家禮』, 立綱分目, 而取古禮經傳及其先賢禮說, 併東方諸儒先論著文字, 類附於逐條之下, 名之曰: 『家禮源流』. 如鄕射・鄕飮酒等儀, 使諸生講而習之, 一家冠婚之禮, 一依『文公禮』, 參酌古今而行之."

서 『朱子家禮』 본문을 綱目으로 삼아 尹宣擧와 함께 다양한 禮書와 禮說들을 정리하였다.80) 그리고 그는 士林으로서 이러한 학문적 성과를 현실의 儀禮에서 구체적으로 실천함으로써 유학의 이념을 향촌 사회에 보급·정착시키는 데 앞장섰던 것이다. 이들이 편찬한 『家禮源流』는 『家禮輯覽』에 이어 『朱子家禮』를 중심으로 古禮와 후대의 禮說들을 함께 정리한 것으로, 조선시대 家禮에 대한 예설들을 매우 정밀하게 종합한 책으로 평가된다. 편집자들이 정작 이 책에서 자신들의 예설을 附記하지는 않았으므로 이들의 견해가 명확하게 드러나지는 않지만, 우리는 이 책을 통하여 전근대의 조선과 중국에서 가례에 관해 고심한 문제들이 무엇이었는지를 종합적으로 인지할 수 있다.

이러한 작업은 17세기 조선 성리학의 주요한 학문의 방식, 즉 성리학의 관련 텍스트들을, 그 텍스트와 관련한 사상사적 논의를 함께 고려하여 총체적으로 정리하는 작업을 통해서 그 의미를 드러내는 방식과 軌를 같이한다. 예컨대 『朱子大全』에 대하여 그 문맥을 정확하게 파악하기 위하여 세밀하게 주석을 부기한 『朱子大全箚疑』와 그 성격이 일맥 상통한다. 다만 『朱子大全箚疑』가 朱熹의 의도를 명확히 밝히는 것에 주안점을 두었다면, 『家禮源流』는 『朱子家禮』의 각 구절에 대하여 그것의 근거가 되는 古禮의 典據를 밝히면서 한편으로 주희 이후 중국과 한국의 유학자들이

---

79) 위의 글. "公到配以後, 絶意世事, 唯以經籍自娛. 以東國諸史雜厄難看, 乃斷自王氏以下, 一依文公凡例編定, 名之曰:『麗史提綱』." 이때 초고가 완성된 것으로 보인다.

80) 『魯西遺稿』, 「附錄(上)」, 「年譜」의 壬午年(1642)條 참조.

어떻게 이를 재해석하고 있는지를 명확히 보임으로써 가례를 둘러싼 이론적 문제를 총체적으로 이해할 수 있게 하고 있다. 이는 주희 성리학의 이론체계를 정밀하게 파악하고, 그것을 현실에서 구체적으로 실현시키고자 한 당시 기호학파의 학문적 전통 속에서 성취된 학문적 성과이다.

그런데 이 저술은 俞棨와 尹宣擧 당대에는 간행되지 못하고, 이후 俞棨의 손자인 俞相基(祈招齋, 1651~1718)가 용담 현령으로 재직하면서 그 초고를 간행하였다. 이때 尹拯이 스승을 배반한 사실(背師)을 비판한 鄭澔의 跋文과 權尙夏의 後序가 함께 실렸는데, 이를 계기로 하여 저작자 일파와 윤증 일파 사이에서 분쟁이 일어났고 이와 함께 老論과 少論 사이의 대립과 갈등이 재현되었다.[81]

유계와 윤선거는 기호학파의 견해에 따라, 家禮를 시행함에 기본적으로 『朱子家禮』에 의거하는 동시에 古今의 차이를 절충하는 관점을 한결같이 堅持하였다. 一例로 윤선거와 그 동료들은 婚禮에서 牢床과 神衣는 『儀禮』의 규정에 따라, 그리고 假館과 華冠은 『朱子家禮』의 규정을 따라 시행하였는데, 이는 이 지역에서 하나의 모델이 되었다.[82] 또한 위 인용문에서도 드러나듯이, 유계와 윤선거는 자신들의 집안에서뿐만 아니라 향촌에서도 매우 적극

---

81) 분쟁의 직접적 발단은 鄭澔의 跋文과 權尙夏의 後序 내용에서 비롯되었지만, 여기에 尹宣擧, 尹拯 父子와 宋時烈측 사이의 政治的 對立도 개재했다. 분쟁은 당시 당쟁의 전개과정과도 연계되면서 政治的 派爭의 형태로 전개되었다. 분쟁의 구체적인 내용은 예학과 直結된 것이 아니어서 본 연구에서 다루지 않았다.

82) 『魯西遺稿』, 「附錄」, 「年譜」의 甲申年(1644)條 참조.

적으로 禮制를 실천하려 하였다. 윤선거의 경우, 그의 집안은 曾祖 때부터 尼山의 堂北村에 살기 시작하여 윤선거와 그의 형제들에 이르기까지 4대째 거주하였는데, 孝宗 4년(1653) 그의 작은형 尹舜擧(童土, 1596~1668)가 마을에 書齋를 건립할 것을 창의하자, 그는 이를 곧 고대 家塾黨庠의 유풍이라 여기면서 형과 함께 고대의 屋制를 탐구하여 그에 맞게 건립하였다. 그리고 그는 형과 함께 이 서재를 '魯西堂'이라 이름 붙이고, 매월 그믐에는 동네 사람들을 모아 강론을 하였으며(會講), 또한 이들과 함께 鄕飮酒禮와 鄕射禮를 익히는 동시에 李珥가 정리한 呂氏鄕約과 社倉約束을 준행함으로써 유학이념을 통한 향촌 교화에 힘썼다.[83]

6) 尹 鑴

尹鑴(白湖, 1617~1680)의 집안은 본래 그의 부친 尹孝全(?~1619)이 徐敬德의 제자 閔純에게 수학했고 또한 光海朝 때에는 大司憲을 지낸 까닭으로 北人(小北) 계열에 속한다. 그러나 仁祖反正으로 北人 계열이 몰락하자, 尹鑴 자신은 黨色에 구애받지 않는 위치에 있게 되었다. 3세 때 그의 부친이 卒한 뒤, 어린 시절에는 주로 외조부인 金德民에게 수학하였고 李睟光의 둘째아들인 李敏求(東洲, 1589~1670)에게서도 배웠다고 하나, 젊은 시절의 공부는 거의

---

[83] 『魯西遺稿』, 「附錄」, 「年譜」의 癸巳年(1653)條 참조. 이들이 향약에서 중시한 내용은 "明尊卑, 旌淑慝, 勸行義, 講禮法, 謹徭役, 禁淫祀, 戢鬪止盜, 救灾恤患"이라고 한다.

독학으로 이루어진 것으로 보인다. 따라서 학문적 연원으로 볼 때, 그는 嶺南學派나 畿湖學派의 전통과 직접적으로 연계됨이 없이 독자적으로 자신의 사상을 구축한 것으로 추측할 수 있다. 일부 연구에서는 그를 서경덕 계열로 분류하기도 하지만, 성리학 이론에서 그가 서경덕 계열을 계승하고 있거나 또는 문제삼고 있는 내용은 발견되지 않는다.

尹鑴는 20세 이전까지는 주로 서울에서 활동하였으나, 丙子胡亂으로 인해 三山으로 피난가게 된 일을 계기로 하여 西人 학자들과 교류하기 시작하였다. 특히 그가 22세 때 公州 柳川으로 이사한 후 尹宣擧, 尹文擧, 兪棨, 李惟泰, 宋時烈, 宋浚吉 등 충청지역의 대표적인 기호학파 학자들과 교류하는 한편, 權諰, 權休齋, 權秀夫 등과도 사귀었다. 權諰는 金克亨과 함께 朴知誡 문하에서 수학하였고 예학에 관해서 나름대로 독자적인 입장을 견지하고 있던 인물이었다. 그런데 尹鑴는 이들 박지계 문하에서 공부한 사람들과는 이후 평생토록 변함없이 交遊하였다.[84] 또한 閔鼎重, 閔維重 등 민씨 형제들과도 매우 가깝게 지냈으며, 민유중과는 한때 바로 이웃해서 살기도 하였다. 그는 金尙憲을 비롯한 安東金氏 가문과는 별 交分이 없었으며, 김상헌, 金集 등의 정치적 행태를 당파적인 것으로 인식하여 이들과 견해를 달리한 安邦俊을 높이 평가하였다.[85]

---

84) 『白湖全書』(下),「附錄」5,「年譜」에서의 丙子年(1636)부터 戊寅年(1638)까지의 해당 條目 참조.

85) 『白湖全書』(下),「附錄」5,「年譜」의 壬辰年(1652)과 甲午年(1654)條 참조. 安邦俊에게 답하는 편지도 참조.

尹鑴는 西人 학자들과 교류하면서도 성리학과 예학에 관해 기호학파와 일정한 거리를 두고 독자적인 관점에서 탐구한 것으로 보인다. 즉 그는 柳川에서 충청도 기호학파 학자들과 교류할 때 「四端七情人心道心說」을 저술하였는데, 이는 李滉과 李珥의 견해에 대해서 절충적인 위치에서 자신의 견해를 제시한 글이었다. 또한 27세 때에는 「周禮說」을 지었는데, 이 글은 후일 그가 정국을 개혁하고자 할 때 응용되기도 하였다.[86] 그의 이러한 독자적 위치는 禮學에도 관철되어, 그는 孝宗의 喪에 대한 莊烈王后의 복제문제를 두고 기호학파와 견해를 달리하게 되었고, 결과적으로는 기호학파의 입장과 맞서는 尹善道, 許穆, 李澝, 張善冲 등 남인계열의 학자들 및 권시, 김극형 등 박지계 문하에서 수학한 학자들과 연대하게 되었다. 그리하여 효종의 喪이 발생한 1659년을 전후로 하여 윤휴는 기호학파와 학문적으로뿐만 아니라 정치적으로도 대립하는 위치에 서게 되었는데, 그는 서인 정권에 의해 賜死될 때까지 그 위치에 머물러 있었다.

윤휴는 家禮에 관해서는 별도의 저서를 남기지 않았으나, 스스로 집안의 예제를 시행할 때 한결같이 『朱子家禮』에 의거하였다고 한다.[87] 그가 예학에 관해 남긴 글들로는 禮書를 읽으면서 「讀書記」의 형태로 기술한 단편적인 주석과 견해들, 國家典禮의 문제와 관련하여 자신의 소견을 정당화한 服制에 관한 疏, 그리고

---

86) 『白湖全書』(下), 「附錄」5, 「年譜」의 癸未年(1643)條 참조. 윤휴는 이듬해 저술한 「中庸說」을 통해 이미 자신의 脫朱子學的 立場을 드러내고 있었다.

87) 『白湖全書』(下), 「附錄」5, 「年譜」의 壬寅年(1662)條 참조.

1675년(숙종 원년)에 「論服制疏」를 올리면서 당시 복제 논의에 대한 자신의 생각을 典據에 의거하여 개진한 「典禮私議」 등이 있으며, 이 밖에 여러 학자들과 주고받은 서신들에서 그의 사상을 엿볼 수 있다.

윤휴는 服制論爭에서 露呈된 견해차이를 단순히 학문적인 견해의 차이로 치부하려는 尹宣擧·尹拯 父子의 視角에 대하여 "禮는 국가의 중대한 기강으로서 예가 실추되면 혼미해지고, 명분이 실추되면 체제가 어그러진다"고 하여,[88] 논의 초기에서부터 禮를 중대한 국가적 사안으로 간주하였다. 이어 그는 송준길과 송시열을 비롯한 西人측의 견해가 정치적으로 효종의 정통성을 부인하려는 이른바 '卑主貳宗'의 정치적 의도를 함축하고 있다는 윤선도 등의 견해에 동조하였다(또는 그러한 견해를 誘發하였다). 顯宗 원년(1660) 許穆은 복제와 관련한 西人측의 견해에 대하여 자신의 異見을 제출하기 전에 윤휴를 찾아와 이론적인 문제들을 상의한 바 있었고, 또한 윤휴 자신도 그 해 5월 朝廷의 諮問을 받고 「服制議」를 올리는 한편, 이어 조정에서 西人측의 견해를 옹호하던 이유태에게도 서신을 보내 이론적으로 비판을 제기하였다. 그리하여 이로부터 그는 효종의 喪(1659)과 현종의 喪(1674)에 걸쳐 禮訟을 주도한 대표적인 인물 가운데 한 명이 되었다.

國家典禮의 문제와 관련하여 尹鑴가 시종일관 견지한 견해는 君主의 禮와 士庶의 禮를 명확히 구분해야 한다는 것이었다. 그는 군주의 禮에서 일차적으로 고려되어야 할 사항은 '君主'라는 신

---

88) "禮者, 國之大經也. 禮失則昏, 名失則愆. 昏名愆禮, 豈足薄物細故耶?"
『白湖全書』(下), 「附錄」 5, 「年譜」의 己亥年(1659) 10月條 참조.

분이며, 혈연적 관계의 측면은 부차적인 요소에 지나지 않는다고 생각했다. 그는 효종과 현종의 喪에 대하여 仁祖의 繼妃인 趙氏가 두 임금과 혈연적으로는 각각 母子와 祖孫의 관계에 있지만, 그럼에도 불구하고 君主에 대한 服, 즉 義服으로서 斬衰三年服을 입어야 한다는 견해를 표명함으로써, 송시열 등 西人측의 견해와 대립하였을 뿐만 아니라, 또한 親服으로서 齊衰三年服을 주장한 許穆 등 南人측과도 다소간 견해차이를 보였다. 그는 자신의 斬衰三年說을 정당화하는 과정에서 어머니도 신하로 삼을 수 있다는 주장을 제기하였는데, 이 논점은 당시 학자들 사이에서뿐만 아니라 이후 丁若鏞의 『正體傳重辨』에서도 비판의 대상이 되었다.[89] 尹鑴의 服制논의는 차후 禮訟을 다루는 부분에서 자세히 다루기로 한다.

尹鑴는 군주의 복제에 대한 자신의 견해를 정당화하기 위하여 三禮書, 『朱子家禮』, 朱熹의 예설뿐만 아니라 魏晉時代의 國家典禮에 관한 사례도 論據로 사용하였다. 그러나 그가 魏晉時代의 전례들을 논거로 활용한 점은 古禮의 근본 이념을 중시하던 학계에서 비판의 대상이 되었으며, 특히 어머니도 신하로 삼을 수 있다는 주장은 親親을 중시하였던 당시 유학의 근본 이념과도 背馳되어 畿湖學派뿐만 아니라 南人 학자들로부터도 비판을 받게 되었다. 이에 대하여 그는 당시 大臣들이 宋代의 禮制만을 높이고 魏晉의 예제는 貶下하는 경향에 반대하면서, 오히려 魏晉의 예제에 대하여 긍정적인 평가를 하였다. 尹鑴의 이러한 태도는 宋代의 예제

---

89) 丁若鏞, 『正體傳重辨』(實是學舍經學研究會 編譯), 127-176쪽, 「정체전중변 3」(서울: 한길사, 1995), 참조.

와 古禮에만 치우쳐 있었던 당시 학계의 視角을 확대하는 데 필요한 새로운 刺戟을 제공했다고 할 수 있다.90)

國家典禮에 관한 사안뿐만 아니라 家禮와 관련해서도 윤휴는 당시 기호학파 학자들과 대립하였다. 당시 閔愼이란 인물이 조부의 喪을 당함에 그의 아버지가 정신병으로 執喪하지 못하게 되자 대신 執喪해야 할 처지였지만, 아버지가 생존해 있었기 때문에 그 자신은 어떤 服을 입어야 하는지가 문제로 제기된 일이 있었다. 이때 송시열은 宋나라 英宗의 喪에 그의 아들인 光宗이 執喪하지 못하게 되자 손자인 寧宗이 대신 執喪해야 했던 상황에서 朱熹가 三年服을 입어야 한다고 주장했던 사실에 근거하여, 閔愼도 三年服을 입어야 한다고 주장하였다. 이에 대하여 尹鑴는 顯宗 13년(1672)에 「七十老而傳人心安不安說」을 지어 朴世采, 閔鼎重 등이 송시열의 견해를 따라 閔愼에게 三年服을 입게 한 일을 비판하였다. 즉 그는 前述한 朱熹의 말은 天子諸侯의 경우에만 해당되는 것이므로 일반 士庶의 경우에는 준용할 수 없다고 반박한 것이다. 그는 만약 손자가 三年服을 입게 되면 엄연히 생존해 있는 그의 아버지를 죽은 사람으로 만드는 꼴이 되며, 이는 아버지의 자식된 도리를 박탈하는 것이라고 보았다. 따라서 그는 일반 士庶의 경우에는 아버지가 宗統을 행사할 수 없는 상황이라 하더라도 그가 생존해 있는 限 그의 아들인 손자가 이를 대신할 수 없으며, 따라서 손자는 喪主가 될 수는 없고 다만 攝行만이 가능하다고 보았던 것이다.91)

---

90) 『白湖全書』(上), 「再疏」(乙卯年[1675] 8月 15日), 243-246쪽 참조.

91) 『白湖全書』(中), 「七十老而傳人心安不安說」 참조.

7) 權諰

　權諰(炭翁, 1604~1672)는 兩宋을 비롯한 金長生 門下의 西人系 학자들뿐만 아니라, 尹鑴, 許穆 등을 비롯한 南人系 학자들, 그리고 金克亨을 비롯한 朴知誡의 문인들 등 학문적・정치적 견해를 달리하는 학자들과 두루 교제하면서, 이들 사이에 견해차이가 발생할 때마다 그 차이를 생산적으로 조정할 수 있는 餘地를 마련하고자 평생 노력하였다. 따라서 그는 건설적인 비판을 생산적으로 수렴하여 상호 연대를 이루고자 하는 정신을 살려, 17세기 조선이 처한 역사적 상황에서 점점 경색되어 가는 사회적 변화에 대응하고자 하였다.

　權諰는 먼저 정치적인 측면에서 兩宋과 그의 동료들이 반대되는 의견을 강경하게 배제하는 태도를 표출하는 것을 우려하면서, 그들에 대한 비판적 발언들을 생산적으로 수렴할 것을 요구하였다. 그의 이러한 언행은 필연적으로 兩宋의 견해를 옹호하는 측으로부터 '毁宋黨尹'하는 派黨的 태도라고 비판받기도 하였지만, 그 자신은 公의 이념을 통해 不偏不黨한 見地에서 陽善이라는 생산적 결과를 유도하려는 태도와 논점을 시종일관 견지하였다. 權諰의 이러한 見地는 그가 死去한 후 宋時烈과 尹拯 등이 높게 평가한 바 되었고, 그 이후에도 점차 그 중요성이 인지되어 조선 사상사에서 큰 의미를 갖게 되었다.

　禮論에 관해서 權諰는 性理說에 관해서와는 달리, 모든 문제에서 金長生과 그의 門人들의 견해에 반대하였다. 먼저 追崇論爭에서는 그는 追崇 贊成論 쪽에 서서 入廟論을 지지하였다. 그러나 그는 入廟論을 적극적으로 지지하는 것에 그의 立論의 焦點이 있지는 않았다. 그가 중점을 두었던 것은 別廟論의 논리에서 定遠君과 宣祖 사이의 관계를 小宗과 大宗, 즉 君臣關係로 파악하려는 논점이 결국 김장생의 追崇 反對論과 軌를 같이하게 된다는 사실과, 그러한 難關에서 벗어나기 위한 의도에서 제기된 入廟論 역시 일반 사람들의 정서에 쉽게 부합되지 못하는 어려움이 있다는 사실을 밝히는 일이었다. 따라서 추숭논쟁에서 入廟論을 적극적으로 지지하는 것 자체가 그의 의도였다는 해석은 다소 無理가 있다고 생각된다. 이와 관련된 내용은 追後 仁祖朝 典禮論爭을 서술할 때 자세히 다룬다.

己亥禮訟(1659)에서 尹善道가 朞年說을 비판하면서 올린 疏는, 從來의 服制에 대한 經學상의 논쟁이 정치논쟁으로 飛火하는 계기를 마련하였다. 특히 그가 이 疏에서 인신 공격적인 표현을 억제하지 않음에 따라, 기년설을 주장하였던 조정 관료들과 이들을 지지하던 여론으로부터 거센 반발과 지탄을 받게 되었다. 윤선도에 대한 강경한 處罰論이 일어나는 상황에서 權諰는 윤선도에 대한 정치적 보복을 만류하는 동시에, 그 자신의 견해로도 三年說이 옳다는 주장을 제기하였다. 그러나 權諰는 三年說의 근거로서 간단히 "古人들이 이미 太后는 嗣天子를 위해 三年服을 입어야 한다고 말했다"는 言明만을 제시하였다. 그런데 이 언명은 곧 『通典』에 실려 있는 魏晉時代의 典禮에서 유래한 것으로, 이는 또한 尹鑴가 斬衰三年說의 논거로 삼았던 사례이기도 하다. 따라서 그의 服制문제 認識이 尹鑴로부터 영향을 받았던 것으로 생각할 수도 있겠지만, 실제로는 그가 37세 되는 무렵에 이미 이러한 논점을 보인 것으로 보아 그는 尹鑴와 이에 대한 認識을 공유하고 있었던 것으로 보이며,92) 직접 學說上의 영향을 받았다고 단정하기는 어렵다.

한편 위의 言明에 담긴 權諰의 논점은 「天子立庶子爲太子薨服議」에 더욱 구체적으로 제시되어 있다.93) 이 글은 長子가 承重을 하지 못하고 죽어서 庶子를 장차 승중할 위치인 太子로 임명하였다가 그도 죽게 되었을 때, 이 태자를 위해서 어떤 服을 입어야 하는가에 관한 문제를 다루고 있다. 그런데 이 문제는 次子로서 왕위를 계승하였다가 죽은 孝宗에 대한 服을 결정하는 일과도 간접적으로 연계되는 사안이었다. 權諰는 『通典』에 나타난 魏晉時代의 사례들을 검토하면서 자신의 論旨를 전개하였는데, 여기서 그는 특히 晉나라 惠帝 때 愍懷太子에 대한 服을 둘러싸고 전개되었던 논쟁을 집중적으로 고찰하였다. 그는 愍懷太子가 이미 태자의 지위에 오른 이상 이미 正體로서 承重한 것이며, 따라서 長子에 대한 服인 斬衰三年을 입어야 한다고 주장한 王堪의 說에 동조하면서, 支子라도 入承大統하였다면 곧 正體로 인정받아야 한다고 주장하였다. 덧붙여 그는 程頤의 '旁枝達幹說'을 인용하면서 庶子로서 승중하였더라도 宗統이 이미 옮겨진 이상 正體로 인식해야 한다는 자신의 논점을 강화하였다.94) 곧 그는 王堪의 太子正體說과

---

92) 權諰는 仁祖 19年(1641, 37歲)에 「父有廢疾孫爲祖後論」(『炭翁集』, 卷6, 6-8쪽)을 저술하였는데, 이 글에서, "천자와 제후의 喪에는 斬衰服만 있고 朞年服은 없다"(天子諸侯之喪, 皆斬無期)는 說을 자신의 논거로 삼았다.

93) 『炭翁集』, 卷6, 29-34쪽 참조.

程頤의 旁枝達幹說에 근거하여 支子라도 승중하면 곧 정체로 되는 것이며, 따라서 嫡長子에 대한 禮와 같이해야 한다고 주장한 것이다.

權諰의 이러한 주장은 조선 후기 禮論에서 賈公彦의 四種說에 근거하여 期年說을 주장한 宋時烈의 이론적 근거를 겨냥한 것이었다. 宋時烈은 賈公彦의 四種說에 근거하여 孝宗이 正體가 아니라고 인식하였고, 이를 바탕으로 衆子服으로서의 朞年說을 주장하였는데,95) 權諰는 魏晉의 典禮와 성리학의 중심 인물인 程頤의 주장에 근거하여 正體 개념의 새로운 적용 기준을 제시하였던 것이다. 그에 앞서 朞年說에 이의를 제기한 許穆은 『儀禮』의 해당 규정에서 언급된 庶子의 개념이 妾子를 지칭한다는 자신의 해석에 기초해서 次子로서 承重한 경우에도 正體가 된다고 주장하였지만, 서자가 곧 첩자를 의미한다는 해석은 확정적인 것이 아니기에, 그러한 취지로 송시열이 다시 반박한 바 있었다.96) 따라서 許穆의 이론보다는 權諰의 이론이 좀더 명확한 비판의 논거 위에 세워졌다고 할 수 있다. 또한 正體 개념을 적용하는 기준으로서 宗統의 소재 여부를 우선적으로 고려하는 관점은 權諰뿐만 아니라 尹鑴에게서도 찾아볼 수 있다.97) 따라서 송시열의 정체 개념

---

94) 『炭翁集』, 卷9, 「天子立庶子爲太子蕟服」, 31a쪽, "愚見暗合王堪…… 長子不傳重, 而支庶入承代統, 則爲正幹, 旣立爲君, 不得不性之爲正體. 愚見如是, 不敢信兩宋之議. 正幹或絶或弱, 而旁枝爲大幹, 木亦有然者. 所謂'旁支達幹, 庶子移宗'之義然也."

95) 『宋子大全』, 卷26, 「練服變改及許穆圖說辨破議」, 7-9쪽 참조.

96) 『宋子大全』, 위의 글 참조.

97) 『白湖全書』(中), 卷26, 「典禮私議」, 1047쪽, "且宗統所在, 固嫡統之所歸

에 대한 비판과 관련해서는 권시와 윤휴가 동일한 논점을 견지하고 있었다고 할 수 있다. 그리고 정체 개념에 대한 권시의 이러한 논점은 이후 丁若鏞의 『正體傳重辨』 속에서도 하나의 중요한 설로서 인정되고 있다. 비록 정약용은 愍懷太子에 대한 服制를 어떻게 정해야 하는가에 관해서 權諰의 견해에 동의하지 않았지만, 支子로서 承重하면 곧 正體가 되는 것이라는 권시의 견해가 四種說에 근거한 송시열의 기년설을 비판하는 주요한 논거가 된다는 점은 중시하였다.98)

權諰는 37세 때에 「父有廢疾孫爲祖後論」이라는 글을 통해서 아버지가 廢疾에 걸려 喪을 주관할 수 없을 때는 손자가 할아버지를 위해 斬衰服을 입는다고 한 『儀禮經傳通解』, 「五服圖」의 규정에 대하여 비판하였는데, 이 글을 통해서도 그의 君主 服制에 대한 생각을 엿볼 수 있다. 그는 만약 손자가 喪主로서 喪을 주관하게 되면 이는 엄연히 살아 있는 아버지를 죽은 자로 여기는 悖倫이 되기 때문에 있을 수 없는 일이며, 따라서 손자가 다만 아버지를 대신해서 상주 노릇을 하는 것은 가능하지만 정작 손자 자신이 상주가 되어서는 안 된다고 주장하였다.99) 그리고 그는 이 점에 있어서는 군주의 경우에도 마찬가지라고 보면서, 대신 상주

也. 嫡統所歸, 即宗統所在也."
98) 丁若鏞, 『正體傳重辨』, 實是學舍經學研究會 編譯(서울: 한길사, 1995), 63쪽 이하 참조.
99) 『炭翁集』, 卷9, 「父有廢疾孫爲祖後論」, "孝子之事親, 事死如事生, 死者事之且如生矣. 今者事生如事死, 何哉? 或曰, '祖卒, 父廢疾不可主喪祭, 孫不爲之後, 則喪祭誰主?' 曰, '孫爲其父攝其事耳. 安可自爲之主乎?'"

노릇을 하는 손자는 할아버지를 위하여 斬衰三年服을 입어야 한다고 주장하였다. 그리고 그는 이러한 주장의 논거로서 "天子와 諸侯의 喪에는 斬衰服만 있고 朞年服은 없다"는 鄭玄의 說을 인용하였다.100)

權諰의 이러한 관점을 考慮하면, 그가 효종에 대한 조대비의 복제에 관해서 삼년설을 주장한 것은 효종이 제후라는 점을 감안하였기 때문이라고 생각된다. 즉 그는 효종이 正體로서 承重한 군주라는 점을 감안하여, 천자와 제후의 喪에는 삼년복을 입는다는 古禮의 典據에 따라 斬衰三年服을 입어야 한다고 주장한 것으로 보인다. 그런데 여기에는 하나의 중대한 문제점이 내포되어 있다. 군주에 대한 服은 참최삼년복으로 해야 한다는 규정을 조대비에게 적용하게 되면 조대비와 효종의 관계에서 母子관계보다 君臣관계를 우선적으로 고려하는 것이 되며, 결국 어머니인 조대비를 아들 효종의 신하로 예우하는 꼴이 되는데, 이는 아무리 天子라고 하더라고 자신의 부모를 신하로 대할 수 없다는 성리학—나아가 유학 일반—의 기본 인식과 背馳되는 것이다. 尹鑴는 이에 대해 어머니도 신하로 여길 수 있다는 脫性理學的인 인식을 보였지만,101) 權諰는「爲後論」을 통하여 "자식이 아버지를 신하로 삼는 이치는 없다"(子無臣父之理)는 점을 분명히 밝히고 있다.102) 여기에서 斬衰三年說에 대한 윤휴와 권시의 차이점이 드러

---

100) 이러한 鄭玄의 말은『儀禮』,「喪服 齊衰」, 期年 부분의 傳 가운데 "……父卒然後爲祖後者服斬"에 대한 疏에 나온다.
101)『白湖全書』(下), 卷26,「典禮私議」, 1048쪽 참조.
102)『炭翁集』, 卷9,「爲後論」참조.

난다. 두 사람 다 천자와 군주의 服은 참최복뿐이라는 古禮의 典據에 의거하면서도, 윤휴는 조대비가 효종에 대하여 尊尊의 원칙에 따라 신하가 군주에게 입는 服으로서 三年服을 입을 것을 주장하였지만, 권시는 여전히 "자식은 부모를 신하로 여길 수 없다"는 성리학의 기본 인식에 따라 親服으로서 참최삼년복을 주장하였던 것이다. 그런데『儀禮』,「喪服」의 규정에 따르면, 어머니는 長子에 대하여 齊衰三年服을 입게 되어 있다. 이것은 아들이 어머니에게 입는 복보다 무겁게 어머니가 자식에게 복을 입을 수 없다는 원칙, 즉 부모에 대한 존중의 원칙 때문이다. 그렇다면 천자와 제후의 상에는 斬衰服밖에 없다는 古禮의 전거와『儀禮』,「喪服」의 규정 사이에 놓인 괴리를 해소하면서 참최삼년복을 정당화해야 하는 문제가 생긴다. 權諰에게서는 이 문제에 대한 철학적 성찰과 대안이 보이지 않는다.[103] 그는 허목이나 윤휴와는 다른 맥락에서 服制를 認識하였으며, 그의 禮論은 古禮의 典據와 성리학적 禮 관념을 조화시키려는 문제의식을 보여주었다는 점에서 사상사적인 의의를 지닌다.

追崇論과 君主 服制論 외에 國喪과 私喪이 겹칠 때 일반 儒者들이 어떻게 처신해야 하는가의 문제를 두고서도 權諰는 다른 학자들과 토론하였다. 군주 복제의 문제는 군주의 위상이 親親과 尊

---

103) 丁若鏞은 조선 후기의 禮訟을 총체적으로 재검토하는 과정에서 이 문제를 본격적으로 다루었는데, 그는 혈연상으로 가장 가까운 사이에 있는 사람이 소원한 사람보다 가벼운 服을 입는 것은 '別嫌疑 定親疎'라는 禮의 근본 목적에 상치된다는 철학적 성찰을 통해 親服으로서 참최삼년설을 정당화하였다. 丁若鏞, 앞의 책 참조.

尊의 두 측면을 함께 내포하고 있음으로 하여 親服과 義服이라는 두 성격이 동시에 존재하기 때문에 어느 측면을 우선적으로 고려할 것인지가 주요한 논란거리가 되어 왔다. 그러나 義服으로서 國喪과 親服으로서 私喪이 겹치는 경우 儒者들의 처신이 문제가 되었는데, 곧 이들이 두 服 가운데서 어느 것을 優先視하여야 하는지가 주요한 관심의 대상이 되었다. 權諰가 주고받은 서신들을 살펴보면, 君主服制에 대해서는 그것이 정치적으로 민감한 事案이어서인지 兩宋이나 二尹 등 당시 그가 교류하던 학자들과 학설적인 토론을 하지 않은 것으로 보인다. 반면에 國喪중 私喪을 처리하는 문제에 대해서는 兩宋뿐만 아니라 許穆 등의 학자들과도 활발한 토론을 벌였으며, 또한 자신의 견해를「國喪私服解」라는 글로 정리하여 밝혔다. 이 문제에 대한 權諰의 기본적인 생각은 다음과 같다.

五服의 제도는 義를 위한 것과 恩을 위한 것이 있다. 義가 무거우면 服도 무겁고 (義가) 가벼우면 服도 가볍다. (또한) 恩이 무거우면 服도 무겁고 (恩이) 가벼우면 服도 가볍다.…… 군주와 아버지를 위해서는 모두 斬衰服을 입는데, 이것은 恩과 義가 똑같이 무겁기 때문이다. 그러나 똑같이 무겁지만 아버지를 위한 服 때문에 군주를 위한 복을 폐하지는 못한다. 따라서 私的인 恩을 표현하지 못하고 아버지를 위한 服을 벗으며, 평상시 군주를 위한 服을 입는 것은 이 때문이다.…… 군주를 위해 斬衰服을 입는 사람은 군주에 대한 服은 입지만 자신의 사적인 복은 입지 않으며, 私喪의 小祥과 大祥 때 儀禮들을 폐하고 祭祀도 또한 폐하는 것은 지금 시대의 정서와는 맞지 않지만 古人의 뜻에는 부합한다. 그러나 군주를 위해 齊衰服 이하의 服을 입는 사람이 私

喪의 의례들을 폐하는 것은 오늘날의 정서나 관행과 어긋날 뿐 아니라 마음으로도 실제 상황들과도 맞지 않으며, 또한 古禮에도 그 典據가 없다.104)

權諰는 私喪과 國喪의 관계를 恩과 義의 輕重의 關係로 파악하였다. 恩이 혈연적 親疎에 따른 親親의 관념이라면, 義는 신분의 尊卑에 따른 尊尊의 관념이다. 그리고 복제란 이 두 관념을 기초로 하여 성립하는데, 이 恩과 義의 정점에 아버지에 대한 服과 군주에 대한 服이 존재한다. 그런데 權諰는 親服과 義服이 나란히 斬衰服일 경우, 즉 아버지의 喪과 군주의 喪이 겹칠 때에는 군주에 대한 義를 위하여 아버지에 대한 私的인 恩을 굽히지 않을 수 없다고 인정하였다. 그러나 군주에 대하여 齊衰服 이하를 입는 사람의 경우에는 私喪에서 斬衰服을 굽힐 이유가 없다고 보았는데, 왜냐하면 이때는 恩이 義보다 무겁기 때문이다. 즉 그는 오직 군주에 대하여 참최복을 입는 사람의 경우에만 義가 恩보다 무겁거나 최소한 동일하기 때문에 私喪의 의례들을 廢하는 것이 옳지만, 반대로 恩이 義보다 무거운 경우에는 私喪의 의례들을 폐할 이유가 없다고 본 것이다.

權諰의 이러한 견해는 당시 許穆이나 朴世采 등의 견해와는 유

---

104) 『炭翁集』, 卷9, 「國喪私服解」, 25-29쪽, "五服之制, 有爲義, 有爲恩. 義重者服亦重, 輕者服亦輕. 恩之重者服亦重, 輕者服亦輕……. 君與父俱斬, 則恩義齊重. 於其齊重, 不敢爲父服廢君服, 故不得伸其私恩, 遂廢父服, 而常服君喪, 義也.…… 爲君斬衰者, 苟據古禮, 服君服廢私服, 遂廢練祥之節, 而亦廢其祭, 雖不宜於今, 猶合於古. 爲君齊衰以下者, 私喪廢禮, 恐或違於今, 駭於俗, 乖於事, 咈於情, 而亦無據於古也."

사하지만, 兩宋의 견해와는 대조적이다. 宋時烈은 私喪과 國喪이 겹칠 때, 私喪이 아무리 가까운 親服에 해당된다 할지라도 君主에 대한 服을 먼저 입어야 하며, 군주에 대해서 義服을 입는 동안에는 私的인 親服은 一切 입을 수 없다는 견해를 표명했다. 이 논점에 대하여 朴世采는 관직의 高下에 따라 差異를 두어 三品 이하의 관직을 지낸 사람이나 아직 관직에 진출하지 않은 士는 국상의 장례를 치르기 이전이라도 사상에 대한 親祭를 거행할 수 있다는 절충적 견해를 제시한 바 있었다.105) 許穆은 군주에 대하여 緦麻服을 입는 사람들은 3개월의 緦麻服을 다 입은 다음에는 군주의 장례가 미처 끝나지 않았더라도 자신들의 私喪 절차들을 거행해도 된다는 견해를 披瀝하였다. 군주에 대한 服이 비록 엄중하기는 하지만 3개월 緦麻服은 매우 가벼운 것이며, 私喪은 굽혀야 하는 것이지만 애통한 마음이 매우 무겁다는 것이 그 이유였다.106)

이러한 관점에 대하여 宋時烈은 조선의 관직이란 그 등급의 구분이 古禮에서처럼 엄격하지 않을 뿐만 아니라 오히려 예제가 三公에서 하위직에 이르기까지 모두 같은 차원에서 적용되고 있음을 지적하면서, 군주에 대한 服을 일단 벗은 다음에 비로소 私喪에 대하여 追服하는 것이 타당하다는 견해를 피력하였다.107) 그는 李滉과 金長生이 제시한 사례에 따라 私喪에 대해서는 練祭를 지내는 대신에 간단한 追慕 표시만을 하고, 군주에 대한 服을 벗

---

105) 『南溪集』, 卷26, 「答宋尤齋別紙」(1680年[庚申] 10月 18日), 5쪽 참조.
106) 『記言(別集)』, 卷5, 「上從兄議國恤私喪之禮」, 3-4쪽, "君服雖嚴, 三月則輕, 私喪雖屈, 至慟爲重."
107) 『宋子大全』, 卷67, 「答朴和叔(1680)」, 28쪽 이하 참조.

은 뒤에는 비록 사상의 喪服 기간이 지난 뒤라고 할지라도 追服하는 것이 바람직하다는 의견을 제시하였다. 그러면서도 그는 君喪중에는 私的인 喪祭를 정식으로 거행할 수 없다는 원칙을 분명히 하였다.108)

위에 제시된 宋時烈의 견해는 私喪과 國喪이 겹칠 때, 군주에 대한 服을 우선시하여 차별화하려는 논점이며, 親親보다는 尊尊의 관념을 우선적인 적용 기준으로 삼아야 한다는 관점으로서, 당시 풍속에 드러난 일반 국민의 정서와는 다소 相衝되는 측면이 있었다. 반면 權諰는, 私喪의 恩과 國喪의 義의 輕重을 고려하여 尊尊의 관념을 우선시하면서도, 당시의 풍속에 따라 恩이 무거울 때는 신축성 있게 私喪의 親服도 실행할 수 있다는 의견을 보인 것이다. 나아가 그는 國喪중에 私服을 입어야 하는지에 관한 사안은 예법의 대원칙에 관련된 문제가 아니라 오히려 시대의 조건에 따라 조절할 수 있는 文章制度에 속한 문제라고 인식하였고, 또한 군주를 위해 참최복을 입는 경우라서 公處에서는 군주를 위한 服을 입더라도, 동시에 집에서는 親服을 입는 것이 習俗에 어긋나지 않고, 이치에도 그게 벗어나지 않을 것이라는 논의를 전개하였다.109)

그의 이러한 견해는 禮를 통해 유가의 이념을 실현하는 과정에

---

108) 『宋子大全』, 卷113, 「答朴士元(1681)」, 43a쪽 참조.
109) 『炭翁集』, 卷9, 「國喪私服解」, 29b쪽, "且窃聞禮有大體之不可變者, 爲君齊斬·爲父齊斬之類是也. 有文章制度之可損可益者, 爲君喪不敢私服之流是也. 今雖爲君斬者, 公處服君服, 燕居服私喪, 並服而並除, 恐或宜於俗, 而於理不至大妨也否? 程子所謂'禮從俗, 事從宜'者, 豈此之流乎!"

서 관념상의 기본 원칙을 벗어나지 않으면서도 시대적 조건과 현실의 상황을 신축적으로 반영하려는 자세를 보여주는 것이라 할 수 있다.

제4장 元宗 追崇論爭을 통해 본
忠淸地域 儒學者들의 禮學

1. 元宗 追崇論爭의 전개과정

　　定遠君을 元宗으로 追尊하는 문제가 핵심이 된 仁祖朝의 典禮論爭에는 모두 세 차례의 계기가 있었다. 그 첫번째 계기는 仁祖가 反正으로 왕위에 오른 직후인 1623년 5월 자신의 生父인 定遠君의 祠堂에 그 사유를 고하는 典禮였다. 이때 入承代統으로 왕위를 계승하게 된 사정을 고하는 祝文의 머리에 仁祖 자신과 定遠君의 칭호를 어떻게 할 것인가가 일차적인 논란거리가 되었다. 당시 이 문제와 관련하여 定遠君은 '考'로, 仁祖 자신은 '子'로 표현할 수 있다는 禮曹 및 朝廷 대신들의 견해와, 入承代統한 경우에 嗣王은 생부를 伯叔에 대한 禮로 대하여야 하기 때문에 '考'나 '子'의 칭호를 사용할 수 없다는 金長生 등 재야 일부 사림들의 견해가 서로 대립하였다. 결국 이 문제는 禮曹를 비롯한 朝廷 대신들의 견해를 따르는 것으로 낙착되었다. 그러나 仁祖는 생부에 대한 제사를 자신의 동생, 즉 자신이 入承代統한 연유로 새롭게 정원군의 후계자가 된 綾原君에게 주관하도록 시키면서도, 여전히 神主 왼쪽 제사 주관자를 명시하는 旁題에는 綾原君의 이름을 표기하지 않고 비워 두게 하였다. 이는 장차 定遠君을 追尊하는 데 걸림돌이 될 수 있는 문제의 소지를 사전에 없앤 것으로서, 이로 미루어 볼 때 仁祖는 처음부터 定遠君을 追尊하려는 명확한 의도를 가졌던 것 같다.

두번째 계기는 인조 2년(1624)에 寧月郡守 朴知誡(潛冶, 1573~1635)가 「應旨疏」를 통해 定遠君을 모시는 별도의 私廟를 건립할 것과 또 定遠君에 대하여 三年喪을 지내는 동시에 조정 백관도 함께 상복을 입어야 한다고 역설한 사건이었다. 나아가 朴知誡의 제자인 李義吉은 명시적으로 定遠君을 추존할 것을 주장하고 나섰다. 이처럼 追尊하자는 의견이 일단 제기되자, 이에 대하여 당시 조정과 士林에서는 대체로 부정적인 견해를 보였고, 다만 李貴를 비롯한 仁祖의 측근 대신과 일부 소수의 士林만이 긍정적인 입장을 표명하고 나섰다. 결국 이 단계에서도 朝廷과 다수 士林의 부정적인 여론과 반대로 인하여 定遠君에 대한 追尊과 私廟 건립은 성사되지 못하였다.

세번째 계기는 인조 4년(1626) 1월에 仁祖의 生母이자 정원군의 妻인 啓運宮이 卒하자, 仁祖가 啓運宮에 대하여 입을 喪服에 관한 論難이었다. 이 문제에 대하여 예조 및 일반 관료들은 대체적으로 계운궁에 대한 상례를 대원군의 부인에 대한 예우 수준으로 할 것을 주장하였지만, 仁祖가 國喪으로 처리할 것을 요구하고 나섬으로써 갈등이 深化되었다. 그리하여 喪事를 처리하는 문제,

墓號를 정하는 문제, 喪主를 정하는 문제 등과 관련하여 사사건건 仁祖와 대신들 사이에는 견해가 대립되었다. 그리고 仁祖의 상복을 정하는 문제가 제기되면서 대립은 더욱 심각해졌다.[1] 당시 李元翼, 尹昉, 申欽 등의 대신들과 예조(판서 김상용)측에서는 왕이 入承代統하였으므로 생모에 대해서는 降服하여 齊衰不杖期로 하여야 한다고 주장하였다. 이즈음 金長生은 사전에 미리 申欽을 통하여 齊衰不杖期說의 정당성을 주장하였다. 그러나 이 김장생측의 견해에 대하여 仁祖는 이 일이 자신이 傍系로서 入承代統한 경우와는 無關하며, 定遠君에 대하여 이미 父子로 호칭한 이상 啓運宮에 대해서도 어머니에 대한 아들의 服인 齊衰三年으로 함이 정당하다고 맞섰다. 이러한 仁祖의 견해에 대하여 崔鳴吉, 李貴 등이 지지하고 나섰고, 朴知誡가 이론적으로 정당화시켰다. 이와 같이 대립되는 두 견해 사이에서 張維는 仁祖가 三年服을 입어야 할 위치에 있지만, 宗統에 壓降되어 한 등급 낮춘 杖期로 해야 한다는 주장을 제기하였는데, 仁祖는 결국 折衷的으로 이 견해를 채택하였다.

그런데 仁祖 6년(1628)에 계운궁의 祔廟禮를 거행하는 시점에서 다시 追尊을 둘러싸고 功臣을 비롯한 仁祖의 측근과 일반 관료 및 士林들 사이에서 논쟁이 재연되었다. 이러한 迂餘曲折 끝에 仁祖 10년(1632), 결국 定遠君을 元宗으로, 그리고 啓運宮을 仁獻王后로 追尊하고, 또한 이들을 모시는 別廟도 설치하게 되었다. 그러자 이어 추존 방식의 정당성을 둘러싸고 別廟論과 入廟論 등의

---

[1] 이들 문제에 대한 연구로는 徐仁漢, 「仁祖初 服制論議에 대한 小考」, 『北岳史論』 1(국민대학교 국사학과, 1989) 참조.

논쟁이 벌어졌는데, 仁祖 13년(1635) 3월에 別廟의 神主를 宗廟에 奉享하게 됨으로써, 追尊을 둘러싼 인조조의 전례논쟁은 일단락 되었다. 결국 이로써 자신의 生父인 定遠君을 추존하려던 仁祖의 의지가 길고 긴 논쟁을 거쳐서 12년 만에 실현된 것이다.

2. 元宗 追崇論爭의 주요 견해들

元宗 追崇 문제를 둘러싸고 전개된 仁祖朝의 典禮論爭의 쟁점은 세 가지였다. 그 하나는 反正을 통하여 왕위에 오른 仁祖가 자신의 生父인 定遠君의 祠堂에 그 사유를 告하는 제사를 지내면서 발생했다. 즉 제사를 지낼 때, 仁祖가 定遠君에 대하여 어떤 위치에서 제사에 참여하고, 어떤 칭호를 사용해야 하는가를 결정하는 문제였다. 또 하나는 定遠君을 元宗으로 追尊하고 그의 神主를 종묘에 奉享하는 일과 관련된 문제였으며, 다른 하나는 仁祖의 生母인 啓運宮의 喪을 당하였을 때, 仁祖가 입어야 할 喪服을 결정하는 문제였다. 물론 이 세 가지 爭點들은 시기적으로는 서로 다른 때에 浮刻되었지만, 실제로는 서로 밀접하게 연계되어 논의되었다.

그런데 이러한 세 단계 전례논쟁이 발생한 까닭은 오직 인조가 入承大統의 경우로 왕위를 계승하였기 때문이었다. 인조의 생부 定遠君은 宣祖의 다섯번째 아들이다. 光海君의 축출로 뜻하지 않게 왕위에 오르게 된 仁祖는 宗統의 계승에서 혈연적으로 祖父

인 宣祖의 宗統을 직접 계승하게 되었다. 즉 인조는 선조에 대하여 혈연상으로는 祖孫간의 관계에 있지만, 종통의 승계 원칙에서는 宣祖의 宗統을 직접 계승한 父子간의 관계가 되었다. 따라서 仁祖는 자신을 낳아 준 定遠君에 대하여 혈연적으로는 부자간의 관계에 있지만, 이미 宣祖의 宗統을 入承代統하였으므로 宗法의 義理에 따라 宣祖를 부친으로 삼고, 定遠君에 대해서는 伯叔의 항렬(行列)로 禮遇해야 하는 상황에 처하게 된다. 그리고 定遠君에 대한 禮遇에 따라 定遠君의 夫人인 啓運宮에 대한 禮遇도 결정되는 상황이었다.

이에 仁祖와 그의 측근들은 혈연상의 情理와 종통상의 義理가 서로 乖離를 일으키는 상황을 해소시키는 방안으로 定遠君을 追尊하는 방안을 택했다. 즉 仁祖는 혈연상의 부자관계와 종통의 승계상에 성립하는 부자관계라는 이중적 관계에 처해서, 자신의 生父를 追尊함으로써 혈연상의 조부를 종법의 원칙에 따라 아버지로 불러야 하는 곤혹스런 상황을 타개하고자 하였으며, 이에 仁祖는 그 준비 단계로서 생부인 定遠君에 대하여 직접 제사를 지냈던 것이다. 이러한 맥락에서 볼 때, 仁祖의 定遠君에 대한 親祭 행위는 追尊을 위한 事前作業이었다고 할 수 있다. 이처럼 첫 번째 쟁점과 두번째 쟁점은 서로 밀접하게 연관되어 있었다.

仁祖가 定遠君에 대한 제사를 직접 주관함으로써 제기된 定遠君의 호칭 문제와 관련하여 조정에서는 두 가지 견해가 대립하였는데, 그것은 이른바 '稱考論'을 둘러싼 찬반의 형태로 나타났다. 鄭經世는 「弘文館八條箚」라는 글을 통해서 구체적인 자신의 견해를 피력하였는데,[2] 여기서 그는 仁祖가 定遠君에 대하여 '考'라고 부를 수는 있지만 '皇'字를 앞에 붙여서는 안 되며, 또한 仁祖 자신을 '子'라고 부를 수는 있지만 '孝'字를 앞에 붙여서는 안 된다고 주장하였다. 왜냐하면 仁祖가 定遠君에 대하여 사사로이 父子 사이의 情理를 표현할 수는 있지만, 그러나 宗統의 계승관계에서는 엄연히 宣祖를 계승하고 있다고 보았기 때문이다. 즉 그는 '皇'字와 '孝'字를 쓰지 않음으로써 宗統의 계승관계가 宣祖에서 仁祖로 이어짐을 명확히 할 수 있고, 동시에 '考'와 '子'라는 용어를 사용함으로써 定遠君과 仁祖 사이의 父子의 情理를 실현할 수 있다고 생각하였다. 그는 宗統의 승계라는 大義와 父子 사이의 恩情을 모두 실현하는 것이 바람직하다는 입장을 취하고 있었다.

이러한 鄭經世의 견해는 禮曹의 기본 견해로 채택되었다. 당시 예조판서였던 李廷龜도 仁祖가 宣祖를 父子간의 관계로만 宗統을 계승하면 결과적으로 定遠君과 仁祖는 형제 사이가 되어, 入後者는 生父母를 伯叔父母의 관계로 대한다는 古禮의 원칙에도 맞지 않는다는 점, 仁祖가 宣祖에 대해서는 父子의 義理는 있지만 父子로 互稱하는 典據는 없고, 반면 生父 定遠君에 대해서는 비록 父子의 의리가 없지만 父子로 호칭하기는 한다는 점, 仁祖가 生父에 대하여 考라고 부르지 않으면 仁祖는 考라고 부를 곳이 없어져 天倫이 단절된다는 점 등을 들어 稱考論을 정당화하였다.3)

이어 朴知誡는 稱考論을 더욱 적극적으로 지지하였다. 그의 所論은 당연히 仁祖와 공신세력들의 支持를 받았다. 朴世茂의 손자이기도 한 그는 山林 출신으로서 稱考論에서 한 걸음 더 나아가, 追崇論을 발의하고 이론적으로 정당화하려 하였다. 그는 定遠君

---

2) 『愚伏集』 卷4, 7-16쪽 참조.

3) 『仁祖實錄』, 元年 5月 丙申日條 참조.

을 追尊하고자 하는 仁祖의 의도를 적극적으로 뒷받침한 것이다.

朴知誡는 특정한 학파에 속해 있지 않았다. 그는 李珥와 成渾을 私淑하였고 金長生과도 가깝게 교류하는 한편, 鄭逑에게는 家禮에 대한 질의를 자주 하였으며, 그의 堂叔인 朴大立은 李滉의 제자였다.4) 朴知誡와 그의 門下에서 공부한 李義吉, 權諰 등은 당시 충청지역의 畿湖士林들과 가깝게 교류하면서도 性理說과 禮論에서 자신들의 독특한 견해를 堅持하였다. 따라서 이들은 畿湖地域 안의 독립적인 학파로 분류된다.

朴知誡는 禮學에서 『朱子家禮』를 우선적인 기준으로 삼았다. 그는 『朱子家禮』에 대하여 제기된 異見들, 예컨대 그것이 朱熹의 親作이 아니라는 주장이나, 또는 그것이 그의 초기의 견해일 뿐이고 晩年 定說은 아니라는 비판에 대하여 일면 주의하면서도, 『朱子家禮』를 家禮에 대한 가장 완비된 典型으로 간주하였다. 따라서 그는 『朱子家禮』의 규정과 三禮書에 규정된 古禮의 원칙이나 규정들 사이에 차이가 있는 경우 『朱子家禮』의 규정을 우선적으로 존중하였다.5) 일례로 喪服에 관해서 『朱子家禮』는 父在爲母服을 齊衰三年으로 규정하고 있는데, 이것은 『開元禮』의 규정을 따른 것이고 古禮를 따른 것은 아니었다. 따라서 『儀禮』에서 杖期로 규정한 것과 차이가 있는 것이어서, 결과적으로 『朱子家禮』의 규정이 禮經의 원칙과 어긋난다는 문제를 발생시켰다. 이에 대하여

---

4) 『潛冶集』, 卷10, 「附錄」, 「諡狀」, 11a쪽 참조.

5) 이러한 사실은 『潛冶集』, 卷4, 「上仲氏」, 8b쪽에서 잘 살펴볼 수 있다. 이에 대한 연구로는 李迎春, 「潛冶 朴知誡의 禮學과 元宗追崇論」, 『清溪史學』 7, 230-232쪽 참조.

金長生을 비롯한 대부분 유학자들은 『朱子家禮』는 朱熹의 初年說이고 晩年 定說이 아니기 때문에 古禮의 원칙에 기초하여 補完할 필요가 있다는 견해를 제시한 반면에, 朴知誡는 『朱子家禮』에 규정되어 있는 齊衰三年이 옳다고 주장하였다.[6] 그의 이러한 觀點은 漢唐代의 정치적 입장에 따라 변화된 禮制를 濾過 없이 반영하고 있는 『朱子家禮』를 다시 古禮의 원칙에 따라서 補完하려 했던 金長生의 見地와 相反된다. 朴知誡는 모든 士大夫는 물론이고 天子나 諸侯에게도 『朱子家禮』의 규정은 보편적으로 통용될 수 있다고 보았으며, 나아가 治國의 근본이라고까지 강조하였다.[7] 따라서 朴知誡의 禮學은 한 연구자가 지적한 대로 『朱子家禮』에 대하여 일종의 종교적 신념과도 같은 확고한 믿음을 가지고, 이를 현실에 적용·실천하려고 노력하였던 전형적인 사례라고 할 수 있다.[8]

朴知誡는 기본적으로 後天的인 身分變化가 血緣 사이의 親愛하는 관념에 앞설 수 없다는 관점에서 元宗 追崇의 문제에 접근하였다. 그는 反正(1623) 직후 올린 疏에서 仁祖가 入承代統함으로써 얻게 된 신분적 지위로 인해 자신의 生母에 대한 예우를 격하시켜서는 안 된다는 견해를 제기하였다. 즉 원래는 母子의 혈연관계였지만 인조가 入後함으로써 결과적으로 생모는 私親으로 되고 그 예우는 伯叔에 대한 경우로 낮아지게 되는 것이지만, 그렇다고 이러한 신분 변화에 따른 尊卑상의 差等이 혈연적 親親의 관

---

6) 『潛冶集』, 卷4, 「上仲氏」, 10b-14a쪽 참조.

7) 『潛冶集』, 卷7, 「禮辨(二)」, 6a쪽 참조.

8) 李迎春, 앞의 글, 232쪽 참조.

념을 저해해서는 안 된다고 보았던 것이다. 따라서 그는 仁祖가 生母에게 親親의 효성을 다해야 한다고 주장한 것이다.9) 그리고 이러한 관점이 예제에 반영되었을 때, 그것이 곧 親祭와 追崇의 典禮問題로 轉化·展開되었음은 당연한 歸結이다.

朴知誡는 仁祖가 生父인 定遠君에 대하여 父子의 칭호만 부를 수 있는 것이 아니라 父子의 義理까지도 있다고 보았다. 그리고 이 부분에서 그의 관점은 禮曹의 견해와 달랐을 뿐 아니라, 稱考 자체를 不正하는 金長生의 觀點과도 대립되었다. 그는 仁祖 2년(1624)에 仁祖의 諮問에 應하는 疏를 통해서 定遠君에 대하여 父子의 의리도 있음을 闡明하였다. 다시 말하면 그는 인조가 旁親으로 立後한 경우와는 달리 親孫으로서 할아버지(祖)를 계승한 것이며, 바로 이 점 때문에 仁祖와 定遠君 사이에도 父子의 義理나 稱號가 그대로 존속된다고 주장한 것이다. 즉 傍親으로 立後한 경우에는 生父母를 伯叔父母로 부르고 喪服 또한 부모에 대한 服이 아니라 伯叔에 대한 服인 期年으로 해야 하지만, 祖父를 계승해서 大統을 이은 경우에는 그의 生父母에 대하여 칭호를 고치지 않을 뿐만 아니라 喪服 역시 부모에 대한 服인 三年服으로 해야 옳다는 것이다. 결국 이러한 朴知誡의 견해는 稱考論을 정당화하는 것이었을 뿐만 아니라, 한 걸음 더 나아가 定遠君을 모시는 별도의 私廟를 건립할 것과 定遠君에 대하여 三年喪을 지내고 이에 조정 백관도 함께 喪服을 입어야 한다는 주장으로 進展·歸結되었다. 그러나 朴知誡의 이러한 주장은『朱子家禮』나 古禮, 어디에도 명

---

9)『潛冶集』, 卷1,「請務本疏」, 4b쪽; 같은 책, 卷7,「禮辨(二)」, 6a-7a쪽 참조.

확한 典據가 없는 것이어서 經學的 論據로는 정당화되지 않는 것이었다.

이러한 朴知誡의 觀點에 대하여 李珥의 門人이자 反正功臣이었던 李貴와 朴知誡의 門人이었던 李義吉은 강력한 지지를 표명하였고, 여기서 한 걸음 더 나아가 그들은 定遠君을 별도의 別廟를 건립하여 모실 것이 아니라 아예 宗廟에 入享해야 한다고 주장하기까지 하였다. 李貴는 仁祖가 傍系의 친족으로서 入後한 경우라면 定遠君은 事親의 경우에 해당되기 때문에 別廟를 건립해 奉祀할 수 있지만, 親孫으로서 당연히 계승해야 할 자리를 계승한 것이기 때문에 別廟에서 따로 봉사하는 것은 결국 高祖를 두 사람으로 만드는 꼴이 되어 더욱 부당하다고 지적하였다. 따라서 李貴는 崔鳴吉 등이 주장하는 別廟論은 何等의 經典的 典據가 없는 것임을 주장하면서, 오히려 追崇하여 入廟한 사례로 明나라 建文帝의 경우를 들어 자신의 觀點을 정당화하였다.10)

한편 朴知誡가 仁祖의 諮問에 應하는 疏를 올린 바로 그 해(1624)에 金長生은 定遠君의 追崇問題에 대한 자신의 견해를 정리하여 『典禮問答』(또는 全書)을 저술하였다.11) 이는 모두 2권으로 구성되어 있는데, 제1권은 그가 당시 교류하던 인사들과 이 문제에 대하여 논변한 서한(10편)과 논문(3편)을 모은 것이고, 제2권은

---

10) 『仁祖實錄』, 9年 12月 22日(庚寅)條 참조.
11) 이 글은 추후에 보완된 것으로 보인다. 그리고 『沙溪遺稿』를 간행할 때 증손 金萬基가 宋時烈에게 함께 간행할 것을 건의하였지만, 송시열이 감추어 두고 간행하지 않았다고 한다. 「沙溪先生年譜」, 1624年 6月 條 참조.

그 자신의 견해를 정당화하기 위하여 『儀禮』, 『通典』, 『資治通鑑』 등에서 典據를 찾아내 밝힌 것이다.

金長生은 親祭時의 稱號문제에 대하여 鄭經世나 이정구 등의 견해에 반대하였다. 그는 기본적으로 왕위의 계승이란 그것이 혈연적으로 어떤 관계에서 이루어지든 모두 父子의 義理를 담고 있다고 보았다. 따라서 손자로서 조부를 계승하였다 하더라도 의리상으로 부자관계임을 강조하였다. 그는 이러한 자신의 견해를 정당화하기 위하여 그 典據로 『春秋』와 漢宣帝의 사례를 들었다. 『春秋』, 「文公」 2年條에 禰廟를 祖廟와 昭穆의 순서를 바꿔서 앞에 위치시킨 '躋僖公'의 행위를 비판하는 기사가 나온다. 혈연적으로 兄弟 사이로서 형인 僖公이 동생인 閔公을 계승하였는데, 閔公의 아들인 文公이 자신의 親父인 閔公을 禰廟의 위치에, 그리고 僖公을 祖廟의 위치에 서로 바꾸어 놓았던 것이다. 이러한 文公의 처사에 대하여 三傳의 평가는 일치한다. 곧 私的인 親親의 관계 때문에 尊尊의 관계를 毁損시켜서는 안 된다는 것, 달리 말하면 私的인 혈연적 유대관계를 宗法的 위계질서보다 앞세워서는 안 된다는 것인데, 『穀梁傳』의 評者는 親親을 가지고 尊尊을 위배하지 않는 것이 곧 『春秋』의 정신이라고 강조했다.[12] 金長生이 든 또 다른 典據는 漢宣帝의 事例이다. 宣帝는 손자로서 入承大統한 경우로서, 조부인 昭帝를 계승하고 나서 자신의 生父를 추존하여 '皇考'라고 불렀는데, 이 사실을 두고 范氏와 程頤가 모두 小宗을 大宗에 합치시킨 '亂倫失禮'라고 비판하였다. 金長生은 이 두 가

---

12) "君子不以親親害尊尊, 此春秋之義也." 『春秋穀梁傳注疏』, 「文公 2年」, 條目, 100쪽 상단 참조.

지 사례를 들면서 入承代統의 경우 자신의 生父를 私的으로 追尊하거나 '考'라로 부를 수는 없다고 지적하였다. 따라서 그는 仁祖가 定遠君에 대하여 '考'라고 부를 수도 없으며, 더군다나 그를 追崇하여 종묘에 奉享하는 것은 더욱 불가하다고 주장하였다.

金長生은 仁祖가 宣祖를 계승하는 것을 小宗에서 大宗으로 入後하는 경우로 파악하여 追崇 反對論을 제기하였다. 追崇 贊成論者들이 仁祖가 宣祖를 계승하는 것은 '嫡孫이 祖父를 계승하는 것'(爲祖後)으로서 '남의 後嗣가 되는 것'(爲人後)과 다르다고 구분하는 논리에 대하여, 그는 '爲祖後'란 아버지가 嫡長子로서 당연히 後嗣가 될 위치에 있었지만 早死하거나 廢疾에 걸려 後嗣가 될 수 없게 된 경우에 대신 그의 嫡長子가 조부를 계승하는 것을 의미하며, 따라서 仁祖의 경우에는 해당되지 않는다고 비판하였다. 또한 그는 역대의 사례 및 濮王의 追尊에 대한 程頤의 所論 등에 근거하여 定遠君을 入廟시켜서는 안 되며,13) 나아가 仁祖가 生父인 定遠君에 대하여 입는 服을 『儀禮』, 「喪服」의 규정에 따라 伯叔에 대한 관계로 예우하고,14) 호칭도 伯叔으로 해야 한다고 주

---

13) 北宋의 英宗은 仁宗의 조카로서, 入後하여 왕위를 계승하였다. 英宗은 자신이 왕위를 계승한 뒤에 자신의 生父인 濮安懿王을 추존하고자 하였는데, 이때 仁宗과 英宗 그리고 濮王 사이의 社會的 關係를 어떻게 이해해야 할 것인가가 문제로 대두되었다. 程頤는 「代彭思永上英宗皇帝論濮王典禮疏」를 통해서 자신의 견해를 밝히고 있는데, 그는 英宗이 入後하여 仁宗을 계승한 이상 英宗의 아버지는 仁宗이며, 영종의 생부 濮王은 伯叔이 된다고 주장하였다. 『二程集』, 河南程氏文集, 卷5, 「代彭思永上英宗皇帝論濮王典禮疏」(臺北: 漢京文化事業有限公司), 515-516쪽 참조.

장하였다.15)

한편 朴知誡의 문인이었던 權諰는 追崇論爭을 유학의 근본 이념과 관련하여 재검토함으로써, 추숭론이 단순한 정치적 문제에 그치는 것이 아니라 유학 이념상의 본질적인 문제임을 드러내 보였다. 그는 追崇論爭의 문제는, 定遠君의 宣祖에 대한 관계에는 君臣關係가 일차적으로 적용되지만, 仁祖에 대한 관계에서는 父子關係가 우선적으로 적용된다는 二重性에서 비롯된다고 진단하였다. 따라서 그에게는 이러한 이중적 관계를 어떻게 규정해야만 군신간에 성립되는 尊尊의 원칙과 부자간에 성립되는 親親의 원칙이 서로 무리 없이 조화를 이룰 수 있을까 하는 점이 주요한 고심거리였다. 그리고 그는 바로 이러한 문제의식에 기초하여 金長生 등이 주장한 追崇 反對論과 別廟論뿐만 아니라, 이에 대립적인 入廟論까지도 재검토하였다.

---

14) 『儀禮』, 「喪服:齊衰」에 "남의 後嗣가 된 사람은 자신의 生父母를 위해서 부모가 자식을 위해 입는 服으로 보답한다"(爲人後者, 爲其父母報)고 하였다. 이 말은 곧 자식이 부모에 대해서는 통상 斬衰三年服과 齊衰三年服을 입지만, 일단 남의 後嗣가 되었을 경우, 즉 양자 갔을 때는 자신의 生父母에 대하여 부모가 자식에게 입는 복, 즉 期年服으로 낮추어 입는다는 뜻이다. 그런데 기년복은 伯叔에 대하여 입는 복과 같으므로, 생부모에 대하여 기년복을 입는다는 것은 곧 생부모를 백숙과 같이 대우한다는 의미를 함축하고 있다고 해석할 수 있다. 이것이 金長生의 관점이다.

15) 『沙溪遺稿』, 卷1, 「論私廟親祭時祝文屬號疏」, 2-4쪽 및 같은 책, 卷12, 「行狀」 등 참조. 관련 논문으로는 徐仁漢, 「仁祖初 服制論議에 대한 小考」, 『北岳史論』 1(국민대학교 국사학과, 1989) 참조.

權諰는, 宣祖와 仁祖 사이의 관계를 祖孫 사이의 혈연적 관계로 인식하는 견해와 小宗에서 大宗으로 入後한 宗統상의 관계로 인식하는 견해 가운데에서, 기본적으로 前者의 見地를 택했다. 따라서 그는 아버지가 먼저 죽어서 그 아들이 할아버지의 뒤를 잇는 관계를, 小宗에서 大宗으로 옮아가 '남의 後嗣가 되는 것'(爲人後)과 동일시할 수 없다는 朴知誡의 견해를 옳다고 생각하였다. 그렇지만 追崇을 찬성하는 맥락에서 仁祖와 宣祖간의 계승관계를 '嫡孫이 祖父를 계승하는 것'(爲祖後)으로 파악하는 논점에 대한 金長生의 비판에 대해서는 별다른 의견을 제시하지 않았다. 그는 仁祖가 生父인 定遠君에 대하여 입는 服을 伯叔에 대한 관계로 禮遇하는 것이 곧바로 生父를 伯叔으로 互稱하는 것을 의미하지는 않는다고 反駁하면서, 金長生의 주장은 古禮에서도 아무런 근거가 없는 것이라고 반대하였다. 이로써 그는 金長生의 追崇 反對論과 대립하여 追崇 贊成論의 見地에 서게 되었다.

그런데 이로써 문제가 해결된 것은 아니었다. 왜냐하면 追崇을 찬성하는 자들 사이에서도 別廟論과 入廟論을 놓고 견해차가 생겼기 때문이다. 權諰가 追崇論과 관련된 여러 논의들 가운데에서 우선적으로 관심을 두었던 바는 바로 別廟論과 入廟論 사이의 見解差異가 발생하는 이유와 그에 대한 해결책이었다. 그는 別廟論이 제기된 이유가 定遠君의 宣祖와 仁祖에 대한 우선적인 사회적 관계가 서로 달랐기 때문이라고 생각했다. 즉 定遠君의 처지에서는, 宣祖에 대하여 大宗에 대한 小宗, 君主에 대한 臣下의 관계에 있었기 때문에 尊尊의 이념이 우선적으로 실현되어야 했지만, 반면에 仁祖에 대해서는 父子 사이의 혈연적 관계에 있으므로 親親의 이념이 일차적으로 실현되어야 한다는 것이다. 곧 定遠君은

宣祖와 仁祖에 대해서 尊尊과 親親의 두 이념을 모순적으로 함께 적용되어야 하는 위치에 있었던 것이다.

權諰는 別廟論이 父子 사이의 은혜를 중시하면서도 君臣 사이의 의리도 무시하지 않는 이중적 조건을 모두 충족시키기 위한 의도에서 제기된 것으로 보았다. 즉 한편으로는 仁祖로 하여금 定遠君의 제사를 주관할 수 있도록 하여 親親의 이념을 실현케 하면서, 다른 한편으로는 독립된 廟에 定遠君을 봉안함으로써 그가 宣祖에 대하여 가지는 尊尊의 이념을 毁損시키지 않도록 하는 뜻이 있다는 것이다.16) 그리고 權諰는 別廟論의 이러한 의도가 결과적으로는 宣祖와 定遠君 사이를 君臣간의 관계로 파악하여 定遠君을 壓降할 것을 주장하면서도 동시에 定遠君과 仁祖 사이를 父子간의 관계로 파악하여 定遠君을 낮추어서는 안 된다는(不可降) 논리를 담고 있다고 생각했다. 즉 동일한 인물을 壓降해야 한다고 주장하면서도 동시에 壓降하면 아니 된다고 주장하는 셈이라는 것이다. 그는 "부자 사이의 은혜도 중요하지만 또한 군신 사이의 의리도 무시할 수 없다"(父子之恩固重, 君臣之義, 亦不可廢)는 別廟論의 視角이 이러한 矛盾을 초래하게 되는 주요한 이유는 그것이 金長生의 견해와 軌를 같이하기 때문이라고 진단하였다. 즉 別廟論이 宣祖와 仁祖를 祖孫관계로 파악하고, 定遠君과 仁祖 사이를 父子 사이의 혈연관계로 파악하는 追崇 贊成論의 見地에서 출발하였음에도, 유독 宣祖와 定遠君 사이의 관계만은 君臣관계로 파악하고자 한 것은 宗統의 承繼가 宣祖에서 仁祖로 이어졌으며, 이에 定遠君은 宣祖에 대하여 우선적으로 君臣관계에 서게 된

---

16) 『炭翁集』, 卷8, 「答權吉哉書」, 18-20쪽 참조.

다는 인식이 깔려 있기 때문인데, 權諰는 이러한 인식이 바로 金長生의 所論에 起因한다고 보았던 것이다.17) 그리고 그는 이 점을 「國家系統圖」라는 表를 통해 명확히 드러냈다.18)

따라서 權諰는 仁祖가 定遠君을 親으로 부르는 이상 禰로 대우하고 宗廟에 入享해야 한다는 入廟論이 오히려 논리적으로 '直截分明'하다고 평가하면서, 이러한 논리를 편 李義吉과 李貴의 견해를 支持하였다.19) 그러면서도 自身은 정작 入廟論에 선뜻 가담하기를 주저하였다. 왜냐하면 논리적으로는 入廟論에 一貫性이 있었지만 일반 大衆들의 정서는 宣祖에 대하여 定遠君이 차별되어야 마땅하다는 쪽으로 기울어져 있었으며, 또한 스승인 朴知誡가

---

17) 『炭翁集』, 卷11, 「閑居筆說」, 19쪽, "余以爲父子固重, 君臣不可廢, 此說皆從沙溪意思一帶來也. 完城之論亦然, 皆君臣之分不可亂, 父子之禮不得伸也. 誠欲廢君臣之分而伸父子之恩, 則古今天下寧有不入祖廟之禰乎?"

18) 『炭翁集』, 卷9, 「國家繼統圖」, 8-10쪽 참조. 그는 趙克善과 崔鳴吉의 別廟論을 '旁支, 즉 소종에서 대종으로 入後한 것'(旁支入承)이라는 金長生의 논점에 따른 것으로 분류하고 있다. 반면에 李義吉의 入廟論은 비록 소종이라도 대종이 된 이상에는 소종으로 여길 수 없다는 이른바 '旁支達幹'을 주장했던 朴知誡의 관점에 따른 것으로 분류하였다.

19) 『炭翁集』, 卷5, 「答趙掌令有諸書」, 13b-14a쪽, "且宗廟之制, 古今雖不同, 都堂之各廟, 同堂之異室, 其義一也. 同堂而不敢入禰室, 則都宮而亦將不得入禰廟矣. 都宮而敢入禰廟, 則同堂而亦得以入禰室矣. 苟主父子之親, 而引達幹之義, 以爲禮, 則都宮同堂, 其爲宗廟一也. 祖禰之一廟, 其禮尙矣, 何獨於今而禰不入宗廟乎? 此方叔之論, 所以直截分明, 而無牴牾之病也"; 卷11, 21쪽, <閑居筆說>: "有追崇入廟之語, 則衆人不知兩家論議顚末者, 自不覺其奮然而駭矣. 雖曰不可降者, 終始以爲當入廟者, 在野惟方叔, 在朝惟延平."

別廟論과 入廟論 어느 쪽도 可하다는 曖昧한 태도를 보였기 때문이다.[20] 요컨대 追崇論과 관련하여 權諰는 別廟論의 논리적 모순을 지적하고 入廟論의 논리를 지지하였지만, 정작 자신의 論旨는 분명히 펴지 않았다.

인조 4년(1626) 1월에 인조의 생모인 啓運宮 具氏가 사망한 일을 계기로, 인조가 생모인 계운궁에 대하여 어떤 상복을 입어야 하고 또 喪事는 어떤 수준으로 예우·처리해야 하는가의 문제가 제기되면서 追崇論爭은 새로운 국면으로 접어들었다. 古禮의 기본 원칙에 따르면 喪事는 死者의 신분에 맞추어 행하고 祭禮는 奉祀者의 신분에 따라 행하게 되어 있다. 따라서 예조를 비롯한 조정 관료들은 大院君의 夫人이라는 지위에 맞추어 喪事를 진행할 것을 주장하였다. 그러나 仁祖는 처음부터 國葬에 準하여 喪事를 행할 것을 고집하고 指示를 하였다. 그리하여 仁祖와 朝廷 官僚들 사이에 마찰이 빚어지기도 하였지만, 결국 仁祖의 주장대로 王后의 지위에 해당하는 禮를 갖추어 喪事를 진행하게 되었다. 그런데 문제는 仁祖의 강요에도 불구하고 爭論이 가라앉지 않는 점이었다. 따라서 三年服을 입을 喪主와 仁祖 자신의 喪服을 결정하는 문제가 대두되면서, 이에 대한 논란은 다시금 禮制의 근본 원칙에 대한 논의로 遡及·飛火되었고, 이는 곧바로 追崇論의 정당성 문제와 결부되면서 관료들 사이에서 치열한 논쟁으로 전개

---

20) 『炭翁集』, 卷11, 「閑居筆說」, 21b쪽, "有追崇入廟之語, 則衆人不知兩家論議顚末者, 自不覺其奮然而駭矣. 雖曰不可降者, 終始以爲當入廟者, 在野惟方叔, 在朝惟延平, 餘皆嗫嚅疑難, 先生亦有兩是方叔有諸, 是以愚嘗不敢信不可降之爲定論也."

되었던 것이다.

먼저 仁祖는 자신이 傍系로 入後한 경우가 아니므로 아버지가 죽은 뒤 어머니의 喪에 대하여 입는 齊衰三年을 해야 한다고 주장하였다. 이는 곧 자신이 喪主로 처신하겠다는 뜻이었다. 그리고 이를 朴知誠가 이론적으로 정당화하였고, 崔鳴吉과 李貴 등의 조정 관료들이 支持하였다. 朴知誠는 三年說을 지지하는 이유로 宣祖에 대하여 仁祖는 爲人後가 아닌 爲祖後라는 점, 爲祖後의 경우 『儀禮』 注疏에서 부모를 위해 三年服을 입도록 규정하였다는 점, 定遠君에 대하여 '考'라고 부른 이상 啓運宮에 대해서도 母에 대한 三年服을 입어야 名實이 相符해진다는 점, 그리고 祖父에 대한 服 때문에 父母에 대한 服을 壓降하는 이치가 없기 때문에 啓運宮의 喪이 仁穆大妃로 인해 壓降될 이유가 없다는 점 등을 제시하였다.21) 이에 李貴는 朴知誠의 주장을 지지하면서, 光海君이 축출되었고 定遠君의 형인 林海君은 後嗣가 없이 죽었기 때문에 결국 定遠君은 宣祖의 長子가 되는 것이며 仁祖는 그 長孫이 된다는 견해를 주장하였다. 李貴는 이러한 논점을 기초로 해서 三年服과 함께 追崇 入廟도 강력히 건의하였다.22) 한편 崔鳴吉은 仁祖가 立後가 아닌 爲祖後로 承重하였기 때문에 부모를 위해 三年喪을 하는 것은 "斬衰는 두 번 하지 않는다"는 古禮의 원칙에 어긋나지 않는다고 보았다. 그러나 定遠君의 지위는 宣祖가 定한 것이어서 後王이 고칠 수 없기 때문에 追崇이 不可함을 闡明하였다.

이러한 三年說에 대하여 士林들 多數와 官僚들은 不杖期服을 정

---

21) 『潛冶集』, 卷1, 「擬上疏(丙寅)」 참조.
22) 『仁祖實錄』, 9年 12月 22日(庚寅)條 참조.

당한 것으로 보면서 喪主로는 仁祖의 친동생인 綾原君을 세워야 한다고 주장하였다. 金長生은 이미 仁祖가 定遠君에 대한 親祭를 올릴 때, 만약 定遠君에 대하여 考라고 부르게 된다면 이는 곧 喪服에서 三年說을 정당화하는 한 논거가 된다는 것을 지적한 바 있었다. 따라서 그는 稱考論의 부당성을 지적하였던 것과 마찬가지로 喪服과 관련해서도 仁祖는 宣祖에 대하여 爲祖後가 아닌 爲人後의 경우에 해당한다고 보면서, 『儀禮』와 『朱子家禮』의 "남에게 立後한 경우에는 본래의 생부모에 대하여 齊衰不杖朞로 한다"는 규정에 의거하여 仁祖는 不杖朞의 喪服을 입어야 한다고 주장하였다. 한편 鄭經世는 稱考論을 정당하다고 보면서도 喪服으로는 不杖朞를 주장하였는데, 이는 곧 仁祖의 追崇論을 반대하는 견해를 표명한 것이기도 하다. 그러나 稱考를 인정하면서도 다시 不杖朞를 주장하는 것은 논리적으로 모순되는 점이 있다.

齊衰三年說과 不杖朞說 사이에서 張維는 折衷的 견해를 제시하였다. 그는 定遠君과 仁祖 사이의 父子관계를 인정하지 않으면 仁祖는 稱考할 곳이 없어진다는 점에서 伯叔父論에 대해 비판적이었다.23) 그러나 그는 定遠君이 宗統에 대해서는 傍系이기 때문에 啓運宮에 대한 인조의 服도 역시 宗統의 尊에 눌리어 降服해야 하는 것으로 보았다. 다만 仁祖가 宣祖에 대하여 爲祖後이고 父子관계는 아니기 때문에 爲人後者가 본래의 生父母에 대하여 하는 상복을 입을 수는 없다고 보았다. 따라서 그는 仁祖가 父在爲母服에 해당하는 杖朞의 服을 입어야 한다는 결론을 내렸다.24) 張維의

---

23) 『溪谷集』, 卷3, 「答沙溪先生」 참조.

24) 『仁祖實錄』, 4年 1月 己巳日條 참조.

이러한 견해는 양쪽의 견해를 모두 부분적으로 수용하는 折衷案이었지만, 經典的 典據가 전혀 없는 것이어서 양측으로부터 비판을 받았다. 그러나 결과적으로는 仁祖는 관료들의 반대에 직면하여 자신이 願했던 三年服은 입지 못하고, 折衷案인 杖朞服을 채택하게 되었다.

3. 元宗 追崇論爭의 평가

稱考論, 追崇論, 服制論 등을 둘러싼 견해차이를 비교해 볼 때, 朴知誡나 張維 등은 古禮의 經學的 典據보다는 禮에 대한 자신의 解釋을 근거로 하여 의견을 폈으며, 또한 禮에 대한 자신의 解釋을 근거로 하여 非宗法的으로 계승된 仁祖의 지위를 이론적으로 정당화함으로써 政局의 안정을 도모한 面이 있었다.

반면에 金長生은 古禮의 원칙에 입각하여 일차적으로 定遠君과 仁祖 사이의 관계를 宗法的 관계로 규정함으로써, 仁祖가 私的으로 宗統의 원칙을 무시하고 자신의 정치적 의도를 실현시키고자 하는 意圖를 비판하였다. 즉 그는 시종일관 經學的 論據에 기초한 原理主義를 존중하여 禮制를 이해하고 실현하고자 노력함으로써 禮制가 정치적 의도에 따라 恣意的으로 變形되는 것을 막고자 하였던 것이다. 물론 그의 노력이 결과적으로 仁祖의 追崇論을 좌절시키지는 못하였지만, 군주의 私私로운 의지에 따라 禮制가 변형되는 사태의 부당성을 이론적으로 지적함으로써, 非宗法的 권력을 군주와 그 측근이 禮制를 통하여 恣意的으로 正當化하려는 試圖에 대한 지식인의 강렬한 저항과 비판을 유감없이 보여준 셈이었다. 그리고 이러한 金長生 일파의 노력이 비록 仁祖朝에서는 실패로 귀착하였지만, 이후 그의 見地를 계승하는 지식인들은 顯宗朝와 肅宗朝에 걸친 처절한 투쟁을 통하여 君主가 恣意的으로 禮制를 변형시키려는 의도에 대하여, 그리고 그러한 변형을 통하여 현실 권력을 편법적으로 정당화하려는 시도에 대하여 강력히 저항하였고, 마침내 군주의 獨斷과 獨走를 제지하는 데 성공하게 된다. 따라서 金長生의 禮學은 조선 후기 지식인들이, 君主가 국가권력을 恣意로 정당화하거나 그것을 濫用하는 것을 막아내는 데 사용한 중요한 이론적 기초를 제공하였다고 볼 수 있다.

仁祖朝 典禮論爭과 관련하여 충청지역 유학자들이 제기한 견해는 두 흐름으로 나누어 볼 수 있다. 그 하나는 金長生을 중심으로 한 흐름으로, 현실적 이해관계를 떠나 古禮의 원칙을 충실하게 지킴으로써 典禮問題를 이해하고 정당화하려는 見地였다. 다른 하나의 흐름은 古禮와 經學的 典據에 형식적으로 依據하기보다는 禮制가 갖는 근본 정신에 우선 着眼하여 그것을 현실의 상황에 맞게 실현하고자 한 見地였다. 그리고 이 後者의 見地는 朴知誡의 門下에서 공부한 학자들에게서도 발견되고, 鄭經世를 비롯한 李滉의 문하에서 수학한 학자들 및 그 後裔들에게서 발견된다. 특히 權諰는 朴知誡의 門人으로서, 金長生 계열의 학자들과 깊이 교류하면서도 자신의 독자적인 입장을 끝까지 堅持한 바 있다. 이러한 사실은 17세기 조선시대의 禮學이 특히 忠淸地域을 중심으로 활발하게 전개되었음을 보여준다. 즉 16~17세기를 통하여 충청지역에서는 李珥와 宋翼弼 門下에서 수학한 金長生 계열의 학자들이 중

심을 이루어 禮學의 한 흐름을 이끌어 갔지만, 또한 이들과는 差別化되는 예학적 견해를 가진 일단의 학자들이 이들과 교류하면서, 朝廷에서는 상호 경쟁하는 일련의 과정을 통하여, 이들 사이에 禮學에 대한 이론적 탐구가 深化되었던 것이다.

제5장 己亥·甲寅禮訟을 통해 본
忠淸地域 儒學者들의 禮學

1. 17세기 禮訟 연구에 대한 재검토

　해방 이후부터 현재까지의 禮訟과 관련된 연구성과들을 살펴보면, 禮訟에 대한 이해와 평가를 다음 세 가지 觀點으로 구분할 수 있다. 첫째는 黨爭이 조선사회의 고질적인 병폐의 하나라는 인식 위에 禮訟을 당쟁의 일환으로 파악하려는 관점이다. 禮訟이 당쟁과 맞물려 진행되는 사태에 대한 인식과 우려는 기실 禮訟이 전개되던 당시부터 발견할 수 있으며,[1] 이후 당파의 대립이 고질

---

[1] 己亥禮訟(1659)의 渦中에서 顯宗 元年(1660) 4月에 尹善道가 疏를 올려 宋浚吉과 宋時烈을 맹렬히 비난하였는데, 당시 조정의 관료들은 黨色을 막론하고 이 疏를 黨論으로 간주하였다. 疏가 承政院에 올라오자 당시 承旨였던 金壽恒, 李殷相, 吳挺緯(淸南, 1616~1692), 趙胤錫

화되어 가는 상황은 조선 후기 전체를 통해 관직에 있거나 재야에 있거나를 막론하고 대부분의 의식 있는 조선 지식인들이 공통적으로 문제시하였던 사안이었다. 예컨대 李瀷의 「論朋黨」이나 李建昌의 『黨議通略』 등은 당파적 대립의 고질적인 원인을 규명하려는 문제의식에서 禮訟을 분석한 대표적인 論著들이다. 일제강점기를 통해 일본인들은 이러한 당쟁과 禮訟에 대한——원래는 매우 憂國的이었던——비판적 인식을 그들의 침략과 강점을 정당화하려는 책략에 이용하였다. 즉 日人 학자들은 조선사회가 스스로 붕괴됨이 필연적이었음을 논증함으로써 자신들의 침략과 강점이 역사 전개의 자연스러운 귀결이었음을 드러내고자 하는 저의에서, 당쟁과 예송을 조선 후기 사회의 대표적인 부정적 측면으로 부각시키는 이른바 植民地史觀을 유포하였다.

黨爭 및 禮訟에 대한 이러한 관점은, 이 관점에 따르거나 따르

(1615~1664), 朴世城(1621~1671) 등은 合啓하여, "觀其疏語, 則假論禮, 用意陰凶, 譸張眩亂, 略無顧忌……"라고 하였으며, 顯宗 역시 "前參議尹善道, 心術不正, 敢上陰險之疏, 詆譖上下之間……"이라고 답하였다(『顯宗實錄』, 元年[庚子] 4月 壬寅[18]日條 참조). 李迎春을 위시하여 오늘날의 연구자들 대다수는 禮訟이 처음에는 服制에 대한 學術的 論爭에서 시작되었다가, 이 疏를 契機로 黨爭으로 변해 갔다고 분석한다. 한편 黃元九는 이 疏에 앞서 한 달 전에 許穆이 올린 「追正喪服失禮疏」에서부터 禮訟이 黨論으로 轉化하였고 이에 본격적인 黨爭이 시작되었다고 보고 있다. 더 상세한 내용은 李迎春, 「第一次禮訟과 尹善道의 禮論」(『淸溪史學』 6, 1989), 129, 150-152쪽; 黃元九, 「己亥服制論 始末」(『연세논총』, 「사회과학편」, 2, 1963/『東亞細亞史硏究』, 1976) 7-8쪽과 8쪽의 註 20)을 참조할 것.

지 않거나 간에, 기존의 연구 경향에 깊은 흔적을 남겨 왔다. 그 중에서 두 가지 대표적인 것을 들자면, 하나는 이 논점이 禮訟 연구에서 禮訟이 함축하고 있었던 학문적 배경이나 그 견해차이의 사상적 의미들은 도외시한 채 오직 禮訟과 연계되어 초래되었던 정국의 파행적 결과들에만 초점을 맞추도록 연구자들을 유도해 왔다는 점이다. 따라서 禮訟을 파행적 정치과정을 일어나게 한 주요한 觸媒劑로 규정하면서, 禮訟에 참여하였던 인물들의 師承관계, 친족관계, 혼인관계 등을 통해 이들이 黨色에 어떻게 관여되어 있는지를 밝히는 데 중점을 두게 되었고, 이것 때문에 禮訟에 참여하였던 성리학자들의 개별적인 주장들도 결과적으로는 이들이 속한 黨色에 가려져 항상 黨論의 양상으로만 인식되었다. 그리하여 이들이 저마다 총체적인 인간의 삶과 관련하여 보여주었던 유례없는 철학적 성찰과 사상적 고뇌의 내용들은 死藏시킨 채, 그것을 정치권력의 획득을 위한 당파적 욕망의 표현으로 卑下하였다.2)

---

2) 이러한 논점에 선 日人 학자들의 17世紀 朝鮮思想史 硏究는 1980년대에도 계속되었다. 예컨대 三浦國雄는 尹鑴와 宋時烈의 對立에 관한 연구에서 이들 사이의 論爭이 사상논쟁으로 전개되지 못하였으며, 이들은 政權奪取의 代理戰에 휘말려 희생되었다고 분석하였다. 그는 이들 사이의 대립과 파국의 원인을 일본이나 중국과 다른 朝鮮 性理學의 狀況에서 찾는다. 즉 중국의 주변국이라는 열등의식에서 벗어나기 위하여 중국의 정통적 교학을 섭취하는 데 조선 지식인들이 골몰하게 되었고, 이것 때문에 정통 교학으로 간주된 朱子學과 『朱子家禮』만을 옹호하고 여타 사상들에 대해서는 배타적인 태도를 취하였다는 것이다. 그는 주자학을 배타적으로 옹호하는 당시 조선 성리학의 분

조선 후기의 정치가 파행적으로 진행된 주요한 원인이 禮訟에 있었다는 관점은, 나아가 儒家思想 자체에 대한 부정적 인식을 誘導한다. 즉 유가사상 자체에 당쟁을 필연적으로 초래하는 요소가 내재되어 있으며, 바로 이러한 요소가 조선시대의 역사 발전에 부정적인 해악을 끼쳤다고 보는 것이다. 일례로 玄相允은 조선의 유학이 조선 사상사에 미친 영향을 긍정적인 면과 부정적인 면으로 나누어 논할 때, 당쟁을 부정적인 一面으로 지적했다.3) 그리고 그는 유가사상에서 君子와 小人에 대한 구분 의식이 조선시대 東西 分黨의 원인이 되었다고 진단하면서, 당쟁과 유가사상 사이의 필연성을 강조하였다.4)

위의 관점은 禮訟이라는 역사적 사실에 객관적으로 접근하지

위기에서 尹鑴와 宋時烈의 代立과 破局의 원인을 찾았으며, 이를 논증하기 위해서 그들이 상호 비판하는 글의 斷片들과, 주변의 관련 사실들, 이를테면 天을 이해하는 觀點의 差異라든지, 朱子에 대한 배타적 옹호를 표방하는 조선 성리학자들의 선언적 구절들을 집중적으로 조명·분석하였다. 동시에 그는 尹鑴의 주자 비판을 포용하지 못하고 斯文亂賊으로 排除함으로써 朝鮮의 儒學이 硬直되었다고 하여 禮訟을 둘러싼 對立의 否定的 結果만을 강조하였다. 그의 논문에는 禮訟에 나타난 宋時烈과 尹鑴의 哲學的 問題意識을 전혀 고려하지 않은 채, 朱子 絶對主義者와 朱子 相對主義者 사이의 대립과 그 정치적 배경, 그리고 바람직하지 못한 결과로서 朱子學의 敎條化만이 지적되었다. 三浦國雄, 「17世紀朝鮮における正統と異端── 宋時烈と尹鑴──」(『朝鮮學報』 102, 1982) 참조.

3) 玄相允, 『朝鮮儒學史』(서울: 民衆書館, 1949/서울: 玄音社, 1982, 재판), 6쪽 참조.
4) 玄相允, 위의 책, 187-191쪽 참조.

않고, 미리 破局의 遠因으로 전제하면서 접근하기 때문에 도덕적 단죄 의식을 일종의 선입견으로서 품게 하는 결점이 있다. 그리고 이러한 역사적 단죄 의식이 특히 日人 학자들에 의해 침략과 강점의 정당화를 위한 수단으로 악용되면서, 결과적으로 우리 자신이 자아 정체성에 대한 부정과 自己 卑下意識을 갖도록 은연중에 誘導되었음도 周知의 사실이다. 따라서 해방 후 국학 연구자들은 대부분 이 첫번째 관점을 극복하기 위하여 예송을 학문적으로 접근하려는 태도를 의식적으로 견지하여 왔다. 그럼에도 불구하고 이 첫번째 논점에 기초한 일련의 연구성과들이 축적되어 왔는데, 이러한 연구들은 적어도 禮訟의 진행과정과 맞물린 주변의 관련 요소들에 대한 구체적인 정보들을 제공해 준다.

필자가 지적하는 두번째 관점은 17세기 조선사회를 봉건사회가 해체되어 가는 시기로 파악하면서, 이에 지배계급이 무너져 가는 봉건질서를 재건하기 위한 방편으로 禮論을 이용하였다고 주장하는 사람들의 관점이다. 이러한 인식은 주로 마르크스주의 歷史觀에 동조하는 학자들 사이에 널리 퍼져 있다. 이들은 禮訟을 고유한 조선 사상사의 전개과정 속에서 이해하기보다는 중세에서 근대로 이행하는 역사과정의 일환으로 파악한다. 따라서 예송의 의미를 중세사회가 分解되고 解體되는 제반 사회적 현상들과 관련해서만 이해하고 있으며, 禮訟 그 자체에는 초점을 맞추지 않는다.

이러한 관점은 일제 강점기부터 제기되었지만, 그 가장 극단적인 사례들은 북한의 연구성과들에서 찾아볼 수 있다. 예컨대 1986년에 출간된 『조선철학사 개요』에서 최봉익은 16세기 후반부터 조선사회가 쇠퇴기에 들어가 18세기를 전후해서는 붕괴되어 가는 것으로 파악하면서,5) 김장생과 송시열의 경우를 들어 17세기는 주자 성리학이 反動化하는 시대로 설명했다. 그는 17세기에 禮에 대한 논의가 많아지는 것은 곧 봉건질서가 해이해지고 지배계급 내부가 혼란해지는 상태를 반영하는 현상이며, 服制논의는 실생활과는 아무런 관계도 없는 空論이라고 평가한다. 나아가 당시의 지배계급은 禮論을 이용하여 혼란 상태에 빠진 봉건질서를 수습하려고 했으며, 이러한 지배계급의 이익을 대변한 사상가가 金長生과 宋時烈이라고 보았다.6) 그리고 이와 같은 견해는 북한에서 나온 다른 역사서와 사상사에 공통적으로 나타난다.

이러한 두번째 관점의 문제점은 禮訟에서 다루어지고 있는 구체적인 쟁점들이 결코 중세사회의 分化나 解體와 관련되는 문제가 아니라는 점이다. 예를 들면,『儀禮』에 나타난 服制 규정을, 그것과 관련된 특수한 사례, 즉 "둘째 嫡子로 왕위에 올랐다가 죽은 孝宗의 경우에 어떻게 적용할 것인가" 등의 문제는 계층들 사이의 신분질서가 동요하였다던가 아니면 생산력이 증가함에 따라 증대된 인민들의 私的인 요소들이 규범체계와 마찰을 일으켰다던가 하는, 이른바 사회체계 변화의 표징이 되는 문제들과는 별다른 연관성을 가지지 않았다. 따라서 禮訟의 논쟁들이 생산력을 증대시키거나 또는 생산관계를 변화시키는 문제와는 전혀 상관이 없었다는 측면에서 당시의 현실을 의미 있게 담아내지 못한 '空論'이라고 비판한다면 그 나름대로 의미가 있을지 모르지

---

5) 최봉익,『조선철학사 개요』(평양: 사회과학출판사, 1986/서울: 한마당, 1989, 영인본), 231쪽 참조.

6) 최봉익, 위의 책, 208-212쪽 참조.

만, 그것이 지배체제를 옹호하고 무너져 가는 봉건질서를 재건하기 위한 反動的인 대응이었다고 주장하는 것은 실질적인 논거가 없는 추상적이고 자의적인 견해에 불과하다. 더욱이 禮訟과 유사한 형태의 논쟁이 16세기 조선사회에서도—당쟁의 형태로 전개되지는 않았지만—분명히 있었으며, 17세기 禮訟에서 논쟁 당사자들이 16세기에 있었던 이러한 사례들을 典據로 들었던 사실을 考慮한다면, 禮訟을 17세기에만 국한하여 조선사회 쇠퇴의 한 표징으로 이해하는 것은 극히 제한된 認識을 반영한다고 하겠다.

이상에서 살펴본 두 가지 관점은 禮訟은 역사 발전에 부정적인 효과를 끼쳤다는 공통된 인식에 기초한 것이다. 두 관점 모두 조선사회의 붕괴와 관련하여 禮訟을 한 징표로 해석한다. 첫번째 관점이 당파적인 정치적 욕망이라는 심리적 동기를 강조하고 있다면, 두번째 관점은 중세적 질서의 분화와 해체라는 역사 발전의 전개과정을 강조하고 있는 것이다.

다음에 우리가 살펴볼 세번째 관점은 당쟁을 조선사회에만 고유하게 나타났던 고질적 병폐라기보다는 인류 공통의 자연스런 정치현상으로 파악하면서, 禮訟을 정치적 이념을 달리하는 政派 사이의 정상적인 논쟁의 한 형태로 이해하려고 한다. 이러한 관점은 먼저 당쟁에 대한 도덕적 단죄 의식에서 벗어나 당쟁을 보편적인 정치현상의 맥락 속에서 파악하려는 노력과 아울러, 禮訟에 나타났던 견해의 차이들을 禮論에 대한 관점의 차이에 근거해서 설명하려는 노력, 곧 思想史의 전개과정 속에서 이해하려는 노력을 병행한다. 물론 이와 같은 논점이 제기된 데는 하나의 공통된 문제의식이 배경으로 작용하고 있다. 그것은 이미 여러 학자들이 지적하였듯이, 일제 강점기를 통해 日人 학자들이 당쟁에 대하여 선악의 관점에서 분석해 놓은 부정적 평가들에 휘말리지 않으면서, 역사상의 객관적 사실로서의 禮訟이 조선 사상사에서 어떤 의미를 가지는가를 밝히려는 학문적인 문제의식이다.

실제로 이 제3의 觀點에 선 연구는 주로 禮訟의 정치적 측면과 사상적 측면을 동시에 고려하고자 하는 연구자들을 통하여 구체적으로 전개되어 왔다. 먼저 해방 후 己亥禮訟에 대한 본격적인 검토는 黃元九의 연구에서 보인다.7) 그는 己亥禮訟의 전개과정을 객관적으로 세밀하게 기술해 내는 작업에 중점을 두면서도, 한편으로 服制에 대한 견해차이를 禮 관념에 대한 인식의 차이에 근거하여 설명하고자 시도한다. 그는 禮가 그 본질로 보면 불변의 것이지만, '行用,' 즉 실행의 측면에서 보면 각 시대의 상이한 사회적 상황에 따라 달라지는 가변적인 요소를 함께 내포하고 있다고 본다. 즉 예에는 본질(不變性)과 행용(可變性)이라는 두 요소가 함께 존재하는데, 己亥禮訟은 예의 本質論에 입각한 송시열의 禮 관념과 行用論에 치중한 윤휴의 예 관념 사이에 존재하는 학문적 인식의 차이로부터 비롯되었다고 해석한다. 그러면서 그는 이러한 학문적 인식의 차이에서 출발한 논쟁이 黨論으로 轉化되면서 결국 치열한 黨爭으로 전개되기에 이르렀다는 결론을 내린다.8)

황원구의 논문에서 언급된 가변성과 불변성에 기초한 논점은 柳正東의 연구에서도 되살아난다. 유정동도 禮의 본질은 不變的인 것이지만 형식은 可變的인 것으로 보았다. 그는 고대의 경전

---

7) 黃元九, 앞의 글 참조.
8) 黃元九, 앞의 글, 7 및 24쪽 등 참조.

가운데에 나타나고 있는 불변적 본질과 가변적 형식 사이에서 어느 쪽에도 치우치지 않으려 한 유가 학파의 노력을 지적했다.9) 그러나 그는 정작 예송을 분석할 때는 이 논점을 이용하지 않고, 다만 예송에서 제기되었던 견해들의 논점을 객관적으로 기술했을 뿐 그 견해차이를 禮 관념에 대한 학문적 인식의 차이와 결부시켜 설명하지 않았다. 그 대신 예론상의 학파는 학문적인 문제를 규명하기 위한 학파라기보다는 '政爭의 偏黨'이라는 성격이 보다 강하다는 견해를 제시하였다.10)

앞서 언급한 황원구와 유정동의 연구의 문제점으로는 먼저 불변적인 것으로 간주되는 禮의 본질이 무엇인가를 설명하지 않은 채 그냥 당연시하는 태도를 들 수 있다. 이것 때문에 이들 논문에서는 禮 관념에 대한 이해의 차이가 피상적으로 간단히 언급되고 있을 뿐이다. 이와 함께 이들 논문에서는 禮訟을 禮의 불변적 요소를 강조하는 견해와 가변적 요소를 강조하는 견해로 이분하여 분석하고 있기 때문에, 尹鑴와 許穆의 견해를 동일시하는 誤謬를 犯하고 있다. 송시열의 견해에 반대한 측면에서 보면 이들은 같은 견해를 보였지만, 顯宗의 喪에 대한 조대비의 복제문제를 둘러싸고는 이들은 근본적인 인식의 차이를 보였다. 현종의 喪을 기술하는 부분에서 황원구는 이들 사이의 견해차이를 간단히 지적하기는 하였지만, 실제로 이들 사이의 견해차이가 현종의 喪에서 시작된 것이 아니라 이미 孝宗의 喪에 대한 인식 차이로부터

---

9) 柳正東,「禮論의 諸學派와 그 論爭」,『韓國哲學硏究(中)』(서울: 東明社, 1978), 345-353쪽 참조.

10) 柳正東, 위의 글, 356, 358쪽 등 참조.

발생한 것이며, 그런 의미에서 禮 관념에 관한 근본적인 차이를 함축하고 있다는 점을 그는 看過하였다. 이처럼 許穆과 尹鑴의 견해를 동일시하는 誤謬는 李丙燾,11) 姜周鎭,12) 성낙훈13) 등의 연구에서도 발견된다.

이들의 연구에서 보이는 다른 문제점은 17세기 조선사회를 어떤 視角에서 이해할 것인가에 대하여 분명한 見解가 없다는 점이다. 따라서 이들 연구가 禮訟의 전개과정을 특정 당파의 견해에 이끌리지 않고 객관적으로 기술하는 데는 어느 정도 성공하고 있지만, 예송이 17세기 조선사회에서 가지는 의미를 설명하는 데는 進展을 보이지 못하고 있다. 17세기 조선사회를 봉건적 사회질서의 혼란과 쇠퇴라는 관점에서 禮訟을 파악하는 두번째 관점에 대하여 아무런 대응도 하지 못하고 있을 뿐 아니라, 당쟁이 결국 조선사회의 고질적인 병폐라는 첫번째 관점의 결론에서도 벗어나지 못하고 있다.

1970년대 후반 이후가 되면——특히 1980년대에 들어서면——이전 시기에 비하여 조금 더 진전된 문제의식 위에 禮訟에 대한 연구가 이루어진다. 대개 1970년대 이전의 연구들이 예송의 구체적인 전개과정을 객관적으로 재구성하는 작업에 초점을 맞추고 있는 데 비하여, 1970년대 이후의 연구들은 이에 그치지 않고 禮訟

---

11) 李丙燾, 『韓國儒學史』(서울: 亞細亞文化社, 1987), 305-311쪽 참조.
12) 姜周鎭, 『李朝黨爭史研究』, 「第4篇 禮訟과 南人政權의 成立과 分列」(서울: 서울大出版部, 1971) 참조.
13) 『韓國文化史大系 Ⅱ(政治·經濟史 上)』, 「韓國黨爭史」(서울: 高麗大 民族文化研究所, 1971) 참조.

에 나타난 견해의 차이와 예송을 매개로 한 政派간의 대립을, 성리설과 예론에 대한 인식 또는 이해의 차이로부터 체계적으로 설명하기 위하여 구체적인 노력을 기울이고 있다.

먼저 예송에 대한 哲學的 또는 經學的인 연구를 살펴보면, 鄭仁在는 윤휴의 견해를 중심으로 예송의 쟁점을 검토하면서, 17세기 예송의 경학적 전거들을 통해 볼 때 송시열과 윤휴 사이의 견해 차이를 『朱子家禮』 중심과 古禮 중심의 차이로 置換할 수 없음을 지적하였다.14) 그는 예송을 孝宗이 次長으로 왕위를 계승한 사실을 어떤 名으로 규정할 것인가를 두고 전개된, 正名論에 기초한 철학적 개념논쟁이었다고 그 성격을 규정하였다. 나아가 그는 禮訟이 名에 대한 과도한 개념논쟁으로 되면서, 禮學에 대한 비판으로 實學이 등장하게 되었다는 趣旨에서 思想史의 변화를 설명하였다. 그의 이 논점은 17세기를 예학의 시대로 특징짓는 견해와 맞물려 있다.

李乙浩는 17세기의 禮訟이 16세기에 있었던 奇大升과 李滉 사이의 논쟁을 그 근거로 삼고 있다는 사실을 지적하면서, 예송이 17세기에 처음 나타난 현상이 아니라고 주장하였다. 그리고 그는 18세기 후반 丁若鏞에 이르면 일상적인 儀禮 중심의 예학 논의를 지양하는 한층 진전된 예학이 성립되었다는 관점에서, 16세기·17세기·18세기를 각각 理學·禮學·實學의 시대로 특징짓는 구분법을 비판하고 있다. 나아가 그는 윤휴와 허목 사이에는 물론

---

14) 鄭仁在,「尹白湖의 倫理思想——그의 禮論을 중심으로——」,『韓國學研究의 成果와 課題(報告論叢 82-4)』(서울: 韓國精神文化硏究院, 1982) 참조.

이고 윤휴와 정약용 사이에도 견해의 차이가 있었음을 지적하면서, 정약용의 견해는 오히려 16세기 기대승의 견해와 부합하는 측면이 있다고 지적하였다.15)

　上述한 정인재와 이을호의 예송에 대한 설명은 예송을 경학적 전거의 측면에서 분석·이해하려는 관점을 보여준다. 그러나 이들은 오히려 17세기를 예학의 시대로 규정하는 문제에 주요한 관심을 가지고 있으며, 한 논평자가 지적한 것처럼 정작 경학적 전거들이 함축하고 있는 철학적 문제, 또는 사회·윤리적 의미에 대한 본격적인 규명은 시도하지 않았다. 예송이 유가의 이념 가운데서 특히 正名論과 관련된다는 정인재의 지적은 매우 타당하며 또한 중요한 것이지만, 그러한 규정 자체가 예송의 철학적 문제를 설명한 것은 아니다.

　한편 유영희는 예송에 대한 역사학계의 논의를 재검토하면서 尹鑴의 사상에 담긴 철학적 특성을 분석하고 있다.16) 그는 예송에서 보이는 견해차이를 理氣論과 관련된 견해차이와 결부시켜 설명하는 관점을 비판하면서, 원론적 측면에서는 윤휴의 주장이 보수적이지만 17세기의 시대상황과 관련하여 보면 그의 견해는 왕권을 강화하여 새로운 사회질서를 확립하려는 개혁적 의미를 가진다고 평가했다. 그가 이 연구에서 역사학자들의 논의를 재검

---

15) 李乙浩, 「鄭仁在의 논문 '尹白湖의 倫理思想──그의 禮論을 중심으로──'에 대한 논평」, 『韓國學硏究의 成果와 課題(報告論叢 82-4)』(서울: 韓國精神文化硏究院, 1982).

16) 유영희, 「白湖 尹鑴 思想 硏究」(고려대 철학과 박사학위논문, 1993) 참조.

토하고, 또 성리학설에 대한 견해차이를 예송과 연계시키고자 하는 관점을 비판한 것은 의미 있는 일이라고 할 수 있다.

그러나 유영희의 연구 역시 禮訟의 역사적 전개과정과 그 쟁점을 주로 서술했을 뿐, 예송이 철학적으로 어떤 문제를 내포하고 있는가에 대해서는 별다른 서술이 없다. 그의 연구 역시 예송에 참여한 여러 論客들이 제시한 경학적 근거를 사실적으로 밝히는 수준을 벗어나지 못하고 있는 셈이다. 그는 또한 尹鑴의 견해를 王者士庶不同禮라고 특징지은 역사학계의 視角을 그대로 수용하면서 허목과 윤휴 및 윤휴와 정약용 사이에 나타나는 견해차이들은 고려하지 않음으로써, 李乙浩가 지적한 문제점들을 그대로 안고 있다.

裵相賢은 그의 논문에서 윤휴의 견해와 대비되는 宋時烈의 견해를 경학적 측면에서 연구하였다. 그는 기호학파의 예학 연구를 총체적으로 조명하면서, 송시열의 예론이 宋翼弼과 金長生의 直 사상과 예학 전통을 계승한 것으로 파악했다. 그는 송시열이 복제논쟁에서 인위적인 王統보다는 天序로서의 嫡統을 우위에 두는 觀點에서 期年說을 주장하였으며, 이는 당시 王統을 鞏固히 하려는 정치적 목적과는 背馳되었다고 분석했다.17) 그는 또한 예송의 성격에 대하여, 그것은 黨爭이 아니라 變禮의 상황에서 시행할 수 있는 儀禮의 합리적 논거를 구하는 論辯으로서, 正名論에 근거한 學術論爭이라고 규정했다. 이 관점은 앞에서 보았듯이 鄭仁在

---

17) 裵相賢,「朝鮮朝 畿湖學派의 禮學思想에 關한 연구」(고려대 사학과 박사학위논문, 1991);「尤庵 宋時烈의 禮學考」,『尤庵思想研究論叢 (1992)』참조.

의 견해와 일치하며, 예송을 철학적 측면에서 분석하는 연구자들의 공통된 견해라고 할 수 있다. 이런 視角에서 배상현은 宋時烈의 견해와, 그에 대해 반대 의견을 固守해 온 尹鑴의 견해를 중심으로 禮訟의 전개과정과 쟁점을 분석하였다.

그러나 배상현의 연구에서도 송시열에 대한 반대파의 견해가 너무 단순하게 서술되어 있다. 즉 許穆과 尹鑴 사이의 견해차이가 분명하게 드러나지 않고 있으며, 단지 반대파의 입장을 '政治中心論'으로 특징지은 정도이다. 또한 그는 송시열과 윤휴의 견해 차이를, 天倫으로서 嫡統을 강조하는 견해와 君臣간의 인위적 질서를 강조하는 견해의 차이로 구분하는 방식을 제기하고는 있지만, 그 두 관점에 각각 내재되어 있는 철학적 함의들은 분석하지 않았다. 그는 다만 송시열의 禮論이 철학적으로 直사상에 근거하고 있다는 점은 부각시켰다.

이상에서 살펴본 대로 철학적 측면에서 예송을 분석한 기존 연구들은 예송 당사자들의 견해를 그 근거가 되는 경학적 典據들을 중심으로 서술하는 데 그치고 있을 뿐이고, 군주의 복제를 결정하는 古禮의 규정들에 담겨져 있는 원칙과, 그 원칙들에 내포된 철학적 문제를 분석하는 데까지는 이르지 못하였다. 또한 예송의 각 見解들 사이의 異同을 정밀하게 분석하지 않은 채 논의를 전개하기 때문에 대부분 일면적인 분석에 머무르고 있다. 나아가 기존 연구의 연구자들 대부분은 17세기 禮訟의 참가자들이 前世紀(16世紀)에 있었던 李滉과 奇大升간의 논의를 재해석하면서 자신의 견해를 정당화하려 한 사실에 주목하지 않았는데, 이는 禮訟이 17세기에 국한된 문제라는 그릇된 印象과 연결된다.

1980년대 이후 역사학계에서의 예송에 대한 연구는 매우 활발하게 진행되었다. 먼저 崔完秀는 17세기 예송을 둘러싼 학자들 사이의 견해차이를 '天下同禮'를 주장하는 '守朱子派'와 '王者禮不同士庶'를 주장하는 '脫朱子派'로 구분하는 觀點을 제시하였는데,18) 이 관점은 80년대와 90년대를 걸쳐서 鄭玉子,19) 金恒洙,20) 유봉학,21) 池斗煥,22) 高英津23) 등 일련의 역사학자들의 더욱 구체적인 분석을 통해 체계화되었다. 그 가운데 지두환의 「朝鮮後期 禮訟硏究」는 예론에 관한 견해차이를 성리학에 대한 인식 차이와 결부시켜 이해하려 한 본격적인 연구에 해당한다.

지두환은 '天下同禮'와 '王者禮不同士庶'라는 견해차이의 이론적

---

18) 崔完秀, 「謙齋眞景山水畵考」, 『澗松文華』 21·29·35; 「金秋史의 金石學」, 『澗松文華』 3(1972); 「秋史書派考」, 『澗松文華』 19(1980); 「秋史 金正熙의 北學思想」(<東亞日報>, 1983년 12월 23일); 「眞景時代의 文化」, 『澗松文華』 50(1996) 등 참조.

19) 鄭玉子, 「眉叟 許穆 硏究」, 『韓國史論』 5(서울대, 1979); 「17세기 思想界의 再編과 禮論」, 『韓國文化』 10(서울대 한국문화연구소, 1989); 「17세기 전반 禮學의 성립과정 ─ 金長生을 중심으로 ─ 」, 『한국문화』 11(서울대 한국문화연구소, 1990) 참조.

20) 金恒洙, 「寒岡 鄭逑의 學問과 『歷代紀年』」, 『韓國學報』 45(서울: 一志社, 1986), 45쪽 참조.

21) 유봉학, 「朝鮮後期 風俗畵變遷의 思想史的 檢討」, 『澗松文華』 39(1989) 참조.

22) 池斗煥, 「朝鮮後期 禮訟 硏究」, 『釜大史學』 11(1987); 「朝鮮後期 禮訟論爭의 性格과 意味」, 『第二十三會 東洋學學術會議講演鈔』(檀國大學校 附設 東洋學硏究所, 1993) 참조.

23) 高英津, 「朝鮮中期 禮說과 禮書」(서울대 국사학과 박사학위논문, 1992) 참조.

배경을 理 개념에 대한 인식 차이에서 찾았다. 그의 설명에 따르면, 송시열 계열의 天下同禮論은 宗法은 天理로서 모든 경우에 적용되어야 한다는 논리에 기초하고 있는데, 이러한 관점은 理發을 부정하면서 理를 절대 불변의 것으로 파악하고 단지 氣의 可變性만을 인정하는 율곡학파의 理氣에 대한 인식과 맞물려 있다는 것이다. 반면에 理發과 氣發을 모두 인정하는, 즉 理의 가변성을 인정하는 퇴계학파의 성리학에 대한 인식은 宗法을 적용함에 天子諸侯와 士大夫의 경우를 구별해야 한다는 견해, 곧 상황에 따라 宗法을 가변적으로 적용해야 한다는 天子禮不同士庶의 견해와 相應한다는 것이다.24) 따라서 그는 17세기의 예송논쟁을 단순한 空理空談으로 보아서는 아니 되며, 오히려 성리학적인 이상사회의 건설을 위한 실천 방법을 둘러싸고 전개되었던 '성리학적 이념논쟁'으로 이해해야 한다고 강조하였다.

이와 같이 예송의 견해차이를 理氣論에 대한 성찰, 곧 그 철학적 기초에 근거해서 설명하려는 논점은 그 동안 조선 사상사 속에서 숙제로 남아 있던 예송과 성리학 이론 사이의 間隙을 연결시켜 주는 하나의 해석 방법을 보여준다. 최완수와 지두환은 형이상학으로서 理氣論과 유학이념의 실천론인 禮論 사이의 관계를 연계시키기 위하여, 理發의 有無를 理의 可變性 有無로 이해하는 논점을 세우고, 영남학파와 기호학파 사이에 있는 理氣論에 대한 理解 차이가 17세기에 와서는 禮論에 대한 이해 차이로 발전하였

---

24) 池斗煥, 「朝鮮後期 禮訟 研究」, 『釜大史學』 11(1987), 93-94, 104, 124쪽; 「朝鮮後期 禮訟論爭의 性格과 意味」, 『第二十三會東洋學學術會議講演鈔』(檀國大學校 附設 東洋學研究所, 1993), 50-51쪽 참조.

고, 나아가 여러 사회정책과 관련하여서도 학파적 이념에 기반한 경쟁관계를 형성하였다고 주장하였다.

한편 다른 視角에서 禮訟을 분석한 연구성과들도 꾸준히 축적되었다. 李迎春의 예송에 관한 일련의 논문들이 그 한 例이다.25) 그는 율곡학파와 퇴계학파의 학문적 차이를 예송에도 그대로 反映시켜 이해하는 지두환의 견해에 대하여 반론을 제기한다. 그는 李滉의 互發說은 理의 가변성을 말한 것이 아니라 發現性을 뜻하는 것으로서, 李珥와 李滉의 理에 대한 해석을 不變과 可變으로 특징지어 이해하는 것 자체가 타당성이 없다고 지적했다.26) 또한 元宗 追崇에 관한 논쟁에서 같은 李珥의 제자 중에서도 金長生, 張維 등은 帝王家의 禮는 일반 士庶와 다르다고 하여 그 특수성을 인정한 반면, 李貴, 朴知誡 등은 帝王家 禮의 특수성을 否認하고 家禮의 보편성을 주장하였음을 지적하면서, 형이상학적 인식론이 典禮나 사회정책의 구체적인 논쟁에까지 기계적으로 적용되지 않는다고 반박하였다. 나아가 지두환의 分析視角을 따르면, 金集이 大同法을 반대한 것, 尹鑴가 개혁정책을 강조한 것, 퇴계학파의 실학자들이 제도개혁을 주장한 사실들은 설명하기가 어려워진다고 주장하였다.

예송에서 期年說을 주장하는 견해와 三年說을 주장하는 견해

---

25) 李迎春,「第一次禮訟과 尹善道의 禮論」,『淸溪史學』6(1989);「潛冶 朴知誠의 禮學과 元宗追崇論」,『淸溪史學』7(1990);「服制禮訟과 政局變動 —제2차예송을 중심으로— 」,『國史館論叢』22(1991);「禮訟의 黨爭的 性格에 대한 再檢討」,『朝鮮後期 黨爭의 綜合的 檢討』(1992) 참조.

26) 유영희도 이와 유사한 비판을 제기한 바 있다.「白湖 尹鑴 思想 硏究」(고려대 철학과 박사학위논문, 1993), 146쪽 참조.

사이의 예학적 차이를 구분할 때, 최완수는 '守朱子學派'와 '脫朱子學派'로,27) 정옥자는 '朱子家禮派'와 '古禮派'로,28) 지두환은 '天下同禮派'와 '王者禮不同士庶派'로 특징지은 바 있다.29) 李迎春이 보기에는 이러한 구분이 부적절하다. 곧, 예송에서 쌍방은 모두 자신들의 논거를 『周禮』와 『儀禮』 등에서 제시하였지 『朱子家禮』에서 제시하지 않았다는 점에서 주자가례파와 고례파로 구분짓는 논점은 적절하지 않다는 것이며, 또한 예송에서 주자에 대한 尊信 여부와 상관없이 長子 三年과 衆子 期年 가운데 어떤 조항을 적용시켜야 하는가 하는 문제가 주요한 쟁점으로 되었다는 점에서 '守朱子學派'와 '脫朱子學派'로 구분하는 것도 타당치 않다는 것이다. 나아가 그는 지두환이 예송에서 남인 계열 예학의 특징으로 제시하는 '王者禮不同士庶'라는 항목은 김장생을 비롯한 서인 학자들도 주장한 적이 있는 견해라고 지적했다. 또한 같은 西人 학자라도 朴世采, 尹宣擧 등은 처음에 尹鑴의 三年說을 지지하다가 견해를 바꾸었으며, 元斗杓, 李時白, 金佐明, 金壽弘 등은 끝까지 삼년설을 지지한 반면에, 남인 학자 중에서도 許積 등은 당초부터 期年說을 찬성하였다는 점을 볼 때, '天下同禮派'와 '王者禮不同士庶派'라는 개념을 가지고 서인과 남인을 구분하거나 율곡학파와 퇴계학파 사이의 사상적 특징을 말하는 것은 타당하지 않다고 그는 비판하였다.30)

---

27) 崔完秀, 「秋史書派考」, 『澗松文華』 19 참조.
28) 鄭玉子, 「眉叟 許穆 硏究」, 『韓國史論』 5(서울대 국사학과, 1979) 참조.
29) 池斗煥, 「朝鮮後期 禮訟 硏究」, 『釜大史學』 11 참조.
30) 李迎春, 「第一次禮訟과 尹善道의 禮論」, 『淸溪史學』 6, 120-121쪽 참조.

이영춘은 1차 예송이 단순히 『儀禮』, 「喪服·斬衰」의 '父爲長子' 조목에 대한 字句 해석의 차이에서 기인한 것이 아니라, 신분의 차이와 관련해서 발생하는 禮의 양면성, 즉 보편성과 분별성을 어떤 관점에서 보아야 하는가에 관한 문제와 관련되어 있었다는 視角에서 이에 접근하고 있다. 그는 이러한 이 문제를 보는 觀點으로 '보편주의'와 '분별주의'라는 개념을 제시했다. 즉 禮의 보편성을 강조하는 前者의 觀點에서 보면, 孝宗이 비록 왕위에 올랐다고 하더라도 士庶人과 마찬가지로 天生의 차례인 次子의 지위에는 변함이 없는 것이므로 그에 대한 母后의 服도 期年에 지나지 않게 된다. 그리고 그 근거로서 제시하고 있는 四種說 또한 士大夫와 王家에 통용되는 일반 원칙으로 이해된다. 반면에 後者, 즉 분별주의의 관점에서 보면, 帝王家는 士庶人과는 달리 왕위 계승자가 곧 宗統을 차지하게 되므로, 설령 출생 순서상 次子라 하더라도 大統의 계승이라는 측면에서는 엄연히 長子의 지위에 있는 것이고, 따라서 모후의 상복도 장자가 어머니를 위해 입는 齊衰三年으로 해야 하며, 長子라도 어머니를 위해 齊衰三年을 입지 않는 네 가지 예외적인 경우— 賈貢彦이 주장한 四種說— 는 사대부의 禮에는 적용할 수 있을지언정 王家의 경우에는 해당되지 않는다는 것이다.

이영춘은 元宗 追崇論爭에서 朴知誡가 주장한 추숭 찬성의 논거들을 분석하면서, 보편주의와 분별주의라는 분석 개념을 더욱 명확하게 제시하였다.31) 그는 三禮書를 비롯한 周代와 漢唐의 고전 예서에서는 신분차별 의식이 투철하여 禮의 실행을 신분의 차

---

31) 李迎春, 「潛冶 朴知誡의 禮學과 元宗追崇論」, 『清溪史學』 7 참조.

등에 따라 엄격히 구분하는 분별주의적 전통이 중심이 되었던 반면에, 宋代에 이르러서는 사대부 계층이 중심이 되는 성리학의 보편주의적 세계관이 정립되면서, 禮를 실행함에도 철저한 신분 차별의 관념이 止揚되었고, 여러 신분 계층에 함께 적용될 수 있는 보편주의적 이념이 반영되었다고 주장하였다. 따라서 그는 성리학의 예론을 반영하는『朱子家禮』야말로 보편주의의 산물임을 강조하였는데, 그 논거로서『朱子家禮』에서는 그 실행을 어떤 특수한 계층에 국한시켜 설명하지 않았다는 점, 그 내용이 고례에서 정한 신분의 한계를 벗어나는 예로 구성되어 있어 그 자체가 탈신분적 성향을 보이고 있다는 점 등을 들었다.[32]

그는 이러한 구분 개념을 사용하여 고전적인 王朝 禮의 분별주의적 禮 觀念이 조선 전기까지 내려온 보수적인 전통이었다면, 보편주의적 예 관념은 16세기 이래 조선의 사대부 사회에 널리 퍼지기 시작한『朱子家禮』중심의 새로운 예학 경향이 반영된 것이라고 파악하였다. 이러한 視角에서 그는 조선 후기 예송을 17세기 조선 예학계에서 대립하고 있었던 상이한 학문적 전통에서 말미암은 인식의 차이에서 야기된 것으로 이해하였다. 신분에 따른 禮制의 차이와 관련하여 왕실의 典禮를 규정하는 것이 16세기 이전의 주된 禮制 意識이었다면, 16세기 이후로는 禮制 意識이 王朝 禮 중심의 분별주의적 경향과『朱子家禮』중심의 보편주의적 경향으로 크게 나뉘게 되었고, 이 두 경향의 차이가 仁祖와 그의 生父인 定遠君간의 관계 및 인조에 대한 孝宗의 관계 등을 두고 첨예한 대립으로 나타나게 되었다는 것이 그의 견해이다.

---

32) 李迎春, 위의 글, 233-234쪽 참조.

그의 주장에 따르면, 元宗 追崇을 둘러싼 논쟁에서, 帝王家는 承統을 중시하기 때문에 일반 士庶와는 달리 일단 승통한 이상에는 지위를 전해 준 자와 전해 받은 자는 혈연적으로 어떤 관계에 있더라도—가령 형제 사이든 할아버지와 손자 사이든 상관없이—父子 사이가 된다고 주장하였던 金長生이 바로 일반 士庶와 帝王家의 예를 구분하여 차별적으로 적용하려 한 분별주의적인 입장을 대표한다면, 반면에 할아버지를 손자가 계승한 경우에는 소종으로서 대종에 入後한 경우와는 다르기 때문에 생부를 '考'라고 부를 수 있으며 禰廟를 받들 수 있다고 주장한 朴知誡는 보편주의적인 입장을 대변한다. 그는 박지계가 『朱子家禮』에서 말한 '名分之守'와 '愛敬之實'을 신분의 차이를 초월하여 추구해야 할 예의 근본 정신이라고 강조하였음에 주목하였다.

이상에서 간략하게 살펴본 이영춘의 비판적 논점들은 示唆하는 바가 크다. 그의 理發 개념에 대한 지적뿐만 아니라, 예송에서의 견해차이를 영남학파를 형성하는 남인 학자들과 기호학파를 형성하는 서인 학자들간의 차이로 兩分하는 관점이 실제와 사실상 부합하지 않는 것을 밝힌 것도 큰 所得이라고 하겠다. 그러나 그가 새로운 代案으로 제시한 普遍主義와 分別主義라는 관점 또한 문제점이 있다. 먼저 보편주의라는 개념에 관해서 말하자면, 과연 성리학의 근본 이념과 맞물려 있으면서 신분을 초월하여 추구하려 한 普遍이 실제로 의미하는 바가 무엇이었는지에 관해서 생각해 볼 필요가 있다. 그는 朴知誡가 지적한 '名分之守'와 '愛敬之實'을 천자에서부터 일반 서민에 이르기까지 모든 신분을 초월하여 실천하고자 하였던 것을 보편주의의 기본 내용으로 파악하였다. 그러나 이 두 요소가 성리학에서만 강조되었고 三禮書

를 비롯한 이전의 전통적인 禮觀念에서는 강조되지 않은 논점, 그런 의미에서 『朱子家禮』에서 새로 나타나는 논점으로 보기는 어렵다. 사실 이 두 요소는 고대 儒家 학파가 기본적으로 강조하고 있었던 유학의 근본 이념이며, 유학의 이념을 표방하였던 왕조체제에서는 어느 시대를 막론하고 모든 사회 구성원에게 적용할 것을 기치로 내걸었던 이념이었다. 예컨대 『禮記』에는 愛와 敬이 정치의 근본이라고 강조되어 있으며,33) 이 두 요소가 어떻게 구체적으로 喪禮의 실행과정 속에 드러나게 되는지에 관한 상세한 논의가 포함되어 있다.34)

『禮記』의 '禮不下庶人'의 논리는 신분 차별적인 것이고, 『朱子家禮』에서 일반 士大夫도 四代奉祀를 하도록 허용한 것은 탈신분적인 것이라는 지적이 있다. 그러나 이러한 차이는 분명히 禮가 특정 계층의 專有物에서 벗어나 점점 더 많은 사회 구성원들이 共有하는 인간사회의 보편적인 생활양식으로 발전해 간 과정을 말해 준다고 할 수 있다. 그리고 이러한 禮 관념의 상대적 보편화는 사회구조의 변화와 맞물려 있다. 漢唐代의 사회는 이른바 强姓大族이 종법을 비롯한 예제 실천의 중심 주체가 되었던 반면에, 宋代에 이르러서는 이러한 强姓大族이 몰락하고 더 광범위한 士大夫 계층이 실천의 새로운 주체로 등장하였던 것이다.35)

---

33) 『禮記』, 「哀公問」, "愛與敬, 其政之本與."
34) 가령 『禮記』, 「檀弓 下」에서의 상례 과정에 대한 기술이 그 대표적인 사례라고 할 수 있다.
35) 盛冬玲, 「中國古代的宗法制度和家族制度」, 『中國古代文化史1』(北京: 北京大學, 1989), 82-123쪽 참조.

그런데 禮가 이처럼 더욱 보편적인 생활양식으로 발전해 간 사실과 인조와 그의 생부인 정원군간의 관계를 인식하는 문제 사이에는 엄연히 논점의 간격이 존재한다. 왜냐하면 인조와 생부의 관계를 어떻게 이해할 것인가에 대한 문제는 전통적으로 禮書 속에 나타나는 규정들, 여기서는 爲人後의 경우와 爲祖後의 경우 가운데 어느 규정에 속하는가를 결정하는 문제이지, 이들 규정이 공통적으로 기반하고 있는 예 관념, 즉 名分之守와 愛敬之實이라는 이념을 보편적으로 적용할 것인가 아니면 차별적으로 적용할 것인가의 문제가 아니기 때문이다. 이 때문에 이영춘의 연구에서도 어색한 결론이 도출되고 있는 것으로 보인다. 즉 그는 박지계와 대비하여 김장생의 禮論을 분별주의의 전통에 포함시켰지만, 정작 김장생이야말로 평생 『朱子家禮』를 보완하여 조선에서 성리학 체계를 더욱 완비시키고, 동시에 조선사회에 성리학 이념에 기초한 禮制를 보편화시키고자 노력하였던 대표적인 인물이었다. 李迎春이 동일한 서인 내부에서도 예제의 해석을 두고 관점 차이가 있었다는 점을 지적한 것은 타당성이 있지만, 똑같이 성리학 이념과 『朱子家禮』를 신봉하는데도 한쪽은 고대의 분별주의적 전통에 서 있고, 다른 한쪽은 성리학의 보편주의적 전통에 서 있다고 구분하는 것은 無理가 있다.

이영춘은 지두환을 비롯한 일련의 연구성과들의 논점들에 대하여 비판적이지만, 사실 兩者를 비교해 보면 공통적인 특징들도 눈에 띈다. 공통점 중의 하나는 양자 모두 예송에서 드러나는 견해차이를 天下同禮와 王者禮不同士庶로써 구분하든, 아니면 보편주의와 분별주의로 구분하든 간에 모두가 帝王家에서 承統이 가지는 의미를 어떻게 이해할 것인가를 문제삼고 있으며, 특히 예제 적용의 원칙에서 帝王家의 경우와 일반 士庶의 경우를 구분할 것인가 아닌가 여부에 초점을 맞추고 있다. 예컨대 예송의 특정한 견해를 한쪽의 연구에서는 天下同禮라고 표현하고 또 한쪽에서는 普遍主義라고 표현하였는데, 그 차이는 표현상의 차이이지 실제 내용 면에서는 그다지 차이가 없다.

그러면 한편으로 예송의 특정 論客들, 이를테면 朴知誡나 張維 또는 宋時烈이나 宋浚吉 등의 견해를 天下同禮나 普遍主義로 특징 짓는 것은 과연 합당한 일일까? 과연 이들은 禮의 보편성 또는 불변성을 尹鑴나 許穆보다 더 강조하였는가? 이러한 의문에 답하기 위해서 먼저 이들의 견해를 天下同禮로 특징짓는 관행이 생긴 來歷을 살펴볼 필요가 있다. 이 개념은 송시열을 비롯한 西人들이 본래부터 강조한 개념은 아니다. 오히려 南人측, 특히 尹鑴가 송시열 일파의 禮論을 비판하면서 이 개념을 사용하였다.36) 이러한 맥락에서 본다면 현재의 지두환이나 이영춘을 비롯한 대부분의 예학 연구자들은 예송을 분석하면서 南人측이 제기한 구분법을 은연중에 수용하고 있는 셈이다.

결론적으로 볼 때, 禮란 모든 사회 구성원이 지향해야 할 공통의 보편적 이념에 기초하면서도 실제로는 이러한 이념을 불평등한 신분적 위계질서 속에서 구현하는 장치였기 때문에, 여기에는 모든 사회 구성원들이 무조건적으로 따라야 할 무차별적인 원칙과 함께 신분의 차이에 따라 역할과 위상을 구별짓는 차별적 규

---

36) 尹鑴, 『白湖集(上)』, 「論服制疏」(1657年 閏5月과 8月), 216-218, 240-242쪽; 『白湖集(中)』, 「典禮私議」, 1045-1051쪽; 『白湖集(中)』, 「書宋貳相小說後」, 1051-1507쪽 등 참조.

범들도 존재하기 마련이었다.37) 따라서 禮의 실행이란 이 두 가지 요소 가운데 어느 한쪽을 선택할 수 있는 문제가 아니었으며, 실제로는 양자가 항상 결합되어 나타났던 것이다. 따라서 天下同禮 또는 普遍主義라고 규정된 禮論들도 실제로는 신분의 차등적 구분을 중시하고 있었음을 쉽게 알 수 있다. 禮訟의 쟁점도 죽은 사람에 대하여 상주가 어떤 관계에서 상을 치러야 하는가의 문제를 둘러싸고 주요하게 제기되었던 것이며, 따라서 죽은 사람에 대한 상주의 신분 규정에 관한 문제가 핵심적인 것이었을 뿐, 기본적으로 宗法의 보편적인 원칙과 신분의 차이에 따른 차등적 규정 사이의 대립 문제가 아니었던 것이다.

2. 服制에 반영된 儒學의 이념과 禮訟의 기반

禮論이 宇宙論이나 心性論 등 성리학의 형이상학적인 체계와 이론적으로 어떤 연관성을 가지는가를 밝히는 것은 현대 연구자들의 당면과제 중의 하나이다. 앞서 지적하였듯이, 一團의 연구자

---

37) 禮의 본질은 區別──差別──이므로, 늘 모든 사람이 한마음이 되는 樂과 對比되었다. 『禮記』, 「樂記」, "天高地下, 萬物散殊, 而禮制行矣……禮者, 天地之序也." 同書: "樂者爲同, 禮者爲異, 同則相親, 異則相敬, 樂勝則流, 禮勝則離, 合情飾貌者, 禮樂之事也."; 참조: 『論語』, 「學而」, "有子曰: 禮之用, 和爲貴; 先王之道, 斯爲美, 小大由之. 有所不行, 知和而和, 不以禮節之, 亦不可行也."

들은 禮訟에 표현된 견해차이를 理氣論의 견해차이와 連繫시켜 이해하는 구체적인 설명 방법을 제시하였다. 그러나 管見으로는, 理의 가변성 여부를 매개로 하여 宗法의 可變性에 대한 견해차이를 읽어내려는 시도는 理 개념의 함의에 대한 그릇된 理解에 기초하고 있으므로 실패한 것으로 보인다. 따라서 禮訟이 성리학의 형이상학적인 체계 및 이론적 구조와 어떤 관계에 있는지를 객관적으로 살펴볼 필요가 있다. 본 연구에서는 이를 위하여 예송의 원인이 되었던 喪禮, 특히 君主의 服制에 반영된 儒家 학파의 이념과 그 이념에 대한 해석에서 일어나는 對立과 관련된 사회사상적인 문제를 새로운 시각에서 검토해 보고자 한다.

禮訟의 다양한 견해차이는 근본적으로 죽은 사람과 喪主 사이의 사회적 관계에 대한 規定의 차이로부터 생겨난다. 곧 禮訟에서 드러나는 관점의 차이의 始源은, 전근대 사회의 규범체계에서 인간의 사회적 관계를 구성하는 두 가지 근본 요소, 즉 혈연상의 親疎關係와 신분상의 尊卑關係를 특정한 喪의 경우에 어떻게 적용할 것인가에 관한 異見들인 것이다. 그런데 혈연관계와 신분관계의 적용 방식을 둘러싼 견해의 차이는 조선 성리학에서만 특별히 나타난다거나, 아니면 服制를 결정하는 과정에서만 국한해서 발생하는 문제가 아니었다. 이는 오히려 전근대의 규범체계가 본질적으로 내포하고 있었던 문제이며, 규범의 토대를 설명하려고 하는 모든 학파가 고심하던 부분이었다. 따라서 儒家 思想家의 중요 과제 중의 하나는 이들 두 요소를 적절히 결합하여 그들이 지향하는 규범체계를 수립하는 일이었다.

규범체계와 관련하여 유가 학파가 목표로 한 것은 물리적 강제력(刑, 政)에 의존하지 않고 사회 구성원들 사이에 자발적이고 조화로운 상호 연대를 이룰 수 있는 사회규범을 수립하는 것이었다.[38] 공자에서 맹자로 이어지는 전통에서는 이러한 사회적 규범의 기반을 가족 내부의 관계 의식에서 발견하였다. 즉 父子 사이의 親愛意識과 兄弟 사이의 恭敬意識이 그것이다. 親愛意識이 혈연관계에 있는 상대에 대하여 느끼는 친밀한 연대의 감정이라면, 恭敬意識은 일정한 신분관계에 있는 상대에 대하여 존중하는 감정이다. 그런데 이것이 가족의 테두리를 넘어 국가의 수준으로 확대될 때 親親과 尊尊(또는 尊賢)이라는 두 가지 원칙으로 성립하게 되며, 이는 모든 禮制가 반드시 따라야 할 이념으로서 三綱과 五倫 모두에서 우선적으로 강조된다. 맹자는 이 두 가지 요소를 인간이 자연적으로 가지는 속성(良知, 良能)이라고 규정하였다. 그리고 규범, 곧 禮는 이 두 가지 자연적 속성의 표현에 구체적인 형식을 부여하는 수단(節文)이라고 설명하였다. 따라서 규범은 인간이 자연적으로 타고나는 이 두 가지 관계 의식을 사회적 행위 속에서 적절히 실현하도록 유도하는 수단이 될 때, 그리하여 사회 구성원들로 하여금 자발적인 連帶를 획득할 수 있도록 만들 때 理想的인 것이 된다는 것이 儒家의 전통적인 견해였다. 그리고 이러한 견해는 이후 『禮記』에서도 폭넓게 토론되었으며 성리학에도 변함없이 계승되었다.

그런데 이 두 가지 원칙은 서로 상반된 측면을 갖고 있다. 즉 親親의 정서인 親愛는 혈연에 대한 의식으로서 기본적으로 상대와 가까워지려는 連帶의 感情이지만, 尊尊의 정서인 恭敬은 신분

---

38) 『論語』, 「爲政」, "道之以政, 齊之以刑, 民免而無恥; 道之以德, 齊之以禮, 有恥且格."

에 대한 의식으로서 자신을 상대로부터 일정한 형식으로 구분하려는 差別의 感情이다. 따라서 이러한 두 가지 정서가 사회적 관계 속에서 표현될 때, 前者의 경우는 親, 愛, 恩, 隱, 同, 和, 生, 素 등의 情緖로 반영·변화되어 나타나며, 또한 이러한 정서들은 親親 또는 仁이라는 관념으로 추상화된다. 반면에 後者의 경우는 恭, 敬, 義, 範, 異, 節, 斷, 制, 文 등의 정서로 반영·변화되어 나타나며, 또한 이들 정서들은 尊尊 또는 義라는 관념으로 추상화된다.

각종의 禮制는 바로 이와 같은 두 가지 측면의 원칙·이념을 실제 행위들을 통해서 구체적으로 담아내는 형식 또는 수단이다. 따라서 예제와 관련하여 儒家學派가 특별한 관심을 쏟은 부분은 이 두 가지 이념을 사회규범 속에 근본 준칙으로 반영하고자 할 때 어떤 순서로, 그리고 어떤 비율로 배합해야 하는가 하는 문제였다. 특히 두 측면을 동시에 실현할 수는 없고 다만 순차적으로 실현해야 되는 상황에 직면하였을 때, 어느 쪽을 우선 적용할 것인가를 놓고 문제가 생기게 된다. 그리고 이 문제는 여러 측면에서 발생하며 또한 다양한 의미를 내포하고 있기 때문에 일률적으로 설명·규정하기가 어렵다. 그 대표적인 사례는 일정한 혈연적 위치에 있으면서 동시에 사회적으로도 일정한 신분적 지위에 있는 특정 개인이 親親의 이념과 尊尊의 이념을 모두 실현시키지 못하고 단지 어느 한쪽만을 선택해서 실현하여야 하는 상황에 직면하게 되었을 때, 그 중 어느 요소를 優先視해야 하는가를 두고 생겨나는 문제이다. 그리고 이 문제는 君主와 士庶人 누구에게도 해당된다. 그런데 이 문제를 服制와 관련하여 살펴보면, 이는 곧 喪服의 방식과 그 절차, 그리고 喪期의 결정 등 복제를 구성하는 모든 局面에서 親親과 尊尊의 두 요소의 상대적 중요성을 결정하는 원칙의 문제로 된다. 『禮記』의 「大傳」에서는 상복을 결정하는 기준으로 親親, 尊尊, 名, 出入, 長幼, 從服이라는 6가지 원칙(六術)을 들었다.39) 그러나 名, 出入, 長幼, 從服, 이 네 가지는 실제로 앞의 두 가지를 보다 상세히 구분하기 위한 구체적인 기준일 따름이다. 따라서 실질적으로 핵심이 되는 요소는 혈연의 親疎(親親)와 신분의 差等(尊尊)이다. 그리고 이 두 요소의 배합에 따라 居喪의 기간과 방식을 결정하는 다섯 유형의 기본 형식과 더욱 세분된 형식이 성립하게 된다.40)

---

39) 『禮記』, 「大傳」, "服術有六. 一曰: 親親, 二曰: 尊尊, 三曰: 名, 四曰: 出入, 五曰: 長幼, 六曰: 從服." 여기서 親親은 혈연적 親疎關係에 따라 服을 입는 원칙을, 그리고 尊尊은 신분적 尊卑關係에 따라 服을 입는 원칙을 의미한다. 名은 명분을 뜻하는 것으로 죽은 사람이 異姓의 여자일 경우, 자신과 직접적인 혈연관계는 없지만 그녀의 배우자가 자신과 혈연관계가 있기 때문에 服을 입는다는 원칙이다. 달리 말하면 名分 때문에 복을 입는 것으로, 伯母와 叔母에 대하여 服을 입는 경우가 그것이다. 出入은 죽은 사람이 기혼인가 미혼인가에 따른 차이를, 長幼는 죽은 사람이 성년인가 미성년인가에 따른 차이를 구분하여 服을 달리 입는 원칙을 의미한다. 從服은 어떤 관계가 있는 사람을 따라 복을 입는 것으로 가령 자식이 어머니를 따라 어머니의 친족을 위해 服을 입는 것, 신하가 군주를 따라 군주의 친족에 대하여 服을 입는 것, 배우자를 따라 배우자의 친족에 대하여 服을 입는 것과 같은 경우들이다. 「大傳」에서는 從服으로 입는 服을 더욱 세분해서 屬從, 徒從, 從有服而無服, 從無服而有服, 從重而經, 從輕而重 등 여섯 가지 경우로 구분하고 있다. 從服에 대한 자세한 규정은 『禮記』의 「大傳」과 「服問」 등에 보인다.

服制 결정의 일반적 원칙에서 보면, 혈연관계가 우선적인 기준이 되며 死者와 喪主의 사회적 신분은 이차적인 요소로 작용한다. 따라서 五服의 구분에서도 死者와 혈연적 親疎가 어느 정도인지가 우선적인 기준이 되며, 여기에 死者나 喪主의 사회적 신분은 부가적인 요소로 작용한다. 즉 親親의 이념은 喪期를 결정하는 主要素가 되며, 尊尊의 관념은 喪服의 형태를 결정하는 主要素로 작용하는 것이다. 그리고 친족 내부의 복제에서는 親親의 이념이 일차적인 결정요소가 되지만, 친족 외부의 복제에 대해서는 尊尊의 이념이 일차적인 결정요소로 작용한다.

그런데 死者나 喪主가 君主의 지위와 관련되는 服制인 경우, 天子나 諸侯라는 사회적 신분을 어떻게 고려해야 하는가를 놓고 다양한 견해의 차이가 발생한다. 특히 '군주'의 신분을 배려하는 과정에서 국가권력의 정당화와 같은 정치적 의도가 개입하게 되면, 服制論爭은 순수한 經學的 논의의 수준을 넘어서 정치적 성격까지도 수반·함축하게 되기 쉽다. 따라서 군주의 복제논쟁에서 露呈되는 복제에 대한 견해차이가 곧바로 정치적 입장의 차이를 반영하는 것은 매우 자연스러운 일이기도 하다.

논의의 범위를 좁혀 군주 복제의 경우를 보면, 왕실은 그 자체

---

40) 親親과 尊尊의 상호관계를 근거로 구체적인 喪服 形式들이 적용되는 경우들을 분류한 것으로는 曹元弼, 『禮經學』, 卷1, '喪服例' 부분(출판은 未詳, 1909) 참조. 저자는 喪服 결정에서 親親과 尊尊의 두 요소는 經, 나머지 네 요소는 緯의 위상을 갖는 것으로 설명하였다. 喪服에 대한 개괄적인 설명으로는 『中國古代文化史 2』, 「喪服的等級 ── 五服」, 151-160쪽; 王明珂, 「愼終追遠 ── 歷代的喪禮」, 『敬天與親人』(臺北: 聯經出版事業公司, 1982) 등을 참조.

로 하나의 친족집단이 되지만, 왕실의 대표자인 군주는 신분관계의 최고 표상이기도 하다. 즉 군주가 자신의 친족들과 갖는 관계는 혈연적 관계와 더불어 군주와 신하 사이의 신분적 관계도 포함하고 있다. 따라서 군주의 복제문제에는 친친의 요소와 함께 존존의 요소가 동시에 고려된다. 그런데 문제는 이 두 요소를 어떤 원칙에 입각하여 조화시켜야 하는지에 대한 명확한 규정이 없다는 점이다. 『儀禮』의 일반적 규정들을 보면, 「喪服四制」의 원칙에 따라 官僚의 경우에는 尊尊의 측면에서 義服을 입는 것으로 규정되어 있지만,41) 군주의 친족에 대해서는 親親의 측면을 일차적으로 고려하되 이차적으로 尊尊의 요소가 개입하는 것으로 규정되어 있기도 하고, 또 그 반대의 경우고 규정되어 있기도 하다.

예컨대 군주가 태자를 위해 입는 服에 대해서는 禮書에 따로 규정되어 있지 않고, 다만 아버지가 長子를 위하여 입는 服의 한

---

41) "혈연적 연대(恩)가 두터우면 상복도 무겁다. 따라서 아버지를 위해서 斬衰三年服을 입는 것은 혈연적 연대로서 제정한 것이다. 친족 내부의 상복을 결정할 때는 혈연적 연대(恩)가 신분적 차등에 따른 구분(義)을 앞선다. 친족 외부의 상복을 결정할 때는 義로서 恩을 조정한다. 아버지를 섬기는 방식을 가지고 군주를 섬기는데 (혈연적 연대 감정은 아버지에 대한 것과 같을 수 없지만, 신분의 차등에 따른) 공경(敬)은 같다. 신분의 차등에 따른 恭敬이 義에서 중요한 점이다. 따라서 군주를 위해서 斬衰三年服을 입는 것은 義(신분의 차등에 따른 구분 의식: 필자 註)로서 제정한 것이다"(『禮記』, 「喪服四制」, 49-1-2, "其恩厚者, 其服重, 故爲父斬衰三年, 以恩制者也. 門內之治, 恩嚴義, 門外之治, 義斷恩. 資於事父, 以事君而敬同. 貴貴尊尊, 義之大者也. 故爲君亦斬衰三年, 以義制者也").

경우로 설명되어 있는데, 이는 왕실의 복제라도 일단 복제의 일반 원리에 따르고 있음을 말해 주는 것이다. 다만 태자라는 신분을 어떻게 고려해야 하는지에 대해서는 상이한 의견들이 있었다. 예를 들면 晉宋故事에서 제기된—태자라는 신분 자체가 우선적으로 중요하며 혈연적 출신은 중요하지 않다는 견해와, 혈연적 출신도 중요하게 고려해야 한다는 견해 등—서로 다른 의견들에는 아버지가 장자를 위해 입는 服이라는 친친의 측면을 우선적으로 고려하면서도 태자라는 신분이 가지는 존존의 측면을 조화시키는 문제에 대하여 고심한 흔적이 보인다.42) 한편 尊同說은, 천자와 제후라는 신분적 지위에 있는 사람은 傍系의 親族員에 대한 服은 입지 않는다는 원칙에서 출발하였지만, 동시에 傍系의 親族員이라 할지라도 자신과 지위가 같으면 服을 입어야 한다는 논리도 따랐다. 따라서 尊同說의 관점은 천자와 제후의 신분을 優先 고려하면서, 한편 혈연관계상의 친족도 배려하려는 의지, 곧 尊尊의 논리를 일차적으로 고려하면서 親親의 요소를 배합시키려는 의지를 반영한다고 하겠다.

요컨대 군주 복제에서 친친과 존존이라는 두 요소를 조화시키는 문제는 곧 군주의 혈연상의 위치와 왕위 계승자라는 신분상의 지위를 어떤 원칙하에서 고려해야 하는가를 결정하는 과제로 나타났는데, 이는 곧 군주의 服制를 결정하는 일차적인 기준을 嫡統으로 볼 것인가 아니면 宗統으로 볼 것인가의 문제이기도 했다. 『儀禮』를 비롯한 禮書들은 어떤 부분에서는 혈연상의 嫡統을

---

42) 徐乾學, 『讀禮通考』 112, 卷23, 「國恤6」, 11쪽(『四庫全書』, 112冊, 513쪽) 참조.

우선적인 기준으로 삼고 있고, 다른 부분에서는 군주라는 신분적 지위, 즉 宗統을 우선적인 기준으로 삼고 있으며, 이 禮書들의 규정에 대한 후대 유학자들의 해석도 일정하지가 않다.

禮訟에서 문제가 되었던 長子服에 대한 규정에도 이 두 측면이 복합적으로 考慮된 듯하다. 우리는 이 규정에는 宗統을 嫡長子가 승계한다는 宗法의 기본 원칙을 喪服에 반영하려는 의도를 잘 읽을 수 있다. 부모는 자식에 대하여 期年服을 하는 것이 원칙이지만, 아버지가 長子이고 자식이 長子인 경우에는 아버지는 그 아들인 長子에 대하여 斬衰服을 입도록 규정되어 있다.43) 그리고 傳에서는 그 이유로 아버지의 先代와 자기 자신이 장자로서 선조를 계승하였을(正體於上) 뿐만 아니라, 자신의 장자 또한 자신을 대신하여 重을 계승할 것(承重)이기 때문이라고 하였다.44) 重이란 선조의 제사를 주관하는 책임을 말하는 것으로서, 곧 宗統을 상징

---

43) '아버지가 長子이고'라고 말한 부분은 傳 가운데 '正體於上'을 가리킨다. 여기서 上의 지시 범위가 어디까지인가를 두고 주석자들은 상이한 견해를 보이고 있다. 馬融은 戴聖의 說에 따라 高祖까지 적장자로 계승되는 것을 의미한다고 설명하지만, 鄭玄은 자신의 아버지, 즉 禰를 계승하는 적장자도 포함된다고 말하고 있다. 이외에 孔穎達과 賈公彦 등의 曾祖說도 있지만 胡培翬는 "庶子不得爲長子三年, 不繼祖也"에서 祖는 庶子인 아버지의 입장에서가 아니라 長子의 입장에서 말하는 것으로 鄭玄의 설이 옳다고 밝히고 있다. 胡培翬, 『儀禮正義 2』, 卷21, 「喪服(一)」(江蘇古籍, 1993), 1367-1368쪽 참조.

44) 『儀禮注疏』, 卷29, 「喪服: 斬衰」, 346쪽, "父爲長子. 傳曰, 何以三年也? 正體於上, 乃將所傳重也. 庶子不得爲長子三年, 不繼祖也." 후반부의 문장은 『禮記』, 「大傳」(16-4)에서도 보인다.

한다. 즉 종통을 계승하는 장자에 대해서는 아버지가 장자에 대하여 尊의 지위에 있음에도 불구하고 바로 그가 종통을 계승한다는 점 때문에 참최복을 입는 것이다. 여기에는 喪服을 결정할 때 종통의 연속성을 일차적으로 고려하려는 觀點이 반영되어 있다. 따라서 傳에는 아버지가 庶子인 경우에는 자신의 長子에 대하여 三年服을 입지 못한다고 附記하여,45) 宗統을 계승하지 않는 경우에는 장자라고 하더라도 참최복의 대상에서 제외시켰다.

그런데 이 長子服에 관하여 賈公彦은 疏에서 참최복의 대상이 되는 장자의 조건을 더욱 엄밀하게 규정하였다. 그는 傳에 제시된 '正體'의 正이란 正妻의 첫째아들을 가리키며 體란 父子관계에 있음을 가리킨다고 지적하고,46) 이 두 조건에 맞지 않으면 비록 종통을 계승하는 지위에 있다고 하더라도 참최복의 대상이 되어서는 안 된다는 새로운 조건을 添加하였다. 그리고 여기에 종통을 계승하는 장자라 하더라도 참최복의 대상이 될 수 없는 네 가지 예외적인 경우들—적장자로 태어났더라도 종통을 계승할 수 있는 지위에 오르기 전에 죽은 경우, 庶子·嫡孫·庶孫 등의 신분으로 종통을 계승하는 경우 등—이른바 四種說을 제시하였다.47)

---

45) 위의 註 참조.

46) 한편 馬融은 "體者嫡嫡相承也, 正謂體在長子之上"이라고, 雷次宗은 "父子一體也, 而長嫡獨正"이라고 각각 설명했다. 이로 미루어 보면 正體 개념에 대한 賈公彦의 分析은 儒家의 一般的인 論點임을 알 수 있다. 『通典』, 卷88, 7b쪽(『四庫全書』, 604冊, 69下b쪽) 참조.

47) 四種說은 『禮記』, 「喪服小記」의 "庶子不爲長子斬, 不繼祖與禰故也"의 疏에서도 제시되었다.

賈公彦의 견해는 嫡長子 승계라는 宗法의 기본 원칙에서 承繼라는 결과보다 嫡長子라는 (승계의) 조건을 더욱 중시하는 관점을 반영하고 있는바, 이는 非宗法的 경로를 통하여 종통을 계승받거나 또는 탈취하여 종족 내지 국가권력의 首長이 되는 事例에 대한 유가 학파의 간접적인 거부와 비판의식을 보여주는 것이기도 하다. 즉 우리는 그의 견해에서 喪服의 결정과정에서 宗統의 계승을 중시하면서도, 종통 계승의 先決條件으로서 長子가 갖추어야 할 혈연적·신분적 조건들을 嚴正하게 규정함으로써, 종통이 비종법적인 방법을 통하여 계승되거나 탈취되는 현상을 예방하려는 의도를 읽을 수 있다.

바로 이러한 맥락에서 喪服과 宗統은 이중적인 관련성을 함축한다. 즉 상복은 한편으로는 종통을 존중하고 드러내는 수단이 되기도 하지만, 다른 한편으로는 비종법적인 방법으로 현실화된 종통의 계승을 비판하는 강력한 수단이 될 수도 있는 것이다. 『禮記』, 「檀弓 上」은 公儀 仲子가 嫡孫을 놔두고 庶子를 喪主로 세운 것에 대하여 檀弓이 격식에 맞지 않게 弔問함으로써 宗統 승계가 잘못되었음을 비판하는 구절로 시작된다.48) 또 適子를 놔두고 庶子를 상주로 세운 文子 彌牟를 子游가 격식에 맞지 않게 弔問함으로써 이를 비판하고 바로잡았다는 에피소드가 같은 편에 보인다.49) 公儀 仲子나 文子는 모두 종법의 승계 원칙을 무시하고

---

48) "公儀仲子之喪, 檀弓免焉. 仲子舍其孫而立其子. 檀弓曰: '何居? 我未之前聞也.' 趨而就子服伯子於門右曰: '仲子舍其孫而立其子, 何也?' 伯子曰: '仲子亦有行古之道也. 昔者文王舍伯邑考而立武王, 微子舍其孫盾而立衍也. 夫仲子亦有行古之道也.' 子游問諸孔子. 孔子曰: '否, 立孫.'"

자의적으로 선택한 후계자를 喪主로 세움으로써 宗統의 승계를 정당화하려고 하였지만, 檀弓과 子游는 오히려 喪服에 드러난 이러한 비종법적인 종통의 승계를 동일한 수단을 통하여 비판하였던 것이다. 檀弓과 子游의 이러한 비판은 비종법적인 방법으로 이루어진 종통의 승계가 喪服에서 정당화되지 않는다는 것을 말해 준다. 여기에서 종법의 규정과 어긋나게 이루어진 종통의 승계와 상복의 결정 사이에 乖離가 생긴다. 조선 후기의 禮訟은 이러한 乖離를 어떻게 해소할 것인가 하는 문제에 관한 치열한 爭論을 담고 있다.

3. 己亥禮訟과 甲寅禮訟의 전개과정

17세기 顯宗대 이후 조선사회를 학문적 대립뿐만 아니라 정치적 대립의 소용돌이에 휩싸이게 한 服制論爭은 孝宗(1619~1659), 仁宣王后(1618~1674), 顯宗(1641~1674)의 喪을 두고 진행되었다. 그리고 세 차례의 喪 모두 仁祖의 繼妃인 莊烈王后 趙氏(1624~1688)가 이들의 喪을 당해서 어떤 服을 입어야 할 것인가가 주요 쟁점이었다.

처음 효종의 喪이 발생하였을 때, 당시 조정의 견해와 다른 견해를 보인 최초의 인물이 尹鑴였다. 그는 당시 斬衰說을 주장하

---

49) "司寇惠子之喪, 子游爲之麻衰, 牡麻絰……" 이하 참조.

였는데, 그의 주장은 宋時烈을 비롯한 조정 관료들로부터 일방적으로 비판당하였고, 그는 그 비판에 대하여 자신의 견해를 공개적으로 드러내놓고 이의를 제기하지 않았다.50) 이에 尹鑴의 논점은 潛伏하였는데, 孝宗의 小祥에 이르러 (尹鑴와 가깝게 지내던) 尹善道, 權諰, 許穆 등이 趙大妃의 服制에 대해 異議를 제기하고 나섬으로써 본격적으로 禮訟이 전개되었다. 따라서 효종과 인선왕후의 喪에 조대비가 어떤 服을 입을 것인지를 결정하는 논쟁에서 윤휴의 견해는 공개적으로 표면화되지 않았지만, 宋時烈을 비롯한 西人측에서는 그가 배후에서 영향을 끼치고 있다고 보고 이를 비판하기도 하였다. 그런데 서인측의 이러한 비판은 이후 예송을 분석하는 연구자들로 하여금 尹鑴와 許穆이 같은 견해를 가지고 있었던 것으로 보게 만드는 하나의 원인이 되었다.

孝宗에 대한 趙大妃의 복제는 표면적으로는 『經國大典』의 규정에 따라 期年服으로 정해졌지만, 사실은 『儀禮』를 기초로 한 송시열의 견해가 그 이론적 근거로 암암리에 작용하였다. 그리고 송시열의 견해가 朞年說에 대한 이론적 근거였다는 점은 이후 仁宣王后 喪에서 조대비의 복제를 논의하는 과정에서 자연스럽게 드러났으며, 이 이론적 근거에 대하여 許積 등 勳戚 세력과 일부 南人 士類 및 관료들이 異議를 제기함으로써 새로운 논쟁이 야기되었다. 특히 인선왕후에 대한 조대비의 복제 논의에서 顯宗이 송시열측의 견해를 거부함으로써 이전 己亥禮訟에서 許穆이 주장하

---

50) 孝宗의 喪이 발생한 당시의 服制에 대한 宋時烈과 尹鑴 사이의 논쟁은 『宋子大全(국역)』 7, 「禮說」, 157쪽; 尹鑴, 『白湖全書』, 卷26, 「典禮私議」, 1049-1050쪽, 그리고 「附錄(五)」, 「年譜」, 2138쪽을 참조.

였던 견해가 새로운 代案으로 채택되었다.

그러나 그후 불과 몇 달 만에 발생한 顯宗의 喪에서 그 동안 잠복해 있었던 尹鑴의 견해가 다시 표면화되면서, 복제논쟁은 송시열측과 허목측 사이의 논쟁에서 허목측과 윤휴 사이의 논쟁으로 轉化되어 새롭게 전개되었다. 尹鑴는 肅宗 원년(1675) 정월에 「引黃世禎疏辭職疏」를 올리면서 자신의 견해를 표면화시키기 시작하였으며, 이어 5월과 8월에 「論服制疏」를 올릴 때 服制에 대한 자신의 견해를 집약한 「典禮私議」를 함께 올림으로써 비로소 명확하게 자신의 견해를 陳述하였다. 그는 자신의 疏와 議에서 己亥年(1659) 服制에서 宋時烈이 근거로 삼은 四種說을 爲始하여 許穆의 齊衰三年說 등을 함께 비판하면서 자신의 斬衰說에 대한 경학적 근거를 체계적으로 제시하였다. 肅宗은 처음에 趙大妃가 현종에게 斬衰服을 입어야 한다는 尹鑴의 견해를 채택하였지만, 결국 許積과 許穆 등 조정 관료들의 견해에 따라 朞年服으로 바꾸어 결정함에 따라 긴 服制論爭은 일단 결말을 보게 되었다.

논쟁의 전체 전개과정을 보면, 논쟁은 송시열측의 견해에 대하여 윤휴가 異議를 제기함으로써 시작되었고, 이어 윤선도, 허목 등을 비롯한 남인측이 체계적으로 이의를 제기하면서 본격화되었으며, 다시 윤휴가 현종의 喪에 자신의 고유한 견해를 제시하고 송시열과 허목의 견해를 동시에 비판함으로써 새로운 국면에 접어들었다.

효종에 대한 조대비의 服制를 논의하면서 제기된 주요한 견해들은 송시열, 허목, 윤휴 등으로 각각 대표되는 期年說, 齊衰三年說, 斬衰說의 세 가지이다. 그리고 이들 사이의 견해차이는 仁宣王后와 顯宗에 대한 趙大妃의 服制에 관한 논쟁에도 반영되어 주요한 논점을 형성하였다.

먼저 송시열은 효종이 仁祖의 둘째아들이라는 혈연상의 관계를 토대로 하여 효종의 어머니인 조대비의 복제를 결정하여야 하며, 따라서 아들이 어머니를 위해 하는 朞年服으로 어머니도 보답해야 한다고 주장하였다. 그리고 그는 자신의 견해에 대한 경학적 근거를 『儀禮』의 규정과 해설에서 찾아 제시하였다. 한편 『經國大典』에서도 長子와 衆子를 구분하지 않고 모두 기년복을 하는 것으로 규정하고 있었으므로, 國制의 규정에 따라 복제를 결정한다 해도 송시열의 견해는 國制와 명목상으로 일치하는 상황이었다.

허목은 송시열의 견해의 경학적 근거를 비판하면서, 효종은 인조의 嫡長子로 보아야 하며, 따라서 조대비는 어머니가 嫡長子에 대하여 하는 服인 齊衰三年服을 입어야 한다고 주장하였다. 송시열과 허목의 복제에 대한 구체적인 주장은 다르지만, 둘 다 효종과 인조간의 혈연적 관계를 기초로 복제가 결정되어야 한다고 생각한 점에서는 일치하였다.

반면에 尹鑴는 孝宗의 喪에서 일차적으로 고려해야 할 기준은 그의 신분적 지위―君主―라고 생각하였다. 따라서 그는 조대비도 군주에 대한 服으로서 斬衰三年服을 입어야 한다고 주장하였다. 즉 송시열의 朞年說을 비판하고 三年服을 주장한 점에서는 許穆과 尹鑴가 다를 것이 없지만, 허목은 여전히 송시열과 마찬가지로 혈연관계를 기초로 한 親服을 주장한 반면에, 윤휴는 신분관계를 기초로 한 義服을 주장하였다는 점에서 두 사람은 서로 다른 견해를 드러냈던 것이다. 즉 윤휴는 송시열의 견해를 비판하면서 허목과 동일한 내용의 주장을 했음에도 불구하고, 두 사람의 군주의 服制에 대한 접근 방향 또는 視角은 판이하게 달랐던 것이다. 다만 己亥禮訟 당시에는 尹鑴의 論點이 潛伏한 상태였으므로, 그의 견해가 三年喪이라는 애매한 명목으로 허목의 견해와 동일한 부류로 취급되었을 뿐이다.

4. 禮訟의 주요 견해

1) 宋時烈

己亥禮訟(1659)에 관련된 송시열의 論點을 정확하게 이해하기 위해서는 먼저 孝宗의 친형이자 仁祖의 長子인 昭顯世子의 喪에 대하여 西人측이 표명한 견해를 살펴볼 필요가 있다. 인조 23년(1645)에 소현세자의 喪이 발생했을 때, 송시열은 楊州에 머물고 있던 金尙憲을 찾아가 『近思錄』에 대하여 토론하는 등 향리에서 性理學 공부에 열중하고 있었고,[51] 宋浚吉은 持平에 임명되었지만 出仕하지 않은 상태였다.[52] 당시 조정에서는 소현세자의 喪을

---

51) 『宋子大全(附錄)』, 「年譜」, 乙酉年(1645) 5月條 참조.

52) 宋浚吉은 禮論뿐만 아니라 性理學 理論에서도 宋時烈과 거의 동일한 입장을 견지하였다. 그리고 禮訟의 전개과정에서도 始終一貫 宋時烈과 함께 西人측의 견해를 이론적으로 정당화하였다. 顯宗朝에는 宋時烈이 國政에 참가하지 않은 기간이 길었기 때문에, 禮訟에서 사실상 西

처리하면서 『文獻通考』에 기재된 명나라 莊敬太子의 사례와 『實錄』에 기재된 世祖朝의 懿敬世子의 사례를 詳考하였는데, 주로 후자를 근거로 삼았다. 송준길은 辭職疏를 올려 元孫을 補導할 수 있는 인물로 金尙憲을 추천하면서, 服制問題에 대한 당시 조정의 처리 방식을 강력히 비판하고, 이를 古禮에 따라 고쳐야 한다고 주장하였다.

> 『儀禮』,「喪服」을 살펴보면, 군주는 장자를 위하여 斬衰三年服을 하고, 신하는 군주의 부모와 아내 그리고 장자에 대하여 期年으로 從服한다고 하였습니다. 따라서 오늘날 세자의 상을 당해서 전하는 斬衰三年服을 해야 하고, 신하들은 期年으로 從服해야 합니다.…… 7일 만에 상복을 벗는 조치는 古禮도 아니고, 그렇다고 명나라의 제도도 아니어서, 그 어디에도 근거가 없습니다. 이것은 先代의 禮官이 한때 臆測으로 정한 것인데, 오늘날 이를 따라서 典禮로 삼으니 저는 매우 의아스럽습니다. 禮에 근거할 때 長子를 위해 斬衰服을 하는 것은 무슨 이유이겠습니까? 위로 正體이고 또한 앞으로 宗統을 계승할 당사자이기 때문입니다. 신하가 朞年服을 입는 것은 무슨 이유이겠습니까? 군주가 斬衰服을 입기 때문에 신하는 군주를 따라서 從服하는 것입니다.53)

人측을 대변한 인물은 바로 宋浚吉이었다. 이 글에서는 宋浚吉의 견해에 대해서 따로 기술하지 않았는데, 이는 禮訟에 局限하여 보면 그의 견해는 宋時烈의 견해와 다름없기 때문이다.

53) 『仁祖實錄』, 23年(乙酉) 5月 20日條, "按『儀禮』「喪服」篇, 君爲長子斬衰三年, 臣爲君之父母妻長子從服朞. 今日世子喪制, 殿下當服斬衰三年, 群臣當從服朞. (恭惟我朝喪禮最爲近正, 君臣服制頗從古禮. 夫以日易月之制, 固

世祖 때의 사례를 따라 관료들로 하여금 7일 만에 服을 벗도록 한 조처는 실제로 『南史』의 文惠太子의 사례에 근거한 것이었지만,54) 송준길은 이러한 조처가 經學的으로 전혀 근거가 없음을 비판한 것이다. 그리고 그는 昭顯世子의 喪에서 典據로 삼아야 할 것은 『儀禮』,「喪服·斬衰」에 기록된 '아버지의 장자에 대한 服' (父爲長子)임을 천명하였다. 그는 이 규정을 근거로 하여 仁祖와 昭顯世子의 嬪과 소현세자의 長子는 마땅히 斬衰服을 입고, 인조의 妻는 齊衰三年服을 입어야 한다고 주장하였다.55) 송준길의 이러한 견해는 西人측의 견해를 대변하고 있었던 것으로 보인다. 즉 서인측에서는 왕위의 계승이 소현세자의 장자에게로 이어질 것으로 예상하여 元孫에 대한 교육을 강화할 것을 강조하는 한편, 服制를 『儀禮』의 규정에 따라서 실행함으로써 古禮를 회복하려 했던 것이다.

그러나 인조는 이러한 서인측의 견해를 默殺했을 뿐만 아니라, 자신의 宗統, 즉 王位를 元孫이 아닌 둘째아들 鳳林大君, 곧 孝宗에게 물려주었다. 周知하는 것처럼 이 과정에서 元孫에게 왕위를 물려줄 것을 주장한 일부 서인측 관료들은 조정에서 逐出되었으

是後來衰薄之風. 雖時王所制, 猶當變通. 況今日喪制, 元非『五禮儀』所載, 徒出於禮官臆料杜撰! 初用十二日之制, 已是大違於禮經, 而旋又降之, 只用七日而除, 謂以『實錄』所載然也.)……夫七日之制, 旣非古禮, 又非大明之制, 進退俱無所據, 此不過先朝禮官一時臆定, 而今日因之以爲典禮, 臣竊惑焉. 準禮爲長子何以斬也? 爲其正體於上, 又將所傳重也. 群臣何以期也? 君服斬, 故從服也."

54) 『仁祖實錄』, 23年(乙酉) 4月 28日條 참조.
55) 『仁祖實錄』, 23年(乙酉) 5月 20日條 참조.

며, 소현세자 일족도 慘禍를 당하여 결과적으로 孝宗에게 정치적 부담을 안겨주었다.

송시열은 孝宗의 喪에 대한 趙大妃의 복제를 논함에, 소현세자의 喪에서 仁祖가 易月제도에 따라 期年服으로서 12일 만에 服을 벗었지만 그 기년복은 長子에 대한 服이었다는 인식에서 출발하였다.56) 이것은 소현세자의 喪과 관련해서 송준길이 전개한 논점의 연속이다. 따라서 그는 인조의 妃, 즉 莊烈王后 趙氏가 소현세자에 대하여 이미 長子服을 하였기 때문에 효종에 대해서 또다시 장자복을 할 수는 없다는 생각을 하게 되었다. 그리고 그는 자신의 이러한 견해를 뒷받침할 수 있는 경학적 근거를 『儀禮』에서 발견하였는데, 곧 賈公彦의 四種說과 '不二斬'의 원칙이 그것이었다.

『儀禮』,「喪服·斬衰」에 실린 "아버지가 장자를 위해 참최복을 입는다"(父爲長子)는 규정에 대하여 傳은 그 이유로 '위로부터 正體를 받음'(正體於上)과57) '장차 宗統을 계승함'(將所傳重)이라는 두 가지를 들었다. 賈貢彦은 傳에 제시된 正體와 傳重이라는 두 가지 조건을 분석하여 참최복을 입는 대상으로서 長子가 갖추어야 할 조건을 밝혔다. 즉 그에 의하면 참최복의 대상이 되는 장자는 종통을 계승할 신분적 지위에 있어야 할 뿐만 아니라, 동시에 혈연

---

56) 『宋子大全(국역)』, 卷7, 「禮說」, 156-157쪽 참조.
57) 鄭玄의 원문은 '正體於上'이다. 이 구절을 賈公彦과 宋時烈측은 長子의 조건을 지칭하는 것으로 이해했지만, 丁若鏞은 長子의 조건이 아니라 아버지의 조건을 가리킨 것으로 이해했다. 즉 아버지가 嫡長子로서 내려온 宗子라는 점을 가리킨다는 것이다. 이에 대해서는 丁若鏞, 앞의 책, 37-38쪽을 참조.

적으로도 그 출신 성분이 正體라는 조건을 갖추어야 한다는 것이다. 이로부터 宗統을 계승했다 할지라도 正體라는 조건을 구비하지 못하면 斬衰服의 대상이 되지 않는다는 논점이 성립한다. 즉 賈公彦은 '正體'가 '정처의 맏아들'(正)이라는 의미와 '부자관계의 계승'(體)이라는 두 가지 의미를 함축하고 있는 것으로 파악하면서, 이 두 조건을 갖추지 않고 宗統을 계승하는 경우에는 斬衰服을 하지 않는다는 보완 논리를 疏를 통해 전개하였던 것이다. 그런데 송시열은 가공언의 바로 이 새로운 보완 논리를 장자에 대한 아버지의 服을 결정하는 기준으로 삼아, 효종이 둘째아들로서 종통을 계승하였기 때문에 正의 조건을 갖추지 못하였으므로 참최복의 대상이 아니라고 주장하였다. 곧 그는 효종에 대한 服에서 왕위의 계승이라는 신분적 조건과는 별도로, 嫡長子라는 혈연상의 조건을 기준으로 삼아 효종에 대한 趙大妃의 복제를 결정해야 한다는 논점을 세운 것이다.

송시열이 주장한 朞年說의 또 다른 경학적 근거는 "참최복은 두 번 입지 않는다"(不二斬)는 원칙이다. 이 원칙은 원래 시집간 여자의 경우와 小宗에서 大宗의 後嗣로 入後한 아들의 경우에 親父, 즉 生父에 대하여 참최복을 입지 않고 시아버지나 養父에 대하여 참최복을 입어야 함을 설명하는 논리이며, 私的인 혈연관계와 종통상의 親親관계가 서로 부딪칠 때 종통상의 친친관계를 優先視함으로써 종통의 일원성을 확립하려는 의도가 담겨 있는 원칙이다. 송시열은 이러한 不二斬의 원칙을 아버지와 장자 사이의 服에 적용하여, 일단 원래의 장자에 대하여 한번 참최복을 입었으면 다음에 장자가 된 사람에 대해서——그가 비록 宗統을 계승하고 죽었다 하더라도——또다시 참최복을 입을 수는 없다는 견해를 제시하였다.

또한 인정과 사세로 볼 때 長子가 成人이 되었다가 죽었는데도 그 다음으로 장자가 된 사람들에 대해서도 모두 장자라고 부르면서 참최복을 입는다면, 嫡統이 엄정해지지 못할 뿐만 아니라 또한 아버지 자신이 참최복을 하는 경우가 너무 많아지지 않는가? 아버지는 지존한 분이시다. 그런데도 여자가 시집가면 아버지에게 참최복을 입지 못한다는 법이 있다. 두 번 참최복을 입지 않는다는 원칙이 엄정하기 때문이다. 하물며 아버지가 아들에 대해서야 더 말할 나위가 있겠는가?58)

그는 아버지가 장자에 대하여 한 번 참최복을 입은 뒤, 다시 장자로 된 다른 자식에 대하여 참최복을 하지 않는 이유는 무엇보다도 嫡統을 분명히 드러내기 위한 것이라고 이해하였다. 즉 그는 不二斬의 원칙을 長子服에 적용하면, 그것은 곧 부자 사이에서 嫡統의 소재를 보여주는 원칙이 될 수 있다고 해석하였는데, 이러한 관점은 무릇 혈연상의 服制는 嫡統에 근거하여 결정되어야 한다는 견해를 함축하고 있는 것이었다.

우리가 송시열의 服制 논의를 이해하려 할 때 빼놓을 수 없는 항목의 하나는 그가 복제문제와 嫡統·宗統의 관계를 어떻게 인

---

58) 『宋子大全』, 卷26, 「大王大妃服制議」, 5ab쪽, "且以人情事勢推之, 長子雖成人而死, 而次長皆名長子而服斬, 則非但嫡統不嚴, 爲父者一身之上, 其斬不已多乎? 父至尊也, 女子出嫁, 有不敢服斬, 其不二斬之義截然矣. 況父之於子乎?"

식했느냐는 점이다. 그에 의하면,

> 服制와 宗統은 별개의 문제다. (孝宗에 대한) 服을 낮추는 것은 嫡을 밝히는 의리이다. 그러나 종통이 (孝宗에게) 옮겨지는 것은 군주를 높이는 도리이다. 지금 尹鑴와 許穆 등은 기어코 "服을 낮추면 宗統이 여기에 없게 된다"고 하면서 禍亂의 근본으로 여기고 있으니, 이 또한 참담한 일이다.59)

宋時烈은 長子에 대한 服보다 다른 아들의 복을 낮추는 것은 嫡統을 밝히기 위함이라고 해석하였다. 宋浚吉과 마찬가지로 그는 昭顯世子가 세자로서 죽은 이상 이미 長子의 지위에 있었던 것이고, 따라서 그에 대한 服은 또한 長子服이었다고 이해하였다. 따라서 그는 효종에 대한 趙大妃의 服도 朞年으로 낮추어야 한다고 생각하였다. 그는 이러한 降服의 이유가 효종이 비록 왕위를 계승하였다 하더라도 본래 嫡長子가 아니었음을 보이는 것에 있을 뿐이며, 宗統을 효종이 계승하였다는 사실과는 별개의 문제라고 주장하였다. 그는 昭顯世子가 죽어서 종통을 계승하지 못하고 효종에게 종통이 옮겨진 것은 군주를 높이는 도리라고 해석하였다. 군주를 높이는 도리라 함은 大宗은 尊의 統으로서 끊어질 수 없는 것이며, 따라서 효종이 次子로서 종통을 계승한 것은 대종을 높이는 도리임을 의미한다. 요컨대, 송시열은 조대비가 효종

---

59) 『宋子大全』, 卷134, 「禮說」, 11a쪽, "服與統自是二事也. 服之降是明嫡之義也, 統之移是尊君之道也. 今鑴穆輩必曰服降則統不在此, 以爲基禍之張本, 其亦慘矣."

에 대하여 기년복을 입어야 한다는 자신의 주장은 효종이 적장자가 아니었음을 드러내는 것일 뿐, 결코 그가 종통을 계승하여 大宗의 至尊한 지위에 있었다는 사실을 貶毀하려는 의사가 있는 것이 아님을 분명해 하였던 것이다.

한 걸음 더 나아가 송시열은 적통을 종통과 구분하였다. 즉 종통이야 인위적으로 바뀔 수 있는 것이지만 적통은 혈연적 조건에 따라 한번 결정되면 바꿀 수 없는 것이며, 따라서 服制는 바로 이 적통에 근거해서 결정되어야 한다는 것이 그의 생각이었다. 곧 그는 복제를 종통과 별개의 문제로 본 것이다. 그는 李端相에게 보낸 편지에서 이 점을 詳論한 바 있는데,60) 종통은 복제와 일치하는 경우도 있고 그렇지 않은 경우도 있다는 것이 그의 持論이었다. 다시 말하면, 혈연적으로 결정된 적통에 따라 종통을 계승한 경우에는 복제가 종통과 일치하지만, 종통의 계승이 적통과 다르게 이루어졌을 경우의 복제는 인위적으로 이루어진 종통에 따르지 않는다는 것이다.

宋時烈은 아버지와 장자 사이의 服을 결정할 때 嫡統을 일차적인 기준으로 삼아야 한다는 자신의 견해가, 李滉의 服制 認識과 軌를 같이하는 것임을 강조하였다. 그는 이황이 奇大升의 비판에 따라 (仁宗王后 趙大妃가 孝宗에 대하여) 嫂叔 사이의 服이 아니라 繼體 사이, 즉 母子 사이의 服을 입어야 한다는 점을 수용하면서도, 기대승의 齊衰三年說에 찬성하지 않고 朞年服을 넘을 수 없다고 주장한 이유는 비록 母子 사이라 할지라도 正體가 아니라는 점을 고려했기 때문이라고 해석하였다.61) 이는 이황이 金就礪에

---

60) 『宋子大全(국역)』, 卷3, 「答李幼能」, 333쪽 참조.

게 보낸 편지 내용을 토대로 하여 송시열 자신이 이황의 견해를 재해석한 것이다. 이황이 과연 송시열의 해석대로 기년복을 자신의 결론으로 삼았는지는 불분명하지만, 적어도 그가 기대승의 자최삼년설을 찬성하지 않았던 것과, 服制를 결정할 때에 혈연관계를 優先視한 것은 분명한 것으로 보인다. 따라서 송시열은 이황의 이러한 논의에 근거해서 服制는 우선적으로 혈연상의 嫡統에 근거하여 결정해야 한다는 견해를 제시한 것으로 보인다.

그러나 왕실의 喪禮에서 服制를 반드시 宗統에 예속시킬 필요가 없다는 송시열의 주장에, 모든 典禮문제에서 종통을 부차적인 것으로 간주하려는 의도가 포함되어 있는 것으로 해석되어서는 아니 된다. 그는 顯宗 2년(1661) 5월에 올린 「議祧廟疏」에서 仁宗과 明宗이 혈연상의 관계로는 兄弟 사이였지만 종통으로 볼 때는 繼體, 즉 父子 사이의 도리가 있다고 밝히면서, 당시 太廟에 인종과 명종을 같은 昭穆에 함께 봉안한 사실을 비판하였다.62) 이러한 사실은 그가 服制와 廟制의 성격을 구분하였음을 말해 준다. 즉 服制는 물론 종통과 상관성이 있지만, 그럼에도 불구하고 종통의 계승 여부와는 독립된 혈연상의 관계를 우선 고려해야 할 때가 있지만, 廟制에서는 항상 종통의 계승 여부가 실제상의 혈연관계보다 우선시된다는 것이다. 廟制에 대한 송시열의 이러한 견해는 그가 禮에 대한 省察에서 항상 종통보다 적통을 優先視하

---

61) 『宋子大全』, 卷134, 「禮說」, 10b쪽, "退溪李先生於明廟喪, 始謂:「仁宗王后當爲嫂叔之服」, 及聞奇高峯之說, 卽改初說, 以爲當爲母子服, 而猶曰:「豈有不止於期年之理乎?」 蓋雖是母子, 而非正體也, 故謂當爲期年."

62) 『宋子大全(국역)』, 卷1, 337쪽 참조.

였다거나 또는 종통을 상대적으로 무시하였다고 일방적으로 규정할 수 없음을 드러내 준다.

2) 許穆

　己亥禮訟에서 송시열의 견해에 대하여 가장 먼저 공개적으로 異議를 제기하며 논쟁을 야기시킨 장본인은 尹善道였다. 그러나 그의 비판은 사실상 송시열에 대한 人身攻擊의 성격이 짙어서 조정에서 심하게 배척받았고, 그는 결국 이로 인해 流配되었다. 따라서 경학적 근거에 기초해서 이론을 세우고 이를 통하여 체계적으로 송시열의 說을 비판함으로써 본격적으로 복제논쟁을 불러일으킨 인물은 許穆이라고 할 수 있다. 許穆은 顯宗 원년(1660), 孝宗의 小祥이 다가올 무렵 「追正喪服失禮疏」를 올려 宋時烈의 견해에 이의를 제기하였고, 이어 宋浚吉의 反駁疏가 나오자 다시 「再疏上喪服圖」를 올려 자신의 견해를 조리 있게 제시하였다. 그는 이후에도 자신의 견해를 더욱 분명하게 진술하기 위한 疏를 준비한 것으로 보인다. 『記言』에는 (「再疏」 뒤에 쓴 글로 실제로 朝廷에 올리지는 않았지만) 송시열의 견해를 새롭게 비판한 「三疏」가 실려 있다.

　허목은 송시열이 기년설의 근거로 援用한 四種說에서 비판의 실마리를 발견하였다. 賈公彥은 疏에서 『儀禮』의 이 규정이 '父爲適子'라고 하지 않고 '父爲長子'라고 한 이유를 설명하면서, "嫡妻의 소생은 모두 適子라고 부른다. 첫째아들이 죽으면 적처 소생의 둘째아들을 세워 또한 長子라고 부른다"고 말한 바 있다.[63]

허목은 이 구절에 주목하면서 사종설에서 正의 개념은 嫡妻의 소생을 의미한다고 지적하였다.64) 따라서 그는 不正은 곧 嫡妻의 소생이 아님을 의미하고, 不正의 例인 庶子는 곧 嫡妻의 所生이 아닌 자, 곧 妾子를 지칭한다고 해석하였다. 그는 이러한 해석의 연장성상에서, 庶子로서 宗統을 계승하고 죽으면 아버지는 長子服을 하지 않는다는 賈貢彦의 해석은 孝宗에게는 해당되지 않는다고 주장하였다. 왜냐하면 효종은 嫡妻 소생의 둘째아들이므로, 庶子―嫡妻의 所生이 아닌 자, 곧 妾子―가 아니기 때문이다.65) 즉 許穆은 宋時烈이 賈貢彦의 四種說을 잘못 이해하고, 또한 이를 효종의 喪에 잘못 적용함으로써 혼란을 빚어냈다고 비판하였다. 그리고 尹鑴를 비롯한 南人들은 대체로 許穆의 이 論點을 송시열의 朞年說을 비판하는 주요한 논거로 사용하였다.

허목은 이 논점에 기초하여 『儀禮』, 「喪服·斬衰」의 '父爲長子'에 대한 규정을 재해석하였다. 즉 그는 이 규정에서 '장자'는 곧 적처 소생으로 종통을 계승하는 대상이며, '장자'에 대하여 아버지가 참최복을 하는 것은 적자로서 계승되는 의리를 중시하기 때문이라고 보았다. 따라서 그는 효종이 적처 소생으로 종통을 계승한 이상 仁祖의 嫡長子로 보아야 하며, 이에 趙大妃도 당연히 적장자에 대한 服을 입어야 한다고 생각했다. 그는 이처럼 조대

---

63) 『儀禮』, 「喪服·斬衰」, '父爲長子'에 대한 疏, "嫡妻所生, 皆名適子. 第一子死也, 則取嫡妻所生第二長者立之, 亦名長子."

64) 『記言』, 卷64, 「追正喪服失禮疏」, 25쪽 참조.

65) 『記言』, 卷64, 「追正喪服失禮疏」, 25쪽, "立庶子爲後, 謂之體而不正. 不得爲三年, 妾子故也."

비가 입는 상복의 성격을 적장자에 대한 服이라고 前提하면서, 어머니가 적장자에 대하여 服을 입는 喪期를 결정하는 기준을 아울러 제시하였다. 그는 지위가 같으면 본래의 服을 한다는 이른바 尊同의 원칙과 어머니는 아들이 어머니에 대해서 입는 服보다 더 무거운 服을 아들에 대하여 입지 않는다는 원칙을 근거로, 조대비는 아들이 어머니에 대해서 입는 服 중 가장 무거운 服인 齊衰三年을 효종에 대한 服으로 하여야 한다고 주장하였다.66)

그러나 賈公彦의 四種說에서 正이 正妻의 소생을 의미하며, 不正으로 제시된 庶子는 妾子를 가리킨다는 許穆의 해석은 사실상 뚜렷한 경학적 논거가 있는 견해는 아니었다. 대개 『儀禮』를 비롯한 禮書들의 일반적인 용례로 볼 때, 오히려 庶子는 妾子만이 아니라 적처 소생의 맏아들을 제외한 나머지 아들 전부를 지칭하는 개념으로 사용되었다. 송시열은 첫째아들이 죽은 다음 둘째아들을 세워도 그를 長子라고 부른다는 규정과 庶子로서 뒤를 이어 宗統을 계승하여도 참최복을 입지 않는다는 규정이 서로 모순됨을 인정하였다.67) 그러나 그는 첫째아들이 죽었다는 구절을 첫째아들이 성년이 되기 전에 죽어서 아버지가 그에게 服을 입지 않았다는 의미로 해석하면, 이 모순이 해소된다고 보았다. 따라서 송시열은 許穆이 논거로 삼았던 구절에 대해서는 죽은 첫째아

---

66) 『記言』, 卷49, 「大王大妃服制收議」(乙卯年(1675) 4月), 48쪽. 許穆이 이 두 가지 논거를 든 것은 원래 宋時烈의 견해에 대응하기 위한 것이 아니라, 尹鑴의 斬衰說을 반박하기 위해서였다.

67) 『宋子大全』, 卷26, 「大王大妃服制獻議」(庚子年(1660) 3月 23日), 3-4쪽; 같은 책, 卷67, 「答朴和叔」, 21-22쪽 참조.

들에 대하여 장자복을 하지 않았기 때문에 둘째아들을 세워 장자라고 부르고 참최복을 한다는 의미로 해석하는 한편, "庶子는 妾子의 명칭이다. 嫡妻 소생의 둘째 이하는 衆子이지만 마찬가지로 庶子라고 부른 것은 長子와 뚜렷이 차별하기 위함이다"는68) 賈貢彦의 진술에 근거해서 許穆의 견해를 반박하였다.69)

許穆은 이러한 송시열의 반박에 대하여, 庶子라는 개념이 適子, 즉 嫡妻 소생에 대한 대립 개념인 妾子로 사용되는 경우와 衆子의 의미를 포함하는 넓은 의미로 사용되는 경우를 구분해야 한다고 주장하면서, 賈貢彦의 四種說에서 언급된 庶子 개념은 바로 前者의 좁은 의미에 해당된다고 반론을 폈다.70) 나아가 그는 서자를 첩자의 의미로 제한하여 사용한 사례를 중국 魏晉時代의 복제논쟁에서 찾아냈다. 즉 첩자 출신으로서 태자가 되었다가 죽은 愍懷太子의 喪에 대하여 군주가 어떤 服을 입어야 하는가를 문제 삼은 논쟁이 해당 事例이다. 이에 대하여 『通典』에 세 가지 견해가 정리되어 있는데,71) 그 중에서 王接은 비록 그가 종통을 계승

---

68) 『儀禮』, 「喪服・斬衰」, '父爲長子'의 傳에 대한 賈公彦의 疏, "庶子妾子之號, 嫡妻所生第二子是衆子, 今同名庶子, 遠別於長子, 故與妾子同號也."

69) 『宋子大全』, 卷26, 「大王大妃服制收議」(庚子年[1660] 3月 23일), 2-7쪽 참조.

70) 『記言』, 卷64, 「再疏上喪服圖」, 27b쪽 참조.

71) 세 가지 주장은 다음과 같다. 첫째, 太子의 지위에 오른다는 것 자체가 宗統을 계승하는 것이며, 따라서 斬衰三年服을 입어야 한다는 王堪의 주장, 둘째, 비록 宗統을 계승한다 하더라도 庶子라는 명칭은 인위적으로 없어지는 것이 아니며, 따라서 君主는 원래 庶子에 대하여

하더라도 庶子라는 명칭은 없어지지 않으며, 군주는 원래 서자에 대해서는 복을 입지 않기 때문에 그에 대하여 입을 服이 없다고 주장하였다. 허목은 바로 王接의 주장이 庶子를 妾子라는 뜻으로 사용한 例라고 하면서, 송시열의 견해를 다시 반박한 것이다.72)

그런데 王接의 견해를 따르면, 적처 소생으로서 장자가 되었다가 죽으면 그에 대해서는 服을 입지만, 妾子에 대해서는 비록 그가 太子가 되었다가 죽은 경우라도 服을 입지 않는다. 그런데 이러한 논점은 後宮 소생으로서 태자가 된 많은 역사적 사례들과 부합하지 않으며, 또한 논쟁 당시에도 正論으로 간주된 것이 아니었다. 말하자면 왕접의 견해는 위진시대 한 관료의 개성적인 견해일 뿐이었으며, 經學的 典據도 없었다. 따라서 가공언의 四種說에 서술된 庶子 개념이 妾子를 지칭한다는 허목의 주장은 설득력이 없는 것으로 보인다. 이 때문에 이후 丁若鏞도 禮訟을 전반적으로 재검토하면서 四種說의 庶子 개념에 대한 송시열의 해석은 꺾을 수 없다고 하여 이를 인정하였던 것이다. 그리고 許穆이 끌어들인 王接의 견해를 조선시대 군주의 복제에 적용한다면 왕위 계승자를 위해 군주 또는 대비가 服을 입지 않는 이상한 상황이 초래될 수 있었으며, 또한 이것은 朞年服을 해야 한다는 주장

복을 입지 않기 때문에 입을 복이 없다는 王接의 주장, 셋째, 太子의 지위에 오른 이상 服을 입어야 하지만, 正體가 아니므로 嫡長子에 대한 服과 差等을 두어 아버지가 아들에게 입는 본래의 服, 즉 朞年服을 입어야 한다는 庾蔚之의 주장 등이다. 杜佑, 『通典』, 卷81, 禮41, 凶3, 「天子立庶子爲太子薨服說」 참조.

72) 『記言』, 卷64, 「三疏」, 32쪽 참조.

보다 훨씬 더 군주의 宗統을 弱化시키는 결과를 낳을 수도 있었다. 이에 정약용은 許穆이 妾子說을 고집함으로써 도리어 宋時烈의 論旨에 휘말리게 되었다고 評했다.73)

허목은 「三疏」에서 송시열이 자신의 주장의 근거로 삼은 '不二斬' 說을 비판하였다. 그는 『儀禮』에서 '不二斬'의 해당 사례로 서술된 복제 규정, 즉 시집간 여자와 入後한 아들이 生父에 대하여 斬衰服을 입지 못하는 것과, 아버지가 長子를 위해 참최복을 입는 것은 서로 성격이 다르다고 보았다. 그는 아버지가 長子를 위해 斬衰服을 입는 이유는 그 長子 된 자가 長子라는 혈연적 위치에 있기 때문이 아니라 그 장자 된 자를 통하여 適子에서 適子로 宗統이 계승된다는 점을 중시하기 때문임을 지적하고, 따라서 장자 된 자들을 위해 참최복을 여러 번 입더라도 그것이 不二斬의 원칙에 어긋나지 않는다고 주장했다.74)

허목은 여기서 이러한 자신의 논점을 정당화하기 위하여 明宗의 喪에 대한 恭懿大妃의 복제 논의에서 奇大升이 주장한 바를 援用했다. 앞에서 살펴보았듯이 奇大升은 明宗이 仁宗과 혈연적으로는 兄弟 사이지만 인종의 뒤를 계승한 이상 父子관계의 도리가 있는 것이며, 따라서 仁宗妃인 恭懿大妃는 明宗을 위해 嫡長子에 대한 服을 입어야 한다고 주장한 바 있었다. 그런데 許穆은 孝宗의 喪에 대한 趙大妃의 복제에서도 기대승의 所論을 따라야 한다

---

73) 상세한 내용은 李俸珪, 「17세기 禮訟에 대한 丁若鏞의 哲學的 分析──「正體傳重辨」을 중심으로──」, 『孔子學』 2(한국공자학회, 1996), 234-238쪽 참조.

74) 『記言』, 卷64, 「三疏」, 31-32쪽 참조.

고 생각하였다. 즉 효종에 대한 조대비의 복제를 결정할 때 우선적인 기준이 되는 것은, 효종이 인조의 둘째아들이라는 혈연적 조건이 아니라 효종이 적처 소생으로서 인조의 뒤를 계승하였다는 사실, 즉 宗統의 계승이라고 보았던 것이다. 말하자면 宋時烈이 李滉의 所論을 발전시켜 자신의 견해를 세웠던 것과 마찬가지로, 許穆은 李滉의 견해에 대한 奇大升의 비판을 정당한 것으로 보아 이를 己亥禮訟에서의 자신의 이론적 근거로 援用하였다. 특히 許穆은 종통을 우선적으로 강조했다는 점에서 奇大升의 주장을 수용하면서도 그 服의 성격을 嫡長子에 대한 服, 즉 親服으로 해석하였다.75) 그리고 기대승의 주장에 대한 해석에서 尹鑴는 許穆과 異見을 보였다.

3) 尹 鑴

일찍이 尹鑴는 顯宗의 喪에 대한 趙大妃의 복제 논의에서 자신의 견해를 조정에 제시한 바 있다. 그는 肅宗 원년(1675) 閏5월에 올린 「論服制疏」에서 許穆과 尹善道 등이 (宋時烈 등의 주장에 대해) 이의를 제기함으로써 嫡庶의 의미가 명확해졌다고 評했다. 여기서 그는 正體에 대한 許穆의 논점을 지지한 것이다. 한편 그는 許

---

75) 『記言』, 卷64, 「三疏」, 31-32쪽, "明宗之喪, 禮曹以爲恭懿殿於明宗爲嫂叔, 嫂叔無服. 奇大升曰:「兄弟相繼, 旣以繼體之重, 持父子之服, 則兄后之爲之也, 亦如母之視子.」 於是禮曹定行三年之制. 其事具載李滉奇大升遺書."

穆의 견해에도 미흡한 점이 있다고 여겼는데, 이는 곧 허목이 복제 논의에서 君臣관계의 大義를 제대로 드러내지 못했다는 점이다. 尹鑴는 어머니가 長子를 위해 齊衰服을 입는 경우는 장자가 아직 重을 계승하지 못하였을 때이며, 이때에는 賈公彦의 四種說이 적용된다고 인정하였다. 그는 그러나 일단 宗統을 상징하는 왕위를 계승하고 나면 복제의 성격이 母子관계의 것에서 君臣관계의 것으로 바뀐다고 생각했다. 즉 그는 傳重 여부에 따라 服制를 결정하는 우선적인 기준이 달라진다는 견해를 제시한 것이다. 다시 말하면 傳重 이전에는 어머니와 장자간의 관계가 일차적인 요소가 되지만, 傳重 이후에는 군주와 신하간의 관계가 일차적인 요소로 된다는 점을 허목이 간과하였다는 것이다. 그는 이 점이 士庶의 禮와 王家의 禮가 서로 차이나는 점이라고 지적하면서, 송시열의 주장뿐만 아니라 허목의 견해에서도 이 점은 제대로 드러나지 않았다고 評하였다. 즉 그는 許穆과 許積을 비롯한 조정 대신들이 顯宗은 慈懿大妃의 嫡孫이므로 자의대비가 齊衰服을 입어야 한다고 주장한 것은 군주의 복제에다, 혈연관계에 따라 服制를 정하는 士庶의 禮를 잘못 적용한 것이라고 비판하였다. 그는 王家의 禮에서는 傳重한 경우 군주에 대한 服의 일차적 기준은 『周禮』에 이른바 "무릇 상복을 입는 사람은 天子를 위해서는 斬衰服을 하고, 王后를 위해서는 齊衰服을 한다"는 원칙이며,76) 따라서 慈懿大妃는 효종과 현종에 대해서는 嫡長子나 嫡孫에 대한 服이 아니라 군주에 대한 服인 斬衰服을 입어야 하고, 仁宣王后에 대해서는 嫡婦에 대한 服이 아니라 王后에 대한 服인 齊衰期

---

76) 『周禮』, 「春官・司服」, "凡喪爲天王斬, 爲王后齊衰."

年服을 입어야 한다고 주장하였다. 尹鑴의 觀點에 따르면 王家의 禮는 士庶의 禮와 구분되어야 한다. 그는 士庶의 禮에서는 傳重 與否가 문제되지 않지만, 天子와 諸侯의 禮에서는 일단 宗統, 즉 王位를 계승하게 되면 군주와 五服의 親屬關係에 있는 親族들도 다른 신하들과 마찬가지로 군주에 대하여 君臣관계에 있게 되는 동시에 혈연상의 親疎關係는 부차적인 요소가 된다고 보았다. 따라서 그는 일단 宗統을 계승하여 군주가 되면 嫡統은 자연히 수반된다고 말하면서,77) 군주의 服制에서는 嫡統을 宗統에 隸屬시켜야 한다는 論點을 세웠다. 그의 이러한 주장은 군주의 복제에서 宗統과 嫡統을 구분하되, 기본적으로 嫡統에 따라 복제를 결정해야 한다는 宋時烈의 견해를 주로 겨냥한 것이지만, 또한 許穆의 견해도 함께 비판한 것이다. 尹鑴는 明宗에 대한 恭懿大妃의 服制에 관한 논의에서 奇大升이 제기한 논의를 자신의 방식으로 해석하여 이를 자신의 論據로 삼았다. 그는 奇大升이 "천자와 제후는 비록 正體가 아니더라도 일단 왕위에 올라 종통을 계승한 이상 부모도 또한 그를 위해서 斬衰服을 입어야 한다"고 주장하였으며, 李滉도 이 견해에 전적으로 동의한 것으로 보았다.78) 그는 또한 이황이 기년복 이상을 할 수 없다고 말한 것은 그가 아직 자신의 견해를 확정하지 않았을 때이며, 諡狀에 그가 기년복을 주장한 것으로 기록된 것은 기록자의 잘못이라고 하면서, 宋時烈이 李滉의 說을 자신의 論據로 援用한 사실을 비판하였다.79)

---

77) 『白湖全書(中)』, 卷26, 「典禮私議」, 1047쪽, "且宗統所在, 固嫡統之所歸也. 嫡統所歸, 卽宗統所在也."

78) 『白湖全書(中)』, 卷26, 「與李惟泰書」, 1061쪽 참조.

즉 그는 허목이 기대승의 주장을 자최삼년설의 논거로 삼았던 것과 달리 참최설을 주장한 것으로 해석하여 자신의 논거로 삼았던 것이다.

尹鑴는 禮書와 역사적 사례들과 이에 대한 자신의 독특한 해석을 자신의 주장을 정당화할 수 있는 경학적 근거로 제시하였다. 그가 원용한 경학적 근거들로는, 위에 인용한 『周禮』의 규정, 『儀禮』, 「喪服・斬衰」에 실린 "군주를 위해서 참최복을 한다"(爲君斬)는 규정, 천자와 제후에게는 斬衰服만 있고 齊衰服은 없다고 한 鄭玄의 論及,80) 『禮記』, 「喪服小記」의 疏에 실린 "제후와 五屬의 친족관계에 있는 사람은 모두 군주를 위해 斬衰服을 입는다"는 규정 등이 있었으며,81) 여기에 그는 군주를 위해서 참최복을 입는 것은 大一統의 의리를 闡明하는 것이며, 大妃는 嗣王에 대하여 三從의 도리가 있기 때문에 참최복을 해야 한다는 자신의 독특한 해석을 덧붙였다. 또한 그는 『通典』에 기록된 魏晉時代의 君主服制에 皇后가 군주를 위해 삼년복을 입은 事例가 있었음을 지적하였으며, 출신이 어떠하더라도 일단 諸侯가 되면 宗統과 嫡統을 동시에 차지할 수 있음을 정당화하는 '諸侯奪宗, 聖庶奪嫡'의 논리와, 程頤가 庶子이면서도 자신이 종통을 계승한 사실을 정당화하

---

79) 『白湖全書(中)』, 卷26, 「典禮私議」, 1049쪽 참조.
80) 이는 趙商의 질문에 대한 鄭玄의 답변으로, 『儀禮』, 「喪服・齊衰期年」의 傳 가운데 "……父卒然後爲祖後者服斬"에 대한 疏에서 보인다.
81) 『禮記』, 「喪服小記」에 나오는 "與諸侯爲兄弟者服斬"에 대한 疏에서 孔穎達은 熊氏의 설이라고 하면서 "諸侯死, 凡與諸侯有五屬之親者, 皆服斬也"라고 말하고 있다.

기 위하여 支子도 종통을 계승하는 경우가 있다는 이른바 '旁支達幹'의 논리를 제기한 사실 등을 들어 자신의 주장을 정당화하려 하였다. 尹鑴는 이러한 논거에 기초하여, 君主服制에서도 嫡統에 근거하여 服制를 정해야 한다는 송시열의 견해를 孝宗에게 宗統은 認定하되 嫡統은 인정하지 않음으로써 '군주를 깎아내리고 그 정통성을 의심하는'(卑主貳宗) 논리라고 규정하고,82) 이는 정치적으로 매우 불순한 의도를 內包하고 있다고 비판하였다. 그러나 이러한 비판에 대하여 權諰, 許積 등 비교적 온건한 견해를 편 인물들은 송시열의 견해가 誤禮일 뿐이지 '卑主貳宗'하려는 정치적인 의도에서 나온 것은 아니라고 하여, 尹鑴의 견해에 동의하지 않았다. 특히 윤휴와 가깝게 지냈던 權諰는, 嶺南의 유학자들이 尹鑴의 주장에 동조하여 송시열이 효종에게 宗統을 귀속시키려고 하지 않는다고 비판하는 聯合疏를 올릴 때, 이는 결코 송시열의 본뜻이 아니라고 밝히면서 服制論爭이 정치적 의도로 해석되는 것을 심히 우려한 바 있다.83)

한편 이러한 尹鑴의 견해는 다시 비판을 받게 되었다. 먼저 宗統의 계승 여부, 즉 傳重 與否에 따라 服制의 결정 원리가 달라진다는 그의 견해에 대해서는 송시열뿐만 아니라 허목과 허적 등

---

82) 尹鑴는 許穆에게 보낸 편지에서 처음 이러한 논점을 제기하였다고 한다. 더욱 상세한 내용은 『白湖全書(上)』, 卷6, 「引黃世禎疏辭職疏」 (1675년 1월 20일), 187쪽 참조.

83) 『炭翁集』, 卷8, 「與李知禮公直書」, 16쪽, "曾見其通文, 有云: '不欲以宗統歸之於先王,' 是不知議禮者之本意. 彼何嘗謂非宗統? 只謂長子爲宗統, 得爲三年, 次子以下爲宗統, 不得三年. 而今若謂之不欲歸宗統, 則是殆未免搆人之言耳."

도 反論을 제기하였다. 許積은 服制의 결정과 관련하여 禮書에서는 傳重 이전과 傳重 이후를 구분하지 않고 다룬다는 점을 지적하면서, 許穆과 함께 尊同의 원칙을 제기하였다.84) 그에 따르면 慈懿大妃와 顯宗은 지위가 같기 때문에, 지위가 같으면 본래의 服을 입는다는 원칙에 따라 자최기년복을 입어야 한다는 것이다. 이에 대해 尹鑴는 『儀禮』에서 말한 尊同의 논리는 타국의 제후에게 시집간 姉妹에 대하여 군주가 服을 입는 것을 말하는 것이지, 大妃가 嗣王에 대하여 服을 입는 것과는 관계없는 일이라고 반박하였다.85)

효종, 인선왕후, 현종 등에 대한 趙大妃의 服制에 관한 논의에서 尹鑴의 견해대로 군주 또는 왕후라는 신분적 조건을 우선 고려해야 한다는 논점을 적용하는 경우, 무엇보다도 문제되는 것은 母子관계보다 君臣의 관계를 優先視함으로써 결과적으로 어머니를 신하로 대우하게 된다는 점이다. 尹鑴는 이 점을 念頭에 두면서, 어머니도 신하로 삼을 수 있다는 역사적 典據를 이른바 '亂臣十人'에 대한 馬融의 해석에서 찾았다.86) 馬融은 武王이 신하로

---

84) 『肅宗實錄』, 元年 8月 7日(壬戌)條 참조.
85) 『白湖全書(上)』, 卷7, 「論服制疏」(乙卯年[1675] 8月 10日), 241쪽 참조. 尹鑴의 이 論點은 이후 丁若鏞에게서 再現된다.
86) '亂臣十人'의 출처는 "나는 훌륭한 신하 열 명을 데리고 있다"(予有亂臣十人)는 武王의 말인데, 『論語』, 「泰伯」와 『尙書』, 「泰誓」, 그리고 『春秋左傳』, 「襄公 28年」의 傳 등에 이 말이 보인다. 그러나 이 열 명의 이름을 밝히지 않았기 때문에, 누가 이 열 명에 해당하는가를 두고 후세에 상이한 견해들이 제기되었다. 馬融은 『論語』 註釋에서 열 명의 신하를 구체적으로 거명하면서 太姒를 포함시켰다. 『春秋左傳』, 「襄公

삼은 열 사람을 거론하면서, 武王의 어머니이자 文王의 妃인 太姒를 이에 포함시켰던 것이다.

 尹鑴의 '臣母'說은 송시열측뿐만 아니라 허목과 허적 등 당시 대부분의 유학자들의 反感을 샀다. 송시열은 朱熹의 『論語集註』에 인용된 劉敞의 馬融에 대한 반론을 '臣母說'에 대한 반박 근거로 삼았다. 劉敞은 어머니를 신하로 여기는 도리는 있을 수 없다고 주장하면서, 『論語』에 거론된 인물은 무왕의 어머니인 太姒가 아니라 무왕 자신의 妃인 邑姜으로서, 그녀가 집안 일을 잘 운영한 사실을 기리고 있는 것으로 해석하였다.[87] 그리고 劉敞의 이러한 해석은 朱熹뿐만 아니라 유가 학파에서 널리 받아들인 관점이기도 하였다. 程頤 역시 英宗의 생부에 대한 관계를 설명하면서 아버지를 신하로 삼는 도리는 없다고 말한 바 있다.[88] 이에 송시열은 윤휴의 臣母說을 反儒家的인 發想이라는 측면에서 공격하였을 뿐만 아니라, 윤휴의 餘他 견해들도 脫性理學的인 것으로 비판하였다.[89] 이러한 이유 때문에 禮訟論爭은 순수한 경학적 이론논쟁

28년」 傳에 대한 十三經注疏本 『春秋左氏傳』의 본문에는 '有亂臣十人'으로 나와 있다. 해당 부분에 대한 校勘記에는 宋本을 비롯한 일부 다른 판본들에서 '臣'字가 없다고 밝혀져 있으며, 惠棟(1697~1758)은 『經典釋文』의 『論語』 구절과 『春秋左氏傳』, 「昭公 24년」 傳에 인용된 『尙書』, 「泰誓」의 구절에도 역시 '臣'자가 없는 점을 들어서, 후세 학자들이 晉代에 나온 古文 「泰誓」에 근거하여 첨가한 것이라고 비판하였다.

87) 『論語』, 「泰伯」, "武王曰:「予有亂臣十人」"에 대한 『集註』 참조.
88) 『二程集』, 河南程氏文集, 卷5, 「代彭思永上英宗皇帝論濮王典禮疏」(臺北, 漢京文化事業有限公司, 1983), 517쪽, "臣料陛下之意, 不必須要稱親, 止謂不加殊名, 無以別於臣列.…… 推所生之義, 不臣自明."

에서 벗어나 정파적 대립과 맞물린 이데올로기 투쟁으로 격화되었다. 후대에 와서 丁若鏞은 尹鑴의 臣母說에 대하여 자신의 고증학적 지식을 동원하여 상세히 논박한 바 있다.90) 그러나 윤휴의 제반 견해 가운데에서, 군주의 복제에서는 宗統의 계승 여부를 우선적인 기준으로 삼아야 한다는 주장은 정약용의 학설에서 새로운 모습으로 재현되었다.91)

---

89) 『宋子大全』, 卷134, 「示諸子孫姪孫等」, 25-26쪽 참조.
90) 丁若鏞, 『正體傳重辨』(實是學舍經學研究會 編譯)(서울: 한길사, 1995), 157쪽 이하 참조. 丁若鏞은 문제의 이 구절이 나오는 『春秋左氏傳』, 『論語』, 『尙書』 등의 해당 부분을 고증하고서 두 가지 비판을 제기하였다. 하나는 '亂臣十人'의 '臣'字는 梅賾의 『古文尙書』에만 나오기 때문에 신빙할 수 없다는 주장이고, 또 하나는 晉宋의 사례에 대한 해석이 잘못되었다는 것이다. 그는 먼저 '亂臣十人'이라는 구절이 梅賾의 『古文尙書』에만 나오며, 『經典釋文』의 『論語』 부분에는 '有亂十人'으로, 『春秋左氏傳』에 인용된 『尙書』의 구절 역시 '武王有亂十人'으로 되어 있다는 사실을 지적하였다. 따라서 그는 梅賾의 『古文尙書』에 '臣'字가 들어 있다고 해서 伏生이나 孔安國이 전한 『尙書』도 그렇다고 斷定할 수 없다고 주장하였다. 그는 또한 열 사람에 대한 馬融의 해석도 그 자신의 추측에 불과할 뿐 그것을 뒷받침할 아무런 典據도 찾아볼 수 없다고 지적하였다. 丁若鏞의 이러한 주장은 문제의 구절이 梅賾에 의하여 臣字가 부가되었을 가능성을 제기하는 것인데, 여기에는 梅賾의 『古文尙書』가 僞書라는 그 自身의 認識도 反映되고 있다. 즉 그는 「正體傳重辨」을 완성하기 전에 『梅氏尙書平』을 통해 梅賾의 『古文尙書』가 僞書임을 糾明──그가 『梅氏尙書平』을 완성한 것은 1810년 봄이었다──하였고, 이러한 자신의 考證學的 檢討를 바탕으로 臣母說을 비판한 것이다.

4) 세 견해의 사회적 함의

이상에서 소개한 세 가지 견해를 비교해 보면, 宋浚吉과 宋時烈은 服制를 결정하는 원칙을 종통의 현실적인 계승 여부와 독립적인 것으로 이해하였기 때문에, 만약 宗統, 즉 왕위가 非宗法的인 방법으로 계승된 경우에는 이러한 사실을 복제를 통하여 드러낼 수 있었다. 따라서 복제는 비종법적인 권력의 부당성을 드러내는 수단이 된다. 또한 복제의 결정 원리에서 군주의 신분보다 모자의 혈연적 관계를 우선시해야 한다는 주장은 규범의 토대로서 尊尊의 관념과 親親의 관념이 마찰을 일으킬 때 후자를 優先視하는 관점의 연속이라고 할 수 있다.

반면, 許穆과 尹鑴는 복제를 결정하는 원칙을 종통의 현실적인 계승 여부에 따라서 이해하였기 때문에, 설령 비종법적으로 계승된 권력이라 하더라도 일단 종통을 계승한 이상에는 정당성을 갖는 것으로 보았다. 許穆은 종통의 현실적인 계승 여부가 長子를 결정하는 조건이라고 파악한 점에서는 복제를 宗統에 예속시켰지만, 長子에 대한 服의 성격을 親服으로 看做한 점에서는 여전히 親親의 관념을 優先視하였다. 그런데 尹鑴는 王朝禮에서는 尊尊의 관념이 親親의 관념보다 優先한다는 견해를 내세워 부모도 신하로 삼을 수 있다고 立論하였다. 이는 尊尊의 관념을 앞세워 현실의 군주 세력이 사회 구성원에 대하여 강제력을 행사할 수

---

91) 李俸珪, 앞의 글, 243-248쪽 참조.

있는 권한을 정당화하려는 정치적 관점의 연속으로서, 규범에 대한 孔孟 계열의 인식을 벗어나 法家的 인식에 한층 다가선 견해라고도 말할 수 있다.

한편 군주 복제에 대한 宋時烈과 尹鑴 사이의 견해차이를 그들의 經世論, 특히 사회정책론과 결부시켜 고찰하면 흥미로운 점을 발견할 수 있다. 尹鑴는 宋時烈이 군주 복제에서도 嫡統을 우선적인 기준으로 삼는 것은 군주를 貶下하려는 정치적 의도를 드러낸 것이라고 비판하였다. 이러한 비판에 대하여, 權諰 등은 服制에 대한 견해차이를 빌미로 정치적 공격을 시도하는 것은 잘못된 일이라고 반박하였으며, 송시열도 자신이 또한 결코 그러한 의도를 가진 적이 없으며, 단지 상복의 일반적 원칙을 따라야 한다는 원론적인 입장을 표명한 것일 뿐이라고 변명을 하였다. 그러나 송시열의 복제와 관련된 견해를 그의 국가권력에 대한 일반적 태도와 관련시켜 볼 때, 그의 견해는 국가권력을 군주가 恣意的으로 濫用하는 것을 비판하고 예방하려는 관심과 맞물려 있다는 것을 알 수 있다. 宋時烈은 상복논쟁에서는 이러한 관심을 명시적으로 표현하지 않았지만, 經世論을 통해서는 이를 적극적으로 표명하였다. 一例로 그는 왕실이 자체의 사유재산을 자의적으로 확대하고 그 결과 백성들의 사유재산을 침탈하는 폐단을 막기 위하여 內需司를 혁파할 것을 주장하였다.[92] 그의 이러한 주장은

---

[92] 內需司를 革罷하자는 주장은 「己丑封事」(1650) 이래 宋時烈의 일관된 견해였다. 宋時烈의 經世論에 대한 연구로는 金駿錫, 「朝鮮後期 國家再造論의 擡頭와 그 展開」(연세대 사학과 박사학위논문, 1990) 參照. 일찍이 李珥는 "內帑과 內需司를 戶曹에 붙여서 나라의 公費로 삼고, 私

군주가 국가권력을 恣意로 濫用하는 현상에 대한 비판적 견해와 태도를 분명하게 보여주는 하나의 사례가 된다. 또한 그는 王妃가 아직 출산할 가능성이 있음에도 불구하고 後宮의 소생이 출생하자마자 세자로 책봉한 肅宗의 처사에 대하여 반대하는 疏를 올렸고, 결국 이것이 禍根이 되어 賜死당하기에 이르렀다.93) 이 또한 군주가 자의적으로 자신의 宗統을 계승시키려는 태도에 대한 그 자신의 비판적 견해를 보여주는 사례이다.

한편, 군주 복제에서 宗統을 우선적인 기준으로 삼으면서, 군주 복제 자체가 大一統의 위계질서를 천명하기 위한 것으로 이해하였던 尹鑴는 사회정책적인 맥락에서도 군주의 사사로운 욕구들을 견제하는 측면보다는 오히려 사림들의 비효율적인 정치참여와 관료 중심의 정치 운영이 초래할 수 있는 폐단을 비판하는 데에 중점을 두었다. 그는 당시 宮房田의 탈법적 확대를 통해 왕실의 사유재산이 증가하는 것을 비판하기보다는, 三司를 통한 언론정치가 파벌적 붕당정치의 온상이 되고 있음을 지적하면서, 諫官

財로 삼지 않음"으로써 宮府 一體를 실현할 것을 上疏한 바 있다. 『栗谷全書』1, 「擬陳時弊疏」, 76쪽, "國家浮費甚廣 不可枚擧…… 臣請斷自聖心 視宮府爲一體 悉爲內帑付之戶曹……." 李珥에 의하면, 君主의 富는 백성에 감추는 것이니 君主는 私貯가 있어서는 아니된다. 『栗谷全書』2, 「聖學輯要」(7), 48쪽, "天子之富藏於四海 諸侯之富藏於百姓 有倉廩府庫爲公共之物 不可有私貯也…… 殿下無一毫征利之心然後可以洗滌污習 扶擧四維 陶成至治矣." 參照: 李東仁, 「栗谷의 經濟改革論」, 『韓國學報』87(一志社, 1997년 여름), 89-90쪽.

93) 宋時烈이 世子 冊封에 반대한 疏는 『宋子大全』, 卷20, 「己巳二月疏」, 16-18쪽 參照.

制度를 혁파하는 동시에 유생들이 연합하여 疏를 올리는 행위도 금지해야 한다고 주장하였다. 그는 또한 備邊司를 없애고 議政府를 復元하여 군주에서 재상과 의정부에 이르는 단일한 정치구조를 확립함으로써 당론에 의해 좌우되지 않고 일사불란하게 국가정책을 추진할 수 있도록 해야 한다고 주장하였다. 그는 당시 효율적인 국가 운영에 상당한 장애가 되고 있었던 당론의 폐단을 바로잡기 위해서 君權을 강화하고 士林들의 비효율적인 관료정치 구조를 개혁해야 한다는 정치적 견해를 披瀝한 것이다.94)

  요컨대 복제 논의와 사회정책에 대한 견해들을 連繫시켜 볼 때, 송시열은 국가권력을 恣意的으로 專有하려는 군주의 私的 욕구를 견제하고 예방하려는 觀點과 연계되어 있었던 것으로 보인다. 그리고 이러한 관점은 孔孟 계열의 古代 儒家學派에서 宋代 性理學에 이르기까지 綿綿히 이어져 온 주요한 전통이었으며, 또한 조선의 士林들이 국가 운영에서 항상 염두에 두었던 기본 視角이었다. 반면에 尹鑴의 견해는 士林들의 비효율적인 국정 개입과 운영을 비판하고, 王權의 위상 강화를 통하여 비효율적인 당론정치를 개혁하려는 관점과 맞물려 있었던 것으로 보인다. 그리고 이러한 관점은 동아시아 역사의 전개과정에서 볼 때, 군주권의 강화를 통하여 국가의 일원적인 중앙집권 체제를 구축하려는 흐름의 연장선상에 있었던 것이며, 이러한 맥락에서 볼 때 脫性理學的인 視角이었다고 생각된다.

---

  94) 尹鑴의 經世論에 대해서는 鄭豪薰, 「尹鑴의 經學思想과 政治社會 改革論」(연세대 사학과 석사학위논문, 1993) 참조.

제6장 結論

　본 공동연구를 통하여 조선시대 충청지역 유학자의 예학에 관하여 새롭게 인식하게 된 점은 다음과 같다.
　첫째, 조선시대 국가 수준에서의 예학 연구는 고려시대의 연구 성과를 충실히 계승·발전시키는 과정을 거쳐서 전개되었다. 따라서 조선시대 국가전례의 기준이었던 『國祖五禮儀』와 『經國大典』이 明代의 典禮 등 중국의 예제에 주로 기초한 것으로 파악하는 관점은 止揚되어야 한다.
　둘째, 조선시대 충청지역 예학의 淵源은 麗末에서 찾을 수 있으며, 麗末 禮學은 조선 초기 유교문화의 기본 틀을 구축하는 데 밑바탕이 되었는데, 그 주요 인물로는 李穡과 權近을 들 수 있다. 특히 李穡이 제기한 예학적 문제의식은 이후 16세기 유학자들에게 계승되어 재현되었는데, 이는 조선시대 예학이 일관된 문제의식을 바탕으로 해서 지속성 있게 전개되었다는 사실을 잘 보여 준다.

셋째, 조선 후기 예학의 주요 특징은 사대부들이 예학에 대한 철학적 성찰을 통하여 조선 유교문화의 기준을 수립하는 동시에, 구체적인 실천을 지향하였다는 점이다.

이러한 맥락에서 충청지역 기호학파의 유학자들은 16세기와 17세기를 통하여 민간 수준에서 유교적 생활양식의 기준을 제시해 주는 家禮書의 제정에 심혈을 기울였고, 그 결과 조선시대 가례 연구의 대표적인 성과라고 할 수 있는 『喪禮備要』,『家禮輯覽』,『家禮源流』등을 저술하였다. 그리고 이들이 자신들의 연구성과를 통하여 공통적으로 관철시키고자 했던 주요한 문제의식은 한결같이 古禮의 근본 정신에 비추어 禮制를 회복한다는 趣旨에서 『朱子家禮』의 미흡한 부분을 보완하는 것이었다. 그리고 이들은 이러한 성과를 바탕으로 하여 公共 수준에서 국가전례를 개혁하는 사업에도 앞장서게 되는데, 여기서도 이들의 원칙은 古禮에 표현되어 있는 유학의 근본 이념을 구현하는 것이었다. 따라서 기존 연구에서 기호학파의 예학을 但只 『朱子家禮』에만 기초한 것으로 규정하는 것은 매우 잘못된 것이라고 할 수 있다.

넷째, 禮訟에서 충청지역의 유학자들이 보여준 견해는 대체로 세 가지 유형으로 구분할 수 있다. 하나는 金長生과 金集, 그리고 그 門下에서 공부한 畿湖學派 유학자들의 견해로서, 이 지역 유학자들의 가장 중심적인 견해라 할 수 있는데, 이는 古禮의 근본 정신을 실현한다는 관점에서 국가전례의 주요한 문제를 해결하여야 한다는 것이었다. 따라서 이들을 기존 연구에서처럼 '朱子家禮派'라고 규정하는 것은 잘못된 것이다.

두번째 견해는 畿湖學派의 학자들과 교류하면서도 자신의 독자적인 見地에서 국가전례를 해석한 尹鑴와 그에 동조한 일부 南人

측의 견해이다. 尹鑴는 자신의 독자적인 관점에서 古禮의 원리를 이해함으로써 당시 기호학파 학자들로부터 脫儒學的이라는 비판을 받기도 하였지만, 다른 한편으로는 국가전례의 기초에 대한 새로운 통찰력을 제시함으로써 예학에 대한 철학적 성찰을 더욱 심화시켜 가는 계기를 제공하였다. 그는 親親과 尊尊이라는 예론의 두 원칙 가운데에서 公共次元에서는 後者가 항상 優先한다는 견해를 견지하였던바, 이는 곧 사회적으로는 父子간의 인륜보다 君臣간의 관계를 더욱 중시하는 것이며, 정치적으로는 君權을 강화하려는 見地와 연계되었다. 그러나 그의 견해는 南人측의 견해와도 다른 입장이어서, 당시 사상계에서는 적극적으로 수용되지 않았다. 따라서 기존 연구에서처럼 그의 견해를 南人측의 견해와 동일선상에서 연구·이해하는 태도는 是正되어야 할 것으로 보인다.

세번째 견해는 畿湖學派와 尹鑴 사이의 의견 대립을 조정하려고 한 사람들의 견해인데, 그 대표적인 인물은 權諰이다. 그는 이론상으로는 尹鑴를 지지하면서도, 정치적으로는 尹鑴와 尹善道, 그리고 그들의 지지자에 대하여 비판적이었다. 기존 연구에서는 畿湖學派와 尹鑴간의 대립 양상에만 초점을 맞추어 왔지만, 한편 이들 사이의 대립을 조정하려 한 다른 견해에 대해서도 주목할 필요가 있다.

요컨대 17세기 禮訟과 관련하여 충청지역 유학자들은 그들 사이에서 知的으로 교류하고 정치적으로 경쟁하는 과정을 통하여 다양한 견해와 입장을 보여주었다. 따라서 이들 사이에서 露呈된 다양하고 역동적인 사상적인 흐름들을 捨象한 채, 오직 畿湖學派의 견해만을 중심으로 평면적으로 이해하려는 태도는 止揚하여야 할 것이다.

끝으로 본 공동연구에서 충분하게 다루지 못하여, 추후 계속적인 연구가 필요하다고 여겨지는 과제들을 열거하기로 한다.

첫째, 공공 수준과 민간 수준에 걸쳐 15세기 충청지역 유학자들이 전개한 예학의 탐구와 실천 활동의 양상을 더욱 세밀하게 밝히는 일이다. 본 연구에서는 주로 충청지역의 市·郡誌를 통하여 각 지역에서 활동한 인물들의 活動相을 추적해 본 결과 15세기 학자로는 李穡과 權近 이외에는 주목할 만한 사람을 발굴하지 못하였다. 후속 연구에서는 時期를 朝鮮 前期로 한정하여 집중적으로 연구할 필요가 있고, 특히 古書 目錄과 그 내용에 대한 상세한 調査를 통해 더 많은 학자들을 발굴할 필요가 있다.

둘째, 본 공동연구에서 빠진 18, 19세기의 예학에 대한 연구이다. 본 연구에서 연구의 시기를 17세기까지로 한정하게 된 이유는, 연구자들이 17세기의 전례논쟁에 대한 기존의 연구에 여러 가지 문제점이 있는 것으로 看做하고, 이들 문제점을 改善하는 데에 우선 힘을 기울여야 한다고 생각하였기 때문이다. 이에 연구자들은 가능한 한 많은 시간과 노력을 17세기 충청지역 유학자들의 예학의 실상을 규명하는 작업에 들였다. 그 결과 17세기 충청지역 유학자들의 禮學과 禮訟에서 학자들 개인간의 주요한 견해차이를 대체적으로 밝힐 수 있었고, 기존 研究視角의 문제점 몇 가지도 발견하였다. 그러나 18세기와 19세기 조선시대 禮學의 전개과정과 이 과정에서 나타난 충청지역 유학자들의 活動相을 밝히는 것은 追後의 과제로 미루고자 한다.

마지막으로 본 공동연구를 통해서 특정 '지역'을 중심으로 유학사상 — 더 구체적으로는 예학사상 — 을 규명·분석하는 작업이 매우 의미 있는 일임을 새삼 자각하게 되었다. 조선시대 유학의 전개는 주로 '地域'과 '學派' 그리고 '黨色'이 함께 결합되어 이루어졌다. 그 가운데서 지역은 학파와 당색이 교차하는 공간으로서, 역사적 상황의 변화에 따라 다양한 견해들이 混融하는 舞臺가 된다. 따라서 學派나 黨爭을 중심으로 한 연구와는 달리 地域 중심의 연구는 다양한 견해들 사이에 어떻게 교류가 이루어졌으며, 그 견해들이 어떻게 발전·변화해 갔는지를 通時的으로 분석할 수 있다는 장점이 있다. 더구나 조선시대 수많은 儒學者들이 남긴 방대한 知的 遺産을 염두에 둘 때, 이들 유산을 일정한 지역으로 세분하여 세밀하게 분석하는 작업은 궁극적으로는 조선시대 유학을 종합적으로 규명하기 위한 훌륭한 기초 자료가 될 것이다. 그것이 地域에 기초한 연구가 더욱 활성화되어야 하는 이유이다.

제2부
조선시대 충청지역의 교육

제1장 緖論

　朝鮮의 국가이념인 儒家思想은 교육을 根幹으로 하여 계승되고 발전하였다. 국가는 교육을 중시하여 건국 직후부터 교육제도를 정비하였고, 민중을 敎化하기 위한 각종 典籍을 발간하였다. 조선의 선비들은 出仕하면 조정 또는 지방의 관리가 되었으며, 퇴직하면 지역의 스승이 되었다.
　朝鮮 건국 후 朝廷은 成均館, 四學과 鄕校 등 교육기관을 정비하였다. 물론 이들 교육기관의 뿌리는 고려시대로 遡及한다. 그러나 조선 정부는 국가이념인 儒家思想의 교육과 人材養成을 위하여 이들 교육기관을 整備하지 않을 수 없었다. 또한 朝廷은『孝行錄』,『三綱行實圖』,『二倫行實圖』등을 간행하여 일반 백성에 대해서 유교적 생활규범을 보급하고자 하였고 그것은 상당한 성과를 거두었다. 士大夫의 高級文化에서 일반 백성의 庶民文化에 이르기까지 朝鮮의 문화가 공통적으로 儒敎의 톤(tone)을 띠게 된 것은 朝鮮 朝廷과 知識層의 敎育意志 때문이었다.

朝鮮時代의 교육을 말하면서 빼놓을 수 없는 것은 조선시대의 私學 書院이다. 書院 역시 고려시대에 그 淵源을 찾을 수 있으나 그것이 본격적인 조선의 私學이 된 것은 조선 중기에 와서, 특히 李滉의 영향을 받아서 확고하게 자리잡고 번성하였다. 書院의 번성에는 官職에 執着하지 않고 學問과 弟子 기르는 일에 힘을 기울여 온 士林의 전통이 중요한 구실을 하였다.

조선시대 충청지역에는 유교 교육의 확고한 전통이 수립되었는데, 그것은 李珥→金長生→金集→宋浚吉→宋時烈→李惟泰 등으로 이어지는 畿湖學派의 학문적 전통이었다. 이 지역 기호학파의 학문과 교육의 전통을 말하면서 빼놓을 수 없는 것은, ① 李珥의 影響과 ② 禮學의 重視이다. 이 지역의 禮學에 대해서는 제1부에서 충분히 다루었으므로 여기서는 李珥의 영향에 관해서 말하고자 한다.

李珥는 원래 충청지역 인물이 아니다. 다만 그는 36歲 되던 해 (宣祖 4年) 6월 淸州牧使에 임명되어 그 이듬해까지 재직하였을 뿐이다. 그가 충청지역 儒學界에서 큰 영향력을 가지게 된 것은 이 지역의 대표적인 儒學者인 金長生을 통해서이다. 李珥의 弟子였던 金長生은 李珥의 行狀에서

> 선생은 道를 밝히는 것을 自身의 任務로 여기고, 時代를 救하는 것을 自身이 근심거리로 삼았다. 시골에 있어도 임금을 잊은 적 없고 累次 王命을 받아 나아가서 賢明을 숨기지 않았으나 그것이 빈말로 돌아가고 施行됨이 없었으니 비록 懇切한들 무슨 補國함이 있었겠는가.[1]

라고 하여 李珥가 뜻을 이루지 못한 것을 슬퍼하고, 이에 덧붙여서

> 그러나 선생이 학문을 論한 뜻이 여러 篇의 저술에 鮮明하게 실려 있고, 그가 建議한 計策으로서 前後의 章疏에 보이는 것이 모두 文集에 갖추어져 있으니, 뜻 있는 者가 진실로 能히 그 말로 因해 그 마음을 求하고, 그 方策을 施行하되, 몸으로 體現하고 政治에 施行한다면, 先生의 道는 비록 한때에 行함을 얻지 못했지만, 그러나 萬世를 위하여 태평한 政治를 열 것이니, 그 功은 可謂 遠大하다고 할 것이다. 하늘이 命世의 大賢을 낸 것이 어찌 偶然한 일이랴.2)

라고 하였으니, 우리는 이 글에서 金長生의 李珥에 대한 欽慕의 念을 看取할 수 있다.

忠淸地域의 유력한 儒學者였으며 金長生의 제자였던 金集, 宋浚吉, 宋時烈, 李惟泰에게서도 李珥의 영향력은 술지 않았던 것으로 보인다. 宋浚吉이 宋時烈과 함께 李珥의 학설을 지지하여 栗谷學派의 宗長이 된 것은 널리 알려진 사실이다. 宋浚吉은 李珥와 李滉의 理氣說이 서로 다름에 그의 先師(金長生)와 外舅(鄭經世)가 늘 李珥의 학설을 따랐다고 말한 바 있는데, 宋浚吉 자신도 李珥를 私淑하였음에 틀림이 없다.3) 우리는 李惟泰의 己亥封事와 鄕約이

---

1) 『栗谷全書』 2, 「行狀」, 366쪽.
2) 『栗谷全書』 2, 「行狀」, 366쪽, "雖然 先生論學之志 昭載於著述諸篇 而建白謀猷 見於前後章疏者 具在集中 有志之士 苟能因其言而求其心 行其策 體之於身 而施之於邦國 則先生之道 雖不得行於一時 然其爲萬世開太平 則其功可謂遠且大矣 天生命世之大賢 夫豈偶然哉."

그 형식과 내용 면에서 李珥의 萬言封事와 海州鄕約과 類似함을 알 수 있는데, 이는 忠淸地域 儒學에 남겨진 李珥 思想의 影響의 한 斷面이다.

　本書 제2부에서는 朝鮮時代 忠淸地域의 교육에 대하여 살펴보고자 한다. 제1부에서 우리가 그렇게 한 것처럼, 제2부에서도 조선시대 충청지역의 모든 학자와 교육·교화 사업을 網羅하기보다는 朝鮮朝 儒學의 開花期였다고 할 수 있는 16~17세기를 중심으로 이 지역의 교육기관, 교육사상, 민중 교화에 관해서 살펴보되, 그 사상적·제도적 맥락을 이해하기 위해서 조선의 교육이념, 교육제도, 조선 초기의 교육사상 등을 먼저 검토하려 한다.

---

3) 孫仁銖, 『韓國敎育思想家評傳 I』(서울: 문음사, 1990), 330쪽.

제2장 朝鮮의 敎育理念과 敎育制度

1. 朝鮮의 교육이념

　　조선의 교육이념의 정립과 교육제도의 정비라는 과제는 조선 초기(15세기)의 전반적인 사회적 변화와 성장을 배경으로 하여, 새로운 지배체제의 유지와 강화를 지향하는 지배층의 관심에 따라 그 기본 방향이 설정되었다. "학교는 교화의 근본이니, 인륜을 밝히고 인재를 양성하는 곳이다"[1]는 三峯 鄭道傳의 글에도 나타나듯이 이 시기의 교육은 일차적으로 官學을 대대적으로 정비함으로써 국가 운영에 필요한 인재를 양성·재생산하는 한편, 일반 백성(民)에 대해서도 일종의 문화적인 방식의 지배형태라고 할 수 있는 敎化政策을 강화하는 데에 그 초점이 맞추어졌다.[2] 그러

---

[1] 『三峯集』, 卷13(『朝鮮經國典(上)』, 『禮典』, 「學校」), "學校, 敎化之本也. 于以明人倫, 于以成人才."

나 燕山君朝 이후 16세기에 접어들어서는, 그 동안 脫中央集權的
인 방향에서 전개된 전반적인 사회변동과 士林派의 등장 등과 관
련해서 교육은 이전의 官學 중심에서 벗어나 私學을 중심으로 해
서 발전하는 양상을 보였다. 다음에는 조선시대 교육의 전개과정
을 이념과 제도의 측면으로 나누어 살펴보기로 한다.

1) 人才 養成과 官人의 選拔

既述한 바대로 조선 초기의 교육이념과 제도에 理想型을 제공
한 것은, 여타 국가적 典章 文物制度의 경우와 마찬가지로, 기본
적으로 『周禮』였다.3) 조선왕조의 기틀을 세우는 데에 기준이 되
었던 『朝鮮經國典』4)에서 鄭道傳은 周代―포괄적으로는 夏・殷・

---

2) 더 상세한 내용은 김대용, 『조선초기 교육의 사회사적 연구』(서울: 도서출판 한울, 1994), 113-127쪽 및 서울대학교 교육연구소, 『한국교육사』, 91쪽을 참조할 것.
3) 『三峯集』, 卷3(『箋』, 「撰進朝鮮經國典箋」), "……秉籙膺圖, 肇啓鴻休之 運, 立經陣紀, 以詒燕翼之謀, 倣成周六官之名, 建朝鮮一代之典……."
4) 『周禮』의 六典體制와 『朝鮮經國典』의 체제는 명칭상 다음과 같은 약 간의 차이가 있다. 그러나 『朝鮮經國典』의 六典의 기본 원리는 기본적 으로 『周禮』의 정신을 계승하였다.

    周禮六典   朝鮮經國典
 ① 治典(以經邦國・以治官府・以紀萬民)…………治典
 ② 敎典(以安邦國・以敎官府・以擾萬民)…………(賦典)
 ③ 禮典(以和邦國・以統百官・以諧萬民)…………禮典

周의 三代——의 교육과 入官制度가 가장 훌륭하였다고 주장하면서, 그 특징을 다음과 같이 설명하였다.

"周代에는 大司徒(敎典의 장관: 필자 註)가 六德(知·仁·聖·義·忠·和: 필자 註), 六行(孝·友·睦·嫻·任·恤: 필자 註), 六藝(禮·樂·射·御·書·數: 필자 註)로써 萬民을 가르치고, 그 중에서 賢能한 자를 賓興으로 뽑아 이를 選士라 하였다. 학교에 올라가면 이를 俊士라 하고, 司馬에 오르면 進士라 하였다. 論이 정해진 다음에 官을 주고, 官을 맡긴 다음에 爵을 주었으며, 位가 정해진 다음에 祿을 주었다. 가르침이 매우 근실하였고, 考査함이 매우 정밀하였으며, 인재 등용이 매우 신중하였다. 따라서 周나라의 인재의 융성함과 정치의 아름다움은 후세가 미칠 수 없는 바였다.5)

이를 통하여 周代에는 大司徒가 六德·六行·六藝를 가지고 만민에게 초등교육을 보편적으로 실시하였음을 알 수 있다. 그렇다고 만민이 모두 '士'가 될 수 있었던 것은 아니었고, 다만 그들

---

④ 政典(以平邦國·以正百官·以均萬民)…………政典
⑤ 刑典(以詰邦國·以刑百官·以糾萬民)…………(憲典)
⑥ 事典(以富邦國·以任百官·以生萬民)…………(工典)
韓永愚,『鄭道傳思想의 硏究(개정판)』(서울大學校出版部, 1983), 38쪽.
5)『三峯集』, 卷13『朝鮮經國典(上)』,『禮典』,「貢擧」, "在周大司徒, 以六德六行六藝, 敎萬民而賓興, 其賢能曰:「選士」, 升之學曰:「俊士」, 升之司馬曰:「進士」. 論定而後官之, 任官而後爵之, 位定而後祿之. 敎之甚勤, 考之甚精, 用之甚重, 故成周人才之盛, 政治之美, 非後世所能及也."

가운데 능력과 자질이 뛰어난 자들만이 '士'로 선발되어 이후 고등교육을 이수한 다음에 관직에 나아갈 수 있었던 것이다. 따라서 周代의 교육제도와 입관제도는 ① 국가에 의한 적극적인 인재 양성과 교육의 기회균등, ② 철저한 능력 위주의 관리 선발을 그 특징으로 하였다고 말할 수 있다.6)

물론 정도전은 이러한 周代의 제도를 그대로 답습하지 않고 역대의 제도를 참작하여 당시의 현실에 맞게 절충·조정하였지만, 주대 賓興制의 기본 정신은 가능한 한 관철시키고자 하였다.7) 즉 그의 교육이념을 특징짓는 것들로는, 良人 신분층에 대한 교육 기회의 개방, 인재 양성에 대한 국가의 적극적인 개입과 지원, 인재 선발에 관해서 능력주의의 존중, 入官 후(재임하는 기간을 길게 함으로써) 관리가 자신의 능력과 경륜을 제대로 발휘할 수 있는 기회를 제공하는 것 등을 들 수 있다.

정도전은 교육의 기본 정책으로, 양인 신분층 가운데에서 선발된 자들을 小學——중앙에는 四學, 지방에는 鄕校——과 大學, 즉 중앙의 成均館 등에 입학시켜 가르침으로써 士로 양성할 것,8) 이러한 관학 교육에서는 국가에서 각급 학교에 敎授를 파견하고, 또한 이들과 생도들에게는 국가가 경비를 부담하여 廩食을 넉넉하게 제공할 것, 학업에 뜻을 둔 사람은 누구나 공부하는 데 지

---

6) 韓永愚, 앞의 책, 125126쪽.
7) 『三峯集』, 卷13(『朝鮮經國典(上)』, 『治典』, 「入官」), "惟科擧一事, 庶幾周禮賓興之意矣."
8) 이러한 맥락에서 적어도 양인 신분에만 한정하여 본다면, 四民 가운데서 '士'의 지위는 成就地位로서의 성격을 가진다고 할 수 있다.

장이 없도록 書冊의 발간에 힘쓸 것,9) 수령의 치적에 대한 考課에 있어 학교를 일으킨 것(學校興)을 중시할 것,10) 遺逸의 薦擧에 힘 쓸 것,11) 학교에 籍을 둔 학생들을 상대로 3년마다 한 번씩 그들의 재능과 성적을 엄밀하게 시험하여 관리로 선발——文科를 이름——하는 동시에, 국방과 여타 국가 운영에 필수적인 기술직

---

9) 정도전은 「서적포를 설치하는 시」(置書籍鋪詩)의 '序'에서 다음과 같이 말하였다. "대저 선비 된 자가 비록 향학심을 가지고 있다 하더라도 만약 책을 구할 수 없다면 장차 또한 어찌할 수 있을 것인가! 우리나라는 서적이 드물어 배우는 자들이 모두 독서가 넓지 못한 것으로 한을 삼으니, 나 역시 이를 유감으로 여긴 지 오래였다. 이에 절실한 바람은 書籍鋪를 설치하고 활자를 주조하여 무릇 經史子書와 諸家詩文에서 醫學과 兵律에 이르기까지 출간하지 않는 것이 없도록 하여, 학문에 뜻을 둔 자라면 누구나 독서하여 (책이 없어: 필자 주) 공부의 때를 놓쳤다는 한탄을 면하게 해주는 것이었다. 제공들은 斯文(儒學을 말함: 필자 주)을 흥기시키는 일로 자기의 임무를 삼아 같이 모범을 보인다면 다행이겠다"(夫爲士者, 雖有向學之心, 苟不得書, 亦將如之何哉! 而吾東方, 書籍罕少, 學者皆以讀書不廣爲恨, 予亦病此久矣. 切欲置書籍鋪鑄字, 凡經史子書, 諸家詩文, 以至醫方兵律, 無不印出, 俾有志於學者, 皆得讀書, 以免失時之歎. 惟諸公, 皆以興起斯文爲己任, 幸共鑑焉),『三峯集』, 卷1(「七言古詩」). 또한 韓永愚, 앞의 책, 128쪽도 참조할 것.
10)『三峯集』, 卷10(『經濟文鑑(下)』,『監司』,「考課法」) "善. 公(五分). 明(五分). 廉(四分). 勤(四分). 最. 田野闢(三分五釐). 戶口增(三分五釐). 學校興(三分五釐). 禮俗成(三分五釐). 獄訟平(二分). 盜賊息(二分). 差役均(一分). 賦斂節(一分)." 또한 韓永愚, 앞의 책, 128쪽도 참조할 것.
11) 더 상세한 내용은『三峯集』, 卷13(『朝鮮經國典(上)』,『禮典』,「擧遺逸」)을 참조할 것.

도 각기 분야별로 인재를 시험·선발하는 과정을 둘 것12), 과거 (文科)에서의 시험과목도 '眞儒'로서의 교양과 능력을 시험하기 위하여 詞章 중심에서 벗어나 經學과 賦論 및 對策(구체적인 時務에 대한 경륜을 알아보기 위한 것임)을 중심으로 할 것 등을 제시하였다. 그는 이로써 장차 조선에서는 교육을 통하여 私門이 막히고 公道가 열리며, 浮華無實之徒가 없어지고 眞儒들이 배출되어, 정치의 융성함이 중국의 漢·唐의 수준을 능가하여 成周의 이상에 미치게 될 것이라는 기대를 숨기지 않았다.13)

물론 정도전의 인재 양성과 관인 선발을 위한 이상과 같은 교육이념과 시책은, 첫째로 교육기회의 개방이 노비 신분까지는 미치지 못하고 양인 신분에만 한정된 점, 둘째로 만인을 상대로 한 보편적인 초등교육과 관련해서는 뚜렷한 언급이 없는 점,14) 셋째로 성균관에 公卿大夫의 자제들의 입학을 허용하고, 將相과 大臣의 자제들을 위해서는 門蔭制度를 설치하는 등 인재 선발 제도에서 능력 원칙을 철저하게 지키지 못했다는 점이 한계점으로 남는다.15) 그럼에도 불구하고 그의 교육이념과 시책은 前時代에 비

---

12) 구체적으로 武科·吏科·譯科·醫科·陰陽卜筮科가 이에 해당한다.

13) 더 상세한 내용은 『三峯集』, 卷13(『朝鮮經國典(上)』) 가운데에서 『禮典』, 「學校」 및 「貢擧」條; 같은 책, 『治典』, 「入官」條를 참조할 것. 또한 韓永愚, 앞의 책, 127-128쪽도 참조할 것.

14) 한영우 교수는 선초의 보편적인 초등교육의 실시는 私學을 통하여 이루어졌다고 보고 있다. 보다 자세한 것은 韓永愚, 앞의 책, 131쪽을 참조할 것.

15) 정도전은 장상과 대신들이 모두 백성들에게 공덕이 있고, 또한 이들의 자손들은 가훈을 이어받아 예의를 잘 알고 있기 때문에 벼슬을

하여 근대적인 요소를 훨씬 더 많이 함축하고 있는 전진적인 것으로 평가된다.

　이상과 같은 교육이념에 근거하여 조선 초의 官學, 특히 成均館은 관리 양성 기구의 성격을 강하게 띤 것이었다. 그러나 성균관에 입학하여야 할 생원·진사들의 관직 선호 경향, 당시 집권층을 형성하고 있었던 공신 세력들의 불공정하고 변칙적인 관리 선발 제도의 운영, 성균관을 비롯한 관학 敎官들에 대한 천시 풍조와 능력 있는 교관의 부족 등으로 인해서 이미 鮮初부터 관학 교육은 내실을 기하기가 어려웠다.16) 여기에다 燕山君朝의 秕政

할 만한 자질을 갖추고 있다는 이유에서 문음제도를 설치하였다고 설명한 바 있다.
16) 더 상세한 내용은 김대용, 앞의 책, 127-149쪽을 참조할 것. 鮮初부터 官學이 내실을 기하지 못하고 있었다는 일차적인 증거로는 成均館에 재학하는 儒生들의 수가 정원에 미달하고 있었다는 점이 거론되고 있는데, 이러한 정원 미달 사태는 太宗朝부터 문제시되어 이후 成宗朝에 이르기까지 15세기 내내 해결되지 못하고 있었다. 한편 지배층 내에 官學 敎授官을 천시하는 풍조가 있었던 것과 그들의 학문적 자질이 대체로 낮았다는 사실과 맞물려 있었던 것으로 보인다. 교수관의 자질에 관해서는 다음과 같은 기록들이 있다. ① 성균관 유생들이 道學에 대하여 질문하여도 敎授官들 가운데 이에 대하여 제대로 답변을 해줄 수 있는 자가 없었다는 기록(『成宗實錄』, 卷91, 9年 4月 己亥條), ② 下三道 내 향교의 訓導들이 모두 과거시험에도 응시한 일이 없는 자들로 임명되어 지방의 유생들이 이들에게서 배우는 것을 수치로 여기고 있었다는 지적(『成宗實錄』, 卷145, 13年 閏8月 戊寅條), ③ 鄕校의 訓導 가운데는 한 권의 經典도 제대로 이해하지 못하는 자들도 있어 오히려 校生이 거꾸로 훈도를 가르치는 경우도 실제로 있다는 지

과 荒淫과 연이은 士禍는 儒風에 결정적인 타격을 주어 官學의 不振이 極에 달하게 되었다.17)

中宗反正 후 강구된 일련의 敎學 振興策은 피폐해진 관학을 回復하고 보완하기 위한 노력이었다.18) 그러나 이러한 조처들은 관리 양성을 위해 관학을 부흥시키기 위한 대책은 되었을지라도, 학교 본연의 목적인 학문 도야의 기풍을 振作하고 士禍로 인하여 크게 꺾인 士氣를 昻揚하기에는 역부족이었다.

관학 위주의 교육에서 벗어나 士林을 위한 적극적인 敎學 振興策을 펴게 된 계기는 중종 9년(1514) 이후 趙光祖(靜菴, 1482~1519)를 위시한 新進 士類가 정계에 진출하여 道學政治의 이념을 표방한 것이었다.19) 그들은 三代의 至治를 실현하려면 무엇보다도 公

방관의 상소(『燕山君日記』, 卷5, 元年 5月 庚戌條) 등.
17) 연산군은 성균관을 비롯한 교육기관들을 宴樂所로 만들고 先聖들의 位版을 山寺로 옮기는 등의 暴壓을 저지름으로써, 결국 成均館은 호랑이와 표범이 깃드는 우리로 변하고 明倫堂의 東齋와 西齋는 모두 파괴되어 유생들은 의지할 곳이 없게 되었으며, 四學 가운데 東學은 금지구역 안에 들어 있었고, 中學에는 司圃署가 옮겨와 있었으며, 西學과 南學은 아예 폐쇄되어 잡초만 무성하였다는 기록이 있다(『中宗實錄』, 卷1, 元年 12月 戊申條).
18) 鄭萬祚, 「朝鮮書院의 成立過程」, 『朝鮮時代 書院硏究』(서울: 集文堂, 1997), 13-14쪽. 관학의 구제·회복과 보완을 위한 노력은 구체적으로 성균관과 사학의 수리, 鄕學의 부흥을 위한 조처의 시행, 師儒를 선발하여 官學의 빠진 인원을 채우고 유생을 모아서 강론하게 하는 등으로 나타났다.
19) 鄭萬祚, 위의 글, 15-16쪽.

道의 회복과 君德의 格正 및 率先垂範이 중요하며, 또한 개개인의 철저한 修己를 통한 인심의 순화가 반드시 선행되어야 한다고 믿었다. 그리고 이를 위해서는 孔孟程朱의 도학을 崇奬·闡明하기 위한 교학 진흥책이 시급하다는 견지에서, 그 논리적 출발점을 '正士習'(사습을 바로잡음)에서 찾았다. 그리고 그들은 당시 私習을 흐리게 한 士禍를 경계하고, 利祿만 탐하게 하며 詞章만을 중시하는 기존 科擧制를 비판하였으며,[20] 교학 진흥을 위한 구체적인 방안으로 ①『小學』장려, ② 尊賢, ③ 師友之道 확립 등을 제시하였다.[21]

그러나 이들의 교학 진흥책은 뒤이은 己卯士禍(중종 14)로 일대 시련을 맞게 되었기에, 士林의 교학 진흥을 위한 본격적인 시도는 李滉(退溪, 1501~1570)과 李珥(栗谷, 1536~1584)를 기다려서야 이루어졌다.

李滉은 조광조를 위시한 己卯士林이 주창한 바 있는 朱子的인 道學政治의 이념을 그대로 계승하면서, 世道衰微와 士風磨滅이라는 시대적 위기를 극복하는 길은 正人心을 통한 至治의 실현에

---

[20] 이러한 맥락에서 학식과 행실이 뛰어난 인재를 선발하기 위한 대안적 방편으로 薦擧制인 賢良科가 1518년(중종 13)에 설치되어 이듬해에 別試의 형식으로 실시되었다. 이는 중국 漢나라의 賢良方正科를 본받은 것으로서, 觀察使, 六曹, 弘文館, 臺諫이 성품, 器局, 재능, 학식, 행실, 행적, 생활 태도 및 현실 대응 의식 등 일곱 가지 항목에 따라 각각 인재를 추천한 뒤 일시에 이들을 모아 왕이 친히 策文으로 시험하였던 제도이다. 이를 통하여 모두 28명의 급제자가 배출되었고, 결과적으로 신진 사류들이 많이 등용되었다.

[21] 더 상세한 내용은 鄭萬祚, 앞의 글, 17-23쪽을 참조할 것.

있다고 주장했다. 그러나 己卯士林과는 달리 그는 자신이 관료가 되어 군주를 輔導하며 경륜을 펴는 적극적인 방법보다는 後進 養成을 통하여 향촌사회를 교화하고, 궁극적으로는 至治의 실현을 추구하는 온건하지만 근본적이고 원대한 노선을 추구하였다.22)

이러한 견지에서 李滉은 『小學』이나 鄕約의 보급을 주장하고 향리에서 실제로 이를 실시하였을 뿐만 아니라,23) 무엇보다도 후진 양성을 위한 구체적인 제도적 방안으로서 학교의 한 형태인 書院制에 주목하게 되었다.24) 그는 당시 피폐해진 관학을 보충하

---

22) 丁淳睦, 『退溪의 敎育哲學: 교육인간학적 고찰』(서울: 지식산업사, 1986), 265-269쪽; 鄭萬祚, 앞의 글, 36쪽 및 「退溪 李滉의 書院論」, 앞의 책, 52-53쪽. 李滉이 이러한 생각과 태도를 갖기까지에는 그가 젊은 시절(19세)에 다수의 사림들이 己卯士禍로 참화를 입는 것을 목도한 점과, 자신이 乙巳士禍에 휩쓸리어 곤경을 치른 점과, 그의 형 李瀣가 士禍에 연루되어 杖殺된 사실(명종 5년)이 중요하게 작용한 것으로 보인다.

23) 이황은 明宗 11년(1556)에 고향인 禮安에서 鄕士와 더불어 상의하여 約條를 정하여 이를 '鄕立約條'라 하였는데, 이는 보통 '禮安鄕約'으로 알려져 있다. 그런데 이 鄕立約條는 엄밀한 의미에서 향약이 아니고, 따라서 일종의 '鄕規'로 봄이 타당하다는 견해도 있다. 더 상세한 내용은 車勇杰, 「鄕約의 成立과 施行過程」, 『韓國史論(8)』(서울: 國史編纂委員會, 1981) 및 金龍德, 「鄕約과 鄕規」, 같은 책을 참조할 것.

24) 서원의 성립과 등장은 사림 세력들이 그 동안 줄기차게 추진해 온 향촌 질서의 재확립을 위한 일련의 운동과 관련이 있는 것으로 보인다. 즉 서원은 사림 계열이 추진한 社倉法이나 鄕射飮禮의 실시, 呂氏鄕約의 보급 등에 이어서 일어난 것으로 보아야 한다는 것이다. 더 상세한 내용은 李泰鎭, 『朝鮮儒敎社會史論』(서울: 지식산업사, 1989),

고 불미한 士風을 바로잡아 王化를 이루기 위해서는 서원을 흥기시키는 길밖에 없다고 보았으며,[25] 나아가 직접 서원 보급 운동에 진력하여 초기 서원의 제도적 정착과 보급에 지대한 공을 세움으로써 조선의 서원은 사실상 그에 의해 성립되었다는 평가를 받기도 한다.[26]

이황에 의하면 書院이란 道學을 講明하고 어진 이를 높이기 위하여(講道尊賢) 설립된 학교이다.[27] 서원에 관한 그의 이러한 생각

179-180쪽을 참조할 것. 또한 鄭萬祚는 서원이 출현할 수 있었던 기반을 中宗朝에 趙光祖 일파가 『小學』을 강조하고, 文廟從祀運動을 벌인 데에서 찾을 수 있다고 본다. 더 상세한 내용은 鄭萬祚, 「朝鮮書院의 成立過程」, 앞의 책, 20 및 47-48쪽을 참조할 것.

25) 李滉은 다음과 같이 말하였다. "滉이 가만히 보건대 오늘날의 國學(成均館을 말함: 필자 주)은 진실로 어진 선비들이 관여하는 바입니다마는, 일반 군·현의 학교(鄕校를 말함: 필자 주) 같은 곳에서는 한갓 文具만 갖추었을 뿐 가르치는 방도는 크게 무너져 선비들이 향교에서 지내는 것을 도리어 부끄럽게 여기고 있으나, 그 극에 달한 피폐를 구할 방도가 없으니 한심하다고 하겠습니다. 오직 서원의 가르침이 오늘날에 성하게 일어난다면 아마도 學政의 부족한 것을 구제하고 학자에게는 귀의할 바가 있게 되며, 이에 따라 士風이 크게 바뀌어 습속이 날마다 아름다워지며 王化가 이루어지게 될 터인즉, 이는 우리 임금님의 다스림에도 적지 않은 도움을 줄 것입니다(滉竊見今之國學, 固爲賢士所關, 若夫郡縣之學, 則徒設文具, 敎方大壞, 士反以遊於鄕校爲恥, 其刓敝之極, 無道以救之, 可謂寒心. 惟有書院之敎, 盛興於今日, 則庶可以救學政之缺, 學者有所依歸, 士風從而丕變, 習俗日美, 而王化可成, 其於聖治非小補也.)," 『退溪全書』, 卷9(「書」, 「上沈方伯」), 8a쪽.

26) 鄭萬祚, 앞의 글, 42쪽.

은 그 자신의 교육이념을 함축적으로 보여주고 있다. 첫째, 학교란 풍속 교화의 근원이며 천하의 모범을 세우는 곳(首善之地)28)이기에 여기에서 공부하는 선비가 지향해야 하는 학문은 모름지기 道學——'道術'이라고도 한다——이어야 한다. 도학은 이는 天命에서 나오고 彝倫에서 행해지는 것으로서 천하 고금을 막론하고 모두 말미암아야 할 길(路)인바, 堯·舜·三王(三王은 禹·湯·文王과 武王을 말함)에 의해 그 端緖가 열리고 공자·증자·자사·맹자(孔曾思孟)에 의해 그 敎가 후세에 전해졌으며, 宋儒 諸賢들에 의해 다시 크게 闡明된 것이니, 이는 곧 彝敎(五倫을 말함)를 밝히고 인심을 바로잡는 가르침으로서,29) 程朱性理學을 의미하였다. 이는 성현을 받드는 爲己之學과 正心修身의 道이기에, 科擧를 위한 공부와는 判異하여 그 내외·본말·경중·완급의 면에서 비교가 될 수 없는 것이다.30) 둘째, 선비란 예의의 주인이요 원기가 깃드는

---

27) 『退溪全書』, 卷12(「書」, 「擬與豊基郡守論書院事」), 35a-38b쪽, "夫書院何爲而設也? 其不爲尊賢講道而設乎?…… 書院, 尊賢之地也.…… 嗚呼! 書院何爲而設也? 其不爲尊賢而設也? 講道而設也?"

28) 『退溪全書』, 卷41(「雜著」, 「諭四學師生文」), 36b쪽, "學校, 風化之原, 首善之地……."

29) 『退溪全書』, 卷6(「疏」, 「戊辰六條疏」), 46b-47쪽, "其四曰:「明道術, 以正人心.」臣聞唐虞三代之盛, 道術大明, 而無他歧之惑, 故人心得正, 而治化易洽也.…… 何謂道術? 出於天命, 而行於彝倫, 天下古今, 所共由之路也. 堯舜三王, 明乎此而得其位, 故澤及於天下. 孔曾思孟, 明乎此而不得位, 故敎傳於萬世.…… 中間有宋諸賢, 大闡斯道, 而俱不得見用於世, 其所以明彝敎正人心者, 亦不能收功於一時, 而止傳於萬世矣."

30) 『退溪全書』, 卷42(「記」, 「迎鳳書院記」), 33b-34a쪽, "爲今之士, 科擧之

곳이기 때문에 그들은 모름지기 예의로 대접받아야 하며,31) 또한 그들의 士氣는 배양되어야 했다. 나아가 학행이 뛰어나 도학의 연원이 된 儒賢들은 追尊되어야 마땅했으니, 이는 崇道學의 일면이었다.32)

習, 雖不能全廢, 其祀聖賢爲己之學, 正心修身之道, 則內外本末輕重緩急之序, 判然如霄壤之不侔矣. 學者誠能審擇於此, 而勇決其取舍."

31) 『退溪全書』, 卷41(「雜著」, 「諭四學師生文」), 36b쪽, "而士子, 禮義之宗, 元氣之寓也."
32) 李滉은 다음과 같이 말하였다. "옛 선비들은 실로 남의 위세와 지위에 굽히지 않았습니다.…… 그래서 필부로서 天子와 벗하여도 참월되지 않고, 王公으로서 庶民에게 자신을 낮추어도 치욕이 되지 않는 것입니다. 이것이 선비가 귀하고 공경받을 수 있는 까닭이며, 節義라는 말이 성립될 수 있는 까닭입니다. 지금 군수란 四品의 관리이며, 또한 干爵입니다. 그 冠帶와 印符는 모두 왕이 명하여 준 것이니, 그것을 가볍게 보거나 욕되게 해서는 안 됨은 또한 분명합니다. 선비는 예의의 주인이요, 서원은 어진 이를 높이는 곳입니다. 저쪽이 어진 이를 존중하는 道로서 왔으니 그 애씀이 또한 지극합니다. 그런데 이쪽에서 호령하여 배척하고 천대한다면 되겠습니까?…… 대저 수령이 선비에게 자신을 낮추는 것을 부끄럽게 여기지 않고 정성을 다하여 어진 이를 높이며, 여러 유생들은 몸가짐을 자중할 줄 알고 분발하여 학문을 강구한다면 이쪽과 저쪽이 모두 자신의 도리를 극진히 하게 되어 서원이라는 이름에 명실상부하게 될 것입니다. 족하는 깊이 헤아리시기 바랍니다(古之士, 固不屈於人之勢位…… 故以匹夫而友天子, 不爲僭, 以王公而下韋布, 不爲辱. 此士所以可貴可敬, 而節義之名所以立也. 今夫郡守, 四品之官也, 而亦王爵也. 其冠帶印符, 皆王之命也, 其不可慢辱也亦明矣. 士子, 禮義之宗也, 書院, 尊賢之地也. 彼以禮賢之道來, 勤亦至矣. 我以呼斥之, 賤待之, 其可乎?…… 大抵守令, 能不恥下士, 而極意尊賢,

셋째, 학교의 교육활동은 자율성을 보장받아야 한다. 원래 학교란 그 본령이 선왕의 도를 구하고 의리를 익힘으로써 덕을 쌓고 仁을 구하는 선비들의 藏修處이다. 따라서 학교는 學令과 같은 외부의 지나친 규제나 異物―과거 등 利祿에 유혹됨―에 뜻이 쏠리는 것을 피하기 위해서라도 번화한 城市보다는 한적한 교외(寬閒之野)에 위치하는 것이 좋다.33) 물론 그도 명종 4년(1549)에 자신이 직접 白雲洞書院의 賜額을 요청하면서 서원에 대한 국가의 인정과 적극적인 지원을 요청한 바 있다. 그러나 이는 어디까지나 재정적·이념적 지원에 한정되는 것일 뿐, 구체적인 교육활동 자체에 대한 규제는 오히려 배제해 줄 것을 요구하였던 것이다.34)

이외에도 그는 서원 교육을 관장할 스승을 선임하기 위한 방편으로 洞主·山長제도를 강구하였고,35) 院儒들을 위한 구체적인

    諸生知自重其身, 而勵志講學, 則彼此交盡, 而書院之名實得矣. 惟足下諒之),"『退溪全書』, 卷12(「書」, 「擬與豊基郡守論書院事」), 36b-39b쪽.

33) 『退溪全書』, 卷9(「書」, 「上沈方伯」), 5b쪽, "隱居求志之士, 講道肄業之倫, 率多厭世之囂競, 抱負墳策, 思逃於寬閒之野, 寂寞之濱, 以歌詠先王之道, 靜而閱天下之義理, 以蓄其德, 以熟其仁, 以是爲樂, 故樂就於書院. 其視國學鄕校在朝市城郭之中, 前有學令之拘礙, 後有異物之遷奪者, 其功效, 豈可同日而語哉! 由是言之, 非惟士之爲學, 得力於書院, 國家之得賢, 亦必於此而優於彼也."

34) 『退溪全書』, 卷9(「書」, 「上沈方伯」), 7a쪽, "儻閤下不以詢蕘爲不可, 則取其言而芟正之, 轉以聞于上, 則欲請依宋朝故事, 頒降書籍, 宣賜扁額, 兼之給土田臧獲, 以瞻其力. 又令監司郡守, 但句檢其作養之方, 瞻給之具, 而勿拘以苛令煩條."

爲學之方(학습 방법)을 제시하면서 古道──道學을 말함──의 실천을 위한 立志의 중요성을 강조하기도 하였다.36)

그런데 이황의 생각으로는 이러한 교육이념을 의미 있게 구현할 수 있는 가장 현실적인 제도의 틀은 기존의 성균관이나 향교와 같은 관학 체계가 아니라 서원이라는 사학 체계였다. 그의 이러한 교육이념과 書院觀은 정주성리학 본연의 학문론을 재천명하는 것인 동시에 科擧를 통하여 오로지 利祿과 부귀만 꾀하려는 당시 학문 풍토와 관학적인 교화 체계에 대한 강렬한 비판을 의미하며, 나아가 이는 鮮初 이래 추구되어 온 중앙집권적인 지배이념과 그에 따른 기존 사회체제의 운영 원리에 대한 否定을 함축하는 것이기도 하였다.37)

---

35) 李滉은 다음과 같이 말하였다: "滉이 삼가 고사를 살펴보니 무릇 서원에는 반드시 洞主 혹은 山長을 두어 스승으로 삼고 그 가르침을 관장하게 하였는데, 이는 중대한 하나의 사항으로서 다른 어떤 일보다도 더욱 마땅히 거행해야 합니다. 다만 이는 모름지기 세상에 드러나지 않은 뛰어난 선비나 혹은 벼슬자리에 있지 않은 사람들 중에서 선택하되, 그 사람의 재주와 덕망이 실로 반드시 무리 가운데 뛰어난 아름다움이 있고 우뚝하니 일세의 師表가 되는 인물이어야 할 수 있을 것입니다(滉謹按故事, 凡書院必有洞主或山長, 爲之師, 以掌其敎. 此一件大事, 尤當擧行. 但此須擇於遺逸之士, 或閒散之員, 而其人才德望, 實必有出類超群之懿, 卓然爲一世師表者, 乃可爲之.),"『退溪全書』, 卷9(「書」, 「上沈方伯」), 8ab쪽.

36) 그 구체적인 내용은『退溪全書』, 卷41(「雜著」, 「伊山院規」)에 실려 있다. 또한 丁淳睦, 앞의 책, 279-280쪽을 참조할 것.

37) 鄭萬祚, 「退溪 李滉의 書院論」, 앞의 책, 57쪽.

栗谷 李珥도 도학정치 이념을 계승해서 三代의 至治와 王道政治를 당대에 재현하려는 이상과 포부를 피력하였다.38) 그는 임금에 대해서는 修己를 강조하고 백성에 대해서는 弊政을 바로잡아 그들을 편안하게 살 수 있게 해줄 것을 역설하면서(安百姓), 정치, 경제, 사회 신분, 교육, 국방제도 등 국정 전반에 걸쳐서 다양한 개혁안을 제시하는 한편,39) 스스로 실천적인 개혁 정치가로서 활약하였다.

李珥는 젊어서부터(34세) '도학을 숭상하고 인심을 바로잡음'(崇道學, 正人心)으로써 일대의 정치를 更張하여 三王의 도를 점차 회복하고 학교제도를 정비하며 풍속을 바로잡는 데에 뜻을 두었고, 또한 '기미를 살펴 사림을 보호함'(幾微, 以護士林)으로써 조정에 公論이 행해지도록 하고 士禍로 인하여 위축된 士氣를 고양하려 하였다.40) 나아가 그는 42세 되는 해(선조 10년, 1577)에 아동을 위

---

38) 『栗谷全書』, 卷15(「雜著 2」, 「東湖問答」), 12a-14b쪽, "客曰: '三代之治, 果可復於今日乎?' 主人曰: '可復矣.' …… 客曰: '不可爲之勢, 旣如此, 則欲復三代之治者, 非其時矣. 子以爲可復, 何耶?' 主人曰: '治亂在人, 不係於時. 時也者, 在上位者之所爲也. 若我聖上奮然振起, 欲復古道, 則人心可拯於陷溺之中, 士氣可作於摧挫之餘, 安可謂之非時耶?'"

39) 이러한 글로는 「玉堂陳時弊疏」(34세: 선조 2년, 1569), 「東湖問答」(34세: 선조 2년, 1569), 「萬言封事」(39세: 선조 7년, 1574), 『聖學輯要』(40세: 선조 8년, 1575), 「陳時事疏」(48세: 선조 16년, 1583), 『經筵日記』 등이 대표적이다. 더 상세한 내용은 李東仁, 「栗谷의 社會改革思想」, 『韓國思想史學』 제7집(1995)을 참조할 것.

40) 『栗谷全書』, 卷3(「疏箚 1」, 「玉堂陳時弊疏」), 28b-29b쪽, "所謂崇道學, 以正人心者,…… 伏願殿下, 力行古道, 爲國人唱, 奬拔儒臣, 咨訪嘉猷, 更

한 道學의 입문서로 『擊蒙要訣』을 저술하였고, 47세 되는 해(선조 15년, 1582)에는 「學校模範」을 지어 선비들이 '몸을 가다듬고 일을 처리하는 규칙'(飭躬制事之規) 16조와 '스승을 가려 선비를 양성하는 규칙'(擇師養士之規)을 제정하는 등 일련의 저술 활동을 통하여 교육자로서 경륜을 보였다.41) 또한 그는 백성들의 교화와 풍속의 순화(化民成俗)를 위한 방편으로 鄕約의 진흥을 주장하는 동시에 직접 향약을 작성하여 시행하기도 하였다.42)

그러면 그의 교육자로서 활동과 경륜을 뒷받침한 교육이념은 구체적으로 무엇이었을까? 첫째, 그는 李滉과 마찬가지로 士를 양성하는 교육은 모름지기 도학을 높이는 것(崇道學)이어야 한다고 주장하였다. 대저 도학이란 明善과 修身을 통하여 몸에 蘊蓄되어 있으면 天德이 되고, 나아가 이를 정치에 펴면 王道가 되는 학문으로서, 바로 이러한 도학을 실천하는 선비가 다름 아닌 '眞儒'

張一代之政, 漸復三王之制, 修擧學校之政, 申明孝悌之義…… 所謂審幾微, 以護士林者,…… 夫心慕古道, 身飭儒行, 口談法言, 以持公論者, 謂之士林. 士林在朝廷, 施之事業則國治, 士林不在朝廷, 付之空言則國亂…… 士林之 禍, 何代無之, 未有若己卯乙巳之慘酷者也. 今兹羣姦已盡, 公論稍行, 而士氣尙挫, 不能自振者, 良由覆轍在前, 餘毒可畏故也."

41) 이외에도 「東湖問答」(선조 2년, 1569), 「隱屛精舍學規」(선조 11년, 1578), 「隱屛精舍約束」, 「示精舍學徒」, 「文憲書院學規」 등의 글이 있다.
42) 그는 25세 되는 해(명종 15년, 1560)에 坡州牧使 邊協의 명을 받아 成守琛, 白仁傑 등과 함께 坡州鄕約文을 작성하고 그 序를 썼으며(坡州鄕約序), 선조 4년(1571)에는 자신이 淸州牧使로 재직하면서 '西原鄕約'을, 선조 10년(1577)에는 海州에 퇴거해 있으면서 '海州鄕約'을 만들었다. 이외에도 「社倉契約束」, 「海州一鄕約束」 등을 작성하였다.

이다.43) 따라서 眞儒의 학문이란 반드시 人倫에 근본을 두고 사물의 이치를 밝히며 善을 택하여 修身함으로써 德을 이루기를 기약하는 동시에 治道에 통달하여 經世濟民에 뜻을 두는 것이기에,44) 眞儒는 나아가면 한 시대에 道를 행하여 백성들로 하여금 和樂하게 잘 지내는 즐거움(熙皞之樂)을 누리게 하고, 물러나면 만세에 가르침을 전하여 배우는 자로 하여금 큰 잠에서 깨어나도록 하는 者이다.45) 이로 미루어 보아 그가 말한 崇道學의 궁극적인 목표는 眞儒의 양성에 있다고 할 수 있다.

둘째, 李珥는 학문을 단순히 부귀영달을 위한 수단으로 보거나 반대로 '학문을 위한 학문'을 추구하는 태도에 반대하였다. 곧 그는 과거 공부를 위주로 하는 詞章 중심의 교육을 비판하고 推薦에 의한 관리 임용을 선호하였으며,46) 구체적인 생활과 유리된

---

43) 『栗谷全書』, 卷15(「雜著 2」, 「東湖問答」), 6b쪽, "夫道學者, 格致以明乎善, 誠正以修其身, 蘊諸躬則爲天德, 施之政則爲王道…… 道學之士, 謂之眞儒."

44) 『栗谷全書』, 卷15(「雜著 2」, 「東湖問答」), 29a쪽, "其學必本於人倫, 明乎物理, 擇善修身, 以成德爲期, 曉達治道, 以經濟爲志."

45) 『栗谷全書』, 卷15(「雜著 2」, 「東湖問答」), 9a쪽, "夫所謂眞儒者, 進則行道於一時, 使斯民有熙皞之樂, 退則垂敎於萬世, 使學者得大寐之醒."

46) 『栗谷全書』, 卷20(『聖學輯要(二)』, 「窮理章(第四)」), 36ab쪽, "竊思, 自有經傳以來, 士子孰不讀書, 然而眞儒罕作, 人君孰不讀書, 然而善治鮮興, 其故何哉? 讀書只爲入耳出口之資, 不能爲有用之具故也…… 嗚呼! 士子之讀書, 將以求富貴利達, 故其病固如此矣"; 같은 책, 卷29(『經筵日記(二)』(萬曆元年癸酉)), 20a쪽, "珥曰: '……世衰道微, 紛紛士子, 只知科擧爲發身之路. 彼第一等人物, 必不屑屑於此. 科擧用人, 乃叔季之習也, 豈盛世之事

학문을 거부하고 知行 竝進과 言行 一致의 중요성을 강조하였다.47)

乎!……'"; 같은 책, 卷3(「疏箚 1」, 「玉堂陳時弊疏」), 33a-34a쪽, "所謂收賢才, 而共天職者…… 夫擧業奪志, 專心求利者, 多擢科第, 學問餘暇兼治擧業者, 類多抱屈. 又況守道山樊杜門求志者, 豈有苟售有司之理哉! 如是而不共天職, 使老於丘壑, 豈國家之福也!"

47) 『栗谷全書』, 卷27(『擊蒙要訣』, 「序」), 3a쪽, "所謂學問者, 亦非異常別件物事也. 只是爲父當慈, 爲子當孝, 爲臣當忠, 爲夫婦當別, 爲兄弟當友, 爲少者當敬長, 爲朋友當有信, 皆於日用動靜之間, 隨事各得其當而已. 非馳心玄妙, 希覬奇效者也"; 같은 책, 卷27(『擊蒙要訣』, 「讀書章(第四)」), 8ab쪽, "凡讀書者, 必端拱危坐, 敬對方冊, 專心致志, 精思涵泳(涵泳者, 熟讀深思之謂), 深解義趣, 而每句必求踐履之方. 若口讀而心不體身不行, 則書自書我自我, 何益之有?"; 같은 책, 卷14(「雜著 1」, 「自警文」), 40b쪽, "讀書者, 求辨是非, 施之行事也. 若不省事, 兀然讀書, 則爲無用之學"; 같은 책, 卷33(「附錄 1」, 「年譜(上)」), 49b-51b쪽, "(乙亥)三年. 先生, 四十歲…… 五月…… 所謂學問, 初非兀然端坐, 終日讀書也. 只是日用間處事, 一一合理之謂也. 今若讀書, 而日用處事, 不求當理, 則豈所謂學問者哉!"; 같은 책, 卷20(『聖學輯要(二)』), 65b-68a쪽, "又有陸象山, 與朱子竝世而生, 揮斥致知之功, 以爲支繁失眞, 專用功於本心. 此於涵養, 不爲無助, 但學者知行必須竝進…… 如或尋章摘句, 採英掇華, 付諸空言而已, 不施修己治人之實功, 則眼目雖高, 議論雖精, 終不見典學誠身之效, 亦何益哉!"; 같은 책, 卷22(『聖學輯要(四)』), 23ab쪽, "臣按, 知行雖分先後, 其實一時竝進. 故或由知而達於行, 或由行而達於知"; 같은 책, 卷25(『聖學輯要(七)』, 「法先王章(第五)」), 17ab쪽, "嗚呼! 後世之所謂士者, 所讀者, 典謨誥訓, 所慕者, 孔孟程朱, 孰敢以非聖之言, 出諸其口乎? 至於行身爲政, 則大有不然者. 一欲以聖賢之敎, 施於邦國, 則輒羣驚族駭, 左排右抑, 以爲不測之禍, 將起於朝夕…… 彼鄙夫者, 所好者爵祿, 所貪者權勢, 所求者賄賂, 所樂者奢汰, 所便

셋째, 그는 기존 교육의 폐단을 시정하고 교육을 정상화시키기 위한 제도적 방안을 주로 官學 교육의 내실화에서 찾았다(이 점은 私學=書院을 중시한 李滉의 방안과 차이가 난다). 그 구체적인 내용으로는 ① 국가, 즉 吏曹에서 직접 公論에 따라 우수한 訓導를 선발하고 이에 따른 합당한 예우와 보수를 보장하는 대신 매년 監司를 통해 그들의 교육활동을 평가하여 褒貶을 명확하게 할 것, ② 吏曹와 禮曹에서 일정한 자질을 갖춘 학생들을 선발하여 각각 그들의 능력과 자격에 따라 서울의 성균관과 四學 및 지방의 향교와 서원에 배치하여 의무적으로 교육받도록 하고 그들을 禮로써 대우하여 학업에 전념할 수 있도록 하는 대신에, 매년 그들의 학업 성과와 행실을 평가하여 이에 따른 黜陟을 엄정하게 할 것, ③ 학교에 籍을 두지 않은 자는 과거시험에 응시할 수 없도록 하여 학교 교육과 과거시험을 연계시키는 동시에, 나아가 학행이 뛰어난 학생은 과거를 거치지 않고 추천을 통하여 바로 관직에 임용될 수 있도록 할 것 등을 들 수 있다.48) 그는 또 가능한 한 보다 많은 사람들에게 교육 기회를 제공함으로써 인재 활용의 범위를 넓혀야 한다고 주장하였으며, 이러한 생각을 자신의 교육활동을 통하여 몸소 실천하였다.49)

者安逸"; 같은 책, 卷5(「疏箚 3」, 「萬言封事」), 26ab쪽, "所謂勉聖學, 克盡誠正之功者, 大志雖立, 必以學問實之, 然後言行一致, 表裏相資, 無負乎志矣. 學問之術, 布在謨訓, 大要有三, 曰窮理也, 居敬也, 力行也, 如斯而已."

48) 자세한 내용은 「東湖問答」에서 敎人之術을 論한 부분과 「學校模範」을 참조할 것. 참조: 李東仁, 「栗谷의 敎育改革論」, 『儒學研究』, 第3集, 忠南大學校 儒學研究所, 1995.

2) 敎化政策의 施行

조선 초기(15세기)는 전반적으로 새로운 典章 文物制度가 갖추어지고, 이와 맞추어 程朱性理學的 世界觀이 지배적인 사조로서 정착되어 가는 시대로 이해된다. 그러나 이러한 제도적·사상적 전환이 일시에 완성될 수는 없었기에 이 시기는 과도기적인 성격을 완전히 벗을 없었고, 바로 이 점이 이 시대를 16, 17세기 조선과 구분짓게 하는 시대적 특성이다.50) 즉 이 시기의 집권세력을 중심으로 한 사상계는 정주성리학에 기반하고 있으면서도 나름대로의 탄력성과 절충적 성격을 보유하고 있었고, 전반적인 생활 관습과 향촌 질서에서는 여전히 불교와 巫俗的인 요소가 커다란 영향력을 발휘하고 있었다. 그리하여 "本朝에 이르러서는 태종이 비록 寺社의 노비를 혁파하였지만 불교의 풍습은 그대로 남아 있어서 公卿과 儒士의 집안에서도 殯堂을 설치하고 승려를 모아서 독경을 하였던" 일이 지적되는가 하면,51) 山川神이나 城隍神 등에 대한 민간의 전통적인 祀神 행위와 淫祀를 중심으로 결집된

---

49) 『栗谷全書』, 卷15(「雜著 2」,「隱屛精舍學規」), 43b쪽, "一. 入齋之規。勿論 士族庶類, 但有志於學問者,皆可許入"; 같은 책, 卷35(「附錄 3」,「行狀」), 50a쪽, "其敎人也, 不問貴賤。而來者受之 無分智愚, 而各因其材."

50) 김홍경,『조선초기 관학파의 유학사상』(서울: 한길사, 1996), 17-18쪽.

51) 成俔,『慵齋叢話』, 卷1, "逮我本朝, 太宗雖革寺社奴婢, 而其風猶存, 公卿 儒士之家, 例於殯堂, 聚僧說經"(김홍경, 위의 책, 18쪽에서 재인용).

香徒 조직이 향촌사회에서 상당한 영향력을 발휘하고 있는 실정이었다.52)

이러한 사회적 분위기에서 선초의 집권세력들은 새로운 지배체제의 유지 및 강화와 관련된 교육활동의 일환으로서 교화정책의 시행에도 힘쓰지 않을 수 없었고, 이는 주로 유교적 綱常倫理의 보급과 禮制의 정비 및 그 운영으로 구체화되었다. 그런데 이러한 노력은 새로운 사회질서를 지배하는 근본 원리와 이에 따른 일상적인 규범적 규칙들을 사회 성원들——일반적으로 여기에는 일반 백성들뿐만 아니라 지배층도 포함된다——에게 깊숙이 내면화시키고, 그들로부터 새로운 체제에 대한 자발적인 동의와 복종을 이끌어 내는 동시에 그들로 하여금 자신에게 부과된 특정한 사회적 지위를 당연시하도록 유도하기 위한 것이었는바, 이는 곧 체제의 정당화와 사회 통제를 원천적인 수준에서부터 실현·확보하고자 하는 이데올로기적 지배전략의 핵심으로 풀이할 수 있다.

(1) 綱常倫理의 보급

강상윤리의 보급과 관련된 국가시책 중 중요한 것으로는 倫理書의 편찬·반포와 旌表政策의 시행 등을 들 수 있다.

먼저 윤리서의 편찬과 반포에 관련해서 중요한 것은 『小學』을 널리 보급하고 권장한 점이다. 『小學』은 灑掃·應對·進退의 초보적인 예절로부터 愛親·敬長·忠君·隆師·親友의 도리에 이르기

---

52) 더 상세한 내용은 李泰鎭, 『韓國社會史硏究: 農業技術발달과 社會變動』(서울: 지식산업사, 1986), 특히 127-136쪽을 참조할 것.

까지 인륜과 일상생활에 요긴한 修身大法과 規範節目을 갖추고 있는 책이다.53) 국가에서 『小學』을 교화의 본령으로 인식하여 반드시 이를 가르친 이후에야 비로소 여타 경전을 가르치게 함에 따라54) 그것은 官學──四學과 鄕校──의 가장 중요한 기본 교과목으로 선정되기에 이르렀고, 성균관에 입학할 수 있는 자격시험인 生員試와 進士試에서도 필수과목의 하나로 지정되었다.55) 나

---

53) 『小學』은 「內篇」 4권과 「外篇」 2권으로 구성되어 있다. 그 내용으로는 「內篇」에 入敎・明倫・敬身・稽古가, 「外篇」에는 嘉言・善行이 실려 있다. 入敎는 교육 방법을, 明倫은 五倫──父子・君臣・夫婦・長幼・朋友──의 도리를, 敬身은 마음가짐・威儀・의복 제도・음식 예절 등 몸을 공경히 닦는 내용을, 稽古는 옛 성현들의 사적과 고사를 들어 입교・명륜・경신의 가르침을 구체적으로 설명한 것이다. 또한 嘉言은 옛 사람들의 교훈적인 말을, 善行은 先人들의 착한 행실을 수록하여 內篇의 入敎・明倫・敬身의 가르침을 뒷받침하고 있다. 그런데 이 가운데서 가장 중시된 것은 五倫의 도리를 논한 明倫篇으로, 전체 글 내용 중 대략 60%를 점하고 있다. 더 상세한 내용은 李樹健, 「朝鮮時代 『小學』 敎育에 대하여」, 『嶺南大學校 論文集(2)』, 253쪽; 韓寬一, 『朝鮮前期의 『小學』 敎育 硏究』(중앙대학교 박사학위논문, 1992), 53쪽; 김대용, 앞의 책, 167쪽 등을 참조할 것.

54) 『太宗實錄』, 卷13, 7年 3月 戊寅條(權近의 「勸學事目」), "小學之書, 切於人倫世道爲甚大. 今之學者, 皆莫之習, 甚不可也. 自今京外敎授官, 須會生徒, 先講此書, 然後方許他書. 其赴生員之試, 欲入大學者, 令成均正錄所, 先考此書通否, 乃許赴試, 永爲恒式"; 『世宗實錄』, 卷3, 元年 2月 壬辰條; 『成宗實錄』 卷69, 7年 7月 丙寅條.

55) 『經國大典』, 卷3『禮典』, 「諸科」), "(生員覆試) 額數: 一百人. 成均館博士以下官, 同藝文館承文院校書館七品以下官及監察, 講小學家禮(臨文. 鄕吏, 則又背講四書一經), 錄名, 本曹試取…… (進士覆試) 額數: 同生員覆試"

아가 그 교육 대상에 사대부와 庶人뿐만 아니라 왕족까지도 포괄시킴으로써56) 왕실 귀족들과 그 자제들을 따로 교육시키는 宗學에서도 『小學』은 기본 과목으로 지정되었다.57) 국가는 『小學』교육을 통하여 집권체제를 강화하고, 사회 신분제를 확립하고, 지주의 농민 지배를 뒷받침하는 질서를 확립할 것을 의도했던 것으로 여겨진다.58)

그러나 이와 같은 국가적 노력에도 불구하고 당시 일부 士族層을 제외하고는 『小學』 보급의 성과는 대체로 미미했던 것으로 보이며, 그것이 민간의 윤리 질서를 규정하는 지침서로서 위치를 확립하는 것은 16세기 士林派의 등장을 기다려야 했다.59) 초기 사림파 학자인 金宏弼(寒暄堂, 1454~1504)·鄭汝昌(一蠹, 1450~1504) 등이 修身書로서 『小學』의 가치를 매우 높이 평가한 것은 유명한 사실인데, 특히 김굉필은 『小學』의 공부와 그 실천에 힘쓰면서 스스로를 '小學童子'라 칭하였고 '小學之道'를 실천하기 위한 '小學契'를 조직하였다.60) 이러한 흐름은 그의 학통을 계승한 趙光祖 일파에 의하여 다시 계승되었으며, 中宗朝에는 교화를 위한 『小學』의 중요성이 다시금 인식되어 중종의 勸奬教書가 禮曹에 내려

---

56) 『太宗實錄』, 卷25, 13年 6月 丁丑條.

57) 『經國大典』, 卷3(『禮典』, 「奬勸」) "宗親, 年滿十五歲, 入宗學受業…… 年滿四十, 而通小學四書一經者; 雖未滿四十, 而通小學四書二經以上者; 年滿五十者, 並免就學."

58) 金駿錫, 「朝鮮前期의 社會思想: 『小學』의 社會的 機能 分析을 중심으로」, 『東方學志(제29집)』(연세대학교 국학연구원, 1981), 191쪽.

59) 金駿錫, 위의 글, 133-136쪽; 김홍경, 앞의 책, 220쪽.

60) 朴珠, 『朝鮮時代의 旌表政策』(서울: 一潮閣, 1990), 79-80쪽.

지게 되었다. 또한 조광조 등의 누차에 걸친 건의에 따라 1518년 (중종 13)에는 『小學』이 대량으로 印刊되어 朝官과 宗親들에게 반포되었고, 또한 같은 해에 漢字를 모르는 일반 백성과 부녀자들을 위하여 『小學』이 諺解되었다. 그리고 이와 같은 己卯士林의 『小學』 중시의 흐름은 이후에도 계승되어 『童蒙先習』,[61]) 『擊蒙要訣』[62]) 같은 『小學』류의 아동 교육서가 조선 학자들에 의하여 독자적으로 만들어지고 諺解됨으로써 16세기 말에 이르면 『小學』 윤리는 널리 보급되었고, 이는 『朱子家禮』의 실시, 鄕約의 보급과 함께 민간 생활의 근저로부터 성리학적 질서를 정착시키는 효과를 낳았다.[63])

한편 『小學』 보급의 성과가 미미했던 조선 초기 국가는 일반

---

61) 明宗朝에 朴世茂(1487~1554)가 서당에 처음 입학한 학동을 위하여 만든 교과서로서, 『千字文』을 배운 다음 단계의 교재로 주로 사용되었다. 이 책은 전반부에는 五倫을, 후반부에는 歷史를 다루고 있는데, 조선 학자에 의하여 만들어진 최초의 아동 교과서로 평가된다.

62) 선조 10년(1577)에 李珥가 서당의 학동을 대상으로 道學의 입문을 가르치기 위하여 저술한 교과서로서, 주로 『千字文』, 『童蒙先習』, 『訓蒙字會』에 이어 사용되었다. 구성과 내용은 서문, 본문, 부록으로 이루어져 있는데, 서문은 저술 목적이, 본문은 立志, 革舊習, 持身, 讀書, 事親, 喪制, 祭禮, 居家, 接人, 處世 등의 내용이 10장으로 수록되어 있고, 부록에는 祠堂圖, 時祭圖, 設饌圖와 祭儀의 出入儀, 參禮儀, 薦獻儀, 告事儀, 時祭儀, 忌祭儀, 墓祭儀, 喪服中行祭儀 등이 실려 있다. 이 책은 初學者들은 물론 士林에서도 널리 읽혔고, 仁祖朝에는 鄕校의 교재로 사용되기도 하였다.

63) 朴珠, 앞의 책, 80-83쪽.

백성들의 교화를 위하여 기존의 민간신앙 및 관습과 조화를 이루면서도 유교적 綱常倫理를 효과적으로 전파할 수 있는 俚俗的 형식을 띤 새로운 윤리서를 편찬하였는데,64) 그 대표적인 업적으로는 世宗朝부터 본격적으로 편찬·간행된『孝行錄』,65)『三綱行實圖』,『二倫行實圖』등이 있다.『孝行錄』은 1428년(세종 10)에 자식이 아버지를 살해한 사건이 발생한 것을 계기로, 이에 심각한 충격을 받은 왕을 위시한 지배세력들이 이러한 사건이 발생한 원인 중의 하나가 상하의 분별이 엄격하지 않은 데서 연유하였다고 인식하고,66) 죄인을 벌하기에 앞서 민간에 효행의 풍습을 널리 알리는 교화정책이 시급하다는 문제의식에서 같은 해에 편찬·간행한 책이다.

『三綱行實圖』는 三綱은 經綸의 大法이요 萬化의 本源이라는 인

---

64) 김홍경, 위의 책, 220-224쪽; 김대용, 앞의 책, 204-205쪽.

65)『孝行錄』은 원래 麗末 忠肅王 때 永嘉府院君 權溥가 그의 아들 準과 함께 역대의 효자 64명의 효행에 관한 기록을 모아 편찬한 책으로, 효행 설화를 최초로 집대성한 책이라는 데 그 의의가 있다. 또한 權溥가 노경에 들게 되자 아들 準이 畵工에게 명하여『二十四孝圖』를 그리게 한 뒤 그것을 李齊賢에게 주면서 贊을 지어 달라 부탁하여 아버지를 위안하였다고 한다. 이 책은 조선조에 들어와 敎化를 위한 교과서로 주목받았는데, 世宗 10년(1428) 晉州 사람인 金禾의 弑父事件을 계기로 세종이 卞季良의 건의를 받아들여 偰循 등에 명하여 증보·개찬하게 하였다. 이 책은 宋나라 趙子堅의『趙子固二十四孝書畵合璧』이 그 기초가 되었고, 우리나라의 삼국시대와 고려시대의 孝行이 附記되었다.

66)『世宗實錄』, 卷41, 10年 9月 丙子條.

식 위에 백성을 교화하고 풍속을 이루기 위한 방편으로67) 1431년(세종 13)에 왕명에 의하여 偰循 등이 편찬하기 시작하여 이듬해(1432)에 완성한 책이다. 그 구성은 「三綱行實孝子圖」, 「三綱行實忠臣圖」, 「三綱行實烈女圖」의 3부작으로 되어 있으며, 역대 충신 113명, 효자 110명, 열녀 95명—이 가운데 우리나라 사람으로는 충신 6명, 효자 4명, 열녀 6명이 포함됨—의 행적이 소개되어 있다. 효자 편에서는 천민의 효행도 수록함으로써 신분을 초월하여 모든 백성들에게 孝를 강조하였고, 충신 편에서는 군주에 대한 충성을 강조하면서 반란이나 혁명 등에 대한 警戒를 소홀히 하지 않았고, 열녀 편에서는 여자의 夫族에 대한 희생과 수절을 강조하고 미화하였다.68) 그리고 이 책은 애초의 발간 의도에 맞추어 문자를 모르는 백성과 窮村僻巷의 아동과 부녀자들까지도 쉽게 이해하고 익힐 수 있도록 각 篇마다 그 내용을 우선 그림으로 표현한 다음 행적과 讚詩 한 수를 뒤에 附記하였다.

　이 책은 世宗朝부터 민간에 대해 적극적으로 보급되었으며, 세종 말년에 와서는 窮村僻巷의 아동과 부녀자들에 이르기까지 보고 느끼지 않은 이가 없었다고 전한다.69) 成宗朝에 와서도 『三綱行實圖』가 대량으로 印刊되어 『小學』과 함께 전국적으로 배포되었으며, 성종 12년(1481)에는 『諺文三綱行實烈女圖』가 간행됨에 따

---

67) 『世宗實錄』, 卷56, 14年 6月 丙申條, "三綱行實以進序曰: '天下之達道五, 而三綱居其首, 實經綸之大法, 而萬化之本源也…… 化民成俗之一道也.'"
68) 김홍경, 앞의 책, 221쪽.
69) 『世宗實錄』, 卷127, 32年 2月 丁酉條.

라 漢字를 모르는 일반 백성들, 특히 부녀자들도 쉽게 그 내용에 접할 수 있게 되었다.70) 성종 20년(1489)에 와서는 이 책을 더욱 효율적으로 보급하고 효과적으로 교육하기 위해서 축소해서 改撰하였는데, 곧 기존의 내용 가운데 節行이 특이한 인물을 중심으로 효자·충신·열녀 중에서 각각 35명씩, 모두 105인을 가려 뽑아 1冊으로 만들어서 보급한 것이다.71)

16세기에 접어들어 中宗朝에서도 이 책은 계속 印刊되어 반포되는 한편, 중종 9년(1514)에는 『續三綱行實圖』를, 광해군 7년(1615)에는 『東國新續三綱行實圖』를 간행하였다. 그런데 이러한 일련의 續篇의 발간 과정에서 중국의 사례들은 점차 축소되고 조선의 사례들은 대폭 증가되었는데,72) 특히 『東國新續三綱行實圖』는 모두 조선의 사례들로만 구성되어 있었다. 이러한 현상은 조선 중기에 이르기까지 유교이념을 조선의 문화적 특성으로 著根시키려는 지속적인 노력의 결과로서 나타난 것으로, 이때에 와서는 중국의 모델과 구분되는 조선 고유의 모델이 倫理書에 자리잡게

---

70) 이러한 맥락에서 세종의 한글 창제의 의미를 일반 백성들을 효과적으로 교화시키기 위한 수단의 마련이라는 측면에 주목하여 분석한 논의로는 김대용, 앞의 책, 202-211쪽 및 홍희유·채태형, 『조선교육사 1』(평양: 사회과학출판사, 1995), 124-130쪽을 참조할 것.

71) 『成宗實錄』, 卷229, 20年 6月 戊子條 및 乙巳條. 더 상세한 내용은 朴珠, 앞의 책, 11쪽을 참조할 것.

72) 『續三綱行實圖』에는 모두 효자 36인, 충신 6인, 열녀 28인으로, 모두 70인의 事蹟이 수록되어 있는데, 이 가운데 조선시대 인물이 56인을 차지하고 있고, 중국인은 14명에 불과하다. 더 상세한 내용은 朴珠, 위의 책, 73-76쪽을 참조할 것.

되었음을 함축한다.73)

己卯士林의 등장과 함께 燕山君朝에서 극도로 문란해진 사회 기강을 바로잡고자 하는 관심이 높아짐에 따라 五倫 가운데 長幼와 朋友의 윤리를 민간에 진작시키기 위하여 중종 13년(1518) 경상도 관찰사 金安國(慕齋, 1478~1543)이 曺伸의 도움을 받아 편찬·간행한 敎化書가『二倫行實圖』이다. 그 구성은「二倫行實兄弟圖」,「二倫行實宗族圖」,「二倫行實朋友圖」,「二倫行實師生圖」의 네 개 부분으로 되어 있는데, 그 내용은 역대 중국의 명현 48명의 事蹟을 諺解와 함께 소개한 것이다. 이 책은『三綱行實圖』와 그 취지와 체제를 같이하고 있으므로,『三綱行實圖』를 보완하여 조선 전기 '五倫圖'를 완성하는 것을 의미하며, 한편으로는 당시 士林의 윤리적 관심이 鄕黨倫理, 즉 촌락사회의 비혈연적인 인간관계에까지 확산되고 있었음을 보여준다.74)

다음, 旌表政策은 鮮初부터 綱常倫理의 보급을 통한 교화정책의 일환으로 일관되게 시행되었다. 太祖는 卽位敎書를 통하여 忠臣·孝子·義夫·節婦에 대하여 각 지방의 官司로 하여금 상부에 보고하게 하여 그들을 우대해서 발탁·등용하고 門閭를 세워 旌表하게 하였던바,75) 이러한 정책은 고려시대 忠·孝·烈의 유교적

---

73)『三綱行實圖』에 대한 최근의 연구로는『『三綱行實圖』의 綜合的 檢討』(震檀學會 주최, 한국고전연구 심포지엄, 1997)의 발표문들을 참조할 것. 발표문의 구성은 다음과 같다: 김항수,「『三綱行實圖』編纂의 推移」; 김훈식,「『三綱行實圖』普及의 社會史的 考察」; 홍윤표,「『三綱行實圖』의 書誌 및 國語史的 意義」; 이혜순,「烈女像의 傳統과 變貌」; 정병모·이성미,「『三綱行實圖』의 版畵史的 硏究」.

74) 더 상세한 내용은 朴珠, 앞의 책, 76-78쪽을 참조할 것.

윤리를 잘 지킨 자들에 대한 旌表政策을 계승하여 강화한 것으로서, 이후 조선 전기의 역대 왕들은 한결같이 이러한 방침을 遵行하였다.76) 특히 『新增東國輿地勝覽』의 「孝子·烈女」조에 소개된 효행 사례의 경우 부모를 생시에 잘 모신 경우보다 사후에 廬墓하며 朝夕奠을 잘한 사례가 더욱 많이 수록되었다는 사실에서, 朝鮮初 유교적 禮俗 질서의 확립에 대한 집권세력들의 정책적 관심을 읽을 수 있다.77) 그리고 이러한 사실은 당시에 佛敎와 巫俗이 喪葬祭禮에서 중요한 영향력을 행사하고 있었음을 함축한다. 旌表者의 신분은 貴賤 구분 없이 망라되었으며, 포상 내용으로는 旌門과 旌閭를 세우는 것이 가장 일반적이었으나 賤人의 경우에는 免賤의 특혜를 받기도 하였다.78)

16세기에 접어들어 士林이 본격적으로 등장함에 따라 정표정책도 변화가 일어났다. 즉 이 시기에 와서는 『小學』과 三綱·二倫 윤리서의 광범위한 보급, 『朱子家禮』의 실시, 향약의 보급 등의 영향을 받아 민간 생활의 근저에까지 성리학적인 질서가 정착되었다. 이 시기의 旌表者들 중 士族 신분의 비율이 감소하는 반면 평민과 천민의 비율이 (鮮初에 비하여) 현저히 증가한 것은 성리학적 질서가 민중 사이에 자리잡아 가고 있었음을 말해 준다.79)

---

75) 『太祖實錄』, 卷1, 元年 7月 丁未條, "一. 忠臣孝子義夫節婦, 關係風俗, 在所獎勸. 令所在官司, 詢訪申聞, 優加擢用, 旌表門閭."
76) 더 상세한 내용은 朴珠, 앞의 책, 15-29쪽을 참조할 것.
77) 朴珠, 위의 책, 13쪽.
78) 朴珠, 위의 책, 14쪽.
79) 더 상세한 내용은 朴珠, 위의 책, 135-137쪽을 참조할 것. 신분이 밝

(2) 禮制의 整備와 運用

禮制의 정비 및 운용과 관련된 주요 사업은 국가 의례로서 五禮의 시행과 민간의 의례 규범으로서 『朱子家禮』의 보급이었다. 五禮는 吉禮·凶禮·軍禮·賓禮·嘉禮를 가리키는 것으로, 이는 王權이 국가질서의 軸임을 천명하고 왕권의 권위와 그 절대적 우위성을 강조하는 의례 체계인 것으로 해석된다. 오례 체계는 중국에서 晉왕조(265~420) 때에 등장했지만 그것이 왕권의 기초이념을 담은 의례로 확립된 것은 唐왕조(618~907)의 開元禮였으며, 이후 중국의 역대 왕조에서는 물론 한국에서도 고려왕조 이래 국가의 의례 규범으로서 자리잡았다.[80]

조선 초기의 집권세력은 새 왕조의 정치적 권위와 질서를 확립하고 국가 운영의 전반적인 제도적 틀을 정착시키기 위해서 五禮儀를 적극 활용하였는데, 이러한 활동은 주로 禮曹와 儀禮詳定

혀진 16세기 旌表者 가운데 효자와 효녀의 경우, 士族 출신이 전체의 62%를 차지하고 平民과 賤民 출신이 30%를 차지하여 여전히 사족 출신의 비중이 크게 나타나고 있지만, 이를 15세기에서의 각각의 구성비율인 78%와 12%에 비교하면 하층 신분의 비중이 현저하게 증가하였음을 알 수 있다. 또한 열녀의 경우에는 사족 출신이 45%를 차지하고 하층 신분이 47%를 차지하여 오히려 하층 신분의 비율이 더 크게 나타나고 있으며, 이를 15세기에서의 각각의 구성비율인 67%와 19%에 비추어보면 그 變化相은 더욱 두드러진다.

80) 李範稷, 『韓國中世禮思想硏究: 五禮를 中心으로』(서울: 一潮閣, 1991), 401쪽.

所 및 集賢殿을 통하여 이루어졌으며, 그 구체적인 성과로 나타난 것이 『世宗實錄』의 「五禮」와 成宗朝의 『國朝五禮儀』[81]이다. 『世宗實錄』의 부록으로 등재된 『五禮』는 조선왕조가 마련한 최초의 國家禮典으로서 조선 초기의 정치이념과 권력구조의 명분을 설명해 주는 매우 간명한 禮典이며,[82] 『國朝五禮儀』는 朝鮮初 왕권과 臣權간의 정치적 타협과 균형의 기초 위에서 만들어진 禮典으로서,[83] 『世宗實錄』의 「오례」보다 적용 범위가 확대되어 왕실뿐만 아니라 사대부와 일반 백성 — 大夫士庶人四仲月時享儀와 大

---

81) 이는 국가의 기본적 의례규범인 吉禮·嘉禮·賓禮·軍禮·凶禮에 대하여 규정한 예전으로서, 왕명에 따라 姜希孟·鄭陟·申叔舟 등이 五禮의 예법과 절차 등을 그림을 곁들여 편찬한 책으로서 8권 6책으로 이루어져 있고, 『經國大典』과 더불어 국가의 기본 예전이 되었다. 그 구성과 내용을 간략히 살펴보면 ① 吉禮: 卷1에는 국가에서 사직과 종묘, 각 殿 및 산천 등에 제사드리는 의식이, 卷2에는 先農·先蠶·祈雨·釋奠·司寒 등 주로 농사와 관련된 국가의식과 함께 '大夫士庶人四仲月時享儀' 항목에서는 관료와 일반 백성의 時享 행사가, ② 嘉禮: 卷3에서는 중국에 대한 사대례, 명절과 朝賀 및 納妃·冊妃 등 궁중의 가례절차와 의식이, 卷4에는 주로 세자·왕녀·종친·과거·사신·外官 등에 관한 의식이, ③ 賓禮: 卷5에서는 중국 사신을 접대하는 사대의식과 일본·琉球 등의 외국 사신을 접대하는 의식이, ④ 軍禮: 卷6에서는 親射·閱兵·講武 등 군사 의식과 그 절차가, ⑤ 凶禮: 卷7에는 國葬과 관련된 모든 의식 절차가, 卷8에는 국왕 이하 궁중의 初葬 이후의 모든 의식 절차와 함께 권말의 '大夫士庶人喪儀' 항목에서는 관료와 일반 백성의 의식이 규정·기재되어 있다.

82) 李範稷, 앞의 책, 295쪽.

83) 李範稷, 앞의 책, 377-400쪽.

夫士庶人喪儀에서 보듯이 ―에까지 적용되게 되었고, 지역적으로는 서울뿐만 아니라 州縣과 향촌 ― 州縣酺祭儀, 州縣厲祭儀, 鄕飮酒儀, 鄕射儀에서 보듯이 ―까지 적용 범위가 되어 사실상 국가 전체의 지배이념으로 작용하게 되었다.84)

다음, 鮮初의 『朱子家禮』 보급운동은 유교적 儀禮規範을 가족단위의 사회 層位에까지 삼투·확산시킴으로써 민간부문에서 사회적 질서체제를 확립시키고자 하는 정치적 의도를 반영하는 것으로서, 구체적으로는 종족집단의 내적 질서를 규정하는 家禮를 구성하는 四禮, 즉 冠·婚·喪·祭의 의례규범을 확립하려는 시도였다. 『朱子家禮』가 麗末에 성리학과 함께 도입된 것은 사실이지만 鮮初에 이르기까지 널리 보급되지 않았으며, 선초에는 일반 백성은 물론 사대부 층까지도 불교 및 민간신앙의 의례 관습에서 벗어나지 못한 상태에 있었으므로, 당시의 家禮 보급운동의 일차적 대상은 士大夫 층이었다. 이에 『朱子家禮』는 『小學』과 함께 官學―四學과 鄕校―의 기본 교과목으로 선정되었고,85) 나아가 성균관에 입학할 수 있는 자격시험인 생원시와 진사시에서도 필수과목으로 지정되었다.86) 또한 『朱子家禮』는 국가로부터 그 시행이 강력히 권장되었는데, 특히 家廟制, 三年喪制, 혼례에서

---

84) 고영진, 앞의 책, 34쪽.

85) 한동일, 『조선시대 향교교육제도의 연구』(성균관대 박사학위논문, 1982), 59쪽.

86) 『經國大典』, 卷3(『禮典』, 「諸科」), "(生員覆試) 額數: 一百人. 成均館博士以下官, 同藝文館承文院校書館七品以下官及監察, 講小學家禮(臨文. 鄕吏, 則又背講四書一經), 錄名, 本曹試取…… (進士覆試) 額數: 同生員覆試."

의 親迎儀式 등이 강조되었다.[87]

 이처럼 『朱子家禮』를 보급하기 위해 국가 수준에서 상당한 노력을 기울였음에도 불구하고, 『朱子家禮』에 대한 이해 수준이 전반적으로 낮은 데다가 전통적 의례 관습의 영향력이 잔존하고, 『朱子家禮』를 시행하기 위한 경제적 여건이 未熟했기 때문에 보급운동의 성과는 사실상 미미했으며, 따라서 鮮初의 의례규범의 운영은 주로 국가와 왕실의 의례규범인 五禮 체계를 중심으로 이루어졌던 것으로 보인다.

 그러나 16세기에 접어들어 향촌의 지역 세력인 士林派가 중앙 정계에 본격적으로 등장하기 시작하면서부터 상황은 점차 변화하였다. 그들은 三代의 至治를 실현하기 위한 孔孟程朱의 道學政治 이념을 표방했으며, 유교 의례와 관련해서는 『國朝五禮儀』나 漢唐禮보다는 『朱子家禮』와 古禮(三禮)를 더욱 중시하였다. 따라서 그들은 전반적인 국가의 운영방식에 관해서뿐만 아니라 유교 의례의 시행 방향에 관해서도 勳戚系列과 대립하는 것은 불가피했다. 특히 中宗朝 때 趙光祖 일파는 前朝(燕山君朝)에 있었던 禮制의 혼란을 극복하는 문제와 관련하여, 『朱子家禮』를 전면적으로 시행할 것을 주장하여 일부 朝廷의 대신들과 禮曹의 전문 관료들과 대립한 바 있으며, 이러한 대립 구도는 이후 16세기 宣祖朝에 이르기까지 사라지지 않았다.

 己卯士禍(중종 14)의 처참한 피해에도 불구하고 사림파는 사회·경제적 측면에서도, 그리고 학문적 측면에서도 꾸준히 성장하였고, 그들은 성리학을 깊이 있게 이해하는 일에 관심을 가졌

---

[87] 더 상세한 내용은 고영진, 앞의 책, 38-44쪽을 참조할 것.

을 뿐만 아니라 『朱子家禮』를 형식뿐만 아니라 내용에 관해서도 깊이 있게 이해하는 데 큰 관심을 보였다. 16세기 중반 明宗朝에 나타난 생활규범서인 祭禮書와, 16세기 후반 宣祖朝에 편찬된 喪祭禮書는 그러한 관심의 결과이다. 이러한 관심과 노력은 禮 一般에 대한 士林派의 학문적 관심을 증대시켰으며, 禮를 연구하는 학문으로서 禮學이 성립하게 되었다. 李彦迪(晦齋, 1491~1553), 徐敬德(花潭, 1489~1546), 金麟厚(河西), 李滉, 曺植(南冥, 1501~1572), 李珥 등 학자들은 한결같이 『朱子家禮』를 적극적으로 시행하려 했을 뿐 아니라 禮의 내용과 의의에 관해서도 깊은 학문적 관심을 보였다.[88]

2. 朝鮮의 교육제도

朝鮮의 교육제도는 官學과 私學으로 대별된다. 官學으로는 중앙의 大學인 成均館, 중앙의 小學인 四部學堂(四學)과, 지방의 小學인 鄕校 및 왕실 귀족들과 그 자제들의 교육을 위한 宗學, 국가 운영에 필요한 전문 기술인력을 양성하는 雜學, 재직 관료들을 재교육하기 위한 讀書堂이 있었으며, 私學으로는 鮮初의 書齋와 16세기 이후 발달한 書院을 들 수 있다.

---

88) 더 상세한 내용은 고영진, 위의 책, 45-142쪽을 참조할 것.

1) 官學

(1) 成均館

성균관은 國都 漢陽에 소재한 유일한 국립대학으로서, 조선시대 내내 최고학부로서 위상을 지녔고 그 역할을 담당해 왔다. 성균관은 고구려의 太學, 國學, 고려의 國子監을 계승하는 교육기관으로서, 국자감이 高麗 후기 忠烈王代에 國學, 成均監, 成均館으로 개칭되었는데, 그 명칭이 조선시대에도 襲用되었다. 恭愍王代에 麗末의 성균관은 당시 개혁의 주도세력이었던 新興 士大夫層의 세력 기반이자 程朱性理學의 사상적 중심지였다.

조선의 성균관은 새로운 왕조의 지배체제를 정착·강화시키고자 하는 집권세력의 이해 관심을 직접 반영하고 구현하는 교육기관으로 출발하였다. 성균관은 禮曹에 소속되었으며[89] 다음 두 가지 주요 기능, 곧 ① 유교이념을 지키는 이데올로기 수호 기능과 ② 국가 운영에 직접적으로 필요한 인재, 즉 고급 문관 관료를 양성·재생산하는 교육기능을 수행하였다. 文廟가 이데올로기 수호 기능의 중심이었다면 明倫堂은 인재 양성을 위한 교육 기능의 중심이었다.[90] 성균관의 이러한 이원적 공간구조, 즉 祭享 공간과 講學 공간으로 구성되는 학교 구조는 이후 여타 학교들의

---

[89] 『經國大典』, 卷3, 『禮典』, "屬衙門, 弘文館, 藝文館, 成均館."

[90] 이성무, 『한국 과거제도사』(서울: 민음사, 1997), 408쪽.

전형이 되었다.[91]

성균관의 이데올로기 수호 기능은 주로 文廟從祀와 釋奠祭를 통하여 수행되었다. 성균관은 유교이념의 전당으로서 학통과 학문의 방향을 분명하게 하기 위하여 名賢들을 文廟에 配享하였는데, 조선 초기에는 主享인 大成至聖文宣王 孔子를 위시하여 朱熹를 비롯한 다수의 宋儒들, 薛聰·安珦·鄭夢周 등 前朝의 명현들이 配享되었고, 後代에 이르러서는 한국의 명현 18인을 포함해서 133인이 從祀되었다.[92] 또한 문묘에서는 봄과 가을에 정규적인 釋奠祭가 행해졌는데, 獻官은 보통 正二品官이었지만 때로는 국왕과 왕세자가 헌관이 되기도 하였는데, 특히 왕은 3년마다 한 번씩 헌관이 되어 석전제를 친히 행하게 되어 있었다.[93]

---

91) 더 자세한 내용은 정순우, 「조선시대 제향공간의 성격과 그 사회사적 의미」, 『사회와 역사(제53집)』(서울: 문학과지성사, 1998), 39-46쪽을 참조할 것.

92) 文昌侯 崔致遠은 고려 顯宗 11년(1020)에, 弘儒侯 薛聰은 고려 현종 13년(1022)에, 文成公 安珦(裕)은 고려 忠肅王 6년(1319)에, 文忠公 鄭夢周는 中宗 12년(1517)에, 文敬公 金宏弼, 文獻公 鄭汝昌, 文正公 趙光祖, 文元公 李彦迪, 文純公 李滉은 光海君 2년(1610)에, 文成公 李珥, 文簡公 成渾은 肅宗 7년(1681)에, 文元公 金長生은 숙종 13년(1687)에, 文正公 宋時烈, 文正公 宋浚吉은 英祖 32년(1756)에, 文純公 朴世采는 영조 40년(1764)에, 文正公 金麟厚는 正祖 20년(1796)에, 文烈公 趙憲, 文敬公 金集은 高宗 20년(1883)에 각각 문묘에 從祀되었다. 더 자세한 내용은 『增補文獻備考』, 卷204(「學校考(三)」, 「文廟」) 및 이성무, 위의 책, 291-296쪽과 408-410쪽을 참조할 것.

93) 『增補文獻備考』, 卷204(「學校考(三)」, 「文廟」), "祭法. 釋奠祭, 每歲春秋仲月上丁日行…… 親臨酌獻, 每三年一行. 親臨釋奠, 有特教乃行…… 齋

이러한 국가적 행사를 통하여 집권층은 조선의 유교적 통치 이데올로기와 정주성리학적 道統을 내외에 반복해서 확인・천명하였다. 성균관의 學官과 儒生들은 祭享에 반드시 참석하였고, 유생들은 매월 초하루가 되면 예복을 갖추어 입고 문묘에 참배하는 것이 의무였다.94) 이러한 과정을 거쳐서 성균관의 유생들은 국가 이데올로기의 擔持者이자 守護者로 양성되었다.

　반면 성균관의 관리 양성 기능은 명륜당에서 講學 활동을 통하여 이루어졌으며, 科擧制度와 밀접한 관계가 있었다. 鮮初의 성균관 유생 정원은 200명이었으며, 그 구성은 上齋生과 下齋生—寄齋生이라고도 한다—으로 되어 있었다. 上齋生은 원칙적으로 生員과 進士로 구성된 정규 학생이고, 下齋生은 上齋生이 모자랄 때 幼學으로 보충한 학생들—여기에는 四學에서 陞補試를 거쳐 올라온 四學 陞補生과 門蔭 子弟들 중에서 선발된 門蔭 陞補生이 있었다—로서, 나중에 생원과 진사가 되면 상재생이 될 수 있었다. 또한 상재생의 경우, 성균관에 들어오고자 하는 사람 수가 적어지자 文科 鄕試・漢城試에 한 번 합격한 사람, 생원・진사시의 향시・한성시에 두 번 합격한 사람, 현직 관료들에게도 입학이 허용되었다.95)

　　宮. 釋奠獻官(正二品), 亞獻官(堂上正三品), 終獻官(正三品),…… 親行釋
　　奠, 王世子爲亞獻, 領議政爲終獻官,…… 王世子釋奠, 亞獻官(正二品), 終
　　獻官(堂上正三品), 分獻官(幷同常時釋奠)."
94) 『太學志(上編)』, 卷5(「章甫」, 「學令」) 및 『增補文獻備考』, 卷207(「學校
　　考(六)」, 「學官」) "學令…… 每月朔, 諸生具冠帶, 詣廟庭謁聖, 行四拜禮."
95) 『經國大典』, 卷3(『禮典』, 「生徒」), "[成均館] 二百. 生員進士不足, 則取

성균관의 유생들은 四書五經과 역사서만을 읽어야 했으며, 老莊의 道家書나 佛經, 諸子百家의 글 등은 읽을 수 없었다.⁹⁶⁾ 성균관에서는 특히 四書五經을 중시하여, 四書五經齋를 따로 두고 經書를 차례대로 학습하게 하였고, 여타 글들도——중국과 우리나라의 역사서 외에 『經國大典』, 『朱子家禮』, 『訓民正音』, 『東國正韻』 등도 포함됨——科擧 시험과목을 중심으로 공부하게 하였다.⁹⁷⁾

講學活動은 日課와 月課의 형식으로 체계적으로 부과되었는데, 그 성취도는 매월 製述試驗과 講經試驗을 통하여 엄격하게 평가·관리되었다.⁹⁸⁾ 그 성적은 分數로 계산되었는데 성적이 우수한 자는 추천을 통하여 관리로 敍用되거나 文科시험을 볼 때 參

四學生徒年十五以上通小學四書一經者, 有蔭嫡子通小學者, 曾中文科生員進士鄕漢城試者, 補之. 朝士願赴學者, 亦聽." 또한 『增補文獻備考』, 卷207(「學校考(六)」, 「學官」) 및 이성무, 앞의 책, 297-298쪽과 410-411쪽도 참조할 것.

96) 『太學志(上編)』, 卷5(「章甫」, 「學令」) 및 『增補文獻備考』, 卷207(「學校考(六)」, 「學官」) "學令…… 諸生讀書,…… 常讀四書五經及諸史等書, 不挾莊老佛經雜流百家子集等書. 違者罰."

97) 『經國大典』, 卷3(『禮典』, 「諸科」), "(文科覆試) 額數: 三十三人. 藝文館奉教以下官, 同成均館承文院校書館七品以下官及監察, 講經國大典家禮(臨文), 錄名, 本曹試取."; 『增補文獻備考』, 卷203(「學校考(二)」, 「太學(二)」), "(世祖: 필자 註)九年, 禮曹進成均館九齋學規. 大學論語孟子中庸詩書春秋禮記周易爲九齋…… 又於式年, 講擧子四書三經, 自願他經者, 及欲講左傳綱目宋元節要歷代兵要訓民正音東國正韻者, 聽."

98) 『經國大典』, 卷3(『禮典』, 「獎勸」) 및 『增補文獻備考』, 卷207(「學校考(六)」, 「學官」), "成均館, 每日抽籤講諸生所讀書, 每旬命題製述, 科次. 本曹(禮曹를 말함: 필자 註) 堂上官, 每月一次考講, 並置簿."

酌되었다. 또한 성균관 儒生을 대상으로 節製, 通讀, 到記, 殿講, 應製, 謁聖試, 黃柑製, 館試 등 특별시험이 시행되었는데, 여기서 우수한 성적을 거둔 자에게는 문과의 初試·覆試·殿試에 直赴하거나 합격시키는 혜택을 주었다.99) 또한 매년 초 유생 가운데에서 행실이 바르고 재주가 뛰어나며 時務에 밝은 사람 한두 명을, 유생들이 상의하여 學官을 통하여 해당 관서에 천거하여 등용하게 하거나,100) 公薦을 통하여 벼슬에 나아가게 하기도 하였다.101)

성균관에는 일정한 재학 연한이 없었다. 다만 정규 과거시험인 文科에 응시하기 위해서는 반드시 이곳에서 일정 기간 동안 기거하면서 수학해야만 하는 圓點制度가 시행되었는데, 즉 원점 300

---

99) 節製에 대해서는 『經國大典』, 卷3(『禮典』, 「獎勸」) 및 『增補文獻備考』, 卷207(「學校考(六)」, 「學官」)에 다음과 같이 규정하고 있다: "○ 成均館儒生, 每歲春秋(三月三日, 九月九日. 有故則次日), 議政府六曹諸館堂上官命題製述, 科次置簿. 優等者三人, 直赴文科覆試." 더 자세한 내용은 이성무, 앞의 책, 300-303쪽 및 서울대학교 교육연구소, 『한국교육사』(서울: 교육과학사, 1997), 92-97쪽을 참조할 것.

100) 『太學志(上編)』, 卷5(「章甫」, 「學令」) 및 『增補文獻備考』, 卷207(「學校考(六)」, 「學官」), "學令…… 諸生有操行卓異, 才藝出衆, 通達時務者, 一二人, 每歲抄, 諸生同議, 薦擧告學官, 申報該曹擧用."

101) 公薦에 대한 『經國大典』, 卷3(『禮典』, 「獎勸」)의 규정은 다음과 같다. "累年居館, 學問精熟, 操行卓異, 而年滿五十者; 通考本館日講旬課及本曹(禮曹를 말함: 필자 註) 月講, 分數優等者; 累年赴擧文科館漢城試, 七度入格, 而年滿五十者, 啓聞敍用." 또한 『太學志(下編)』, 卷8(「選擧」, 「公薦」) 및 『增補文獻備考』, 卷207(「學校考(六)」, 「學官」) 참조. 公薦을 통하여 천거된 대표적인 인물로는 趙光祖(중종 5년), 徐敬德(중종 39년), 趙穆(宣祖朝) 등을 들 수 있다.

점을 따야만 비로소 문과 초시에 응시할 수 있는 자격을 갖추게 되었다. 圓點의 계산은 아침, 저녁에 식사를 위하여 식당에 참석하는 것을 1점으로 하였기 때문에, 원점을 '食堂到記'라고 부르기도 하였다.

성균관의 유생들은 전원 국비생으로서, 기숙은 기숙사인 東・西齋에서 하였고 식사는 식당에서 무료로 제공받았다. 그리고 이를 위한 비용은 戶曹에 속한 養賢庫에서 管掌하였는데, 양현고의 재정은 성균관 學田에서 나오는 수입과 성균관 노비의 身貢에 주로 의존하였으며, 때로는 국가로부터 별도의 공물을 지원받기도 하였다.102)

이처럼 조선의 최고학부로서 성균관은 국가로부터 여러 가지 특전과 지원을 받으면서 의욕적으로 출발하였다. 그러나 성균관에 입학해야 할 생원・진사들의 관직 선호 경향, 이에 따라 생겨난 성균관 재학생들의 지속적인 정원 미달 사태, 당시 집권층인 공신세력들의 불공정하고도 변칙적인 관리 선발제도 운영, 성균관을 비롯한 관학 敎授官들에 대한 천시 풍조, 교수관들의 부족과 자질 저하, 성균관의 前段階 교육과정인 四學의 不實 등 여러 요인들이 서로 錯綜하여 성균관의 교육은 이미 鮮初부터 內實 있게 이루어지지 못했다.103) 더욱이 燕山君朝의 秕政과 연이은 士禍

---

102) 더 자세한 내용은 이건형, 「조선왕조 성균관의 교육재정에 관한 연구」, 『대구교육대학 논문집(제3집)』(1968), 24쪽 및 이성무, 앞의 책, 316-317쪽을 참조할 것.

103) 더 자세한 내용은 김대용, 앞의 책, 127-149쪽 및 이문원, 「조선시대의 교육제도와 사상」, 정창수 편, 『한국사회론: 제도와 사상』(서울:

는 성균관을 포함한 관학에 결정적인 타격을 주었다.104)

中宗朝 이후 일련의 敎學 振興策이 강구되어 피폐해진 官學의 舊制 恢復을 위한 노력이 경주되었으나, 이는 학교를 관리 양성 기구로 보는 구태의연한 입장에서 나온 고식적인 대책에 머무르는 것이었으며,105) 더욱 근본적인 교학 진흥책은 사림파를 기다려서 나타날 수밖에 없었고, 그것은 관학의 테두리를 벗어나 書院으로 대표되는 私學의 형태로 구체화되어 갔다.

(2) 四部學堂

四部學堂, 즉 四學은 漢陽에 있던 중등 수준의 儒學 교육기관으로서, 그 위상과 역할은 성균관의 부속학교에 해당했다. 四學의 연원은 고려 중기의 東・西學堂과 고려 후기에 기존의 私學十二徒를 관학 체계 속으로 흡수하려는 의도에서 고려 國都 開京에 설치한 五部學堂에서 찾을 수 있다.

조선이 건국됨에 따라 적어도 편제상으로는 한양에 성균관과 함께 五部學堂이 설치되었던 것으로 보인다.106) 그러나 건국 직후 還都 등 多難한 國事를 겪는 동안 제반 여건이 未備하여 定宗

사회비평사, 1995), 354쪽을 참조할 것. 또한 주 36)을 참조.
104) 당시 官學의 疲弊相에 대해서는 제2부 주 37)을 참조할 것.
105) 『增補文獻備考』, 卷203(「學校考(二)」, 「太學(二)」), "中宗元年, 重修文廟, 還奉位版, 復置博士以下官, 令中外大興學校. 先是, 燕山君撤移文廟位版, 以成均館爲游宴之所, 革博士以下官. 上旣卽位, 皆復舊焉……明宗元年, 頒京外學校節目."
106) 『太祖實錄』, 卷15, 7年 9月 甲申條.

朝에 이르기까지 五部學堂은 아직 學舍조차 마련하지 못한 채 佛寺를 빌려 쓰는 형편이었는데, 일례로 東部學堂은 順天寺에서, 그리고 西部學堂은 彌勒寺에서 학생들을 모아 가르쳤다.107) 이후 漢陽으로 다시 遷都한 뒤에는 편제상으로 남아 있는 五部學堂에 대해서 실질적인 조치들이 있었으니,108) 곧 太宗 11년(1411)에는 南部學堂을 誠明坊에 두고,109) 世宗 4년(1422)에는 中部學堂을 건립하는 등,110) 적어도 세종 6년(1424)까지는 北部學堂을 제외한 四部學堂을 모두 건립하였다.111) 북부학당은 세종 30년(1448)에 그 설치가 거론된 바 있으며,112) 이후 독립된 學舍를 마련하여 마침내 건립은 하였으나, 성종 원년(1470), 四部學堂의 정원도 채우지 못하는 형편에 북부학당의 건립은 국고 낭비일 뿐이라는 大司憲 李克墩의 상소에 따라 革罷되었다.113)

---

107) 『定宗實錄』, 卷5, 2年 8月 癸丑條.
108) 『太宗實錄』, 卷12, 6年 7月 癸亥條; 같은 책, 卷16, 8年 11月 癸酉條; 같은 책, 卷22, 11年 7月 丙戌條; 같은 책, 卷23, 12年 4月 壬戌條; 같은 책, 卷23, 12年 5月 己丑條; 같은 책, 卷30, 15年 10月 庚辰條;『世宗實錄』, 卷2, 卽位年 11月 己酉條; 같은 책, 卷4, 元年 7月 壬子條; 같은 책, 卷4, 元年 7月 癸亥條; 같은 책, 卷10, 2年 10月 丁未條; 같은 책, 卷10, 2年 11月 乙丑條; 같은 책, 卷18, 4年 11月 丁卯條; 같은 책, 卷18, 4年 12月 乙未條 등을 참조할 것.
109) 『太宗實錄』, 卷21, 11年 6月 戊午條.
110) 『世宗實錄』, 卷18, 4年 12月 乙未條.
111) 『世宗實錄』, 卷25, 6年 8月 庚申條.
112) 『世宗實錄』, 卷122, 30年 11月 庚戌條.
113) 다음과 같은 『成宗實錄』의 기록으로 보아 北部學堂이 일단 건립된

四部學堂은 주로 生員・進士試 준비를 위한 교육과정을 중심으로 운영되었으며, 文廟는 따로 두지 않고 필요한 경우에는 성균관의 문묘를 이용하였다. 조선 초기 사부학당의 정원은 각 學堂 별로 100명(총 400명)이었으며, 학당별로 각각 教授官(6품) 2명과 訓導官(7품 이하) 5명 ─ 이는 모두 성균관 학관이 겸임하였다 ─ 을 두어 학생들을 가르치도록 하였다.114) 입학은 良人 신분 이상으로서 8세가 된 者는 누구나 가능했고, 지방의 학생들도 각 道에서 추천을 받으면 입학할 수 있었다.115)

것은 사실인 듯하다. "京城 안에는 이미 成均館이 있고 또 四學이 있으니, 국가에서 教養하는 방법이 지극하지 않은 것이 아니며, 배우기를 원하는 선비가 스승이 없는 것도 아니고, 장소가 없는 것이 아닌데도 불구하고 그 수가 항상 본 額數에 미치지 못합니다. 지금 또 北學을 설치하고 例에 의하여 네 인원을 두었으니, 이것 또한 冗官입니다." 北學을 혁파하자는 조목에 대해서는 신숙주・한명회・구치관・최항・홍윤성・김질・윤자운・김국광이 의논하기를 "北學은 儒生이 없으니, 學舍는 그 前대로 두고 四學만 설치하는 것이 어떠합니까?" 하니 모두 그 의견에 따랐다"(『成宗實錄』, 卷3, 元年 2月 辛未條). 이러한 사실에 비추어 볼 때 北部學堂은 끝내 설치되지 못하였다는 견해(李成茂, 앞의 책, 318쪽)나, 設置는 되었으나 세조 12년(1467)에 四學으로 개편되었다는 견해(홍희유・채태형, 앞의 책, 96쪽)는 모두 論難의 餘地가 있다.

114) 『經國大典』, 卷3(『禮典』, 「生徒」), "儒學: (四學) 各一百"; 같은 책, 卷1(『吏典』, 「京官職」), "(從六品衙門): (四學) 掌訓誨所管儒生. 中東南西. 以成均館典籍以下兼"; 『增補文獻備考』, 卷209(「學校考(八)」, 「四學」), "經國大典曰: '四學儒生, 一百人. 設教授訓導, 以教訓之.'" 또한 이성무, 앞의 책, 322쪽도 참조할 것.

사부학당의 교과목은 『小學』과 四書五經이 중심을 이루었지만 그 밖에도 『孝經』·『三綱行實』·『朱子家禮』·『通監』 등도 교과서로 널리 사용되었다.116) 특히 『小學』은 灑掃·應對·進退의 초보적인 예절로부터 愛親·敬長·忠君·隆師·親友의 도리에 이르기까지 인륜과 일상생활에 요긴한 修身大法과 規範節目을 갖추고 있는 책으로서,117) 鄕校에서와 마찬가지로 학당에서도 敎化의 본령으로 인식되어 기본 교과목으로 매우 중시되었다. 따라서 學堂에서는 반드시 이 책을 먼저 익힌 다음 나머지 경전들을 배우도록 하였고, 성균관 입학을 위한 자격시험인 生員試와 進士試에서도 필수과목으로 지정되었다.118)

한편 사부학당에서의 학업평가는 주로 매 5일마다 실시되는 講經試驗인 學官日講,119) 매달 예조에서 시행하는 講經試驗인 禮

---

115) 이성무, 위의 책, 319쪽.

116) 『太宗實錄』, 卷8, 4年 8月 己丑條.

117) 『小學』의 구성과 내용에 대해서는 주 73)을 참조할 것.

118) 『太宗實錄』, 卷13, 7年 3月 戊寅條(權近의 '勸學事目'), "小學之書, 切於人倫世道爲甚大. 今之學者, 皆莫之習, 甚不可也. 自今京外敎授官, 須會生徒, 先講此書, 然後方許他書. 其赴生員之試, 欲入大學者, 令成均正錄所, 先考此書通否, 乃許赴試, 永爲恒式"; 『世宗實錄』, 卷3, 元年 2月 壬辰條; 같은 책, 卷31, 8年 1月 壬戌條; 같은 책, 卷73, 18年 6月 庚寅條; 『成宗實錄』, 卷69, 7年 7月 甲子條; 같은 책, 卷69, 7年 7月 丙寅條; 『經國大典』, 卷3(『禮典』, 「諸科」), "(生員覆試) 額數: 一百人. 成均館博士以下官, 同藝文館承文院校書館七品以下官及監察, 講小學家禮(臨文. 鄕吏, 則又背講四書一經), 錄名, 本曹試取…… (進士覆試) 額數: 同生員覆試."

119) 이성무, 앞의 책, 321쪽.

曹月講,120) 매 6월달에 남부학당에서 실시되는 四學合製를 통하여 이루어졌으며121), 여기서 우수한 성적을 거둔 자는 陞補試나 생원·진사시를 볼 때 참작되었다. 또한 四學의 유생들을 대상으로, 그들 중 15세가 된 자들 가운데에서『小學』과 四書의 考講試驗과 製述試驗에서 좋은 성적을 거둔 자를 뽑아 성균관에 올라갈 수 있게 하는 陞補試, 성균관에서 실시하는 謁聖試·黃柑試·春塘臺試 등의 別試와 왕궁에서 실시되는 殿講·親試 등의 특별시험이 시행되기도 하였다.122)

四部學堂의 소요 경비는 기본적으로 국가에서 내려준 學田·漁場의 稅收와 노비의 身貢에 의존하고 있었는데, 戶曹에서 이를 수납하여 매달 豊儲倉을 통해서 생도 1인당 매일 쌀 1升 정도로 계산하여 지급하였다. 그러나 이들 學田과 노비는 자주 다른 곳으로 移屬되었기에 학당의 운영 경비는 모자라기가 일쑤였으며, 특히 흉년이 든 경우에는 아예 방학을 하거나 常養額數를 줄이기도 하였다.123) 성균관과는 달리 學堂에는 기숙사는 설치되지 않았으며,124) 조선 초기에는 養賢庫의 지원을 받아 학당 儒生들에게 식

---

120)『經國大典』, 卷3(『禮典』, 「獎勸」), "本曹每月考講四學諸生所讀書";『增補文獻備考』, 卷209(「學校考(八)」, 「四學」), "命禮曹每月考講四學諸生所讀書."

121)『經國大典』, 卷3(『禮典』, 「獎勸」) 및『增補文獻備考』, 卷209(「學校考(八)」, 「四學」), "擇四學儒生各二十人, 每六月聚南學, (令)三品以下文臣三員, 或(試)講論, 或(試)製述, (取)優等者十人, 直赴生員或進士覆試."

122) 보다 자세한 것은 이성무, 앞의 책, 320-322쪽을 참조할 것.

123) 이성무, 위의 책, 322-323쪽.

124)『太宗實錄』, 卷23, 12年 5月 己丑條;『世宗實錄』, 卷25, 6年 8月 壬申

사를 제공한 일도 있었다.125)

이처럼 四部學堂은 제도적 틀 위에 국가적 지원을 받아 가며 출발하였지만 조선 초기부터 그것은 내실 있게 운영되지 못하였는데, 그 원인으로는 시설 미비, 官學 敎授官들에 대한 천시 풍조, 교수관의 數的 부족과 자질 未洽, 재정 不實에 따른 교육기능의 약화, 단지 특별시험에 응시하기 위한 목적으로 四學에 學籍만을 보유하는 행태, 四學의 지속적인 정원 미달과 정원 감소 등을 들 수 있다.126) 이에 대해 국가는 조선 후기에 이르기까지 四學 교육을 활성화하기 위하여 對策을 마련했는데, 이에는 사학 재정의 확충, 사학 교관의 久任之法 제정, 명망 있는 학자의 교관 초빙, 사학 유생에 대한 戒諭文과 四學 規制의 작성·반포, 축소된 정원의 확대와 北學의 復設을 위한 시도, 經籍의 頒布 등이 포함된다.127) 그러나 이러한 대책들이 뚜렷한 성과를 거둔 것으로 보이

條; 같은 책, 卷42, 10年 11月 壬戌條.

125) 이문원, 앞의 글, 355쪽.

126) 中宗朝에는 四學 儒生이 매 學堂마다 정원의 절반(50명)밖에 차지 않았고, 임진왜란(선조 25년) 이후에는 생도수가 각각 10명에 불과하다가 정묘호란(인조 5년) 후에는 각 학당마다 고작 2명씩밖에 없었다고 한다. 그리고 『續大典』에서는 사부학당의 정원이 선초 100명(총 400명)에서 5명(총 20명)으로 축소·조정되었다.

127) 『增補文獻備考』, 卷209(「學校考(八)」, 「四學」), "文宗朝加賜奴婢于四部學堂…… 成宗八年, 定四學敎官久任之法…… 明宗二年, 賜田十五結, 奴婢五十口, 于四學. 又賜奴婢十五口. 八年, 上憂學校廢弛將極, 擇師敎之長, 以李滉擢拜大司成. 滉作戒諭文, 以警四學諸生…… 二十年, 以萬頃古群山扶安界火島漁場, 賜與四學, 以爲收稅養士之資…… 仁祖元年, 大司成鄭曄

지는 않는다.

(3) 鄕 校

鄕校는 전국에 걸쳐 지방의 단위 행정구역에 설치되었던 중등 수준의 유학 교육기관으로서, 그 조직과 기능은 중앙의 成均館과 비슷하여, 성균관의 축소판이라고까지 말할 수 있다.128) 향교의 淵源은 삼국시대에까지 소급하며,129) 고려조에 와서 향교는 太祖 13년(930) 西京에 설치되기 시작하여 成宗朝(982~997)에는 3京 12牧 에까지 확대되었고, 이후 穆宗·睿宗·仁宗 등의 鄕學 獎學策에 힘입어 高麗末까지는 전국 각처에 다수 건립되었던 것으로 보인다.130) 그러나 고려조의 지배사상이 불교인 데다가 郡縣制度의 미비, 향교에 대한 지속적인 교육정책의 결핍과 지방 수령의 무관심, 권문세족에 의한 향교 位土田의 兼倂, 麗末의 內憂外患 등으로

請擇學術精明之人, 爲之師儒, 分遣四學, 任敎導之責, 從之. 七年, 上命增置四學儒生.…… 孝宗五年, 因筵臣言, 京儒之名漏靑衿錄, 鄕儒之名漏鄕校案者, 勿許赴擧.…… 九月, 命名官之有文學者, 兼四學敎授, 專管四學, 以鎭士習之浮薄.…… 十年, 上命兼祭酒宋浚吉, 勘定四學規制.…… 顯宗元年, 北學復設.…… 肅宗三十年, 頒經籍于四學."

128) 서울대학교 교육연구소, 앞의 책, 100쪽.
129) 金光洙, 「羅末麗初의 地方學校問題」, 『韓國史硏究』 7(1972), 130쪽; 이성무, 앞의 책, 337쪽.
130) 姜大敏, 『韓國의 鄕校硏究』(釜山: 慶星大學校出版部, 1992), 15-22쪽. 문헌에 나타나는 고려시대의 향교를 살펴보면, 驪州(黃驪)鄕校, 襄陽鄕校, 公州鄕校, 金海鄕校, 寧海鄕校, 南原鄕校, 通州鄕校, 堤川鄕校, 榮川鄕校, 龍潭鄕校 등이 있다고 한다.

인하여 향교는 피폐하고 교육적인 실효를 거두기 어려웠다.131)

조선조에 와서는 郡縣制가 갖추어지고 崇儒政策을 적극 시행함에 따라 鄕學 진흥책이 대대적으로 모색되었다. 太祖는 즉위하면서부터 "중앙의 國學과 지방 鄕校에 생도를 늘리고 講學에 힘쓰게 함으로써 인재를 양성할 것"을 강조하였고,132) 나아가 各道 按察使에게 학교의 興廢로써 守令을 考課할 것을 명하였다.133) 또한 즉위년부터 濟州道를 시발점으로 하여 북부 변경지역인 孔州와 甲山 등지에 이르기까지 향교를 건립하는 한편,134) 기존에 廢弛되었던 향교들을 복구하였다.135) 이처럼 국가가 건국 초부터 변경 지역에까지 향교를 서둘러 설치한 까닭은 중앙의 통제력이 직접 미치지 않는 지방민들을 조속한 시일 내에 성리학적 지배질서 안에 포섭하기 위한 것으로 판단된다.

향교 장려 정책은 이후로도 이어졌는데, 그 몇 가지 例를 보면 太宗朝에는 權近(陽村, 1352~1409)의 '勸學事目'을 시행하였고,136)

---

131) 姜大敏, 위의 책, 23쪽; 이성무, 앞의 책, 337쪽.
132) 『太祖實錄』, 卷1, 元年 7月 丁未條.
133) 『增補文獻備考』, 卷209(「學校考(八)」, 「鄕學」), "太祖元年, 上命諸道按察之臣, 以學校興廢, 爲考課守令之法."
134) 『增補文獻備考』, 卷209(「學校考(八)」, 「鄕學」), "時年, 濟州學校成. ○ 上卽位以後, 聲敎遠被. 自孔州迆北至于甲山, 皆建學聚士以訓經書."
135) 이러한 상황은 權近의 「延安府鄕校記」(『陽村先生文集』, 卷12)와 「永興府學校記」(『陽村先生文集』, 卷14) 등에 잘 나타난다.
136) 『太宗實錄』, 卷13, 7年 3月 戊寅條; 『增補文獻備考』, 卷209(「學校考(八)」, 「鄕學」), "太宗朝, 儒學提調權近上疏, 進勸學事目八條."

수령의 인사고과 규정인 守令七事 가운데 '修明學校'를 두어 그 성과로써 치적에 대한 褒貶의 기준을 삼았으며,137) 향교의 敎授官, 생도의 額數, 鄕校田, 향교 노비 등에 대한 규정을 마련한 것이다.138) 나아가 世宗朝에는 수차에 걸쳐 향교에 서적을 頒布하였

---

137) 『太宗實錄』, 卷12, 6年 12月 乙巳條. '守令七事'의 구체적 내용은 다음과 같다. ① 마음을 仁과 恕에 두어 궁핍한 사람을 賑恤한 것이 몇 사람이며, 늙고 병든 사람을 惠養한 것이 몇 사람인가(存心仁恕)? ② 몸소 행함에 淸廉謹愼하여 쓸데없는 비용을 어떤 일에서 절감하였는가? 收斂을 減損한 것은 어떤 일이며, 아침저녁으로 노고한 바는 어떤 일인가(行己廉謹)? ③ 條令을 奉行하였으되, 到任한 이래 봉행한 것은 어떤 일이며, 板牓에 걸어 놓고 대중에게 깨우쳐 申明한 것은 모두 몇 조인가(奉行朝令)? ④ 農桑을 勸課하여 경내에 堤堰을 수축한 것은 몇 곳이고, 도임 후 백성에게 뽕나무 심기를 권고하여 매 1호에 몇 株씩을 심게 하였으며, 官에서 심은 뽕나무를 나누어주어 심게 한 것은 매 1호당 몇 주씩인가? 백성에게 水車를 만들도록 권한 것은 한 마을에 몇 개씩이며, 관에서 만들어 나누어준 것은 한 마을에 몇 개씩인가? 勸耕한 것은 얼마이며, 온 집안이 병을 앓고 있는 자에 대하여 이웃(隣理)으로 하여금 대신 경작해 주도록 하고 이후 그가 회복되기를 기다려 그 값을 갚아주게 한 경우는 얼마인가(勸課農桑)? ⑤ 학교를 修明한 것으로, 학교 몇 間 가운데 수리한 것은 모두 몇 간이며, 생도 몇 명 가운데 독서하는 사람이 몇 명이며, 經書를 통한 사람은 몇 명인가(修明學校)? ⑥ 賦役을 均平하게 하였으되, 貢賦의 收斂은 어떠어떠한 일에 있어 균평하며, 軍役의 差定은 어떠어떠한 일에 있어서 균평한가(均平賦役)? ⑦ 決訟을 밝게 한 것으로, 노비 相訟의 경우 몇 件 중에서 決絶한 것은 몇 건이며, 雜訟은 몇 건인가(明允決訟)?

138) 향교의 교수관에 대해서는 『太宗實錄』, 卷8, 4年 8月 己丑條를, 생도의 액수에 대해서는 『太宗實錄』, 卷11, 6年 6月 乙酉條를, 鄕校田에 대

고,139) 成宗朝에도 향교 교육의 활성화를 위한 다양한 제도적 보완책을 강구하였으니,140) 『東國輿地勝覽』이 완성된 성종 18년 (1487)에 이르면 모두 329개에 이르는 전국의 단위 행정구역에 一邑一校의 체제가 완비되기에 이르렀다.141)

당시 향교는 관리 양성을 위한 기본교육을 실시하는 것과 함께 지배이념을 지방의 향촌사회에까지 보급함으로써 民을 교화하는 것을 기본 목적으로 삼았다. 향교의 관리 양성을 위한 기본

해서는 『太宗實錄』, 卷11, 6年 6月 乙酉條; 『太宗實錄』, 卷12, 6年 7月 丁丑條를, 향교 노비에 대해서는 『太宗實錄』, 卷26, 13年 11月 丁亥條; 『太宗實錄』, 卷33, 17年 5月 戊子條를 각각 참조할 것.

139) 『世宗實錄』, 卷69, 17年 9月 己丑條; 『世宗實錄』, 卷70, 17年 10月 癸亥條; 『世宗實錄』, 卷94, 23年 10月 辛巳條; 『世宗實錄』, 卷105, 26年 8月 庚申條; 『世宗實錄』, 卷107, 27年 1月 癸卯條.

140) 향교에 서적을 頒布한 일에 대해서는 『文宗實錄』, 卷7, 元年 4月 甲戌條; 『成宗實錄』, 卷161, 14年 12月 庚午條; 『成宗實錄』, 卷239, 21年 4月 癸未條를, 향교의 경비 충당책 강구에 대해서는 『成宗實錄』, 卷6, 元年 6月 壬戌條; 『成宗實錄』, 卷172, 15年 11月 己酉條를, 향교 교수관의 자격 강화와 권장책에 대해서는 『世祖實錄』, 卷39, 12年 7月 丙子條; 『成宗實錄』, 卷6, 元年 6月 壬戌條; 『成宗實錄』, 卷8, 元年 11月 壬午條를, 관찰사에게 향교교육의 감독과 권장에 힘 쓸 것을 촉구한 일에 대해서는 『世祖實錄』, 卷22, 6年 11月 辛亥條 등을 참조할 것.

141) 『經國大典』에 따르면 전국 8도(京畿・忠淸道・慶尙道・全羅道・黃海道・江原道・永安道・平安道)에 걸쳐 府 4개, 大都護府 4개, 牧 20개, 都護府 44개, 郡 82개, 縣 175개가 설치되어 모두 329개의 단위 행정구역이 있었다. 더 자세한 내용은 『經國大典』, 卷3(『吏典』,「外官職」)을 참조할 것.

교육 기능은 明倫堂을 중심으로 한 講學活動을 통하여 주로 이루어졌는데, 이는 科擧制度와 일정한 관련성이 있었다.142) 조선 초기 향교 校生의 정원은 대체로 府·大都護府·牧의 경우 50명, 都護府는 40명, 郡은 30명, 縣은 15명이었는데,143) 성종조에 와서는 그 정원이 府·大都護府·牧의 경우 90명, 都護府는 70명, 郡은 50명, 縣은 30명으로 대폭 증원되어 『經國大典』에 법제화되었고, 다만 16세 이하 童蒙은 軍役과 무관하였으므로 그 정원에 포함시키지 않았다.144) 따라서 良人 신분 이상으로서 17세가 된 자는 누

---

142) 선초 향교 교육의 이러한 성격은 세종조 때 成均司成 鄭坤이 기존의 生員試 외에 進士試를 다시 설치하여 校生들을 試取하는 문로를 확대할 것을 건의한 사실(『世宗實錄』, 卷40, 10年 4月 戊戌條)이나, 성균관과 사부학당 및 각 고을 향교의 생도들에게 매달 열흘에 하루씩 表·賦·策·問 중에 한 문제와 義·疑(擬) 중에 한 문제를 내어 글을 짓도록 함으로써 製述 시험에 대비하도록 한 조치(『世宗實錄』, 卷116, 29年 5月 丁酉條) 등에서도 드러난다.

143) 鄕校 校生의 정원은 太宗朝에서 처음으로 留守官에는 50명, 大都護府·牧·都護府에는 40명, 郡에는 30명, 縣에는 15명(『太宗實錄』, 卷11, 6年 6月 乙酉條)으로 결정된 이래, 世宗朝에서는 留守官은 50명, 牧과 都護府는 40명, 君은 30명, 縣은 15명(『世宗實錄』, 卷148, 「地理志」, 京畿, 廣州牧, 廣州牧)으로, 이후 成宗朝 때 『經國大典』이 완성되기 전까지는 府·大都護府·牧은 50명, 都護府는 40명, 君은 30명, 縣은 15명(『成宗實錄』, 卷10, 2年 6月 丁未條)으로 나타나 약간의 변동이 있었음을 알 수 있다.

144) 『成宗實錄』, 卷10, 2年 6月 丁未條;『經國大典』, 卷3(『禮典』,「生徒」), "[府·大都護府·牧]各九十. 年十六歲以下, 不在額內. (都護府·郡·縣同)[都護府]七十. [郡]五十. [縣]三十."

구나 향교에 입학할 수 있었던 것으로 보인다.[145]

향교의 敎官은 鮮初에는 중앙에서 파견하는 것을 원칙으로 하였는데, 태종조에는 州·府와 같은 큰 군현에는 문과 출신 6품 이상의 敎授官을, 그 외의 군현에는 參外文臣 종9품의 訓導官 또는 생원과 진사의 敎導를 두어 교육을 담당하게 하였고,[146] 미처 교관을 파견하지 못한 곳에는 관찰사가 지방 지식인 중에서 學長을 선발하여 가르치게 하였다.[147] 이러한 체제는 대체로 成宗朝까지 유지되었으며, 마침내 府·牧·大都護府·都護府에는 각각 敎授(종6품) 1명씩(총 72명)을, 郡·縣에는 각각 訓導(종9품) 1명씩(총 257명)을 두는 방식으로 전국의 모든 단위 행정구역에 敎官을 파견하는 것이 법제화되었다.[148] 그러나 실제로는 교관으로 파견할 文臣이 부족한 데다가 교관을 寒職이나 左遷職으로 보아 경시하는 풍조가 있었고, 敎官이 人事上 불이익을 겪기까지 하였으므

---

145) 향교 교생의 입학 연령 및 재학 연령의 상한선은 시기나 지역에 따라 일정하지 않았던 것으로 보인다. 더 자세한 내용은 姜大敏, 앞의 책, 56-59쪽을 참조할 것.

146) 『太宗實錄』, 卷27, 14年 6月 癸卯條; 『太宗實錄』, 卷32, 16年 8月 己巳條.

147) 『世宗實錄』, 卷2, 卽位年 12月 壬辰條. 또한 처음에는 學長에 각 고을의 幼學이 선발되기도 하였으나 학생들이 이를 가볍게 여기는 폐단이 생김에 따라, 세종조에는 나이 만 40세가 된 생원이나 생도 가운데 학술에 조예가 깊어 사범이 될 만한 자로 그 자격을 강화시키기도 하였다. 『世宗實錄』, 卷6, 元年 11月 乙卯條; 『世宗實錄』, 卷27, 7年 2月 甲寅條. 또한 이성무, 앞의 책, 345-348쪽도 참조할 것.

148) 더 자세한 내용은 『經國大典』, 卷3(『吏典』, 「外官職」)을 참조할 것.

로 이 법제는 제대로 실현되지 못했다.

향교에서의 교과과정은 기본적으로 성균관의 '學令'에 준하여 운영되었다.149) 향교의 교과서로는 四部學堂의 경우와 마찬가지로 『小學』・『孝經』・『三綱行實』 등의 初學 교과서를 비롯하여 四書五經・『性理大全』・『近思錄』・『朱子家禮』 등의 朱子書, 『通鑑』・『宋元節要』 등의 史書, 『文選』・『楚辭』・『柳文』・『韓文』・『古文眞寶』 등의 文學書가 있었고, 老莊의 道家書나 佛經, 諸子百家의 글은 배제되었다. 그 중에서 특히 『小學』・『孝經』・四書五經・『朱子家禮』 등은 중심 교재로 중시되었다.150)

한편 民을 교화하는 일은 주로 각 향교의 文廟에서 거행된 釋奠祭와 鄕射禮・鄕飮酒禮・養老禮와 같은 유교적 의례를 통하여 이루어졌다. 조선 후기로 가면서 향교는 교육을 담당하는 기구로서의 성격보다 향촌사회의 각종 유교적 의례를 관장하는 이데올로기 기구로서의 성격이 짙어졌다.

향교의 경비는 기본적으로 鄕校田과 鄕校奴婢에 의존하였다. 향교전은 향교가 설치된 지역의 행정단위에 따라 국가가 차등을 두어 지급하였는데, 특히 조선 초기에는 사원을 정리하여 회수한 토지를 활용하기도 하였다.

---

149) 이성무, 앞의 책, 340쪽; 서울대학교 교육연구소, 앞의 책, 101쪽.
150) 이성무, 위의 책, 339쪽; 姜大敏, 앞의 책, 167쪽. 또한 『太宗實錄』, 卷8, 4年 8月 己丑條; 『世宗實錄』, 卷69, 17年 9月 己丑條; 『世宗實錄』, 卷70, 17年 10月 癸亥條; 『世宗實錄』, 卷94, 23年 10月 辛巳條; 『世宗實錄』, 卷105, 26年 8月 庚申條; 『世宗實錄』, 卷107, 27年 1月 癸卯條; 『成宗實錄』, 卷69, 7年 7月 丙寅條; 『成宗實錄』, 卷161, 14年 12月 庚午條; 『宣祖實錄』, 卷2, 元年 1月 壬戌條 등도 참조할 것.

이처럼 조선의 향교는 제도적인 틀 위에 국가의 지원을 받으면서 시작되었으나, 향교 교육과 과거제도가 체계적으로 연계되지 못한 점, 양반 자제들이 향교에 입교하기를 꺼린 점, 향교 교관이 제대로 파견되지 못하였을 뿐만 아니라 자질도 未洽했다는 점 등이 원인이 되어, 조선 후기로 갈수록 향교의 講學機能은 쇠퇴하였다.

(4) 其 他

이외에도 조선에는 별도의 교육기관 몇 가지가 있었다. 첫째, 宗學── 이는 왕실의 宗親들을 교육시키는 기관으로서, 종친 가운데 15세가 된 자는 입학할 수 있었다. 교과목으로는 주로 『小學』과 四書三經이 중심을 이루었고, 나이 50세가 되면 취학을 면제받았다.

둘째, 讀書堂── 이는 관리들을 재교육하기 위한 기관이었다. 국가는 한적한 곳에 독서당을 설치하고 재직 관리들에게 장기 휴가를 주어 독서에 전념하도록 함으로써 그들의 실무적 자질을 향상시킬 수 있는 기회를 제공하였다.

셋째, 雜學── 이는 국가 운영에 필요한 전문 기술인력을 양성하기 위한 제도였으며, 譯學·醫學·陰陽學(천문학, 지리학 등)·算學·律學·畵學·道學 등의 분야가 설치되어 있었다. 그러나 이러한 분야의 기술인력을 별도의 전문 교육기관을 설립하여 양성한 것은 아니었으며, 해당 분야의 업무를 관장하고 있는 기관에서 자체적으로 교육시켜 일정한 선발 과정을 거쳐 등용하는 형식을 취하였다.

2) 私 學

(1) 書 院

　16세기 중반 이후 士林의 성장과 함께 擡頭한 새로운 私學 교육기관이 바로 書院이었다. 당시 관학 교육은 疲弊하고 士風은 衰微하였으므로 士林은 이를 염려하여 書院을 振作하였다.

　최초의 書院은 豊基郡守 周世鵬이 麗末 유학자 安珦을 추모하기 위하여 건립한 白雲洞書院이었다. 그러나 향촌사회에 書院을 널리 보급하고 藏修와 講學을 위한 학교로서 틀을 완성시키는 데는 李滉의 功이 컸다. 그는 書院은 道學을 講明하고 어진 이를 높이기 위한(尊賢) 교육기관이라는 개념을 정립하여 이후 서원의 발전 방향을 제시하였다. 서원의 보급과 발전은 사림세력들이 꾸준히 지향해 온 향촌 질서의 재확립 운동과도 밀접한 관계가 있었다.

　서원의 기능은 藏修・講學 및 先聖과 先賢들을 위한 奉祀로 大別되며, 이에 맞추어 그 구성도 書齋와 祠廟로 되어 있었다. 서원의 운영은 院長과 有司의 감독하에서 엄격한 자체 學規에 따라 이루어졌다.

　明宗朝부터 전국에 걸쳐 건립되기 시작한 서원은 敎學 기능을 통하여 지방문화를 발전시키고 향촌사회를 교화하는 데 지대한 공헌을 하였다. 그러나 17세기를 거치면서 사림정치는 破綻에 이르고 書院은 濫設되어 그것이 사회적 폐단의 원인으로 지목되었고, 마침내 大院君에 의하여 서원은 크게 毁撤・정비되었다.

(2) 書 堂

　조선시대의 書堂은 대체로 童蒙을 대상으로 하여 문자 교육과 초보적인 유학 입문 교육을 시행한 초등 교육기관이었는데, 조선 前期와 後期에 걸쳐 서당의 성격에는 구분되는 측면이 있다. 조선 전기의 서당은 安居講學的 書齋書堂으로서, 재외한량 및 유생이 개인적으로 설치하여 자발적으로 인근의 아동들을 가르치는 형태였으며 그 규모도 작았다.151) 그리고 이에 대하여 국가는 일정한 장려책을 강구하기도 하였다. 반면에 17세기 이후 조선 후기의 서당은 촌락 공동체적, 자연발생적인 촌락서당의 형태를 띠게 되었으며, 향촌사회에 널리 보급되었다.

　書堂은 설립과 운영 형태에 따라 크게 네 가지로 구분되는데 곧, 訓長의 自營書堂, 有志의 獨營書堂, 有志의 組合書堂, 鄕村 組合書堂 등이 그것이다.152)

---

151) 이문원, 앞의 글, 362쪽.

152) 더 자세한 내용은 이문원, 앞의 글, 365쪽을 참조할 것.

제3장 朝鮮前期 忠淸地域의 敎育

1. 교육기관 鄕校를 중심으로

1) 地方 官學機關 鄕校의 設立

 조선 前期의 교육은 官學의 대대적인 정비를 통하여 국가 운영에 직접적으로 필요한 인재를 양성·재생산하는 한편, 일반 백성(民)에 대해서는 敎化政策을 강화하는 데에 그 초점이 맞추어졌다. 이러한 맥락에서 이 시기 충청지역의 교육은 여타 지방의 경우와 마찬가지로 백성을 敎化하는 일에 중점을 두면서 官學인 鄕校를 중심으로 이루어졌다.
 향교에서 교육활동은 주로 講學을 통하여 이루어졌는데, 이는 기본적으로 生員試와 進士試에 응시하기 위한 준비 과정을 의미했다. 政府는 향교에서 학업을 장려하기 위하여 몇 가지 勸獎策을 마련하여 『經國大典』에 법제화하였다.[1]

백성에 대한 敎化活動으로 손꼽을 만한 것은,『小學』・『孝經』・『三綱行實』과 같은 윤리서를 四書五經・『朱子家禮』 등의 서적과 함께 향교에서 중심 교재로 사용한 것과, 향교의 文廟에서 釋奠祭나 鄕射禮・鄕飮酒禮・養老禮와 같은 유교적 의례를 거행한 것 등이다.

중앙에 비교해 보면 지방의 교육이념은 敎育보다 敎化를 더욱 중시한 측면이 있는데, 이는 충청도의 경우도 예외가 아니다. 곧 鮮初 이래 향교의 일차적 교육기능은──성균관과는 달리── 일반 백성들의 敎化에 있었다.

조선 전기 충청지역의 단위 행정구역은 정3품의 牧使가 지방관으로 파견되는 4개의 牧, 종4품의 郡守가 파견되는 12개의 郡, 종5품의 縣令과 종6품의 縣監이 파견되는 38개의 縣으로 이루어져 있었다. 구체적으로는 忠州・淸州・公州・洪州가 4개 牧에 해당되었고, 林川・丹陽・淸風・泰安・韓山・舒川・沔川・天安・瑞山・槐山・沃川・溫陽이 12개 郡이었으며, 文義・鴻山・堤川・德山・平澤・稷山・懷仁・定山・靑陽・延豊・陰城・淸安・恩津・懷德・鎭岑・連山・尼山・大興・扶餘・石城・庇仁・藍浦・鎭川・結城・保寧・海美・唐津・新昌・禮山・木川・全義・燕岐・永春・報恩・永同・黃澗・靑山・牙山 등이 38개 縣이었다.2)

이에 맞추어 충청지역에는 4개의 牧과 12개의 郡, 38개의 縣에 향교가 각각 설치되어 모두 54개가 설립되었다.『經國大

---

1) 보다 자세한 것은『經國大典』, 卷3,「禮典」, 獎勸條를 참조할 것.

2)『經國大典』, 卷1,「吏典」,「外官職」條.

典』에 법제화된 바에 따르면, 충주향교·청주향교·공주향교·홍주향교는 牧에 설치된 향교로서, 敎授官으로는 종6품의 敎授가 각각 1명씩 파견되고 정원은 각각 90명이었으며, 임천향교·단양향교·청풍향교·태안향교·한산향교·서천향교·면천향교·천안향교·서산향교·괴산향교·옥천향교·온양향교는 郡에 설치된 향교로서, 교수관으로는 종9품의 訓導가 각각 1명씩 파견되고 정원은 각각 50명이었고, 문의향교·홍산향교·제천향교·덕산향교·평택향교·직산향교·회인향교·정산향교·청양향교·연풍향교·음성향교·청안향교·은진향교·회덕향교·진잠향교·연산향교·이산향교·대홍향교·부여향교·석성향교·비인향교·남포향교·진천향교·결성향교·보령향교·해미향교·당진향교·신창향교·예산향교·목천향교·전의향교·연기향교·영춘향교·보은향교·영동향교·황간향교·청산향교·아산향교는 縣에 설치된 향교로서, 교수관으로는 종9품의 訓導가 각각 1명씩 파견되고 정원은 각각 30명이었다.

법제에 따르면 충청지역 54개 향교의 학생수──額內校生의 수──는 모두 2,100명이었으며, 敎授官은 모두 교수 4명과 訓導 50명이 파견되도록 되어 있었다. 그러나 이러한 법제가 그대로 실현되지는 않았던 것으로 보인다. 그 이유로는 敎授官을 경시하는 풍조와 有資格 敎授官의 부족, 敎授官에 대한 人事上의 불이익 등으로 인하여 유능한 敎授官을 제대로 확보·파견할 수 없었던 점, 額內校生 외에 避役을 목적으로 한 상당수의 額外校生이 入屬하였던 점 등을 들 수 있다.

2) 忠淸地域 鄕校의 實態

☞ 本書 제2부 附錄: 忠淸地域의 鄕校, 書院, 祠宇를 參照할 것.

2. 교육사상

朝鮮 前期에 활동한 이 지역 출신의 儒學者로는 李穡(牧隱), 權近(陽村) 등을 들 수 있다. 이들의 사상이 後代에 까지 영향을 끼쳤을 것으로 생각되므로 이들의 교육사상을 먼저 살피고자 한다.

1) 李 穡

李穡은 충남 서천군 한산면 사람이다. 그는 일찍이 元나라에서 文科에 급제하여 翰林知制誥가 되었고, 귀국한 뒤로는 恭愍王 16년(1367) 成均館 大司成이 되었고, 이어서 禑王의 師傅, 춘추관사를 역임하였다. 그러나 그는 새 왕조에서는 仕官을 하지 않았다.

그는 成均館 大司成으로 재직하면서 학칙을 새로 정하고, 敎學의 내실을 期하면서 교육 예산을 增額하고 학생수도 늘렸다. 그 결과 成均館이 隆盛하고 性理學이 크게 일어났다.[3]

그는 儒敎 敎育을 '風化의 根源'이라고 생각하고, 학교 교육에 대해서 다음과 같이 논했다.

> 대저 國學은 風化의 근원이요, 인재는 政敎의 근본이다. 그 근본을 培養하지 않으면 枝葉이 반드시 마를 것이다. 그러므로 성인의 도를 흠모하고 학교를 일으킴은 바단 吾儒의 다행일 뿐 아니라 실은 生民들의 복이다. 그런데 옛날 학자는 聖賢 되기를 힘쓰더니, 지금의 학자들은 官祿 구하는 데만 전념한다. 그리하여 지나치게 章句를 彫琢하는 데 마음을 쓰느라 誠意正心하는 공부에 소홀하다.[4]

곧 그는 官祿을 위한 학문에서 벗어나 개인의 자기 완성과 수양을 위한 爲己之學을 할 것을 강조했고 이를 위해 교육방침을 바꿀 것을 주장했는데, 이를 달성할 수 있는 길은 朱子의 학문에 沈潛하는 것이었다.[5]

그는 科擧와 官爵, 一身의 榮達을 위한 학문을 탐탁하게 여기지 않았으므로, 科擧 외의 官職 任用制를 주장했는데 그것이 『高麗史』志 제28, 選擧 2에 보이는 단계별 평가에 따른 人才 登用論이다.

> 恭愍王 元年 4월에 進士 李穡이 상소하여 청하기를 지방에서는 鄕校와 중앙에서는 學堂에서 그 재능을 考査하여 12道에 올리고,

---

3) 孫仁銖, 『韓國敎育思想家評傳 I』(서울: 문음사, 1990), 108-109쪽.
4) 『高麗史』, 卷115, 列傳 28, 李穡條. 孫仁銖, 앞의 책, 105쪽에서 再引用.
5) 孫仁銖, 앞의 책, 106쪽.

12道에서는 다시 모아서 성균관에 올려 그 德藝에 등급을 매겨 禮部에 이를 바치면, 합격한 자는 例에 의해서 관직을 수여하고…….6)

곧 그는 교육의 일차적인 목표는 관리의 임용이 아니라, 인품과 학식을 갖춘 인재를 양성하는 데 있다고 생각하였으며, 학교가 관리 선발 기능의 일부를 담당할 것을 제안한 것이다.

2) 權 近

權近은 白頤正으로부터 李穡에 이르는 學統을 이어 충청지역의 유교적 전통을 수립하는 데 기여한 인물이다.

---

6) 孫仁銖, 앞의 책, 106쪽에서 再引用. 趙光祖와 李珥도 선비들의 학문이 科擧試驗 準備에 빠지는 것을 막기 위해서 科擧 外 登用 길을 열어 두려 하였다. 中宗 13년에 趙光祖가 발의한 賢良科는 外方에서는 監司가, 京中에서는 弘文館, 六卿, 臺諫이 才行 있는 자를 임금에게 추천하고, 임금이 택해서 쓰는 人才登用琺이며, 李珥가 논한 薦擧制는 科擧에 뜻을 두지 않아 초야에 묻혀 있는 능력 있는 사람을 吏曹와 兵曹로 하여금 발탁하게 하는 제도와, 지방의 우수한 選士(學生)를 州와 縣이 監司에게 보고하고 監司가 이를 禮曹에 보고하여 장차 그를 채용하게 하는 제도 등이다. 參照: 李東仁, 「趙光祖와 李珥의 社會改革思想 比較硏究」, 『社會科學論叢』7(충남대학교 사회과학연구소, 1996); 李東仁, 「栗谷의 敎育改革論」, 『儒學硏究』, 3(忠南大學校 儒學硏究所, 1995).

그는 延安鄕校記에서 "人才는 국가의 命脉이요, 聖敎는 인재의 元氣이다. 操存하고 확충하여 이 氣를 배양하면서 그 德을 이룬즉 인재의 盛으로 가히 王化를 아름답게 하고, 가히 世道를 옳게 할 것이다"는 말로 교육의 목적을 논하였으니, 곧 聖學(儒學, 性理學)을 가르침으로써 인재를 기르고, 그 인재로써 국가를 운영한다는 뜻으로 풀이할 수 있다.7)

權近에 대해서 주목할 점은, 孫仁銖가 지적했듯이, 그가『小學』을 重視한 점이다. 그는『小學』을 人倫世道에 가장 간절한 것으로 보고, 京外 敎授官들은 생도들에게 다른 經을 읽히기 전에 우선『小學』을 읽혀야 한다고 주장하였으며, 成均館에 입학하고자 하는 자에 대해서도 우선『小學』에 能通했는지 與否를 보아야 한다고 지적하였다.『小學』이 일상생활의 윤리, 도덕, 예절 등을 주로 언급한 책임에 비추어 權近이 학문의 실천적인 면을 중시하였음을 알 수 있다.

---

7) 延安鄕約의 引用文은 孫仁銖,『韓國敎育思想家評傳』I, 131쪽에서 再引用.

제4장 16~17세기 忠淸地域의 敎育

1. 교육기관 : 書院을 중심으로

1) 忠淸地域의 書院

초기의 書院들은 李滉이 主導하여 주로 慶尙道 지역에 건립되었다. 충청지역의 書院은 明宗 4년(1549) 報恩縣에 건립된 象賢書院에서 그 淵源을 찾을 수 있다. 이어서 光海君 3년(1611)에 韓山郡에 건립된 文獻書院, 仁祖 3년(1625)에 公州牧에 건립된 忠賢書院, 顯宗 원년(1660)에 淸州牧에 건립된 莘巷書院 등이 그 대표적인 것들이다.

2) 충청지역 書院의 실태

☞本書 제2부 附錄: 忠淸地域의 鄕校, 書院, 祠宇를 參照할 것.

2. 교육사상

　16, 17세기는 朝鮮 儒學의 開花期였으며 충청지역의 유학도 예외가 아니었다. 本節에서는 16~17세기에 활약한 충청지역의 대표적인 유학자들의 교육사상을 살펴보고자 한다. 이 시기에 활동한 대표적인 충청지역의 유학자로는 金長生, 金集, 宋時烈, 宋浚吉, 李惟泰, 尹拯 등이 있다. 그런데 金集, 宋時烈, 宋浚吉 등의 제자를 길러낸 충청지역의 영향력 있는 학자 金長生의 스승이 李珥이며, 李珥는 畿湖學派에 큰 영향을 끼친 학자로 인정되는 터이라, 우선 李珥의 교육사상을 살펴본 뒤 金長生 등 충청지역 유학자들의 교육사상을 살피고자 한다.[1]

---

[1] 忠淸地域 儒學思想의 主流였던 畿湖儒學은 李珥의 직·간접적인 영향을 받아서 형성된 것이다. 충청지역의 대유학자 金長生은 이이의 제자였으며, 金集, 宋時烈, 宋浚吉, 李惟泰 등이 金長生의 門에서 배출되었고, 尹宣擧와 尹拯도 李珥와 學脈이 닿는다. 참고: 충남대학교 유학연구소 편저, 『기호학파의 철학사상』, 서울: 예문서원, 1995; 黃義東, 『栗谷學의 先驅와 後裔』, 서울: 예문서원, 1999.

1) 李 珥

참된 학문: 李珥의 교육사상을 알기 위해서는 그의 學問觀을 이해할 필요가 있다. 李珥는 生活과 遊離되지 않은 實踐의 學問을 진정한 학문으로 간주했다. 곧 그에 의하면 學問이란 우리의 생활을 떠나서 따로 존재하는 것이 아니며, 나날의 일을 해나감에 마땅함을 얻는 것이다.

> 이른바 학문이란 단정하게 오똑히 앉아서 하루 종일 책을 읽는 것이 아니라 나날이 일을 해나감이 하나하나 이치에 맞는 것을 일컫는 것이다. 이제 독서는 하지만 나날이 일을 처리함이 이치에 맞는 것을 구하지 않는다면 어찌 이를 학문이라고 하겠는가.[2]

李珥에 의하면 學問은 실천을 위한 것이다. "선비가 이 세상에 태어나서 어려서부터 學問을 익히는 것은 장차 行하기 위한 것이다."[3]

---

2) 所謂學問者 亦非異常別件物事也 只是爲父當慈 爲子當孝 爲臣當忠 爲夫婦當別 爲兄弟當友 爲少者當敬長 爲朋友當有信 皆於日用動靜之間 隨事各得其當而已.「擊蒙要訣」,『栗谷全書』 2, 82쪽.

3) 士生斯世 自幼而學 將以有行也「贈柳應瑞治郡說」,『全書』 1, 248쪽. 李珥는 그가 존경하던 退溪 李滉이 학문에만 힘쓰고 그것을 行하기를 躊躇함을 아쉬워하였다. 謹按 大臣以道事君 不可則止 李滉以先朝遺老 旣復立朝 則當輔佐新王 知其不可然後乃退 而懇辭不已 其易所謂 量能度分安於不求知者歟…… 蓋滉學問精詳 人以大儒目之 望其輔幼主致太平 而

그가 학문의 실행을 바랐던 것은 그의 다음 말에 잘 나타난다.

> 만약 한 고을이나 한 郡이 足히 나의 공부한 바를 조금 시행할 만하다면 나는 사양하지 않으리라.4)

교육의 목표: 그는 개인이 타고난 잠재 능력의 최대한을 성취하는 것이 교육의 목표라고 생각했다. 인간의 본성은 虛靈不昧하여 그 타고난 바(稟受)에 얽매이지 않기 때문에, 인간은 修養과 敎育을 통해서 智와 賢에 도달할 수 있다는 것이다.5) 그는 학문하는 사람이 科擧에 마음을 빼앗기고(擧業奪志), 一身의 榮達을 꾀하는 限 교육이 제대로 이루어질 수 없다고 생각하였으며, 이에 대한 補完策으로는 ① 과거시험 위주의 관리 임용제도를 止揚하고 推薦制度를 활용할 것, ② 그러나 이 일은 하루아침에 이루어질 일이 아니므로 學者가 그 뜻을 펴기 위해서 과거 시험을 준비하는 것은 막을 수 없으나, 반드시 훌륭한 사람이 되기 위한 공부인 道學, 또는 理學 공부를 병행할 것 등을 들었다.6)

滉自謂無經濟才 故難進而易退如此.「經筵日記」(1),『栗谷全書』2, 105쪽.
4) 若一邑一郡 足以小施所蘊蓄 則吾不辭也.「答成浩原」(庚午),『栗谷全書』1, 192쪽.
5) 惟有心志 則可以變愚爲智 變不肖爲賢 此則心之虛靈不拘於稟受故也.「擊蒙要訣」,『栗谷全書』1, 82쪽.
6) 李珥는 과거시험 공부(科業)와 理學을 병행하는 것은 몸소 밭 갈고 품팔이해서 부모를 봉양하면서 공부하는 것보다는 훨씬 쉬운 일이니, 결코 過重한 부담이 아니라는 점을 강조했다. 科業雖與理學不同 亦是坐而讀書作文 其便於躬耕行傭負米不翅百倍 況有餘力可讀性理之書哉.「擊

科擧 及第가 뜻 있는 이(志士)가 汲汲할 바는 아니지만 또한 近世에 官職에 나아가는 通規이다.…… 科擧 應試를 免할 수 없으면 또한 당연히 誠心껏 공부할 것이요, 세월을 浪費해서는 아니 된다. 단 그 得失을 따져서 스스로 지키는 바를 잃어서는 아니 될 것이니, 늘 立身 行道하여 忠君報國할 생각을 품을 일이지, 구차하게 溫飽를 구해서는 아니 된다. 진실로 道에 뜻을 두어 게을리 하지 않고 나날이 道理를 따르지 아니함이 없다면, 科擧 工夫도 나날의 일(日用間一事)인데 實功에 무슨 害가 있겠는가.7)

李珥가 강조한 것은 교육의 지상목표는 아니지만 과거 합격이 立身 行道의 기회가 된다면 굳이 마다할 필요는 없다는 것이다. 단 그 利益을 위하여 자신의 信念과 節操를 바꾸어서는 아니 되고, 벼슬하는 것을 一身의 安樂을 위한 것으로 생각해서는 아니 된다는 것이다.

학문의 자세: 李珥는 「自警文」, 「擊蒙要訣」, 「學校模範」 등에서 학문하는 자세를 言及했는데, 그 要點은 立志, 革舊習, 居敬·窮理 등이다.

(1) **立志**: 立志는 李珥의 교육론의 핵심 이념을 이루고 있으니,8)

蒙要訣」, 『栗谷全書』 2, 90쪽.
7) 『栗谷全書』 2, 「學校模範」, 331쪽, "科第雖非志士所汲汲 亦近世入仕之通規.…… 如或觀國之光 不免應擧 則亦當以誠心做功 勿浪過時月 但不可以得失喪其所守 且常懷立身行道忠君報國之念 不可苟求溫飽而已 苟能志道不怠 日用無非徇理 則科業亦日用間一事也 何害於實功."
8) 崔承洵, 「栗谷의 敎學思想硏究」, 『江原大學 硏究論文集』 10(1976), 2-3

그는 「自警文」에서 스스로에게 경계하기를, "먼저 모름지기 그 뜻을 크게 해서 聖人을 準則으로 삼을 것이니, 터럭 한 올만큼이라도 聖人에 미치지 못하면 나의 일이 끝난 것이 아니다"고 하여 자기 완성을 향해 뜻을 굳게 세울 것을 결의하였고,9) 「聖學輯要」에서는, "학문에서 가장 먼저 해야 하는 것은 立志이니, 뜻을 세우지 않고 일을 이룬 사람은 없었다"고 하여 학문을 하는 데 가장 먼저 힘써야 할 것이 立志임을 밝혔다.10) 李珥는 어떤 사람이 타고난 기질이 설령 흐리고 雜駁하다고 하더라도, 그의 노력에 의해서 맑고 순수한 기질을 회복해서 어리석음을 밝음으로, 柔弱함을 剛健함으로 바꿈으로써 聖人과 같아질 수 있는 것인데, 그 첫 단계는 뜻을 곧게 세우는 것이라고 가르쳤다.

(2) 革舊習과 持身: 학문을 하는 자는 마음을 道에 두고 學問에

쪽 參照.

9) 先須大其志 以聖人爲準則 一毫不及聖人 則吾事未了.「自警文」,『全書』1, 300쪽.

10)『栗谷全書』1,「聖學輯要」, 428쪽, "學莫先乎立志 未有志不立而能成功者." 그는 또「學校模範」에서는 "學者先須立志 以道自任"이라고 말했다.『栗谷全書』1,「學校模範」, 330쪽. 그는「擊蒙要訣」에서 初學들에게 먼저 뜻을 높고 굳게 세울 것을 권했다. "初學은 모름지기 먼저 뜻을 세워야 할 것이니, 반드시 聖人으로 스스로 期約하되 터럭 한 올만큼도 물러서고 미루려는 생각을 가져서는 아니 된다. 무릇 衆人과 聖人이 그 本性에서 차이가 나는 것이 아니다. 비록 氣質이 맑고 흐리고 순수하고 잡박한 차이는 없을 수 없으나, 진실로 능히 참되게 알고 실천하며 그 때묻은 것을 버리고 원래의 性初을 회복한다면 털끝만큼도 보태지 않아도 온갖 善이 두루 갖추어질 것이다. 衆人이 어찌 聖人으로 스스로 期約하지 않겠는가!"『栗谷全書』2,「擊蒙要訣」, 82쪽.

두어야지 세속의 일에 두어서는 아니 된다. "학문하는 자는 반드시 성의껏 道를 향해야 할 것이니, 世俗의 잡다한 일로 그 뜻을 어지럽히지 않은 연후에 학문의 기초가 잡히게 된다."11) 이를 위해서 우선 게으르고, 방종하고, 남과 휩쓸리기를 좋아하고, 부귀와 명예를 탐하고, 節度 없이 즐기고 욕심 내는 묵은 습관을 버려야 하며, 자신이 色, 利, 名譽, 仕宦, 安逸, 宴樂을 좋아하는 것이 아닌지 스스로를 撿察해 보아야 한다. 공부하는 사람이 가져야 할 태도는 禮가 아니면 보지도, 듣지도, 말하지도, 행동하지도 않는 克己의 마음가짐이며, 학자는 外物의 유혹에 넘어가서는 아니 된다.

(3) 居敬・窮理・力行과 讀書: 李珥는 학문의 태도로 居敬을, 학문의 방법으로 窮理를, 학문의 功效로 力行을 강조했다. "居敬함으로써 (학문의) 근본을 세우고, 窮理함으로써 善에 밝아지고, 힘써 行함으로써 그 內實을 實踐한다."12) 窮理하여 善에 밝게 되면 가야 할 길이 눈앞에 밝게 드러나게 마련이니, "道에 들어가는 데에는 窮理보다 앞서는 것이 없고, 窮理에는 讀書보다 앞서는 것이 없다. 왜냐하면 책에는 聖賢이 마음쓴 자취와 善과 惡의 본받거나 경계할 점들이 모두 들어 있기 때문이다.13) 李珥가 권장한 독서의 방법은 많이 읽기를 힘써 바삐 넘기는 것이 아니라 한 책을 熟讀하여 그 뜻에 통달하고 의심나는 것이 없어진 후에 다른

---

11) 『栗谷全書』 1, 「擊蒙要訣」, 83쪽.
12) 『栗谷全書』 2, 「擊蒙要訣」, 84쪽, "居敬以立其本 窮理以明乎善 力行以踐其實."
13) 『栗谷全書』 2, 「擊蒙要訣」, 84쪽.

책으로 옮기는 것이다. 그 뜻을 깊이 깨우친 뒤에는 실천의 방안을 모색해야 하며, "만약 입으로는 책을 읽되 마음으로 체득함도, 몸으로 행함도 없다면, 책은 그대로 책이고 나는 그대로 나이니 무슨 유익함이 있겠는가(書自書 我自我 何益之有)?"[14]

2) 金長生

金長生은 李珥의 門下로서 20세에 李珥에게 나아가 성리학을 배웠고, 그 후 海州 石潭에 가서 李珥를 모시고 학문에 精進하였다.[15] 그는 스승 李珥가 시작한 『小學集註』를 1601년에 완성하고 跋文을 붙였는데, 그의 『小學』에 대한 관심은 그의 예학과 교육으로 이어진다.[16] 그는 77세가 되던 해(仁祖 2年) 司憲府 집의를 辭하면서 「陳十三事疏」를 임금에게 올렸는데 그 중 한 條目이 講小學(小學을 講할 것)이다. 金長生이 『小學』을 강조한 것은 그가 金宏弼, 趙光祖, 李珥로 이어지는 士林의 脈을 잇고 있음과, 학문을 함에 일상생활에서 실천하는 것을 중시하였음을 말해 준다.

그는 우리나라 道學의 脈이 鄭夢周, 金宏弼, 趙光祖, 李滉, 李珥로 이어진다고 보고, 그 중 특히 李珥야말로 通徹함에 찌꺼기가 없고, 眞知를 실천함이 聖人의 宗旨를 얻었으며, 그 言行을 보면 瑕尤가

---

14) 『栗谷全書』 2, 「擊蒙要訣」, 84쪽.

15) 그 전에는 일찍이 13세 때 宋翼弼에게 나아가, 『近思錄』을 읽고 禮學을 배웠다.

16) 孫仁銖, 『韓國敎育思想家評傳 I』(서울: 문음사, 1990), 106쪽.

없고 行함에 時宜를 얻었으니, 이 땅에 道脈을 無窮히 전할 사람은 李珥라고 칭송하였다.17) 곧 金長生은 鄭夢周, 金宏弼, 趙光祖, 李珥로 이어지는 한국의 정통 性理學의 脈을 이은 것이다.

諡狀에 따르면, 金長生은 학문을 함에 한결같이 程朱로써 準則을 삼았으며, 敬을 爲主로 하여(主敬) 근본을 세우고, 窮理함으로써 知에 다다르고, 힘써 행함으로써(力行) 실천하고자 하였다.18) 곧 그는 학문의 뜻을 敬을 위주로 한 修養과, 窮理·格物을 통한 致知와 그것을 實踐하는 세 가지로 본 것이다. 그의 學問觀은 爲人之學을 강조하되, 실행/실천 없는 학문은 무의미하다고 본 李珥의 學問觀을 잇고 있음을 알 수 있다. 그의 학문적 특성은 李珥와 같은 "博學에 있는 것이 아니라, 行用에서 認識으로 가는 實踐 中心의 禮學"에 있다는 裵相賢의 지적은 그의 학문에서 實踐과 禮學이 차지하는 比重을 말해 준다.19)

吳錫源이 제시한 金長生의 經學思想의 특징은 다음과 같다.

(1) 小學을 중시하여 평생의 준칙으로 삼아 실천했다.
(2) 經典의 이해에서 實證的이고 考證的인 客觀的 學問 精神을

---

17) 『沙溪全書』, 卷48, 「行狀」, "至如明白純粹, 通徹無滓, 眞知實踐 得聖人宗旨 考之言行而無瑕尤 措之事業而合時宜 出處以正 進退以義…… 壽道脈於無窮者 惟栗谷先生一人而已."

18) 『沙溪全書』, 卷49, 「諡狀」, "其爲學 一以程朱爲準 則主敬以立其本 窮理以致其知 力行以踐其實 三者爲終身事業." 參考: 高大爀, 「沙溪 金長生의 敎育思想」, 『沙溪思想硏究』(社團法人 沙溪·愼獨齋兩先生記念事業會 編·刊, 1991), 329-351쪽.

19) 裵相賢, 「尤庵 宋時烈의 禮學攷」, 『尤庵思想硏究論叢』, 斯文學會 編(서울: 태학사, 1992), 20쪽.

보였다.

(3) 先賢의 說을 墨守하지 않고 주체적인 학문적 태도를 견지했다.
(4) 後生의 說이라도 장점이 있으면 수용하였다.[20]

3) 宋時烈

宋時烈은 學問의 출발점을 修養에 두었다. 그는 '修身은 政事의 근본'이라 하고 학문을 함으로써 마음을 바로잡아야 한다고 주장했다(勉學以正心). 그는 학문의 의미를 '主敬以存之'와 '講學以明之'에서 찾았는데, 前者는 그의 修養論, 곧 誠意와 正心을 말하고, 後者는 格物과 致知를 뜻하는 것으로 해석된다.

宋時烈은 敬과 함께 直을 강조했다.『周易』坤卦에 敬以直內, 義以方外라고 했듯이 그는 義는 直의 표현이라고 본 것이다. 孫仁銖는 宋時烈이 孔子, 孟子, 朱子의 가르침 가운데에서 공통의 것이 直이라고 생각하고, 直을 교육사상으로서 전수하려 하였다고 지적하였다.[21]

沈伯綱은 「尤庵 宋時烈先生의 敎育思想」이라는 논문에서, 宋時

---

[20] 吳錫源,「沙溪 金長生의 經學思想」,『東洋哲學硏究』, 제10집, 斯文學會 編(서울: 태학사, 1992), 20쪽.

[21] 곧 宋時烈은 孔子가 말한 "人之生也直," 孟子의 浩然之氣(以直培養而無害), 朱子가 마지막으로 말한 "天地之所以生萬物, 聖人之所以應萬事, 直而已" 등에서 동일한 心法이 드러남을 지적했다. 孫仁銖,『韓國敎育思想家評傳 I』, 345쪽.

烈이 말한 교육의 목표를 ① 人間性의 回復, ② 直의 實現(정직한 삶의 구현), ③ 人格을 갖춘 君子의 세 가지로 정리했다. 宋時烈이 朱熹의 尤溪縣學之記를 인용하여, "聖人이 敎를 세운 것은 사람들로 하여금 그 본성을 잃지 않게 하려 함이라" 한 것은 '人間性의 回復'을 뜻하는 것으로 풀이될 수 있다.22) 宋時烈이 孔子, 孟子, 朱子의 가르침 가운데에서 공통의 것이 直이라고 생각하고, 直을 교육사상의 要諦로 간주했다는 것은 위에서 살핀 바와 같다.23) 또 沈伯綱은 宋時烈이 曾孫子 一源 등에게 보낸 편지글에서 "너희들은…… 반드시 君子가 되어야지, 小人이 되어서는 아니 된다"고 한 말을 인용하여, 宋時烈이 생각한 교육의 목표 가운데 하나는 인격을 갖춘 君子가 되는 것이라고 주장했다.24)

宋時烈은 비교적 명확한 敎育 方法論을 제시했다. 學問은 그 要領을 터득해야 실효를 거둘 수 있으며, 요령을 터득하지 못하면 하루 종일 공부를 한다 해도 罔然히 얻는 바가 없다.25) 그런데 그 要領이란 朱熹의 글에서처럼 명확히 드러나는 바가 없는데, 곧 "講學함으로써 그 理致를 밝히고, 힘써 그 內容(實)을 實踐하는

---

22) 『宋子大全』, 卷140, 記, 「南陽縣學明倫堂記」, "聖王立學以敎…… 皆使有以不失其性"; 沈伯綱, 「尤庵 宋時烈先生의 敎育思想」, 『宋子學論叢』, 第2輯(忠南大學校 宋子硏究所, 1995), 474-475쪽.

23) 『宋子大全』, 卷134, 雜著, 「示諸子孫姪孫等」.

24) 『宋子大全』, 卷128, 書, 「寄一源兼示諸曾」, 598쪽, "汝等 必爲君子 而不爲小人."

25) 『宋子大全』, 卷138, 序, 「送許樂而瑩叔序」, 47쪽, "學問之道 不得其要 則終日從事 而終於罔然而無得也." 沈伯綱, 「尤庵 宋時烈先生의 敎育思想」, 『宋子學論叢』, 第2輯, 478쪽에서 再引用.

것"(講學以明其理, 力行以踐其實)이 그 要諦이다.26) 만약 힘써 행하되 학문을 하지 않으면 聖賢이 남긴 法度를 모르고, 事理의 당연함을 알 수 없어서 行爲가 私意에서 나온 것이 되니, 篤志力行에만 의지하지 말고 讀書窮理에 힘써야 한다.27)

宋時烈이 窮理, 力行과 함께 강조한 學問의 자세는 居敬이다. 오직 敬의 자세를 견지할 때 學問은 그 시작과 끝이 있게 된다. 宋時烈은 朱熹와 李珥도 오직 窮理·實踐·居敬의 방법으로 제자들을 가르쳤다고 지적하였다.28)

4) 李惟泰

충청지역의 대표적인 山林의 한 사람인 李惟泰의 학문은 李珥→金長生→金集의 脈을 잇고 있으므로 그의 교육사상은 李珥의 사상이 그 기본 틀을 이루고 있다. 우리는 그가 顯宗 元年(1660) 조정에 제출한 己亥封事와 鄕約(草廬鄕約)에서 그의 교육사상의 一端을 알아볼 수 있다.

---

26) 『宋子大全』, 卷135, 雜著, 「李啓晩字說」, 706쪽, "自孔孟以至程朱 論學之訓備矣 然其要 莫若朱夫子 講學以明其理, 力行以踐其實 兩句而已." 沈伯綱, 「尤庵 宋時烈先生의 敎育思想」, 『宋子學論叢』, 第2輯, 478쪽에서 再引用.

27) 『宋子大全』, 卷138, 序, 「送朴大叔北歸序」, 43쪽; 沈伯綱, 「尤庵 宋時烈先生의 敎育思想」, 『宋子學論叢』, 第2輯, 479쪽 參照.

28) 『宋子大全』, 卷141, 記, 「吉州溟州書院記」, 112쪽; 沈伯綱, 「尤庵 宋時烈先生의 敎育思想」, 『宋子學論叢』, 第2輯, 480쪽 參照.

그는 封事에서 폐단을 없애는 길로 ① 正風俗, ② 養人材, ③ 革舊弊의 세 가지를 제시했다. 그는 養人材의 細目으로 學校, 延英院, 科擧, 五衛, 軍資別倉을 논하였는데, 그 중 '延英院'이라 함은 원래 程子가 말한 것으로 公論에 따라 추천된 사람과 지방의 賢人들을 招致하여 講學하다가 才識에 맞는 관직에 임용하게 하는 機關을 말한다. 그는 또 科擧에 대해서 말하기를, 인재 등용은 반드시 試才를 통해야 하며, 科擧試驗에서 詞章보다 講經을 중시하여야 하며, 武科에서도 講經이 있듯이 文科 試驗에도 射帿 등의 技藝를 포함시켜야 한다고 하였다. 곧 李惟泰는 학문은 詞章보다 經學이 優先해야 하고, 학문의 목적이 오직 科擧 合格뿐이어서는 아니 되며, 따라서 未出身者(科擧에 합격하지 않은 사람)도 등용될 수 있는 길을 열어 놓아야 한다는 李珥의 사상을 계승한 것이다.29)

鄕約에서 李惟泰는 蒙齋訓戒, 學校模範, 擇師養士之規를 두어 교육에 대한 그의 견해를 피력했다. 蒙齋訓戒는 글자 그대로 童蒙에 대한 訓戒로 灑掃應對進退 등 일상생활의 제반 局面에서 童蒙이 해야 할 행동(禮節)을 記述했다.

學校模範은 立志, 撿身, 讀書, 愼言, 存心, 事親, 事師, 擇友, 居家, 接人, 應擧, 守義, 尙忠, 篤敬, 居學, 讀法 등 16개 조항에 걸쳐 學者의 마땅한 태도와 행동을 記述해 놓았는데, 그 항목과 순서와 내용이 사실상 李珥의 學校模範과 동일하다.30)

擇師養士之規는 스승(敎官)의 선발과 평가, 학생(校生)에 대한 監

---

29) 이해준 編著, 『草廬 李惟泰의 鄕約과 庭訓』(서울: 신서원, 1998) 24쪽.
30) 『栗谷全書』 2, 「學校模範」, 329-333쪽.

督과 待遇, 科擧應試, 學行 있는 자를 추천하는 제도 등에 관한 규칙으로 되어 있다.

李惟泰는 小學을 중시한 士林의 전통을 이어 일상생활의 윤리규범을 중시하고, 利보다도 義를 취하는 마음으로 공부하여야 할 것임을 강조했다. 선비는 科擧보다도 道學에 뜻을 두어야 하지만, 진실로 學問에 뜻을 두고 道學에 게으르지 않다면 科擧 工夫와 應試도 現實의 일이니 實功에 해로운 것이 아니라는 것이 李惟泰의 생각이었다.31)

5) 尹 拯

尹拯은 金長生→宋時烈 등으로 이어지는 당시 충청지역 儒學의 學脈에서 다소 벗어난 점이 있다. 그 또한 한때는 宋時烈의 제자였지만 父親(尹宣擧)의 墓文事件으로 인해 宋時烈과 疏遠해지고, 肅宗 초 '辛酉擬書'를 계기로 師弟의 誼가 끊어지기에 이르렀다. 그는 李滉→成渾→尹宣擧로 이어지는 家學을 충실히 계승하였다. 그는 학문의 방법으로 成渾의 持敬·講學·省察에 李珥의 立志와 務實을 더하였으며, 初學에게 李珥의 『擊蒙要訣』, 『聖學輯要』와 함께 成渾의 『爲學之方』을 먼저 읽을 것을 勸했다.

그는 思辨的인 철학보다는 '務實'을 강조하며 實踐躬行에 힘썼다. 학문을 함에 立志가 없으면 시작이 없고 務實이 아니면 마침이 없다. 그러나 務實 자체가 학문의 목표가 되는 것은 아니다.

---

31) 이는 또한 李珥의 생각이기도 했다. 『栗谷全書』 2, 「學校模範」, 331쪽.

『擊蒙要訣』과 『聖學輯要』는 모두 立志로써 首章을 삼았다. 이는 대개 이 志가 있은 연후에 그 일을 할 수 있는 것이기 때문이다. 그런데 비록 그 일을 한다 할지라도 誠으로 하지 않으면 이룰 수 없기 때문에 務實하고자 하는 것이지, 務實로써 학문의 終着點을 삼거나 학문의 極功을 삼는 것은 아니다.32)

李珥는 "實理·實心을 일컫는 것은 誠을 말하는 것에 不過하다"고 하였거니와, 尹拯의 務實사상은 李珥의 誠사상을 계승한 것이다. 그는 "어찌 오늘 格物하고 내일 誠意할 수 있겠는가"라고 하여 誠意와 관계없는 格物은 없다고 하고, 日常生活에서 誠實 工夫의 대상이 아닌 것이 없다고 할 만큼 誠을 중시하였다.33)

3. 民衆 敎化

조선시대의 교육기관으로는 官學과 私學이 그 기본 골격을 이루었듯이, 교육 내용으로는 관리를 포함한 사회 지도자의 양성과 對民敎化가 두 軸을 이루었다. 政府는 건국 초부터 민중 교화를

---

32) 『明齋遺稿』, 卷26, 「答或人, 10쪽, "擊蒙要訣及聖學輯要 皆以立志爲首章 蓋有是志然後 方可爲其事故也 雖爲其事 不以誠則不能成 故欲其務實 非以務實爲學之終也 亦非以爲學之極功也."

33) 崔英成, 『韓國儒學思想史 Ⅲ(朝鮮後期編 上)』(서울: 아세아문화사, 1995), 137쪽.

중요시하여 민중을 교화하기 위한 각종 典籍을 발간한 것은 앞에서 살펴본 바와 같다. 교육기관을 서울과 지방으로 나누어 본다면 서울의 교육기관은 관리 양성의 구실이 큰 데 비해, 지방의 鄕校, 書院은 民衆 敎化의 기능이 상대적으로 컸다.

또한 충청지역의 여러 儒學者들은 民衆 敎化의 一環으로 향약을 시행하려 하였는데, 우리는 鄕約을 검토함으로써 儒學者들이 생각한 民衆 敎化의 방향을 알 수 있다. 우리는 忠淸地域의 鄕約에 대한 검토를 李珥의 西原鄕約으로부터 시작하려 한다. 그 이유는 두 가지이다. 첫째, 李珥는 畿湖學派의 사상의 源流라고 할 만큼 이 學派에 깊이 영향을 끼친 思想家이다. 둘째, 李珥가 西原鄕約을 실시한 곳은 淸州이며 시기는 宣祖 4년, 그가 淸州牧使로 재직하던 때이니(36歲), 우리가 그의 향약을 살펴보는 것은 지역적으로도 충분한 이유가 있다.

1) 李珥와 西原鄕約

李珥는 백성을 敎化하고 風俗을 醇化(化民成俗)하기 위한 방법으로 鄕約을 진흥시킬 것을 주장했음에도 불구하고 그 施行에 대해서는 매우 愼重했다. 弊政을 개혁함이 없이 鄕約만을 즉시 시행하려 한다면 實效도 없고 民弊만 加重시킬 수 있기 때문에, 향약을 실시하기 전에 弊政을 개혁할 것을 주장했다.[34] 단, 그는

---

34) 『栗谷全書』 1, 「經筵日記」, 146쪽, "況今季世民陷塗炭 失其恒心……閭里豪强旁緣鄕約必貽小民之患 誰得以撿制乎 若行鄕約 則民必益困矣

鄕約의 실시가 가능하다고 판단한 지역에 대해서는 이를 실시하려고 하였으니, 그는 일찍이 明宗 15年에 成守琛, 白仁傑 등과 함께 「坡州鄕約」을 作成하고 그 序文을 썼고, 淸州牧使로 在職중이던 宣祖 4年에 「西原鄕約」을 만들었고, 宣祖 10年에는 「海州鄕約」을 만들었다.35)

鄕約의 目標는 앞서 말했듯이 化民成俗, 즉 백성에게 儒家의 가르침을 널리 퍼뜨려서 그들을 敎化시키고 그럼으로써 아름다운 風俗을 기르는 것이다. 鄕約의 가르침의 중요 내용은 흔히 德業相勸, 過失相規, 禮俗相交, 患難相恤로 要約되며,36) 백성에게 禮儀와 협동정신을 기르게 해서 살기 좋은 共同體를 만드는 데 그 意義가 있다. 그는 「西原鄕約」에서 다음과 같이 鄕約의 意義를 논했다.

> 鄕約은 오래 된 것이다. 한 동네 사람들이 도적을 지키는 데 서로 돕고, 질병에 서로를 救濟하고, 出入에 서로를 붙들어 주고, 또 子弟들로 하여금 家塾・黨庠・州序에서 가르침을 받아 孝悌의 義理를 두터이 하게 한다. 三代에 정치가 隆盛하고 풍속이 아름다웠던 것은 바로 이 때문이다.37)

…… 徒知慕古 不度時宜 不知治道有本末緩急 而乃欲以鄕約挽回末俗以升大猷 不亦謬哉."

35) 金武鎭, 「栗谷鄕約의 社會的 性格」, 『學林』 5(延世大學校, 1983), 26-30쪽 參照.

36) 『栗谷全書』 1, 「西原鄕約」, 立議, 340쪽, "余…… 遂採前規 參以呂氏鄕約 煩者簡之 疎者密之 更爲條約." 同 增損呂氏鄕約文 參照.

37) 『栗谷全書』 1, 「西原鄕約」, 340쪽, "鄕約古也 同井之人 守望相助 疾病

金武鎭이 지적했듯이 儒家의 가르침에 따른 敎化와 鄕村 自治는 李珥 鄕約의 주요 기능이다.38) 鄕約에 의한 敎化의 중요한 특징은 그것이 日常生活의 場 안에서 日常的인 행동에 관해서 報賞 또는 制裁를 隨伴해서 이루어진다는 점이다. 「西原鄕約」에서는 有司, 色掌, 別撿은 善惡籍을 管掌하고 들은 바에 따라 事實대로 기록하게 되어 있었다.39) 이러한 방법은 매우 번거롭고 일부 鄕人에게 不滿을 살 만한 일이었겠지만, 사회적으로 바람직한 행동을 內面化하는 데는 상당히 효과적이었으리라고 생각된다.

2) 宋時烈과 懷德鄕約

宋時烈·宋浚吉·宋奎濂 등은 이미 懷德鄕約의 舊案을 대신할 新案을 작성하였는데, 그 源泉은 呂氏鄕約으로 볼 수 있다. 이 新案에서도 呂氏鄕約의 경우처럼 德業相勸, 過失相規, 禮俗相交, 患難相恤을 4대 강령으로 삼고 있고, 가입자, 德行이 있는 자, 過失이 있는 자의 명부를 따로 작성하도록 하였다.

德業相勸의 細目은 見善必行 등 31개 條인데 行善者와 行惡者를

相救 出入相扶 且使子弟受於家塾黨庠州序 以敦孝悌之義 三代之治隆俗美 良由是焉."

38) 金武鎭은 여기에 身分制 維持라는 또 하나의 機能을 덧붙인다. 金武鎭, 「栗谷 鄕約의 社會的 性格」, 『學林』, 第5輯(1983), 37-50쪽.

39) 『栗谷全書』 1, 「西原鄕約」, 340쪽, "有司色掌別撿掌其籍隨所聞從實記之."

모두 善惡簿에 올리고, 특히 선행자는 官에 보고하여 포상을 받게 하였다.

過失相規는 不孝父母, 不知兄弟 등 20개 조목으로 되어 있고, 친족 내 悖倫·無秩序 등을 警戒하고 또 稅金逋脫, 隱結耕食 등을 금지했는데, 이는 특히 懷德 지방의 실정에 맞추어 조목을 제정한 것으로 평가된다. 過失相規의 내용을 조금 더 상세히 보면, 同約人들은 서로를 깨우쳐 주되, 작은 과오는 공개 謝過하게 하고, 改悛한 자는 鄕籍에 올리되, 끝까지 改悛하지 않는 자는 경중에 따라 9개 벌칙으로 다스리고(上上, 上下 등), 큰 죄를 지은 자는 관청에 고발하여 그 죄를 다스리도록 규정되어 있다.

禮俗相交는 長者에 대한 禮遇와 哀慶事에 관한 相互扶助를 규정한 것이다. 規定에 따르면 개인을 중심으로 30세 이상 年上인 者는 尊者, 20세 이상 年長이면 長者, 나이가 많거나 적기가 10년 이하인 者는 敵者, 20세 이하 年下者는 少者, 나이가 10세 이하인 자는 幼者라고 稱하게 되어 있었는데, 그 중 長者에 대한 禮遇가 규정의 중심이었다. 哀慶事의 相助 규정에 따르면 婚事에는 닭이나 꿩을 扶助하고, 下人 중 60세가 넘는 사람은 役事를 면제해 주고, 父母喪에는 有司가 이를 즉시 알리는 한편 스스로 護喪이 되어 葬禮를 돌보아 주고, 三年喪이 지난 후에는 同約人들이 모여서 위로하여 주도록 되어 있다.

患難相恤에 관한 조항은 水火, 疾病, 孤弱, 誣狂, 貧乏 등에 관해 서로 돕도록 규정한 것이다. 水火의 환난에 대해서는 재난의 정도에 따라 15명에서 30명을 出役시켜 돕게 하였고, 疾病에 대해서는 가벼운 경우 問病을 하고 심각한 경우 藥을 지어 주어 돌보게 하였으며,40) 孤弱者의 경우 自力이 있는 자는 자립하도록 돕고, 이들을 侵欺하는 자는 官家에 告하고, 수절 과부는 특별히 보호하도록 규정되었고, 誣告者는 관가에 告하고, 安貧樂道하는 가난한 회원은 돌보아 주도록 약정되었다.

우리는 宋時烈의 懷德鄕約에서 그가 국가의 기본 단위로서 鄕을 重視한 점과 국민 개개인의 修養을 重視한 점을 알 수 있다.[41]

3) 草廬鄕約과 李惟泰

李惟泰는 顯宗 元年(1660) 조정에 제출한 己亥封事에서 나라의 풍속을 바르게 하는 방안(正風俗)으로 ① 鄕約, ② 五家統, ③ 社倉을 제시하였으며, 그는 封事를 작성하면서 동시에 별도로 鄕約을 작성하였다. 그가 국가의 새 기풍을 振作시키는 방안으로 鄕約을 중시했음을 알 수 있다.

草廬鄕約은 율곡의 鄕約 중 海州鄕約과 社倉契約束을 모범으로 해서 초안된 것이나 그 複製版은 아니다. 이를테면 李珥의 海州鄕約은 士族들만 참여하는 鄕約임에 반하여 草廬의 향약은 上下가 함께 參與하는 鄕約이기 때문에, 士族과 下人의 차별적 적용이 필요한 부분을 보완하였다.[42] 또 중요한 차이는 이해준이 지적했듯

---

40) 뿐만 아니라 有司는 病家 소유의 田畓에 播種, 除草, 收穫 등 제반사를 돌보아 주어야 한다.

41) 成周鐸, 「尤庵 宋時烈과 懷德鄕案」, 『韓國史論』 8(서울: 國史編纂委員會, 1981) 參照.

42) 이해준 編著, 『草廬 李惟泰의 鄕約과 庭訓』, 75쪽.

이 지방 실정에 맞는 개별 향약으로 구상되거나 시행된 李珥의 鄕約과는 달리 "草廬鄕約은 전국적으로 시행하기 위한 구상이었고, 단순한 敎化의 차원이 아닌 지방 향촌조직의 개편 의도가 반영"되어 있었다는 점이다.43)

草廬鄕約의 내용은 呂氏鄕約의 4대 綱目이 중심이 되어 있고, 세부 조목으로는 李珥의 海州鄕約과 海州 社倉契約束이 활용되었다. 德業相勸으로는 孝道, 忠誠, 友愛, 年長者에 대한 恭敬, 男女間의 禮儀, 성실성과 신의, 자녀 교육의 방법, 淸廉과 寡慾, 약속의 실천 등에 대해서 언급했고, 過失相規는 "몸을 가지는 데 삼가지 않고, 윗사람을 섬기는 데 禮가 없으며, 約令을 따르지 않는 것 등"을 가리키는데,44) 그 구체적인 내용으로는 父母, 親族, 配偶者 등 家族員 내지 親族員을 잘못 대하는 것, 下人이 上典이나 士族에게 잘못 대하는 것, 남녀간에 예의를 잃는 일과 性犯罪, 士人이 사사로이 아랫사람을 때리는 경우 등이 포함되어 있다. 이들 규정에서 우리가 알 수 있는 것은 이 鄕約은 儒敎理念에 걸맞게 가족·친족 내의 윤리를 중시하였으며, 오늘날 우리가 보기에는 風俗事犯에 불과한 행위를 큰 過失로 보는 등 道德을 강조하였고, 아랫사람의 윗사람에 대한 道理, 下人의 上典과 士族에 대한 도리뿐 아니라 윗사람의 아랫사람에 대한 도리 및 士族의 下人에 대한 道理를 규정하는 등 倫理를 호혜적인 觀點에서 다루었다는 점이다.

다음, 禮俗相交에 관한 규정은 長幼(尊幼) 사이의 예절, 主賓 사

---

43) 이해준 編著, 위의 책, 75-76쪽.
44) 이해준 編著, 위의 책, 93쪽.

이의 예절, 慶弔事의 예절이 주요 내용이고, 患難相救의 규정은 水火, 도적, 疾病, 喪, 孤弱, 謀陷 등의 경우 돕는 방안을 포함하고 있는데, 그 밖에도 約中에 가난하거나 婚期 놓친 여자를 도울 방안도 제시되어 있다.

4) 宋浚吉과 鄕學之規

宋浚吉은 孝宗 10年 왕명에 따라 「書堂學規」를 제정하였으니, 이것이 곧 鄕學之規이다. 여기서 그는 書堂의 교육적 寄與를 인정하고, 守令이 각 書堂의 감사·교양관들과 學徒들을 考講하여 성적이 우수한 學徒, 교양관에게 賞을 주거나 昇進시키고, 師長에게도 戶役을 감해 줄 것을 규정했다. 이는 書堂이 私設 교육기관이었지만 민중을 교육·교화하는 機能을 인정하여, 국가가 이를 장려한 것으로 풀이된다. 孫仁銖가 지적한 대로, "이처럼 서당을 장려하는 학규가 있었기 때문에, 비록 조선시대의 서당이 초등 정도의 교육기관이었으나, 국민 대중의 문자 교육과 그 마을의 道德的·禮讓的 향풍을 수립하고 순화할 수" 있었다.[45]

---

45) 孫仁銖, 『韓國敎育思想家評傳 I』, 331쪽.

제5장 結論

　조선시대 충청지역의 儒學은 士林, 특히 李珥의 학문적 전통을 이어받아 禮學을 꽃피웠다는 특징이 있고, 교육도 이러한 전통에 맞추어 이루어졌다.
　士林은 나아가 벼슬하는 것을 귀하게 여기지 않고 自身의 修養과 후진의 교육에 힘썼다. 따라서 士林은 개인의 윤리규범에 엄격하였으며, 일상생활의 倫理 規範書인『小學』을 중시하였다. 물론 조선의 官學에서도『小學』을 必讀圖書로서 重視하였지만, 著名한 士林인 金宗直, 金宏弼 등이『小學』을 聖學의 출발점으로 대단히 중요시한 것은 유명한 일이다.
　충청지역의 유학자도 이러한 전통을 이어받았다. 金長生, 金集, 宋時烈을 포함한 충청지역의 주요 禮學者들이 모두『小學』을 중시하였다.
　『小學』을 중시한 것과 禮學을 중시하고 實踐을 중시한 것은 同一한 脈絡을 갖는다.『小學』은 일상생활의 倫理規範을 다룬 것이고, 禮學은 그 윤리규범의 마땅함에 관한 論議이고, 또 禮란 일상 생활에서 실천을 의미하기 때문이다(禮, 履也). 이는 충청지역의 儒者들이 思辨的인 性理學과 理氣說보다도 그 실천에 더욱 관심을 가졌음을 의미한다.

　이 지역 유학자들은 일상생활의 처신과 禮行에 큰 관심을 가졌기에 그 바탕이 되는 마음가짐도 강조했다. 그 마음가짐의 중심적인 개념은 敬이다. 修養의 중요 원리로서 敬을 강조한 것은 金長生, 宋浚吉, 宋時烈 등 이 지역 名儒들의 공통점이었다. 앞에서 우리는 金長生이 학문을 함에 敬을 爲主로 하여(主敬) 근본을 세우고, 窮理함으로써 知에 다다르고, 힘써 행함으로써(力行) 실천하고자 하였으며, 宋時烈은 學問의 출발점을 修養에 두고 '主敬以存之'를 修養의 요체로 보았음을 살펴보았다.

　충청지역의 교육사상과 향약에 관해서는 李珥의 영향력이 顯著하다. 敎育과 學問 면에서는 현실과 유리되지 않은 학문, 현실적인 功效가 있는 학문을 강조한 점에서 특히 그러하다. 예컨대 金長生이 학문에서 실천을 중시한 점, 尹拯이 學問을 말하면서 務實과 誠意를 강조한 점 등 충청지역의 유학자들에게서 李珥의 영향을 발견하는 것은 어려운 일이 아니다.

　이 지역의 儒學에 李珥의 영향이 두드러진 理由에는 李珥가 잠시 淸州牧使로 재직하였다는 점도 있겠지만, 그보다 더 중요한 이유는 李珥가 이 지역의 巨儒 金長生의 영향력 있는 스승이었다는 사실일 것이다.

　그러나 李珥와 金長生의 학문 경향에는 상당한 差異가 있다. 李珥는 性理學의 大家이면서도 현실 정치에 적극 참여하고 각 방면에 걸쳐 사회 현실을 改革(更張)하려 했음에 비해서,[1] 金長生 등 충청지역의 유학자들은 禮學에 깊이 沈潛하였고 社會改革을 왕성하게 논의하지는 않았다.

朝鮮時代 충청지역의 교육은 일상생활에서 실천과 禮를 중시한 이 지역 유학자들의 학문적 특성에 맞추어 진행되었다.

---

1) 李珥의 사회개혁 사상에 관해서는 李東仁, 「李珥의 社會改革思想 硏究」(서울대 사회학과 박사학위논문, 1995. 2) 參照.

[附錄] 조선시대 충청지역의 鄕校와 書院

1. 鄕 校

(1) 淸州鄕校

所 在 地	忠北 淸州市 上黨區 大成洞 55
建築年代	世祖 3年(1458)에 創建되었고, 肅宗 9年(1683)에 현 위치로 移建됨.
配享人物	孔子(大成至聖文宣王)를 위시한 총 5聖, 宋朝 2賢 및 韓國 18賢(총 25位).
文 化 財	忠北 有形文化財 第39號
기 타	5聖은 孔子, 顔子, 子思, 曾子, 孟子, 2賢은 程顥, 朱熹, 韓國 18賢은 薛聰, 崔致遠, 安裕, 鄭夢周, 金宏弼, 鄭汝昌, 趙光祖, 李彦迪, 李滉, 金麟厚, 李珥, 成渾, 金長生, 趙憲, 金集, 宋時烈, 宋浚吉, 朴世采임.

(2) 忠州鄕校

所 在 地	忠北 忠州市 校峴洞 179
建築年代	太祖 7年(1398)에 忠州市 安林洞에 創建되었는데, 壬辰倭亂 때 소실되어 仁祖 7年(1629)에 현 위치에 重建함.

配享人物	孔子(大成至聖文宣王)를 위시한 총 5聖, 宋朝 4賢 및 韓國 18賢(총 27位)
文 化 財	忠北 有形文化財 第57號
기 타	5聖은 孔子, 顔子, 子思, 曾子, 孟子, 4賢은 周敦頤, 程顥, 程頤, 朱熹, 韓國 18賢은 薛聰, 崔致遠, 安裕, 鄭夢周, 金宏弼, 鄭汝昌, 趙光祖, 李彦迪, 李滉, 金麟厚, 李珥, 成渾, 金長生, 趙憲, 金集, 宋時烈, 宋浚吉, 朴世采임

(3) 公州鄕校

所 在 地	忠南 公州市 校洞 184
建築年代	朝鮮 初期 創建時(구체적인 創建年代는 미상)에는 熊津洞 宋山里에 있었으나, 화재로 소실된 후 仁祖 元年(1623)에 현 위치로 이전·복구하였음.
配享人物	孔子(大成至聖文宣王)를 위시한 총 5聖, 宋朝 6賢 및 韓國 18賢(총 29位).
文 化 財	忠南 有形文化財 第75號
기 타	

(4) 洪州鄕校

所 在 地	忠南 洪城郡 洪城邑 大校里
建築年代	創建年代는 미상.
配享人物	孔子(大成至聖文宣王)를 위시한 총 5聖, 孔門 10哲, 宋朝 6賢 및 韓國 18賢(총 39位).
文 化 財	大成殿은 忠南 文化財資料 第157號
기 타	5聖은 孔子, 顔子, 子思, 曾子, 孟子, 10哲은 閔損(子騫), 冉耕(伯牛), 冉雍(仲弓), 宰予(子我), 端木賜(子貢), 冉求(子有), 仲由(子路), 言偃(子遊), 卜商(子夏), 顓孫師(子張), 6賢은 周敦頤, 程顥, 程頤, 邵雍, 張載, 朱熹 韓國 18賢은 薛聰, 崔致遠, 安裕, 鄭夢周, 金宏弼, 鄭汝昌, 趙光祖, 李

| 기 타 | 彦迪, 李滉, 金麟厚, 李珥, 成渾, 金長生, 趙憲, 金集, 宋時烈, 宋浚吉, 朴世采임. |

※ 이상은 牧에 설치된 향교.

(5) 林川鄕校

所在地	忠南 扶餘郡 林川面 郡司里 213
建築年代	創建年代는 미상으로 太宗代로 추측되며, 創建時에는 林川面 舊校里에 있었으나 이후 현위치로 移建하였고, 1926년에 重修함.
配享人物	孔子(大成至聖文宣王)를 위시한 총 5聖, 孔門 10哲, 宋朝 6賢 및 韓國 18賢(총 39位).
文化財	大成殿은 忠南 文化財資料 第94號
기 타	

(6) 丹陽鄕校

所在地	忠北 丹陽郡 丹陽邑 上坊里
建築年代	太宗 15年(1415)에 創建됨. 이후 누차에 걸쳐 重修함.
配享人物	孔子(大成至聖文宣王)를 위시한 총 5聖, 孔門 10哲, 宋朝 6賢 및 韓國 18賢(총 39位).
文化財	忠北 有形文化財 第65號
기 타	

(7) 淸風鄕校

所在地	忠北 堤原郡 淸風面 勿台里
建築年代	創建年代는 高麗 忠肅王 때로 알려져 있으나 미상임. 正祖 3年(1779)에 현 위치로 移建함.

配享人物	孔子(大成至聖文宣王)를 위시한 총 5聖, 孔門 10哲, 宋朝 6賢 및 韓國 18賢(총 39位).
文 化 財	忠北 有形文化財 第50號
기 타	

(8) 泰安鄕校

所 在 地	忠南 泰安郡 泰安邑 東門里 725
建築年代	創建年代는 太宗 7年(1407).
配享人物	孔子(大成至聖文宣王)를 위시한 총 5聖, 孔門 10哲, 宋朝 6賢 및 韓國
配享人物	18賢(총 39位).
文 化 財	大成殿은 忠南 文化財資料 第198號
기 타	

(9) 韓山鄕校

所 在 地	忠南 舒川郡 韓山面 芝峴里
建築年代	中宗 13年(1518)에 創建되었으나 당시의 위치는 미상임. 仁祖 9年 (1631)에 重修하였고, 顯宗 10年(1669)에 현 위치에 移建함. 哲宗 2 年(1851)에도 校宮 일체에 대한 重修가 있었음.
配享人物	孔子(大成至聖文宣王)를 위시한 총 5聖, 孔門 10哲, 宋朝 6賢 및 韓國 18賢(총 39位).
文 化 財	大成殿은 忠南 文化財資料 第124號
기 타	

(10) 舒川鄕校

所 在 地	忠南 舒川郡 舒川邑 郡司里
建築年代	太宗 13年(1413)에 創建됨. 이후 누차에 걸쳐 重修함.
配享人物	孔子(大成至聖文宣王)를 위시한 총 5聖, 孔門 10哲, 宋朝 6賢 및 韓國 18賢(총 39位).
文 化 財	大成殿은 忠南 文化財資料 第123號
기 타	

(11) 沔川鄕校

所 在 地	忠南 唐津郡 沔川面 城上里
建築年代	太祖 1年(1392)에 創建됨.
配享人物	孔子(大成至聖文宣王)를 위시한 총 5聖, 宋朝 4賢 및 韓國 18賢(총 27位).
文 化 財	大成殿은 忠南 文化財資料 第214號
기 타	

(12) 天安鄕校

所 在 地	忠南 天安市 留糧洞 190
建築年代	朝鮮 太祖 7年(1398)에 創建됨. 壬辰倭亂(1592) 때 소실되어 宣祖 39年(1606)에 重建하였고, 이후에도 重修한 것으로 보임.
配享人物	孔子(大成至聖文宣王)를 위시한 총 5聖, 孔門 10哲, 宋朝 6賢 및 韓國 18賢(총 39位).
文 化 財	大成殿은 忠南 文化財資料 第9號
기 타	

(13) 瑞山鄕校

所 在 地	忠南 瑞山市 東門洞
建築年代	創建年代는 太宗 6年(1406).
配享人物	孔子(大成至聖文宣王)를 위시한 총 5聖, 孔門 10哲, 宋朝 6賢 및 韓國 18賢(총 39位).
文 化 財	大成殿은 忠南 文化財資料 第196號
기 타	

(14) 槐山鄕校

所 在 地	忠北 槐山郡 槐山邑 西部里 104
建築年代	創建年代는 朝鮮 初이나 미상으로, 현재의 明倫堂은 宣祖 2年(1569)에 짓고 仁祖 25年(1647)에 重建하였으며, 肅宗 9年(1683)에 重修하고 1981年에도 크게 重修함.
配享人物	孔子(大成至聖文宣王)를 위시한 총 5聖, 宋朝 2賢 및 韓國 18賢(총 25位).
文 化 財	忠北 地方文化財 第60號
기 타	

(15) 沃川鄕校

所 在 地	忠北 沃川郡 沃川邑 校洞里
建築年代	太祖 7年(1398)에 創建함. 壬辰倭亂 때 소실되었으나 이후 重建함.
配享人物	孔子(大成至聖文宣王)를 위시한 총 5聖, 孔門 10哲, 宋朝 6賢 및 韓國 18賢(총 39位).
文 化 財	忠北 有形文化財 第55號. 大成殿은 忠北 文化財資料 第214號
기 타	

(16) 溫陽鄕校

所 在 地	忠南 溫陽市 邑內洞
建築年代	創建年代는 미상이며, 光海君 2年(1610)에 현 위치로 移建함.
配享人物	孔子(大成至聖文宣王)를 위시한 총 5聖, 孔門 10哲, 宋朝 6賢 및 韓國 18賢(총 39位).
文 化 財	大成殿은 忠南 文化財資料 第223號
기 타	

※ 이상은 郡에 설치된 향교임.

(17) 文義鄕校

所 在 地	忠北 淸原郡 文義面 米川里
建築年代	創建年代는 미상으로, 光海君 元年(1609)에 縣의 남쪽 箕山里로 移建하였다가 다시 肅宗 9年(1683)에 현위치로 移建함.
配享人物	孔子(大成至聖文宣王)를 위시한 총 5聖, 宋朝 4賢 및 韓國 18賢(총 27位).
文 化 財	忠北 有形文化財 第52號
기 타	

(18) 鴻山鄕校

所 在 地	忠南 扶餘郡 鴻山面 校院里 217
建築年代	中宗 21年(1526)에 創建됨.
配享人物	孔子(大成至聖文宣王)를 위시한 총 5聖, 宋朝 4賢 및 韓國 18賢(총 27位).
文 化 財	大成殿은 忠南 文化財資料 第97號
기 타	

(19) 堤川鄕校

所 在 地	忠北 堤川市 校洞
建築年代	高麗 恭讓王 1年(1389)에 創建됨. 宣祖 23年(1590)에 현위치로 移建하였고, 1907년에 의병장 李康秊이 왜군과 교전중 소실되었다가 이후 重建됨.
配享人物	孔子(大成至聖文宣王)를 위시한 총 5聖, 孔門 10哲, 宋朝 6賢 및 韓國 18賢(총 39位).
文 化 財	忠北 有形文化財 第63號
기 타	

(20) 德山鄕校

所 在 地	忠南 禮山郡 德山面 社洞里 131
建築年代	創建年代는 未詳임. 壬辰倭亂 때 소실되었다가 仁祖朝에 重建됨.
配享人物	孔子(大成至聖文宣王)를 위시한 총 5聖, 宋朝 4賢 및 韓國 18賢(총 27位).
文 化 財	大成殿은 忠南 文化財資料 第171號
기 타	

(21) 平澤鄕校

所 在 地	京畿道 平澤郡 彭城邑 客舍里
建築年代	創建年代는 未詳임.
配享人物	孔子(大成至聖文宣王)를 위시한 총 5聖, 孔門 10哲, 宋朝 6賢 및 韓國 18賢(총 39位).
文 化 財	京畿道 文化財資料 第4號
기 타	조선 전기에는 忠淸道에 편입되어 있었던 것으로 추측됨.

(22) 稷山鄉校

所 在 地	忠南 天安市 稷山面 郡東里
建築年代	宣祖 21年(1588)에 創建됨. 壬辰倭亂 때 소실되었다가 이후 重建하고 憲宗 7年(1841)에 重修함.
配享人物	孔子(大成至聖文宣王)를 위시한 총 5聖, 孔門 10哲, 宋朝 6賢 및 韓國 18賢(총 39位).
文 化 財	大成殿은 忠南 文化財資料 第248號
기 타	

(23) 懷仁鄉校

所 在 地	忠北 報恩郡 懷北面 富壽里
建築年代	世宗朝에 創建됨.
配享人物	孔子(大成至聖文宣王)를 위시한 총 5聖, 孔門 10哲, 宋朝 6賢 및 韓國 18賢(총 39位).
文 化 財	忠北 有形文化財 第54號
기 타	

(24) 定山鄉校

所 在 地	忠南 青陽郡 定山面 西亭里
建築年代	太祖 7年(1398)에 創建됨. 이후 누차에 걸쳐 重修함.
配享人物	孔子(大成至聖文宣王)를 위시한 총 5聖, 孔門 10哲, 宋朝 6賢 및 韓國 18賢(총 39位).
文 化 財	大成殿은 忠南 文化財資料 第150號
기 타	

(25) 靑陽鄕校

所 在 地	忠南 靑陽郡 靑陽邑 校月里 34-1
建築年代	未詳. 다만 高麗末 또는 朝鮮朝 초기로 추정됨. 光海君 6年(1614)에 重建함.
配享人物	孔子(大成至聖文宣王)를 위시한 총 5聖, 宋朝 4賢 및 韓國 18賢(총 27位).
文 化 財	大成殿은 忠南 文化財資料 第149號
기 타	創建時에는 靑陽邑 校月里 월촌에 있었으나, 壬辰倭亂 때 소실되어 현 위치에 重建함. 또한 다른 鄕校와는 달리 孔子의 畵像을 모시고 있음.

(26) 延豊鄕校

所 在 地	忠北 槐山郡 延豊面 杏村里 590
建築年代	中宗 10年(1515)에 創建됨.
配享人物	孔子(大成至聖文宣王)를 위시한 총 5聖, 宋朝 2賢 및 韓國 18賢(총 25位).
文 化 財	忠北 有形文化財 第61號
기 타	

(27) 陰城鄕校

所 在 地	忠北 陰城郡 陰城邑 邑內里 156-1
建築年代	明宗 15年(1560)에 創建되었고, 高宗 7年(1870)과 24年(1887)에 重修함.
配享人物	孔子(大成至聖文宣王)를 위시한 총 5聖, 宋朝 4賢 및 韓國 18賢(총 27位).
文 化 財	忠北 有形文化財 第62號
기 타	

(28) 淸安鄕校

所 在 地	忠北 槐山郡 淸安面 邑內里 278
建築年代	創建年代는 朝鮮 初로서 未詳임.
配享人物	孔子(大成至聖文宣王)를 위시한 총 5聖, 宋朝 4賢 및 韓國 18賢(총 27位).
文 化 財	忠北 有形文化財 第40號
기 타	

(29) 恩津鄕校

所 在 地	忠南 論山市 恩津面 校村里 77
建築年代	創建年代는 미상임. 太祖 7年(1398) 建立說과 太宗朝 建立說이 있음.
配享人物	孔子(大成至聖文宣王)를 위시한 총 5聖, 宋朝 4賢 및 韓國 18賢(총 27位).
文 化 財	大成殿은 忠南 文化財資料 第73號
기 타	創建時에는 恩津面 龍山里에 있었으나, 仁祖 20年(1642)에 현 위치로 移建하였음.

(30) 회덕향교(懷德鄕校)

所 在 地	忠南 大田廣域市 大德區 邑內洞
建築年代	創建年代는 未詳이나 朝鮮 太祖代에 創建된 것으로 보임. 宣祖朝에 重建되었고 純祖 12年(1812)에 重修됨.
配享人物	孔子(大成至聖文宣王)를 위시한 총 5聖, 韓國 18賢(총 23位).
文 化 財	大成殿은 忠南 文化財資料 第5號
기 타	5聖은 孔子, 顔子, 曾子, 子思, 孟子, 韓國 18賢은 薛聰, 崔致遠, 安裕, 鄭夢周, 金宏弼, 鄭汝昌, 趙光祖, 李彦迪, 李滉, 金麟厚, 李珥, 成渾, 金長生, 趙憲, 金集, 宋時烈, 宋浚吉, 朴世采임.

(31) 鎭岑鄕校

所在地	忠南 大田廣域市 儒城區 鎭岑洞
建築年代	太宗 5年(1405)에 創建됨.
配享人物	孔子(大成至聖文宣王)를 위시한 총 5聖, 孔門 10哲, 宋朝 6賢 및 韓國 18賢(총 39位).
文化財	大成殿은 忠南 文化財資料 第6號
기 타	

(32) 連山鄕校

所在地	忠南 論山市 連山面 官洞里 431
建築年代	朝鮮 太祖 7年(1398)에 현 위치에 創建되었고, 이후 수 차례의 重修를 거치면서 오늘에 이르고 있음.
配享人物	孔子(大成至聖文宣王)를 위시한 총 5聖, 宋朝 4賢 및 韓國 18賢(총 27位)
文化財	大成殿은 忠南 文化財資料 第77號
기 타	配享人物인 金長生, 金集 先生이 학문을 연구하고 후학을 가르친 곳이기도 함.

(33) 尼山鄕校

所在地	忠南 論山市 魯成面 校村里 308
建築年代	정확한 創建年代는 알 수 없으나 恩津·連山鄕校와 비슷한 시기로 추측됨. 원래 魯成面 松堂里에 있었으나 이후 현위치에 移建됨. 移建 事由와 年代도 고증할 수 없음.
配享人物	孔子(大成至聖文宣王)를 위시한 총 5聖, 宋朝 2賢 및 韓國 18賢(총 25位).
文化財	大成殿은 忠南 文化財資料 第74號

| 기 타 | 宋朝 4賢 중 周敦頤와 程顥를 제외함. 이산향교는 현재 '魯城鄕校'로 불림 |

(34) 大興鄕校

所 在 地	忠南 禮山郡 大興面 校村里 528
建築年代	創建年代는 太宗 5年(1405).
配享人物	孔子(大成至聖文宣王)를 위시한 총 5聖, 孔門 10哲, 宋朝 6賢 및 韓國 18賢(총 39位).
文 化 財	大成殿은 忠南 文化財資料 第172號
기 타	

(35) 扶餘鄕校

所 在 地	忠南 扶餘郡 扶餘邑 東南里 445-1
建築年代	創建年代는 未詳임. 원래는 扶餘邑 舊校里에 있었으나 18세기 중엽에 현 위치로 移建하였으며, 1916년에 重修한 것으로 보임.
配享人物	孔子(大成至聖文宣王)를 위시한 총 5聖, 宋朝 4賢 및 韓國 18賢(총 27位).
文 化 財	大成殿은 忠南 文化財資料 第95號
기 타	

(36) 石城鄕校

所 在 地	忠南 扶餘郡 石城面 石城里 648
建築年代	創建年代와 移建與否는 未詳이나 仁祖 元年(1623)에 重建하였음.
配享人物	孔子(大成至聖文宣王)를 위시한 총 5聖, 宋朝 2賢 및 韓國 18賢(총 25位).
文 化 財	大成殿은 忠南 文化財資料 第96號

(37) 庇仁鄕校

所 在 地	忠南 舒川郡 庇仁面 城內里 69
建築年代	太祖 7年(1398)에 현 위치에 創建함.
配享人物	孔子(大成至聖文宣王)를 위시한 총 5聖, 孔門 10哲, 宋朝 6賢 및 韓國 18賢(총 39位).
文 化 財	大成殿은 忠南 文化財資料 第126號.
기 타	

(38) 藍浦鄕校

所 在 地	忠南 保寧市 藍浦面 玉西里
建築年代	創建年代는 미상이나 太宗朝에 重建됨.
配享人物	孔子(大成至聖文宣王)를 위시한 총 5聖, 孔門 10哲, 宋朝 6賢 및 韓國 18賢(총 39位).
文 化 財	大成殿은 忠南 文化財資料 第136號
기 타	肅宗 46年(1720)에 현 위치에 移建함.

(39) 鎭川鄕校

所 在 地	忠北 鎭川郡 鎭川邑 校成里
建築年代	太宗朝에 創建된 것으로 추측되며, 壬辰倭亂으로 소실되어 이후 重建된 것으로 전해 오나 고증할 문헌이 없음. 純祖 4年(1804)과 16年(1816) 및 高宗 10年(1873)에 각각 重修하였고, 그 이후에도 여러 번 重修함.
配享人物	孔子(大成至聖文宣王)를 위시한 총 5聖, 宋朝 4賢 및 韓國 18賢(총 27位).

文 化 財	忠北 有形文化財 第59號
기 타	

(40) 結城鄕校

所 在 地	忠南 洪城郡 結城面 邑內里
建築年代	創建年代는 미상임. 壬辰倭亂 때 소실되었다가 이후 重建됨.
配享人物	孔子(大成至聖文宣王)를 위시한 총 5聖, 宋朝 6賢 및 韓國 18賢(총 29位).
文 化 財	大成殿은 忠南 文化財資料 第158號.
기 타	

(41) 保寧鄕校

所 在 地	忠南 保寧市 周浦面 保寧里 47-1
建築年代	景宗 元年(1721)에 創建됨.
配享人物	孔子(大成至聖文宣王)를 위시한 총 5聖, 宋朝 4賢 및 韓國 18賢(총 27位).
文 化 財	大成殿은 忠南 文化財資料 第135號.
기 타	5聖은 孔子, 顔子, 子思, 曾子, 孟子, 宋朝 4賢은 周敦頤, 程顥, 程頤, 朱熹, 韓國 18賢은 薛聰, 崔致遠, 安 裕 鄭夢周, 金宏弼, 鄭汝昌, 趙光祖, 李彦迪, 李滉, 金麟厚, 李珥, 成渾, 金長生, 趙憲, 金集, 宋時烈, 宋浚吉, 朴世采임.

(42) 海美鄕校

所 在 地	忠南 瑞山市 海美面 烏鶴里
建築年代	太宗 7年(1407)에 創建됨.

配享人物	孔子(大成至聖文宣王)를 위시한 총 5聖, 孔門 10哲, 宋朝 6賢 및 韓國 18賢(총 39位).
文 化 財	大成殿은 忠南 文化財資料 第197號.
기 타	

(43) 唐津鄕校

所 在 地	忠南 唐津郡 唐津邑 邑內里
建築年代	太祖 7年(1398)에 창건됨.
配享人物	孔子(大成至聖文宣王)를 위시한 총 5聖, 宋朝 4賢 및 韓國 18賢(총 27位).
文 化 財	大成殿은 忠南 文化財資料 第213號.
기 타	

(44) 新昌鄕校

所 在 地	忠南 牙山郡 新昌面 邑內里
建築年代	創建年代는 미상임. 高宗 9年(1872)에 重建된 것으로 보임.
配享人物	孔子(大成至聖文宣王)를 위시한 총 5聖, 孔門 10哲, 宋朝 6賢 및 韓國 18賢(총 39位).
文 化 財	大成殿은 忠南 文化財資料 第225號.
기 타	

(45) 禮山鄕校

所 在 地	忠南 禮山郡 禮山邑 香泉里
建築年代	太宗 13年(1413)에 창건됨.
配享人物	孔子(大成至聖文宣王)를 위시한 총 5聖, 宋朝 4賢 및 韓國 18賢(총 27位).
文 化 財	大成殿은 忠南 文化財資料 第170號.
기 타	

(46) 木川鄕校

所 在 地	忠南 天安市 木川面 郊村里
建築年代	中宗 18年(1523)에 창건됨.
配享人物	孔子(大成至聖文宣王)를 위시한 총 5聖, 孔門 10哲, 宋朝 6賢 및 韓國 18賢(총 39位).
文 化 財	大成殿은 忠南 文化財資料 第249號.
기 타	

(47) 全義鄕校

所 在 地	忠南 燕岐郡 全義面 邑內里
建築年代	太宗 16年(1416)에 創建됨.
配享人物	孔子(大成至聖文宣王)를 위시한 총 5聖, 宋朝 4賢 및 韓國 18賢(총 27位).
文 化 財	大成殿은 忠南 文化財資料 第44號.
기 타	創建時에는 全義面 校洞에 있었으나 肅宗 11年(1685)에 현 위치로 移建함.

(48) 燕岐鄕校

所 在 地	忠南 燕岐郡 南面 燕岐里
建築年代	未詳. 太宗 16年(1416)에 創建되었다는 說도 있음.
配享人物	孔子(大成至聖文宣王)를 위시한 총 5聖, 孔門 10哲, 宋朝 6賢 및 韓國 18賢(총 39位).
文 化 財	大成殿은 忠南 文化財資料 第39號.
기 타	創建時에는 東5里에 있었으나 肅宗 10年(1684)에 현위치로 移建함. 또한 燕岐鄕校에는 지방자치를 목적으로 한 '鄕約'이 있어서 운영되어 내려옴.

(49) 永春鄕校

所 在 地	忠北 丹陽郡 永春面 上里
建築年代	定宗 1年(1399)에 創建됨.
配享人物	孔子(大成至聖文宣王)를 위시한 총 5聖, 孔門 10哲, 宋朝 6賢 및 韓國 18賢(총 39位).
文 化 財	忠北 有形文化財 第64號
기 타	正祖 15年(1791)에 현 위치에 移建함.

(50) 報恩鄕校

所 在 地	忠北 報恩郡 報恩邑 校士里
建築年代	創建年代는 미상이나 世宗朝에 重建됨.
配享人物	孔子(大成至聖文宣王)를 위시한 총 5聖, 孔門 10哲, 宋朝 6賢 및 韓國 18賢(총 39位).
文 化 財	忠北 有形文化財 第95號
기 타	

(51) 永同鄕校

所 在 地	忠北 永同郡 永同邑 芙蓉里 392
建築年代	創建年代는 미상이나 朝鮮 初부터 있었으며, 壬辰倭亂(1592) 때 소실되어 宣祖代에 重建함.
配享人物	孔子(大成至聖文宣王)를 위시한 총 5聖, 孔門 10哲, 宋朝 6賢 및 韓國 18賢(총 39位).
文 化 財	忠北 有形文化財 第99號
기 타	顯宗 元年(1660), 肅宗 2年(1676)에 각각 다른 장소로 移建하였다가 英祖 30年(1754)에 현 위치로 移建함.

(52) 黃澗鄕校

所 在 地	忠北 永同郡 黃澗面 南城里 150-1
建築年代	太祖 3年(1394)에 創建하였고, 顯宗 7年(1666)에 토성 안으로 移建하였으며, 英祖 28年(1752)에 보수함.
配享人物	孔子(大成至聖文宣王)를 위시한 총 5聖, 宋朝 4賢 및 韓國 18賢(총 27位).
文 化 財	忠北 有形文化財 第100號
기 타	

(53) 靑山鄕校

所 在 地	忠北 沃川郡 靑山面 校坪里
建築年代	創建年代는 未詳이나 太宗代로 추정됨.
配享人物	孔子(大成至聖文宣王)를 위시한 총 5聖, 孔門 10哲, 宋朝 6賢 및 韓國 18賢(총 39位).
文 化 財	忠北 有形文化財 第56號
기 타	

(54) 牙山鄕校

所 在 地	忠南 牙山郡 靈仁面 牙山里
建築年代	創建年代는 未詳임.
配享人物	孔子(大成至聖文宣王)를 위시한 총 5聖, 孔門 10哲, 宋朝 6賢 및 韓國 18賢(총 39位).
文 化 財	大成殿은 忠南 文化財資料 第224號.
기 타	宣祖 8年(1575)에 현 위치로 移建함.

※ 이상은 縣에 설치된 향교임.

그 밖에도 현재 충청지역에는 몇 개의 鄕校가 더 있다. 이에 해당되는 것으로는 조선시대에는 충청도에 편입되어 있지 않았으나 이후 행정구역 개편으로 충청도에 편입된 지역의 향교(錦山鄕校·珍山鄕校)와 최근에 건립된 향교(鰲川鄕校)가 있다. 참고로 그 내용을 소개하면 다음과 같다.

(55) 鰲川鄕校

所 在 地	忠南 保寧市 鰲川面 대교리
建築年代	1901년에 創建된 것으로 전해짐
配享人物	孔子(大成至聖文宣王)를 위시한 총 5聖, 孔門 10哲, 宋朝 6賢 및 韓國 18賢(총 39位)
文 化 財	大成殿은 忠南 文化財資料 第137號
기 타	

(56) 錦山鄕校

所 在 地	忠南 錦山郡 錦山邑 上里 山 3-6
建築年代	朝鮮初期 創建時에는 下玉里 白鶴洞에 있었으나 壬辰倭亂(1592) 때 燒失되었고 후에 重建한 건물도 퇴락되어 肅宗 10年(1684)에 현 위치에 重建하였음.
配享人物	孔子(大成至聖文宣王)를 위시한 총 5聖, 孔門 10哲, 宋朝 6賢 및 韓國 18賢(총 39位)
文 化 財	大成殿은 忠南 文化財資料 第14號.
기 타	錦山郡은 1963년 행정구역 개편으로 全羅北道에서 忠淸南道로 편입됨.

(57) 珍山鄕校

所在地	忠南 錦山郡 珍山面 校村里 355
建築年代	太祖 6年(1397)에 創建됨.
配享人物	孔子(大成至聖文宣王)를 위시한 총 5聖, 孔門 10哲, 宋朝 6賢 및 韓國 18賢(총 39位).
文 化 財	大成殿은 忠南 文化財資料 第15號
기 타	創建時에는 邑內里(현 진산중학교 부지)에 있었는데 壬辰倭亂 때 소실되어 후에 현 위치에 重建하였다고 전하나 자세한 기록은 없음. 錦山郡은 1963년 행정구역 개편으로 全羅北道에서 忠淸南道로 편입됨.

2. 書 院

가) 대전·충청남도의 書院

(1) 대전광역시

(가) 崇賢書院址

所在地	忠南 大田廣域市 儒城區 院村洞
創建年代	未詳
賜額年代	光海君 元年(1609)
毁撤年代	高宗 8年(1871)
配享人物	鄭光弼, 金淨, 宋麟壽, 金長生, 宋浚吉, 宋時烈, 李時稷, 宋時榮(이상 8位).
文 化 財	

| 기 타 | 壬辰倭亂 때 燒失되어 光海君 元年(1609)에 위치를 옮겨 重建함. 현재는 遺墟碑만 남아 있음. |

(나) 道山書院

所 在 地	忠南 大田廣域市 東區 炭坊洞
創建年代	肅宗 17年(1691)
賜額年代	肅宗 37年(1711)
毀撤年代	高宗 8年(1871)
配享人物	權得己, 權諰(이상 2位)
文 化 財	
기 타	

(다) 靖節書院址

所 在 地	忠南 大田廣域市 東區 佳陽洞
創建年代	肅宗 10年(1684)
賜額年代	
毀撤年代	高宗 8年(1871)
配享人物	宋愉, 朴彭年, 宋甲祚, 金慶餘, 宋尙敏, 宋國澤(이상 6位)
文 化 財	
기 타	配享者가 朴彭年과 金慶餘를 제외하면 모두 恩津 宋氏며, 金慶餘도 宋枏壽의 外孫이니, 곧 宋氏 家門을 중심으로 한 書院이었음.

(라) 渼湖書院址(文僖廟)

所 在 地	忠南 大田廣域市 大德區 渼湖洞
創建年代	肅宗 43年(1717)
賜額年代	景宗 1年(1721, 景宗 4년 撤額), 英祖 1년(1725) 再賜(英祖5 撤額)

毁撤年代	高宗 8年(1871)
配享人物	宋奎濂 1位(諡號: 文僖)
文 化 財	
기 타	

(2) 公州市

(가) 忠賢書院

所 在 地	忠南 公州市 反浦面 孔岩里 381
創建年代	宣祖 14年(1581)
賜額年代	仁祖 2年(1624)
毁撤年代	高宗 8年(1871)
配享人物	朱熹, 李存吾, 李穡, 成悌元, 徐起, 趙憲, 金長生, 宋浚吉, 宋時烈(이상 9位)
文 化 財	忠南 文化財資料 第60號, 忠南 記念物 第46號(忠賢書院 遺蹟)
기 타	忠賢書院은 忠淸南道에 최초로 세워진 書院이자, 連山面의 遯巖書院이 顯宗 元年(1660)에 賜額하기까지 약 30여년간 이 지역 유일의 賜額書院이기도 했음.

(나) 鳴灘書院(忠節祠)

所 在 地	忠南 公州市 月松洞 210
創建年代	未詳(傳 成宗 21年, 1490, 祠廟 또는 부조묘?)
賜額年代	傳 成宗 21年(1490), 再賜 哲宗 5년(1854) (不確實)
毁撤年代	高宗 5年(1868)
配享人物	李明誠, 李明德(이상 2位)

文化財	忠南 文化財資料 第70號(1984)
기 타	創建時 위치는 鳴灘(현재의 燕岐郡 地域)이었으나 哲宗 2年(1851)에 현 위치로 移建·復設함. 祠宇의 이름은 '忠節祠'임.

(3) 論山市

(가) 遯巖書院

所 在 地	忠南 論山市 連山面 林里 74
創建年代	仁祖 12年(1634)
賜額年代	孝宗 10年(1659), 顯宗 1年 再賜
毁撤年代	高宗 8年(1871)의 書院撤廢令에서 除外됨.
配享人物	金長生, 金集, 宋浚吉, 宋時烈(이상 4位)
文化財	國家指定史蹟 第383號 舊遯巖書院의 祠宇 및 凝道堂은 忠南 有形文化財 第8號
기 타	

(나) 魯岡書院

所 在 地	忠南 論山市 光石面 五岡里 227
創建年代	肅宗 元年(1675)
賜額年代	肅宗 8年(1682)
毁撤年代	高宗 8年(1871)의 書院撤廢令에서 除外됨.
配享人物	
文化財	忠淸南道指定有形文化財 第30號
기 타	

(다) 竹林書院

所 在 地	忠南 論山市 江景邑 黃山里 101
創建年代	仁祖 4年(1626)
賜額年代	顯宗 6年(1665)
毁撤年代	高宗 8年(1871)
配享人物	趙光祖, 李滉, 李珥, 成渾, 金長生, 宋時烈(이상 6位)
文 化 財	1965年에 祠宇가 복원됨. 忠南 文化財資料 第75號
기 타	創建時에는 '黃山書院'이라 불렀음.

(라) 忠谷書院(八賢書院)

所 在 地	忠南 論山市 夫赤面 忠谷里 山13
創建年代	肅宗 18年(1692)
賜額年代	
毁撤年代	高宗 8年(1871)
配享人物	階伯, 成三問, 柳誠源, 朴彭年, 河緯地, 李塏, 兪應孚, 金益兼 等(18位)
文 化 財	書院址는 忠南 記念物 第12號(1977年에 祠宇가 復元됨).
기 타	일명 '六臣書院'이라 불리기도 했다는 기록이 있음.

(마) 金谷書院

所 在 地	忠南 論山市 鍊武邑 金谷里 347
創建年代	肅宗 13年(1687)
賜額年代	
毁撤年代	高宗 8年(1871)
配享人物	金秀南, 成三問, 曺繼明(이상 3位)
文 化 財	1977年에 祠宇가 복원됨. 忠南 文化財資料 第78號
기 타	

(바) 龜山書院址

所 在 地	忠南 論山市 連山面 梧山里 118(?)
創建年代	肅宗 26年(1700)
賜額年代	
毁撤年代	高宗 8年(1871)
配享人物	尹烇, 尹舜擧, 尹文擧, 尹元擧(이상 4位) • 尹烇(1575: 宣祖 8~1636: 仁祖 14)
文 化 財	
기 타	復元되지 못하여 祠宇의 形態 및 位置도 정확하지 않음.

(사) 休亭書院

所 在 地	忠南 論山市 夫赤面 新豊里 36
創建年代	肅宗 25年(1699)
賜額年代	
毁撤年代	高宗 8年(1871)
配享人物	宋翼弼, 金公輝, 金灝, 李恒吉, 柳憉, 金尙垑, 金鎭一, 金禹澤(이상 8位)
文 化 財	論山市 鄕土遺蹟 第16號
기 타	創建時 소재지는 論山市 連山面이었으나 1944年 현위치에 옮겨 壇所를 설치하였고 1985年 祠宇를 복원함. 원래의 配享人物은 柳憉, 柳文遠, 李恒吉, 金廷望, 權遂였으나, 1985年 현재의 8位의 位牌를 모심.

(아) 鳳谷書院

所 在 地	忠南 論山市 鍊武邑 高內里 1087-23
創建年代	肅宗 38年(1712)
賜額年代	
毁撤年代	高宗 8年(1871)
配享人物	李繼孟, 李純仁, 南溟瀚, 陳克孝, 南斗建(이상 5位)

| 文 化 財 | 論山市 鄕土遺蹟 第15號 |
| 기   타 | 創建時 소재지는 全北 礪山이었고 창건 당시는 書院이 아니라 鄕祠宇였음. |

(자) 孝巖書院

所 在 地	忠南 論山市 可也谷面 山老里 22-5
創建年代	肅宗 39年(1713)
賜額年代	
毀撤年代	高宗 5年(1868)
配享人物	姜應貞, 金文起, 金成輝, 楊應春, 南 俊, 金必泰(이상 6位)
文 化 財	忠南 文化財資料 第87號
기 타	可也谷面 斗月里에 있던 葛山祠가 그 前身임.

(차) 杏林書院

所 在 地	忠南 論山市 可也谷面 六谷里 420-1
創建年代	高宗 4年(1867)
賜額年代	
毀撤年代	高宗 5年(1868)
配享人物	徐益, 李韶(이상 2位)
文 化 財	忠南 文化財資料 第76號
기 타	1926年에 복원됨. 可也谷面 斗月里에 있던 葛山祠가 그 前身임.

(카) 茅谷書院

※ 최근 忠南 論山市 上月面 大明里에 茅谷書院이 있었다는 硏究結果가 발표된 바 있다(金武龍, 「上月面 茅谷書院 小考」, 『論山郡鄕土硏究會誌』, 第3號 參照)

(4) 保寧市

(가) 花巖書院)

所 在 地	忠南 保寧市 靑蘿面 長山里 山27-1
創建年代	光海君 2年(1610)
賜額年代	肅宗 12年(1686)
毁撤年代	高宗 5年(1868)
配享人物	李之菡, 李山甫, 李夢奎, 李廷馣, 具繼禹(이상 5位)
文 化 財	忠南 文化財資料 第138號
기 타	1922年에 후손이 再建하였는데, 貯水池 공사로 인하여 1959年 현 위치에 移設됨.

(나) 新安書院址

所 在 地	忠南 保寧市 藍浦面 新興里 매내
創建年代	正祖 21年(1797)
賜額年代	
毁撤年代	高宗 8年(1871)
配享人物	朱熹, 白頤正, 李齊賢, 宋時烈, 權尙夏, 韓元震(이상 6位)
文 化 財	
기 타	新安書院이 毁撤된 후 藍浦의 儒生들 사이에 新安書院의 遺墟를 기리는 움직임이 있었고, 이는 集成堂(集賢堂)의 건립으로 이어짐.

(5) 瑞山市

(가) 聖巖書院

所 在 地	忠南 瑞山市 邑內洞 673-1
創建年代	肅宗 45年(1719)
賜額年代	景宗 元年(1721)
毀撤年代	高宗 8年(1871)
配享人物	柳淑, 金弘郁(이상 2位)
文 化 財	忠南 文化財資料 第205號
기 타	1924年에 祠宇를 重建함.

(6) 아산시(牙山市)

(가) 金谷書院址

所 在 地	아산시 배방면 중리 (서원골)
創建年代	憲宗 3年 (1837)
賜額年代	
毀撤年代	靜退書院과 함께 毀撤(?)
配享人物	孟希道
文 化 財	
기 타	書院址로 추정되는 치마바위골 일대는 骨材採取로 인해 痕迹조차 사라짐.

(나) 道山書院址

所 在 地	아산시 도고면 도산리
創建年代	憲宗 11年(1670)
賜額年代	
毀撤年代	高宗 8年(1871)
配享人物	趙翼, 趙克善
文 化 財	
기 타	書院 터만 남아 있음.

(다) 仁山書院址(五賢書院址)

所 在 地	아산시 염치면 서원리(서원골)
創建年代	光海君 2年 (1610)
賜額年代	
毀撤年代	高宗 8年(1871)
配享人物	金宏弼, 鄭汝昌, 趙光祖, 李彦迪, 李滉 등 五賢 追拜: 洪可臣(1619), 奇遵, 李之菡, 李德敏, 朴知誡(1668)
文 化 財	
기 타	書院 터와 礎石이 남아 있음.

(라) 靜退書院址

所 在 地	아산시 배방면 중리(서원골)
創建年代	仁祖 12年(1634)
賜額年代	
毀撤年代	高宗 8年(1871)
配享人物	趙光祖, 李滉, 孟希道, 李舜臣, 洪可臣, 趙相禹, 姜栢年, 尹倪, 趙爾後 (靜庵과 退溪에서 靜退書院이라는 名稱이 由來함)
文 化 財	

| 기 타 | 書院 터만 남아 있음. |

(7) 天安市

(가) 道東書院址

所 在 地	忠南 天安市 병천면 병천6리
創建年代	仁祖 17年(1639)? [不明確]
賜額年代	肅宗 2年(1676)
毀撤年代	高宗 8年(1871)
配享人物	朱熹, 金駒孫, 鄭逑, 黃宗海(이상 4位)
文化財	
기 타	毀撤된 후 再建되지 못하였고, 현재 木川지역의 儒林들이 復元을 준비하고 있음.

(8) 錦山郡

(가) 星谷書院址

所 在 地	忠南 錦山郡 南二面 星谷里(진악산 아래)
創建年代	光海君 5年(1613)
賜額年代	顯宗 4年(1663)
毀撤年代	高宗 8年(1871)
配享人物	金侁, 尹澤, 吉再, 金淨, 趙憲, 高敬命(이상 6位)
文化財	

기 타	書院 터로 알려진 곳은 밭으로 變했고, 但只 星谷書院遺墟碑만 남아 있음.

(나) 柳谷祠(書院)

所 在 地	忠南 錦山郡 錦城面 下柳里 315-3(서원말)
創建年代	肅宗 24年(1698)
賜額年代	
毀撤年代	高宗 8年(1871)
配享人物	韓㦿, 李惟澤(이상 2位)
文 化 財	
기 타	1766年(英祖42)에 重建, 1982년 柳谷祠로 重建됨. 鄕賢祠임.

(다) 山泉齋書院

所 在 地	忠南 錦山郡 南一面 陰大里
創建年代	肅宗 12年(1686)
賜額年代	
毀撤年代	高宗 8年(1871)
配享人物	尹宣擧, 尹拯(이상 2位)
文 化 財	
기 타	少論 계열의 書院임. 高宗 33年(1896)에 遺墟에 碑를 세움.

(라) 磻溪書院

所 在 地	忠南 錦山郡 錦城面 芭蕉里
創建年代	肅宗 20年(1694)
賜額年代	
毀撤年代	未詳

조선시대 충청지역의 향교와 서원 339

配享人物	李惟泰
文 化 財	
기 타	

(마) 草廬書院址

所 在 地	忠南 錦山郡 錦城面 下柳里 柳谷洞
創建年代	仁祖 11年(1632)
賜額年代	
毁撤年代	高宗 8年(1871)
配享人物	尹宣擧, 李惟泰(이상 2位)
文 化 財	
기 타	현재 書院의 내력과 자취를 찾을 수 없음.

(바) 龍江書院

所 在 地	忠南 錦山郡 濟原面 龍化里 342
創建年代	肅宗 42年(1716)
賜額年代	
毁撤年代	高宗 8年(1871)
配享人物	宋浚吉, 宋時烈, 兪棨, 趙憲, 高敬命, 金元行, 宋明欽(이상 7位)
文 化 財	
기 타	

(사) 石浦齋書院址

所 在 地	忠南 錦山郡 富利面 倉坪里
創建年代	肅宗 末期
賜額年代	

毀撤年代	高宗 5年(1868)
配享人物	許穆
文 化 財	
기 타	南人 계열의 書院임. 현재 書院의 자취를 찾을 수 없음.

(아) 金谷書院

所 在 地	忠南 錦山郡 錦城面 上佳里
創建年代	純祖 31年(1831)
賜額年代	
毀撤年代	高宗 8年(1871)
配享人物	吳應鼎, 吳穛, 吳穖, 吳邦彦
文 化 財	
기 타	이상 네 분은 모두 忠臣旌閭됨. 金谷書院은 忠烈祠 附設로 건립되었고 일명 '三世四忠院'으로도 불림.

(9) 唐津郡

(가) 東岳書院址

所 在 地	忠南 唐津郡 松山面 明山里 선머리(서원머리)
創建年代	肅宗 32年(1706)
賜額年代	
毀撤年代	高宗 5年(1868)
配享人物	李安訥
文 化 財	
기 타	毀撤되어 밭으로 변하고 단지 石材만 일부 남아 있음.

(10) 扶餘郡

(가) 滄江書院

所 在 地	忠南 扶餘郡 扶餘邑 楮石里 73
創建年代	仁祖 7年(1629)
賜額年代	肅宗 9年(1683)
毀撤年代	高宗 3年(1866)
配享人物	黃愼
文 化 財	忠南 文化財資料 第107號
기 타	1953年 현위치에 복원함.

(나) 七山書院

所 在 地	忠南 扶餘郡 林川面 七山里 284
創建年代	肅宗 13年(1687)
賜額年代	肅宗 23年(1697)
毀撤年代	高宗 5年(1868)
配享人物	兪棨
文 化 財	忠南 文化財資料 第102號
기 타	1959年에 복원함.

(다) 浮山書院

所 在 地	忠南 扶餘郡 窺岩面 津邊里
創建年代	肅宗 45年(1719)
賜額年代	
毀撤年代	高宗 3年(1866)

配享人物	金集, 李敬輿(이상 2位)
文化財	
기　타	1976年 복원함.

(라) 艮谷書院

所在地	忠南 扶餘郡 林川面 舊校里 114
創建年代	英祖 16年(1740)
賜額年代	
毁撤年代	高宗 5年(1868)
配享人物	柳東秀
文化財	
기　타	1971年 복원함.

(마) 退修書院(盤山書院)

所在地	忠南 扶餘郡 林川面 萬社里 191
創建年代	英祖 33年(1757)
賜額年代	
毁撤年代	高宗 5年(1868)
配享人物	趙璞, 趙見素, 趙聖復(이상 3位)
配享人物	
文化財	忠南 文化財資料 第91號
기　타	원래는 世道面 東寺里에 있었는데, 1957年에 현 위치에 移建함.

(바) 南山書院

所在地	忠南 扶餘郡 場岩面 長蝦里 681
創建年代	英祖 46年(1770)

賜額年代	
毀撤年代	高宗 3年(1866)
配享人物	趙泰徵, 趙明奎, 趙疇鎭(이상 3位)
文 化 財	
기 타	1954年에 복원함.

(11) 舒川郡

(가) 文獻書院

所 在 地	忠南 舒川郡 麒山面 영모리
創建年代	宣祖 27年(1594)
賜額年代	光海君 3年(1611)
毀撤年代	高宗 8年(1871)
配享人物	李穀, 李穡, 李鍾學, 李鍾德, 李塏, 李耔(이상 6位)
文 化 財	忠淸南道 指定 文化財資料 第125號
기 타	1969년 후손들이 현위치에 移建·重修함.

(나) 建巖書院址

所 在 地	忠南 舒川郡 文山面 支院里
創建年代	顯宗 3年(1662)
賜額年代	英祖 9年(1733)
毀撤年代	高宗 8年(1871)
配享人物	李山甫, 趙憲, 趙守倫, 趙涑(이상 4位)
文 化 財	
기 타	현재 터만 남아 있음.

(12) 燕岐郡

(가) 鳳巖書院址

所 在 地	忠南 燕岐郡 西面 鳳巖里
創建年代	孝宗 2年(1651)
賜額年代	顯宗 6年(1665)
毀撤年代	高宗 1年(1864)
配享人物	韓忠, 金長生, 宋浚吉, 宋時烈(이상 4位)
文 化 財	
기 타	훼철된 후 再建되지 못하였고 書院이 위치했던 자리에는 '鳳巖書院事蹟碑'가 있음.

(나) 合湖書院

所 在 地	忠南 燕岐郡 東面 合江里 106
創建年代	肅宗 42年(1716)
賜額年代	
毀撤年代	高宗 2年(1865)
配享人物	安珦
文 化 財	忠南 文化財資料 第41號
기 타	1949年에 再建됨.

(다) 雷巖書院

所 在 地	忠南 燕岐郡 全義面 觀亭里
創建年代	肅宗 25年(1699)
賜額年代	

毀撤年代	高宗 2年(1865)
配享人物	李翔, 李翊, 李晚成, 愼後尹, 洪芳(이상 5位)
文化財	
기 타	毀撤 뒤 再建되지 못하였고, 현재는 문중에서 不祧廟로 모시는 文穆祠가 있음.

(13) 禮山郡

(가) 德岑書院址

所在地	忠南 禮山郡 禮山邑 향천리 덕잠골
創建年代	肅宗 31年(1705)
賜額年代	肅宗 40年(1714)
毀撤年代	高宗 5年(1868)
配享人物	金絿
文化財	
기 타	훼철된 후 復元되지 못하여 현재 터만 남아 있는 상태임,.

(나) 晦庵書院址

所在地	忠南 禮山郡 鳳山面 봉림리 서원골
創建年代	肅宗 35年(1709)
賜額年代	
毀撤年代	高宗 5年(1868)
配享人物	朱熹, 李湛, 趙克善, 李洽, 安敏學(이상 5位)
文化財	
기 타	원래의 書院 터가 저수지로 수몰되어 부근에 '書院遺墟碑'만 세워져 있음

(14) 靑陽郡

(가) 龍溪書院址

所 在 地	忠南 靑陽郡 남양면 대봉리 용계마을
創建年代	肅宗 24年(1716)
賜額年代	景宗 4年(1724). 이후 老論이 집권하면서 賜額이 撤回된 것으로 보임.
毀撤年代	高宗 6年(1869)
配享人物	尹拯
文 化 財	
기 타	毀撤된 후 書院 뒤뜰에 尹拯의 位牌를 묻고 그 자리에 '明齋尹先生永慕碑'를 세움. 전형적인 少論系 書院 중의 하나임.

(나) 洙泗洞書院址

所 在 地	忠南 靑陽郡 雲谷面 광암리
創建年代	未詳
賜額年代	
毀撤年代	高宗 5年(1868)
配享人物	孔子의 畫像을 모심.
文 化 財	
기 타	姜善餘가 仁祖 6年(1628)에 명나라 睿宗으로부터 孔子의 畫像을 하사받아 奉還하여 洙泗洞 자택에 모신 것이 書院 건립의 발단이 됨. 書院이 훼철된 후 모시던 孔子 畫像은 靑陽鄕校의 大成殿으로 옮겨짐. 書院址에는 '百千窩姜先生書院遺墟碑'가 세워져 있음.

(15) 泰安郡

泰安郡은 원래 瑞山郡에 속해 있었음. 郡內 書院으로 조사된 것은 없으며 단지 崇義祠라는 祠宇가 있음(태안군 남면 양잠리 338).

(16) 洪城郡

(가) 魯恩書院址

所在地	忠南 洪城郡 홍북면 魯恩里 114-1 하리
創建年代	肅宗 1年(1675)
賜額年代	肅宗 18年(1692), 肅宗 38年(1712), 英祖 45年(1769)
毁撤年代	高宗 8年(1871)
配享人物	成三問, 朴彭年, 李塏, 柳誠源, 河緯地, 兪應孚, 成勝(이상 7位)
文化財	成三問先生遺墟 道指定記念物 第5號 成三問先生遺墟碑 忠南 文化財資料 第164號
기 타	훼철된 후 書院의 遺墟만 남아 있으며, 1차 賜額 때는 '祿雲書院' 2차 賜額 때는 '魯雲書院,' 3차 賜額 때는 '魯恩書院'으로 명칭이 바뀜.

(나) 惠學書院址

所在地	未詳(홍성읍 대교리 교동에 있었다고 하나 確實하지 않음)
創建年代	肅宗 32年(1706)
賜額年代	英祖 8年(1732)
毁撤年代	高宗 8年(1871)
配享人物	李世龜

文化財	
기　　타	創建時에는 祠宇로 건립되어 이름이 '惠學祠'로서 洪城郡 洪城邑 大校里 교동에 위치하였다고 전해 오며, 景宗 3年(1723) 洪州의 북쪽인 臺諫洞(洪城郡 龜項面 篁谷里 대동 지역 비정)으로 移建함.

나) 충청북도의 書院

(1) 淸州市

(가) 莘巷書院

所 在 地	忠北 淸州市 上黨區 龍亭洞 120
創建年代	宣祖 3年(1570)
賜額年代	顯宗 元年(1660)
毀撤年代	高宗 8年(1871)
配享人物	李穡, 李珥, 慶延, 朴薰, 金淨, 宋麟壽, 韓忠, 宋象賢, 李得胤(이상 9位)
文 化 財	忠北 地方記念物 第42號
기　　타	훼철된 후 1957年에 地方 儒林에 의해 복원되고, 1985年에 다시 重建됨.

(나) 龜溪書院

所 在 地	忠北 淸州市 흥덕구 粉坪洞 뒷산
創建年代	光海君 5年(1613)
賜額年代	

毀撤年代	高宗 8年(1871)
配享人物	李浚慶, 徐思遠, 朴枝華, 李得胤(이상 4位)
文化財	
기 타	創建時에는 槐山郡 淸安面 石谷里에 있었으나, 해방 이후 현 위치에 再建됨.

(2) 忠州市

(가) 樓巖書院址

所在地	忠北 忠州市 可金面 倉洞 245
創建年代	肅宗 21年(1695)
賜額年代	肅宗 28年(1702)
毀撤年代	高宗 8年(1871)
配享人物	宋時烈, 閔鼎重, 權尙夏, 鄭澔(이상 4位)
文化財	
기 타	현재 鄭澔 선생을 모시고 있는 祠堂은 延日鄭氏 문중에서 세운 개인 祠堂임.

(나) 八峰書院址

所在地	忠北 忠州市 利柳面 文珠里
創建年代	宣祖 15年(1582)
賜額年代	顯宗 13年(1672)
毀撤年代	高宗 8年(1871)
配享人物	李耔, 李延慶, 金世弼, 盧守愼(이상 4位)
文化財	

기 타	

(다) 荷江書院

所 在 地	忠北 忠州市 金可面 荷潭里 428-1
創建年代	正祖 10年(1786)
賜額年代	
毀撤年代	高宗 8年(1871)
配享人物	洪履祥
文 化 財	
기 타	1974年에 重建됨.

(3) 槐山郡

(가) 花巖書院

所 在 地	忠北 槐山郡 七星面 松洞里
創建年代	光海君 14年(1622)
賜額年代	
毀撤年代	高宗 6年(1869)
配享人物	李滉, 李文楗, 盧守愼, 金悌甲, 柳根, 許詡, 朴世茂, 全有亨, 李愼儀, 朴知謙, 許樴(이상 11位)

(나) 群芳書院

所 在 地	忠北 槐山郡 淸安面 文芳里 月隱마을
創建年代	肅宗 14年(1688)

賜額年代	
毀撤年代	高宗 5年(1868)
配享人物	辛藏, 辛景行(이상 2位)
文 化 財	
기　　타	

(다) 華陽書院址

所 在 地	忠北 槐山郡 靑川面 華陽洞
創建年代	肅宗 22年(1696)
賜額年代	肅宗 22年(1696)
毀撤年代	哲宗 9年(1858)에 폐쇄되었으며, 高宗 7年(1870)에는 모든 건물이 헐리고 廟庭碑는 땅 속에 묻힘.
配享人物	宋時烈
文 化 財	
기　　타	肅宗 42年(1716)에는 御筆扁額을 달아 전국의 賜額書院 중에서 가장 이름 있고 위세 당당한 書院으로 알려졌으나, 나중에는 儒生들의 오만함과 祭需錢의 奉納을 강요하는 '華陽墨牌' 등으로 악명이 높아 左議政 金佐根의 奏請으로 哲宗 9年에 폐쇄되고, 高宗 7年에는 모든 건물이 헐리고 廟庭碑는 땅 속에 묻힘. 해방 이후 재건되지 못하고 廟庭碑만 다시 세워짐.

(라) 金塘書院

所 在 地	忠北 槐山郡 道安面 道塘里 金塘마을
創建年代	純祖 13年(1813)
賜額年代	
毀撤年代	高宗 6年(1869)
配享人物	延嗣宗, 延忠秀, 延最績, 延世鴻(이상 4位)

文 化 財	
기 타	일명 '洋洋齋'로 불렸으며, 1915年에 重建됨.

(마) 龜溪書院

創建時에는 槐山郡 淸安面 石谷里에 있었으나, 해방 이후 淸州市 흥덕구 粉坪洞에 再建됨.

(4) 永同郡

(가) 松溪書院

所 在 地	忠北 永同郡 梅谷面 水院里 山21-1
創建年代	宣祖 3年(1570)
賜額年代	
毁撤年代	高宗 5年(1868)
配享人物	曺偉, 朴英, 金始昌, 朴應勳, 南知言, 朴惟東(이상 6位)
文 化 財	
기 타	

(나) 草江書院址

所 在 地	忠北 永同郡 심천면 초강리
創建年代	未詳
賜額年代	
毁撤年代	高宗 8年(1871)
配享人物	朴堧, 朴嗣宗, 宋時榮, 宋時烈, 尹煌, 宋邦祚, 金自粹(이상 7位)

文 化 財	
기 타	

(다) 花巖書院址

所 在 地	忠北 永同郡
創建年代	顯宗 7年(1666)
賜額年代	
毀撤年代	高宗 8年(1871)
配享人物	張弼武, 朴恕, 張沆, 朴興生, 朴興居, 張義賢, 張智賢, 朴季愚(이상 8位)
文 化 財	
기 타	

(라) 寒泉書院址

所 在 地	忠北 永同郡 黃澗面 원촌里 冷泉
創建年代	未詳
賜額年代	
毀撤年代	高宗 8年(1871)
配享人物	宋時烈
文 化 財	
기 타	

(마) 三陽書院址

所 在 地	忠北 永同郡 陽山面 자풍里
創建年代	肅宗 15年(1674)
賜額年代	
毀撤年代	高宗 8年(1871)

配享人物	鄭述, 全彭齡, 郭詩(이상 3位)
文化財	
기　타	

(바) 虎溪書院址

所在地	忠北 永同郡 陽山面 虎灘里
創建年代	肅宗 37年(1711)
賜額年代	
毀撤年代	高宗 8年(1871)
配享人物	南秀文, 金文起, 鄭惟晉, 李忠範, 全命龍, 成彦忠(이상 6位)
文化財	
기　타	

(사) 鳳巖書院址

所在地	忠北 永同郡 陽山面 藪頭里 垈谷洞
創建年代	仁祖 15年(1637)
賜額年代	
毀撤年代	高宗 8年(1871)
配享人物	李文範, 李忠範, 李時立, 李時敏, 李時愼(이상 5位) 본관은 仁川, 자는 謹叔 李文範의 子이자 全忠男의 門人으로 壬辰倭亂이 일어나자 父親과 함께 義兵을 일으켜 錦山 落雁津에서 倭敵과 용감히 싸우다가 戰死함. 奉直郞判官에 追贈됨.
文化財	
기　타	

(5) 沃川郡

(가) 滄洲書院址

所 在 地	忠北 沃川郡 伊院面 伊院里 29-1
創建年代	宣祖 41年(1608)
賜額年代	肅宗 8年(1682)
毀撤年代	高宗 元年(1864)
配享人物	趙憲, 金集, 宋時烈, 宋浚吉, 郭垠(이상 5位)
文 化 財	
기 타	洲書院은 원래 趙憲을 配享한 表忠祠가 그 前身임. 表忠祠는 宣祖 41年(1608)에 沃川郡 安內面 道理洞 趙憲의 墓所 앞에 세워지면서 '表忠祠'라는 賜額을 받았는데, 仁祖 24年(1646)에 다른 장소에 重建되었다가 孝宗 8年(1657)에 現位置에 移建됨. '滄洲書院'이라는 賜額은 肅宗 8年(1682)에 받음.

(나) 三溪書院址

所 在 地	忠北 沃川郡 伊院面 江淸里 書院洞
創建年代	光海君 13年(1621)
賜額年代	
毀撤年代	孝宗 8年(1657)
配享人物	全彭齡, 郭詩, 趙憲
文 化 財	
기 타	이 書院은 沃川郡에 最初로 세워진 書院이었으나, 配享된 세 사람 가운데 趙憲의 位次 問題로 심각한 紛糾가 일어나고, 일부에서 이를 彈劾하는 上疏가 있는 데다가 당시의 격심한 黨爭의 渦中에 휩쓸려 孝宗 8年(1657)에 헐리고 말았음.

(다) 雙峯書院址

所 在 地	忠北 沃川郡 東二面 坪山里 검지내
創建年代	宣祖 4年(1571)
賜額年代	
毁撤年代	
配享人物	全彭齡, 郭詩, 金文起(이상 3位)
文 化 財	
기 타	壬辰倭亂으로 이듬해인 宣祖 26年(1593)에 燒失되었고 이후 再建되지 못함. 이때 全彭齡과 郭詩의 文集과 著書도 함께 불탐.

(라) 德峯書院址

所 在 地	忠北 沃川郡 靑山面 下西里 書院洞
創建年代	肅宗 27年(1701)
賜額年代	
毁撤年代	高宗 5年(1868)
配享人物	趙憲, 宋時烈(이상 2位)
文 化 財	
기 타	

(마) 鷲潭書院址

所 在 地	忠北 沃川郡 東二面 金岩里 新村
創建年代	英祖 41年(1765)
賜額年代	
毁撤年代	高宗 5年(1868)
配享人物	全彭齡, 全湜(이상 2位)
文 化 財	

기 타	毀撤 후 1936年 影堂만을 復元하여 현재는 '鷲潭影堂'으로 불림. 全湜의 경우는 純祖 19年(1819)에 尙州에서 影幀을 옮겨와 追加 配享됨.

(6) 陰城郡

(가) 雲谷書院

所在地	忠北 陰城郡 三成面 龍城里 527
創建年代	顯宗 2年(1661)
賜額年代	肅宗 2年(1676)
毀撤年代	高宗 8年(1871)
配享人物	朱熹, 鄭逑(이상 2位)
文化財	
기 타	원래는 宣祖 35年(1602)에 忠州牧使 鄭逑가 이미 있던 白雲書堂에 朱熹를 모시고 白雲書院을 創設하였는데, 이후 顯宗 2年(1661)에 鄭逑를 配享하고 이름을 '雲谷書院'으로 바꾸었음. 書院은 毀撤 후 高宗 31年(1894)에 再建되었고, 1963年에 重修함.

(나) 知川書院

所在地	忠北 陰城郡 笙極面 八聖里
創建年代	未詳(中宗代)
賜額年代	
毀撤年代	高宗 8年(1871)
配享人物	金自粹, 金世弼, 金儲, 金巏, 金鼎鉉, 金弘郁, 金宗鉉, 朴祥(이상 8位)
文化財	
기 타	毀撤 후 高宗 43年(1906)에 重建되었고, 1963年에 重修됨.

(7) 鎭川郡

(가) 百源書院址

所 在 地	忠北 鎭川郡 梨月面 老隱里
創建年代	宣祖 41年(1608)
賜額年代	顯宗 10年(1669)
毁撤年代	高宗 8年(1871)
配享人物	李種學, 金德崇, 李皋, 李畬(이상 4位)
文 化 財	
기 타	申礎이 壬辰倭亂 후 鎭川郡 梨月面 老隱里에 은퇴한 뒤 地方의 靑年들을 敎育하기 위하여 세운 書院임. 忠孝를 敎育의 指標로 삼고 孝는 '百行之源'이라는 뜻에서 그 이름을 '百源書院'이라 했다고 함.

(나) 芝山書院址

所 在 地	忠北 鎭川郡 草坪面 琴谷里
創建年代	景宗 2年(1608)
賜額年代	景宗 2年(1608)
毁撤年代	高宗 8年(1871)
配享人物	崔錫鼎
文 化 財	
기 타	書院址에는 創建 以前에 崔錫鼎이 세운 太極亭이 있었으나 중간에 없어졌다고 전하며, 太極亭 뒤 石壁에는 崔錫鼎이 刻字했다는 '玉川屛'이라는 글자가 남아 있음.

(8) 淸原郡

(가) 鳳溪書院址

所 在 地	忠北 淸原郡 南一面 月午里
創建年代	肅宗 28年(1702)
賜額年代	
毀撤年代	高宗 8年(1871)
配享人物	權常, 金禹顓, 申涌, 申湸(이상 4位)
文 化 財	
기 타	

(나) 松溪書院址

所 在 地	忠北 淸原郡 江西面 內谷里
創建年代	肅宗 28年(1702)
賜額年代	
毀撤年代	高宗 8年(1871)
配享人物	卞時煥
文 化 財	
기 타	

(다) 曲水書院址

所 在 地	忠北 淸原郡 玉山面 金溪里
創建年代	未詳(成宗代)
賜額年代	
毀撤年代	宣祖 25年(1592)

配享人物	郭庸 外 43位
文 化 財	
기 타	壬辰倭亂 때 諸先生文集과 함께 모두 燒失됨.

(라) 魯峰書院址

所 在 地	忠北 淸原郡 賢都面 魯峰里
創建年代	光海君 2年(1610) 또는 光海君 7年(1615)
賜額年代	顯宗 9年(1668)
毁撤年代	高宗 8年(1871)
配享人物	宋麟壽, 鄭礥, 宋時烈, 宋浚吉(이상 4位)
文 化 財	
기 타	現在는 遺墟址에 '魯峰書院碑'만 남아 있음.

(마) 機巖書院

所 在 地	忠北 淸原郡 梧倉面 機岩里
創建年代	肅宗 25年(1699)
賜額年代	
毁撤年代	高宗 8年(1871)
配享人物	姜栢年, 吳熽(이상 2位)
文 化 財	
기 타	1984年 琅城面 葛山里에 重建함.

(바) 松泉書院

所 在 地	忠北 淸原郡 梧倉面 陽地里 119
創建年代	肅宗 21年(1695)

賜額年代	
毀撤年代	高宗 8年(1871)
配享人物	金士廉, 崔有慶, 李貞幹, 朴光佑, 李濟臣, 李之忠, 趙綱, 李大建, 崔錫鼎, 李寅爀, 南九萬, 李宗城, 朴文秀, 李孝碩, 金汝亮(이상 15位)
文 化 財	
기 타	創建時에는 玉山面 松泉里에 있었으나, 1976年에 現位置에 重建됨. 원래는 14位만을 奉享하였는데, 1976年 重建時 金汝亮을 追配함.

(사) 雙泉書院

所 在 地	忠北 淸原郡 琅城面 武城里
創建年代	肅宗 21年(1695)
賜額年代	
毀撤年代	高宗 8年(1871)
配享人物	申湜
文 化 財	
기 타	1910年 以後에 儒林에 의해 重建됨.

(아) 菊溪書院

所 在 地	忠北 淸原郡 北一面 飛中里
創建年代	肅宗 27年(1701)
賜額年代	
毀撤年代	高宗 8年(1871)
配享人物	朴增榮, 卞景福, 李德洙, 李秀彦(이상 4位)
文 化 財	
기 타	創建時에는 北一面 菊洞에 있었으나, 1960年에 現位置에 重建함.

(자) 儉巖書院

所 在 地	忠北 淸原郡 加德面 屛岩里 215-2
創建年代	未詳(肅宗代)
賜額年代	
毁撤年代	高宗 8年(1871)
配享人物	趙憲, 韓日休, 申之岳, 宋國憲, 延最績, 池汝海, 李東亨, 卞尙曾, 申永植, 朴文古(이상 10位)
文 化 財	
기 타	1958年에 重建됨.

(차) 棣華書院

所 在 地	忠北 淸原郡 南一面 新松里
創建年代	肅宗 27年(1701)
賜額年代	
毁撤年代	高宗 8年(1871)
配享人物	盧繼元, 盧後元, 盧從元, 盧一元, 盧德元(이상 5位)
文 化 財	
기 타	創建時에는 南一面 駕山里에 있었는데, 壬辰倭亂으로 불타 後孫들이 舊址에 復元하였으나 高宗 때 다시 毁撤됨. 이후 1967년에 盧氏 宗中에서 現位置에 重建함. 盧繼元 4兄弟(後元, 從元, 一元)의 극진한 孝友가 알려지자, 宣祖代에 領相 柳成龍이 啓達하여 '棣華堂' 三字의 御筆書를 내리니, 이를 堂號로 삼았으며, 일명 '棣華堂祠'라고도 함

(카) 黔潭書院

所 在 地	忠北 淸原郡 芙蓉面 黔湖里
創建年代	肅宗 21年(1695)

賜額年代	肅宗 21年(1695)
毁撤年代	高宗 8年(1871)
配享人物	宋浚吉
文 化 財	
기 타	일명 '保晩亭'이라고도 함.

(타) 德川書院

所 在 地	忠北 淸原郡 面 里
創建年代	肅宗 21年(1695)
賜額年代	
毁撤年代	高宗 8年(1871)
配享人物	柳希齡, 柳興龍, 禹愼言, 鄭應昌(이상 4位) 生員으로 工曹佐郞에 追贈됨.
文 化 財	
기 타	1971年에 重建되었으며, 일명 '德川祠'라고도 하였음.

(파) 西溪書院

所 在 地	忠北 淸原郡 米院面 玉花里
創建年代	未詳
賜額年代	
毁撤年代	高宗 8年(1871)
配享人物	李得胤
文 化 財	
기 타	

(하) 雲谷書院

所 在 地	忠北 淸原郡 南一面 雲東里
創建年代	未詳(朝鮮 中期)
賜額年代	
毁撤年代	高宗 8年(1871)
配享人物	李蒨
文 化 財	
기 타	

(가) 白鹿書院

所 在 地	忠北 淸原郡 玉山面 歡喜里
創建年代	肅宗 36年(1710)
賜額年代	
毁撤年代	英祖 36年(1760)
配享人物	權常
文 化 財	
기 타	英祖 36年(1760)에 創建된 鳳溪書院으로 權常을 移享하면서 白鹿書院은 撤廢되었으나, 이후 鳳溪書院이 高宗 8年에 毁撤되고 再建되지 못하자 1929年에 後孫들이 白鹿書院 舊址에 重建함.

(나) 竹溪書院

所 在 地	忠北 淸原郡 北二面 龍溪里
創建年代	英祖 14年(1738)
賜額年代	
毁撤年代	高宗 8年(1871)
配享人物	錦城大君, 安平大君, 和義君, 漢南君, 永興君, 李甫欽 等(이상 7位)

文 化 財	
기 타	일명 '貞愍公廟'라고도 하며, 1960年에 全州 李氏 宗中과 地方 儒林들에 의해 重建됨.

參 考 文 獻

1. 經書와 文集

(1) 經書類
『論語』.
『周易』.
『大學』.
『孟子』.
『中庸章句』.
『經書』(영인본), 서울, 成均館大 大東文化研究院. 1965.
『春秋』,「左氏傳」.
『十三經注疏』, 臺北: 藝文印書館, 1973.

(2) 史書類
『朝鮮王朝實錄』(成宗, 仁宗, 明宗, 宣祖).
『燕山君日記』.
『高麗史』.
『葵史』, 卷1.
司馬遷 撰,『史記』.

(3) 文集類
權近,『入學圖說』,『禮記淺見錄』, 奎章閣 소장본.

權尙夏, 『국역한수재집』(전 5책), 서울: 민족문화추진위원회, 1990.
權諰, 『炭翁集』(『韓國文集叢刊』 104), 서울: 民族文化推進會, 1993.
奇大升, 『國譯高峯集』(전 3책), 서울: 민족문화추진위원회, 1988.
金長生, 『沙溪遺稿』(『韓國文集叢刊』 57), 서울: 民族文化推進會, 1990.
金長生, 金集, 『沙溪‧愼獨齋全書』, 백산학회 자료원, 1985.
金集, 『愼獨齋集』(『韓國文集叢刊』 57), 서울: 民族文化推進會, 1993.
朴世采, 『南溪集』(『韓國文集叢刊』 139-140), 서울: 民族文化推進會, 1994.
徐乾學, 『讀禮通考』, 文淵閣四庫全書 112책.
徐敬德, 『花潭集』(『韓國文集叢刊』 24), 서울: 民族文化推進會, 1989.
『性理大全』(影印本), 서울: 보경문화사, 1983.
成渾, 『牛溪集』(『韓國文集叢刊』 43), 서울: 民族文化推進會, 1989.
孫希旦, 『禮記集解』, 北京: 中華書局, 1989.
宋時烈, 『宋子大全』(영인본 전 8책), 서울: 보경문화사, 1985.
_____, 『經禮問答』, 靜香 소장본.
_____, 『國譯宋子大全』(전 15책), 서울: 민족문화추진위원회, 1988.
_____, 『宋子大全』(『韓國文集叢刊』 108-116), 서울: 民族文化推進會, 1993.
宋翼弼, 『龜峰集』(『韓國文集叢刊』 42), 서울: 民族文化推進會, 1989.
宋浚吉, 『同春堂集』(『韓國文集叢刊』 106-107), 서울: 民族文化推進會, 1993.
兪棨, 『市南集』(『韓國文集叢刊』 117), 서울: 民族文化推進會, 1993.
尹宣擧, 『魯西遺稿』(『韓國文集叢刊』 120), 서울: 民族文化推進會, 1993.
尹善道, 『孤山遺稿』(『韓國文集叢刊』 91), 서울: 民族文化推進會, 1992.
尹鑴, 『白湖全書』, 尹容鎭 編, 大邱: 경북대출판부, 1974.
_____, 『白湖集』(『韓國文集叢刊』 123), 서울: 民族文化推進會, 1994.
李惟泰, 『草廬集』(『韓國文集叢刊』 118), 서울: 民族文化推進會, 1993.
李珥, 『國譯 栗谷全書』 I-VII, 韓國精神文化硏究院, 1984-1988.
_____, 『栗谷全書』 1‧2, 成均館大 大東文化硏究所, 1971.
_____, 『栗谷全書』(『韓國文集叢刊』 44-45), 서울: 民族文化推進會, 1989.
_____, 李民樹 譯, 『擊蒙要訣』, 서울: 乙酉文化社, 1971.
『二程全書』.
李滉, 『退溪全書』, 서울: 大東文化硏究院, 1965.

張維,『谿谷集』(영인본).
鄭逑,『寒岡集』(한국문집총간본);『五先生禮說分類』, 奎章閣 소장본.
丁若鏞,『與猶堂全書』(영인본), 서울: 景仁文化社, 1974.
＿＿＿, 實是學舍經學研究會 編譯,『茶山正體傳重辨』, 서울: 한길사, 1995.
趙光祖,『靜庵集』.
趙穆,『月川集』(『韓國文集叢刊』38), 서울: 民族文化推進會, 1989.,
曹植,『南冥集』, 경상대학교 남명학연구소 편역, 서울: 이론과실천, 1995.
朱熹 編,『近思錄』(影印本), 서울: 보경문화사, 1986.
朱熹,『儀禮經傳通解』, 文淵閣四庫全書 131-132책.
＿＿＿,『朱子家禮』,『性理大全』안에 들어 있는 판본을 이용함.
＿＿＿,『朱子大全』(影印本), 서울: 보경문화사, 1984.
＿＿＿,『朱子語類』, 北京: 中華書局, 1983.
許穆,『記言』(『韓國文集叢刊』98-99), 서울: 民族文化推進會, 1992.
胡培翬,『儀禮正義』, 江蘇古籍, 1993.

2. 研究論著

(1) 論文

姜信曄,「朝鮮後期 南溪 朴世采의 禮治論」,『경주사학』9, 동국대사학회, 1990.
姜周鎭,「禮訟과 老少分黨」,『亞細亞學報』5, 1968.
高大爀,「沙溪 金長生의 敎育思想」,『沙溪思想研究』, 社團法人 沙溪・愼獨齋兩先生記念事業會 編・刊, 1991,
高英津,「朝鮮中期 禮說과 禮書」, 서울대 국사학과 박사학위논문, 1992.
＿＿＿,「17세기 전반 호남사족의 학문과 사상 —— 안방준, 高傳川, 정홍명을 중심으로」,『韓國史學史研究』, 于松 조동걸선생 정년기념논총간행위원회, 서울: 1997.
郭信煥,「宋時烈의 禮思想과 批判精神」,『社會科學論叢』, 崇田大, 1983.
琴章泰,「龜峰 宋翼弼의 人間과 思想」,『如山柳炳德博士華甲記念 韓國哲學宗敎思

想史』, 1990.
_____, 「茶山의 社稷祭와 체제 고증」,『종교학연구』 16, 서울대 종학연구회, 1997.
_____, 「牧隱 李穡의 儒學思想」,『牧隱 李穡의 生涯와 思想』, 1997.
김동수, 「16~17세기 호남사림의 존재형태에 대한 일고찰: 특히 정개청의 문인집단과 자산서원의 치폐사건을 중심으로」,『역사학연구』 7, 1977.
金武鎭, 「栗谷鄕約의 社會的 性格」,『學林』 5, 延世大學校, 1983.
金相五, 「黨爭史의 立場에서 본 李珥의 文廟從祀 問題」,『全北史學』 4.
金世奉, 「同春堂 宋浚吉의 生涯와 政治思想」,『중재장충식박사 화갑기념논총(역사학편)』, 1992.
_____, 「17世紀 後半 山林勢力의 動向——李惟泰의 활동을 중심으로——」,『東洋古典研究』 3, 동양고전학회, 1994.
_____, 「17世紀 湖西山林勢力 研究——山人勢力을 중심으로——」, 단국대 사학과 박사학위논문, 1995.
_____, 「朝鮮 肅宗初 老少分岐에 대한 一考察」,『史學志』 28, 단국대 사학과, 1995.
金成俊, 「沙溪 金長生의 생애」,『백세연구』 6, 1975.
金永炫, 「炭翁 權諰의 禮學論」,『于江權兌遠敎授 定年紀念論叢, 民族文化의 諸問題』, 1994.
金駿錫, 「許穆의 禮樂論과 君主觀」,『東方學志』 54·56 합집, 1987.
金恒洙, 「寒岡 鄭逑의 學問과『歷代紀年』」,『韓國學報』 45, 一志社, 1986.
김호덕, 「퇴계 이황의 예 인식——예의 불변성과 가변성을 중심으로」,『종교학연구』 16, 서울대 종학연구회, 1997.
盧仁淑, 「沙溪禮學考——『家禮輯覽』과『喪禮備要』를 중심으로——」,『沙溪思想研究』, 1991.
박미라, 「중국 郊祀儀禮에 나타난 天神의 성격과 構造 研究」,『종교학연구』 16, 서울대 종학연구회, 1997.
_____, 「『의례경전통해』의 체제에 나타난 주자의 예학사상」,『종교와 문화』 3, 서울대 종교문제연구소, 1997.
裵相賢, 「『朱子家禮』와 그 朝鮮에서의 行用過程」,『東方學志』 70, 1991.

裵相賢,「朝鮮朝 畿湖學派의 禮學思想에 關한 연구」, 고려대 사학과 박사학위논문, 1991.

_____,「尤庵 宋時烈의 禮學攷」,『尤庵思想研究論叢』, 斯文學會 編, 서울: 太學社, 1992.

_____,「退溪 李滉先生의 禮學思想」,『退溪學報』 85, 1995.

徐首生,「寒岡 鄭逑의 禮學」,『韓國의 哲學』 13, 경북대 退溪연구소, 1985.

徐仁漢,「仁祖初 服制論議에 대한 小考」,『北岳史論』 1, 1989.

成周鐸,「尤庵 宋時烈과 懷德鄕案──懷德鄕案에 나타난 그의 사상과 계보를 중심으로──」,『韓國史論』 8, 1981;『尤庵思想硏究論叢』, 1992.

宋競燮,「白湖 尹鑴傳──그 학문적 입장을 중심하여」,『실학논총』, 1975.

신병주,「17세기 중후반 근기남인 학자의 학풍──허목, 윤휴, 유형원을 중심으로」,『한국문화』 19, 서울대 한국문화연구소, 1997. 6.

沈伯綱,「尤庵 宋時烈先生의 敎育思想」,『宋子學論叢』 第2輯, 忠南大 宋子硏究所, 1995.

安秉杰,「17世紀 朝鮮朝 儒學의 經傳 解釋에 관한 硏究──『中庸』 解釋을 둘러싼 朱子學派와 反朱子的 解釋 간의 葛藤을 중심으로──」, 성균관대 동양철학과 박사학위논문, 1991.

禹仁秀,「17세기 山林의 進出과 機能」,『역사교육논집』 5, 1983.

_____,「朝鮮 顯宗代 政局의 動向과 山林의 役割」,『朝鮮史硏究』 1, 1992.

_____,「朝鮮 肅宗代 政局과 山林의 機能」,『國史館論叢』 43, 1993.

_____,「朝鮮 肅宗朝 南溪 朴世采의 老少仲裁와 黃極蕩平論」,『歷史敎育論集』 19, 1994.

_____,「朝鮮 仁祖代 山林 張顯光의 社會的 位相」,『朝鮮史硏究』 4, 1995.

劉權鐘,「茶山禮學硏究」, 고려대 철학과 박사논문, 1991.

劉明宗,「尹白湖와 丁茶山」,『哲學硏究』 27, 1979.

劉英姬,「白湖 尹鑴 思想 硏究」, 고려대 철학과 박사학위논문, 1993.

柳正東,「禮論의 諸學派와 그 論爭」,『韓國哲學硏究』 中, 1978.

柳七魯,「禮의 常變構造에 관한 연구──經權을 중심으로──」,『충청문화연구』 2, 1990.

尹絲淳,「性理學時代의 禮思想」,『韓國思想大系』 4, 1984.

李東仁,「禮의 本質과 그 現代的 意義」,『정신문화연구』, 1986년 여름.
_____,「儒家思想과 社會改革 —— 孔子와 栗谷의 思想을 中心으로 ——」,『儒教文化의 普遍性과 特殊性, 第8回 韓國學 國際學術會議 論文集』, 韓國精神文化研究院, 1994.
_____,「栗谷의 社會改革思想」,『韓國思想史學』제7집, 1995.
_____,「栗谷의 教育改革論」,『儒學研究』第3集, 忠南大 儒學研究所, 1995.
_____,「李珥의 社會改革思想 研究」, 서울대 사회학과 박사학위논문, 1995. 2.
_____,「栗谷의 經濟改革論」,『韓國學報』87, 一志社, 1997년 여름.
李東俊,「十六世紀 韓國性理學派의 歷史意識에 關한 研究」, 성균관대 박사학위논문, 1975.
李文周,「中國 先秦時代 儒家의 禮說에 대한 研究 —— 禮의 本來性과 現實性을 중심으로 ——」, 成均館大 東洋哲學科 博士學位論文, 1991.
李範稷,「國朝五禮儀의 성립에 관한 一考察」,『歷史學報』122, 1989.
李俸珪,「규범의 근거로서 혈연적 연대와 신분의 구분에 대한 古代儒家의 인식」,『泰東古典研究』10, 1993.
_____,「炭翁 權諰의 철학적 입장과 사상사적 의미들」,『道山學報』4, 1995.
_____,「宋時烈의 性理學說 研究」, 서울대 철학과 박사학위논문, 1996. 8.
_____,「丁若鏞의 17세기 禮訟에 대한 이해와 禮訟의 철학적 쟁점 ——『正體傳重辨』을 중심으로」,『孔子學』2, 1996.
이승연,「조선조『주가가례』연구를 위한 제언 —— 주자 예론을 중심으로」,『한국의 철학』24, 경북대 퇴계연구소, 1996.
李迎春,「尤庵 宋時烈의 尊周思想」,『淸溪史學』2, 1985.
_____,「第一次禮訟과 尹善道의 禮論」,『淸溪史學』6, 1989.
_____,「潛冶 朴知誡의 禮學과 元宗追崇論」,『청계사학』7, 1990.
_____,「服制禮訟과 政局變動 —— 第二次 禮訟을 중심으로 ——」,『國史館論叢』22, 1991.
_____,「朝鮮後期 王位繼承의 正統性論爭 研究」, 한국정신문화연구원 한국학대학원 박사학위논문, 1994.
_____,「17세기 禮訟 研究의 現況과 反省」,『韓國의 哲學』22, 경북대 퇴계연구소, 1994.

李佑成,「李朝 儒教政治와 山林의 존재」,『동양학 학술회의논문집』, 1976;『韓國의 歷史像』, 1982.
李正玉・金熙淑,「朝鮮時代 士家의 喪服에 관한 硏究」,『民族文化論叢』 8, 1987.
이해준 編著,『草廬 李惟泰의 鄕約과 庭訓』, 서울: 신서원, 1998.
張世浩,「金長生의 禮意識」,『哲學論叢』 9, 영남철학회, 1993.
全用宇,「華陽書院과 萬東廟에 대한 一硏究」,『호서사학』 18, 1990.
정긍식,「조선초기 제사계승제의 성립에 관한 연구」, 서울대 법학과 박사학위논문, 1996. 2.
정만조,「朝鮮 顯宗朝의 私義・公義 論爭」,『한국학논총』 14, 국민대학교, 1991.
＿＿＿,「朝鮮朝 '黨爭'의 政治理論」,『朝鮮後期 黨爭의 종합적 검토』, 1991.
鄭玉子,「眉叟 許穆 硏究」,『韓國史論』 5, 서울대, 1979.
＿＿＿,「17세기 思想界의 再編과 禮論」,『韓國文化』 10, 서울대학교, 1989.
＿＿＿,「17세기 전반 禮學의 성립과정──金長生을 중심으로──」,『韓國文化』 11, 1990.
鄭仁在,「尹白湖의 禮論과 倫理思想」,『現代社會와 倫理』, 1982.
정재훈,「17세기 후반 노론학자의 사상──송시열・김수항을 중심으로」,『역사와 현실』 13, 한국역사연구회, 1994.
鄭豪薰,「尹鑴의 經學思想과 政治社會 改革論」, 연세대 석사학위논문, 1993.
趙駿河,「禮論의 淵源과 그 展開에 관한 硏究──先秦儒家를 중심으로──」, 成均館大 東洋哲學科 博士學位論文, 1992.
趙駿河 外,「傳統禮學의 本質과 現代的 價値에 對한 硏究」,『東洋哲學硏究』 14, 1993.
池斗煥,「朝鮮後期 禮訟 硏究」,『釜大史學』 11, 1987.
崔槿默,「尤庵 宋時烈硏究 (1)──그의 가계와 他姓氏族」,『百濟硏究』 16, 1985.
＿＿＿,「尤庵 宋時烈의 文廟 및 院祠從祀에 관한 硏究」, 전북대 박사학위논문, 1987.
崔完秀,「秋史書派考」,『澗松文華』 19, 1980.
韓基範,「愼獨齋 金集의 生涯와 思想」,『百濟硏究』 19, 1988.
＿＿＿,「沙溪 金長生의 生涯와 禮學思想」,『百濟硏究』 20, 1989.
＿＿＿,「조선중기 湖西 嶺南 禮家의 예설 교류──『의례문해』의 분석을 중심으

로」, 조선시대사학회 제2회 학술회의 발표문, 충남대학교, 1997. 6.
韓㳓劤, 「白湖 尹鑴 硏究 (1)」, 『歷史學報』 15, 1961.
_____, 「白湖 尹鑴 硏究 (2)」, 『歷史學報』 16, 1961.
_____, 「白湖 尹鑴 硏究 (3)」, 『歷史學報』 17, 1963.
洪順敏, 「肅宗初期의 政治構造와 '換局'」, 『韓國史論』 15, 서울대학교, 1986.
黃元九, 「己亥服制論 始末」, 『연세논총』 사회과학편 2, 1963; 『東亞細亞史硏究』, 1976.
黃義東, 「草廬 李惟泰의 性理學 考察」, 『百濟硏究』 25, 1995.
_____, 「尤庵의 性理學과 義理思想」, 『宋子學論叢』 2, 1995.

戴君仁, 「禮的轉換與擴大」, 羅聯添 編, 『國學論文選集』(臺北: 學生書局, 1983).
馬振鐸, 「宗法制度和儒學的建立」, 『儒學國際學術討論會論文集(上)』, 齊魯書社, 1989.
盛冬玲, 「中國古代的宗法制度和家族制度」, 『中國古代文化史1』, 北京: 北京大學校, 1989.
_____, 「中國古代喪葬制度的發展」, 『中國古代文化史 2』, 北京: 北京大學校, 1991.
王明珂, 「愼終追遠 —— 歷代的喪禮」, 『敬天與親人』, 臺北: 聯經出版事業公司, 1982.
章景明, 「祭‧喪之禮吉凶觀念之分別」, 『三禮硏究論集』, 臺北: 黎明文化事業公司, 1981.
張永儁, 「儒家禮學教化之宗教精神與人文精神 —— 歷史之回顧與展望」, 『東吳哲學傳習錄』 3, 臺北: 東吳大學出版部, 1994.
陳來, 「朱子『家禮』眞僞考議」, 『中國經學史論論文選集』 下, 臺北: 文史哲, 1993.
洪德先, 「俎豆馨香 —— 歷代的祭祀」, 『敬天與親人』, 臺北: 聯經出版事業公司, 1982.
菰口治, 「張橫渠と程伊川の禮——宗法を中心にして」, 『集刊東洋學』 26, 1971.
吉田博司, 「朝鮮儒家の葬禮と死後觀」, 『思想』, 1991.
_____, 「朝鮮前期喪葬禮敎化政策」, 『史學』 第62卷 一‧二号, 1992.
山根三芳, 「張子禮說考」, 『日本國會學會報』 22, 1970.
_____, 「二程子禮說考」, 『吉岡博士還曆記念道敎硏究論集』, 東京: 國書刊行會, 1977.

_____,「司馬光禮說考」,『池田末利博士古稀記念東洋學論集』, 1980.
_____,「張子禮說考(續)」,『哲學(廣島哲學會)』40, 1988.
三浦國雄, 「17世紀朝鮮における正統と異端──宋時烈と尹鑴──」,『朝鮮學報』
　　　　 102, 1982;『民族文化』8, 1982.
上山春平,「朱子の『家禮』と『儀禮經傳通解』」,『東方學報』54, 東京, 1982.
神矢法子,「晉時代における王法と家禮 第1部」,『東洋學報』60卷 1・2合號, 1978.
宇野精一,「朱子と禮」,『宇野精一著作集』4권, 東京: 明治書院, 1987.
栗原圭介,「虞祭の儀禮的意義」,『日本中國學會報』13.
樋口勝,「文公家禮の成立についての一考察」,『東洋思想と宗教』4.
_____,「宋代禮思想における一形態──『家禮』に現れた朱熹の宗法制について」,
　　　 『東洋哲學硏究所紀要』4, 1989.

(2) 單行本
姜周鎭,『李朝黨爭史硏究』, 서울: 서울大出版部, 1971.
高大民族文化硏究所 編,『韓國文化史大系』2, 서울: 高大出版部, 1965.
高英津,『조선중기 예학사』, 한길사, 1995.
琴章泰,『朝鮮 前期의 儒學思想』, 서울: 서울대출판부, 1997.
金容傑 外,『沙溪思想硏究』(遯巖學術叢書 1), 서울: 沙溪・愼獨齋兩先生紀念事業
　　　　　 會, 1991.
김훈식 외,『三綱行實圖의 종합적 검토』(震檀學會 주최 한국고전연구 심포지엄,
　　　　 1997). 발표문은 다음과 같다.「三綱行實圖 編纂의 推移」(김항수),「三
　　　　 綱行實圖 普及의 社會史的 考察」(김훈식),「三綱行實圖의 書誌 및 國
　　　　 語史的 意義」(홍윤표),「烈女像의 傳統과 變貌」(이혜순),「三綱行實圖
　　　　 의 版畵史的 硏究」(정병모・이성미).
孫仁銖,『韓國敎育思想家評傳 I』, 서울: 문음사, 1990.
오석원 외,『朝鮮朝 儒學思想의 探究』, 1988.
李範稷,『韓國中世禮思想硏究』, 서울: 一潮閣, 1991.
李丙燾,『韓國儒學史』, 서울: 亞細亞文化社, 1987.
李善宰,『儒敎思想과 儀禮服』, 서울: 亞細亞文化社, 1992.
李成茂 外,『朝鮮後期 黨爭의 綜合的 檢討』, 성남: 정신문화연구원, 1992.

李銀順, 『朝鮮後期黨爭史研究』, 서울: 一潮閣, 1988.
丁淳睦, 『退溪正傳』, 서울: 지식산업사, 1992.
_____, 『退溪評傳』, 서울: 지식산업사, 1993.
崔根德 外, 『愼獨齋思想硏究』(逐巖學術叢書 1), 서울: 沙溪·愼獨齋兩先生紀念事業會, 1993.
崔英成, 『韓國儒學思想史 Ⅲ』(朝鮮後期編 上), 서울: 아세아문화사, 1995.
충남대 유학연구소 편저, 『기호학파의 철학사상』, 서울: 예문서원, 1995.
韓國哲學會 編, 『韓國哲學史』, 서울: 東明社, 1987.
許捲洙, 『朝鮮後期 南人과 西人의 學問的 對立』, 서울: 법인, 1993.
玄相允, 『朝鮮儒學史』, 서울: 民衆書館, 1949; 서울: 玄音社, 1982.
黃義東, 『栗谷學의 先驅와 後裔』, 서울: 예문서원, 1999.
『沙溪思想研究』, 社團法人 沙溪·愼獨齋兩先生紀念事業會 編·刊, 1991.
『尤庵思想研究論叢』, 斯文學會 編, 서울: 太學社, 1992.

H. G. Creel, 『孔子: 인간과 신화』, 李成珪 譯, 서울: 知識産業社, 1985.

楊向奎, 『宗周社會與禮樂文明』, 北京: 人民, 1992.
劉廣明, 『宗法中國』, 上海: 三聯, 1993.
王明珂 外 著, 『敬天與親人』, 臺北: 聯經出版事業公司, 1982.
李日剛 外 著, 『三禮研究論集』, 臺北: 黎明文化事業公司, 1981.
林安弘, 『儒家禮樂之道德思想』, 臺北: 文津出版社, 1988.
張國華 外 編, 『中國法律思想史綱(上)』, 甘肅: 人民, 1984.
張國華, 『中國法律思想史新編』, 北京: 北京大學, 1991.
錢杭, 『周代宗法制度史研究』, 上海: 學林, 1991.
胡適, 『中國古代哲學史』, 臺北: 臺灣商務印書館, 1982.
許愼, 『說文』.

藤川正數, 『魏晉時代における喪服禮の研究』, 東京: 敬文社, 1960.
野間文史, 『儀禮索引』, 福岡: 中國書店, 1988.
影山誠一, 『喪服經傳注疏補義』, 東京: 大東文化學園學創立六十周年記念出版, 1984.

池田末利,『儀禮』(전 5권), 東京: 東海大學出版會, 1973~1977.
James L. Watson, Evelyn S. Rawski, ed., *Death Ritual in Late Imperial and Modern China*, Berkeley: Univ. of California Press, 1988.

3. 資 料

忠南發展硏究院 歷史文化센터 編,『忠南의 書院・祠宇』, 忠淸南道, 1999.
忠南發展硏究院 歷史文化센터 編,『忠南의 鄕校』, 忠淸南道, 1999.
大田直轄市史 編纂委員會,『大田市史』第4卷, 大田直轄市, 1992.

찾아보기

< ㄱ >

賈公彦　83, 170, 179, 185, 192
가령(家令)　49
家禮講錄　50
家禮考誤　50
家禮附註　68
家禮諺解　52
家禮源流　56, 62, 94, 95, 204
家禮儀節　60
家禮註說　61
家禮註解　51, 53
家禮輯覽　56, 61, 63, 65, 70, 78, 88, 95, 204, 369
家禮輯覽補註　53
甲寅禮訟　10, 83, 84, 89, 137, 172
開元禮　29, 68, 71, 73, 121, 245
擊蒙要訣　53, 231, 239, 285, 294, 367
經國大典　28, 30, 46, 68, 82, 173, 203, 253, 266, 273
經書辨疑　88
啓運宮　116, 118, 131
繼體　49, 51, 52, 183
古今喪禮異同議　71, 73, 75
古今詳定禮　29
古禮　35, 40, 48, 51, 54, 60, 65, 71, 74, 79, 86, 95, 101, 111, 120, 131, 147, 177, 204, 248
郭詩　78, 354, 356
丘濬　60
國喪　20, 80, 85, 89, 93, 109, 111, 116

國喪私服解　86, 110
國朝五禮儀　28, 30, 46, 71, 79, 246, 371
權近　22, 33, 39, 203, 263, 276, 278, 366
權尙夏　96, 334, 367
權秀夫　98
權諰　22, 57, 76, 83, 98, 103, 110, 121, 128, 173, 195, 205, 367, 371
權休齋　98
近思錄釋疑　88
期年服　82, 90, 169, 173, 192
期年說　91, 106, 149, 154, 174
奇大升(高峯)　44
己亥禮訟　57, 83, 93, 104, 144, 172, 176, 185, 191
畿湖學派　5, 21, 37, 44, 53, 59, 76, 93, 101, 204, 212, 282, 296, 370
金繼輝　76
金宏弼　58, 238, 288, 303, 317, 336
金克亨　57, 76, 98, 103
金德民　97
金隆　50
金泮　39
김상용　117
金尙憲　75, 77, 98, 176
金錫胄　85
金誠一　52
金安國　47, 243
金殷輝　76
金麟厚　44, 50, 61, 249, 309, 317, 321
金長生　22, 46, 52, 58, 62, 69, 76, 84, 93, 103,

112, 121, 130, 142, 153, 204, 212, 282, 288, 292,
303, 321, 344, 367
金在魯 40, 41
金從理 39
金集 22, 56, 61, 69, 80, 93, 193, 204, 212, 282,
292, 303, 317, 330, 355, 367
金昌協 41
金就礪 183

< ㄴ >

亂倫失禮 125
亂臣十人 196
老論 40, 45, 77, 84, 96, 346
盧守愼 49, 349
論禮 49
論服制疏 100, 174, 191
論朋黨 138

< ㄷ >

黨議通略 138
道統 62, 64, 252
讀書記 99
東國新續三綱行實圖 32, 242

< ㅁ >

勉齋 黃榦 63
文獻通考 29, 177
閔純(杏村) 49
閔愼 85, 102
閔愼의 變禮 85
閔維重(屯村) 77
閔鼎重(老峯) 77
閔鎭遠 77

閔鎭厚 77
愍懷太子 107

< ㅂ >

朴大立 121
朴世茂 56
朴世采 46, 59, 85, 102, 111, 120, 154, 367
朴淳(思庵) 49
朴知誡 56
朴枝華(守庵) 48
朴忠佐 34
返魂 35, 37
旁支達幹 195
旁枝達幹說 105, 106
白文寶 34
白頤正 34
白湖集 77, 367
變禮 54, 61, 85, 149
別廟 117, 124
別廟論 104, 117, 124, 127, 131
服制議 100
祔廟禮 117
父有廢疾孫爲祖後論 107
不杖朞說 133
不二斬 179, 181, 190
卑主貳宗 6, 91, 100, 195

< ㅅ >

沙溪先生遺稿 88
四端七情人心道心說 99
四禮集說 48
司馬光 50
私廟 116, 123
私喪 85, 87, 109, 112

四種說　83, 106, 155, 170, 179, 185, 188, 192
社倉約束　97
三綱行實圖　27, 32, 46, 211, 240, 243, 374
三年服　49, 83, 102, 109, 117, 123, 131, 170, 175
三疏　185, 190
喪禮　28, 31, 37, 48, 53, 61, 65, 72, 81, 162
喪禮考證　52
喪禮備要　63, 65, 70, 78, 88, 204, 369
喪禮通載　52
喪服篇　60
喪葬質疑　52
喪祭禮問答　51
徐敬德(花潭)　43, 248
徐文重(夢魚亭)　70
書儀　50
庶子　92, 105, 170, 186, 194
庶子는 妾子의 명칭이다　188
庶子服　92
徐志修　41
釋奠禮　50
成悌元　49
成渾　45, 49, 55, 93, 121, 294, 367
少論　45, 96
小學　32, 48, 58, 88, 218, 223, 236, 241, 247, 259, 268, 274, 288, 294, 303
小學集註　88, 288
昭顯世子의 喪　82, 176
續三綱行實圖　32, 242
宋時烈　6, 22, 37, 56, 60, 70, 76, 84, 93, 103, 111, 142, 150, 160, 173, 176, 182, 190, 199, 212, 282, 290, 298, 303, 367
宋時榮　84
宋爾昌　59, 76
宋翼弼　45, 53, 58, 61, 66, 76, 135, 149, 367
宋寅　49, 61
宋浚吉　22, 56, 60, 63, 76, 80, 93, 98, 160, 176, 182, 199, 212, 282, 298, 302, 367
叔姪　49
緦麻服　86, 112
侍墓　35
神德王后祔廟時題主及權安處所證冊追補議　82
申溧　52
申混　52, 56, 59, 61
申義慶　56, 59
申渚　52
申欽　117
沈守慶　61

< ㅇ >

安邦俊　98
楊復　68
兩宋　57, 76, 82, 88, 93, 103, 110
麗史提綱　94
呂氏鄕約　97, 298, 301
嶺南學派　45, 59, 98
禮記　31, 38, 40, 49, 65, 158, 163, 171
禮記補註　40
禮記喪禮分類　53
禮記集說　39, 41
禮記淺見錄　33, 38, 40, 366
禮辨　90
예설(禮說)　50, 57, 94
禮說總論　52
柳成龍　52, 55
禮訟　5, 23, 47, 57, 76, 83, 91, 100, 137, 142, 149, 161, 172, 176, 189, 204
禮字說　49
禮字義　49
練祭　84, 112
永慕錄　52
五服沿革圖　53

五服通考 52
五先生禮說分類 53, 56
五屬 90, 194
王安石 80
王者士庶不同禮 149
王接 188
牛溪先生年譜 88
虞祭 35, 74, 89, 374
爲人後 126, 128, 132, 159
爲祖後 126, 128, 132, 159
爲後論 108
兪棨 22, 56, 63, 96
兪棨(市南) 93
兪相基(祈招齋) 96
劉敞 197
六術 165
尹昉 117
尹宣擧 22, 56, 61, 93, 98, 154, 294
尹善道 57, 77, 82, 91, 99, 104, 173, 185, 191, 205
尹拯 46, 96, 100, 282, 294, 304
尹鑴 22, 49, 57, 77, 82, 97, 104, 145, 154, 160, 172, 186, 191, 198
栗谷先生年譜 88
恩과 義 110
儀禮經傳通解 50, 54, 63, 80, 107
儀禮經傳通解續 29, 50
儀禮考覽 52
疑禮考證 52
疑禮問答 88
疑禮問解 52, 59, 63, 70, 88
疑禮問解續 61, 70
儀禮喪服圖 80
義服 85, 90, 101, 110, 167, 175
議祧廟疏 184
李建昌 138
李景奭 75

李穀 33, 343
李貴 55, 116, 124, 130, 153
李端相 183
二倫行實圖 28, 32, 211, 240
李敏求(東洲) 97
李師命(蒲菴) 70
李穡 22, 33, 38, 203, 276, 369
李晬光 41, 97
李時稷 84, 327
二十四孝圖 32
李彦迪 50, 61, 69, 249, 307, 317, 336
李元翼 117
李惟泰 22, 56, 63, 88, 93, 98, 212, 282, 292, 300, 339
李潤慶 76
李義吉 57, 116, 121, 130
李珥 37, 45, 53, 59, 69, 76, 88, 97, 121, 135, 153, 212, 223, 230, 249, 282, 292, 300, 307, 317, 321, 331, 348
李瀷 138
李仁復 34
李廷龜 120
李齊賢 33, 334
李恒福 46
李濟 99
李賢輔 50
李滉 36, 44, 51, 58, 66, 77, 84, 99, 112, 121, 135, 147, 153, 183, 191, 212, 223, 231, 249, 270, 281, 294, 307, 317, 331, 350
李滉(退溪) 44
引黃世禎疏辭職疏 174
林泳 41
入廟論 104, 117, 127, 130
入承大統 82, 92, 105, 118, 125
立後 67, 123, 132

< ㅈ >

子婦喪 89
資治通鑑 94, 125
張可順(思齋) 48
杖期 68, 117, 121
張善冲 99
張維 117, 133, 153, 160
張顯光 77, 370
再疏上喪服圖 185
嫡長子에 대한 服 51, 190, 191
嫡統 91, 149, 168, 181, 193, 200
典禮答問 62
典禮問答 124
典禮私議 100, 174
傳重 179, 192, 195
全彭齡 78, 354
鄭介淸(困齋) 49, 78
鄭逑(寒岡) 51
鄭廉 61, 360
鄭蘊 77
定遠君 62, 104, 115, 119, 124, 130, 156
程頤 105, 125, 194, 308, 320
鄭澈 49
正體 105, 170, 179, 183, 191
正體傳重文辨 101, 107, 371
鄭太和 75, 82
鄭澔 96, 349
庭訓 88, 372
祭禮 30, 48, 53, 62
齊衰不杖期 117
齊衰三年 68, 117, 121, 132, 155, 187
齊衰三年服 51, 101, 109, 175
齊衰三年說 133, 174, 183
齊衰三月服 48

祭儀抄 53
諸侯奪宗, 聖庶奪嫡 194
趙光祖(靜菴) 43, 222
朝夕奠 35, 74, 244
曹植(南冥) 44, 249
趙振 51
尊同 91, 187, 196
尊同說 168
尊尊 68, 86, 109, 111, 125, 163, 168, 199, 205
宗統 6, 49, 68, 84, 91, 102, 117, 128, 133, 155, 168, 177, 186, 193, 201
周禮 52, 80, 154, 192, 216
周禮說 99
朱文公家禮 29
朱子家禮 29, 34, 48, 53, 60, 65, 73, 89, 94, 101, 121, 133, 147, 154, 204, 239, 244, 253, 268, 274, 368
朱子大全箚疑 95
朱熹 34, 54, 62, 72, 80, 95, 121, 197, 251, 291, 307, 321, 334, 345, 357, 368
重峯趙先生遺事 88
晉宋故事 168
陳澔 39, 41

< ㅊ >

斬衰服 6, 86, 107, 110, 169, 174, 180, 190, 194
斬衰三年 68, 105
斬衰三年服 101, 108, 175
斬衰說 90, 172
天子立庶子爲太子葬服議 105
天下同禮 87, 151, 159
妾子 106, 186
妾子說 83, 190
崔鳴吉 46, 117, 124, 132
崔錫鼎 41, 358, 361

追崇論 62, 103, 109, 120, 128, 131
追正喪服失禮疏 185
追尊 82, 115, 121, 126, 227
親服 85, 90, 101, 109, 175, 191, 199
親親 36, 68, 86, 101, 109, 122, 129, 163, 168, 180, 199, 205
稱考論 119, 123, 133

< ㅌ >

通典 29, 104, 125, 188, 194

< ㅎ >

韓百謙 61
享禮儀節 84
鄕飮酒禮 50, 84, 94, 268, 274
許穆 57, 82, 91, 99, 106, 112, 145, 160, 173, 182, 188, 196, 340, 368
許穆(眉叟) 77
許積 154, 173, 192, 196
許調 41
婚禮 94, 96
洪武禮制 29
弘文館八條箚 119
洪汝河 78
皇字 119, 125
孝字 120
孝行錄 32, 211, 240
毁宋黨尹 103

한국사회 지방연구 시리즈를 간행하며

우리는 세계화와 지방화라는 국내외적 도전을 맞이하여 나라의 안위를 지키고 겨레의 복지를 증진시켜야 할 중차대한 역사의 전환점에 서 있다. 지구상의 모든 국가들이 생존과 번영을 위해 자기개혁에 온 힘을 기울이고 있는 작금 우리는 그 어느 때보다도 내발적인 발전 능력을 키워야 한다.

해방 이후 한국사회는 역사적으로 미증유의 급속한 사회변동을 겪어오면서 바깥에 대한 관심에 비해 안에 대한 발견에 인색하지 않았는가 자성하고자 한다. 대체로 선진된 나라들은 이미 오래 전부터 지방화를 정착시키면서 자신의 풍토와 역사에 걸맞는 공동체를 이루어 왔다. 우리도 이제는 지방 중심의 정치경제적 구조와 사회문화적 기반을 조성하여 지역사회의 자치적 발전을 이루어야 할 것이다.

이에 본 재단은 지방연구 시리즈라는 새로운 기획을 시작하려 한다. 우리의 생활구조와 문화유산에 관하여 8도 7광역시에 대한 기초연구가 그 출발이다. 그러나 이것으로 자족하지 않고 우리의 역량이 닿는 대로 앞으로 통일시대를 겨냥하여 남북한을 아우르는 한층 더 진전된 지방연구를 계획하고 있다. 건국 50주년을 맞이하여 한국사회 지방연구가 국제통화기금 시대라는 국난을 극복하고 새로운 희망과 약속의 미래를 만드는 지적 토양과 축적의 계기가 되기를 간절히 바라면서 뜻있는 이들의 협조와 동참을 바라는 바이다.

1998년 1월 1일
대상문화재단

조선시대 중청지역의 예학과 교육

초판 제1쇄 찍은날 : 2001. 3. 30
초판 제1쇄 펴낸날 : 2001. 4. 10

지은이 : 이 동 인 외
펴낸이 : 김 철 미
펴낸곳 : 백 산 서 당

등록 : 제10-42(1979.12.29)
주소 : 서울 중구 을지로3가 334-3 삼진빌딩 302호
전화 : 02)2268-0012(代)
팩스 : 02)2268-0048
이메일 : bshj@chollian.net

※ 저작권자와의 협의 아래 인지는 생략합니다.

값 15,000원

ISBN 89-7327-244-6 03900